Georg Simonis · Thomas Walter (Hrsg.)

LernOrt Universität

Georg Simonis
Thomas Walter (Hrsg.)

LernOrt
Universität

Umbruch durch
Internationalisierung
und Multimedia

VS VERLAG FÜR SOZIALWISSENSCHAFTEN

Bibliografische Information Der Deutschen Bibliothek
Die Deutsche Bibliothek verzeichnet diese Publikation in der Deutschen Nationalbibliografie;
detaillierte bibliografische Daten sind im Internet über <http://dnb.ddb.de> abrufbar.

1. Auflage Juni 2006

Alle Rechte vorbehalten
© VS Verlag für Sozialwissenschaften | GWV Fachverlage GmbH, Wiesbaden 2006

Lektorat: Stefanie Laux

Der VS Verlag für Sozialwissenschaften ist ein Unternehmen von Springer Science+Business Media.
www.vs-verlag.de

Umschlaggestaltung: KünkelLopka Medienentwicklung, Heidelberg
Gedruckt auf säurefreiem und chlorfrei gebleichtem Papier

ISBN 978-3-8100-3985-9

Inhalt

1 Einleitung

LernOrt Universität: Umbruch durch Internationalisierung und Multimedia. Die Beiträge im Überblick.

Der LernOrt Universität befindet sich in einem tief greifenden Umbruch. Mit der Internationalisierung und der Multimedialisierung stehen in diesem Band zwei Faktoren im Blickpunkt, die unabhängig voneinander wirken können oder – und darin liegt die eigentliche Brisanz – in ihrer Überlagerung komplementäre Effekte auslösen können. Diese Publikation ist Teil eines im Rahmen des AKTAB[1] durchgeführten Projektes. Unter dem Titel ÖFTA (Öffentliche Diskurse über neue Technologien) kooperierten acht Projektpartnern[2] mit dem Ziel, Entwicklungen und Auswirkungen neuer multimedialer Bildungstechnologien zu untersuchen. Für die institutionelle Ebene wurde die Frage eines von den neuen Technologien induzierten Wandlungsdrucks auf Bildungseinrichtungen untersucht und deren (Neu-) Positionierungen näher beleuchtet. Für die akteurs- und interaktionsbezogene Ebene wurde Fragen nachgegangen, die auf soziale Veränderungsdimensionen (multimediale Sozialisation, Schlüsselqualifikationen, Sozialkompetenz) abzielten[3].

Mit der Fokussierung auf den Umbruch des LernOrts Universität schloss das an der FernUniversität in Hagen durchgeführte Teilprojekt an beiden Fragerichtungen an. Über eine Bestandsaufnahme laufender Internationalisierungs- und Multimedialisierungs-Projekte der FernUniversität wurde ein Überblick über Erfolgs- und Problemfaktoren (z.B. Nachfrage, Abschlussquoten, Nachhaltigkeit der Finanzierung, Betreuungsaufwand, Kosten der Virtualisierung etc.) geschaffen. Ein interner Workshop fand dazu im März 2002 unter dem Titel „Die FernUniversität – ein Akteur im sich internationalisierenden Markt univer-

---

[1] Der Arbeitskreises Technikfolgenabschätzung und -bewertung des Landes NRW (AKTAB) versteht sich als dezentrales Netzwerk zum punktuellen Zusammenschluss universitärer wie außeruniversitäre Einrichtungen. Vgl. http://wwwhomes.uni-bielefeld.de/aktab
[2] Institut für Politikwissenschaft der FernUniversität in Hagen; Institut Arbeit und Technik im Wissenschaftszentrum NRW (IAT), Gelsenkirchen; Sekretariat für Zukunftsforschung (SFZ), Dortmund; Forschungsverbund Dortmund mit der Sozialforschungsstelle, Landesinstitut (SFS) und der Universität Dortmund; Transferzentrum für angepasste Technologien GmbH (TaT), Rheine; Institut für Wissenschafts- und Technikforschung der Universität Bielefeld; Zentrum für Umweltforschung (ZUFO) der Westfälischen Wilhelms-Universität Münster
[3] Vgl. http://www.oefta.net

sitärer Lehre?" statt. Neben den Projektverantwortlichen wurden damals auch Mitarbeiterinnen und Mitarbeiter der Verwaltung einbezogen, denn deren infrastrukturelle Tätigkeit bildet nicht selten das Rückgrat derartiger Projekte.

Um diese Ergebnisse in den Zusammenhang übergreifender Entwicklungen einordnen zu können, wurde im Dezember 2002 ein zweiter Workshop veranstaltet. Die in diesem Band versammelten Beiträge spiegeln das Ergebnis dieses Workshops wider. Angesichts der Tiefen und Untiefen des Gesamtthemas lotet ein im Umfang begrenzter Band sicher nur einen Teil der tatsächlichen und möglichen Problemstrukturen und Aspekte aus. Ausgehend vom Ziel des ÖFTA-Projekts, öffentliche Diskurse zu begleiten und zu unterstützen, hoffen wir mit diesem Band einen Beitrag zu leisten, die Chancen und Risiken derartiger Entwicklungen abzuwägen. Zugleich wünschen wir uns, jenseits einer reinen Krisenwahrnehmung des LernOrts Universität konstruktive Denkanstösse zu geben.

Der Band gliedert sich in fünf Abschnitte. Im Anschluss an die Einleitung behandeln die Beiträge des zweiten Abschnitts ausgewählte Faktoren der Internationalisierung des LernOrts Universität. Die Beiträge des dritten Abschnitts konzentrieren sich auf die Rolle der Multimedialisierung bzw. Virtualisierung. Im vierten Abschnitt werden exemplarisch tatsächliche oder mögliche Konsequenzen aus Internationalisierung und Multimedialisierung diskutiert. Abschließend findet sich im fünften Abschnitt neben den Angaben zu den Autorinnen und Autoren ein ausgewählter und gegliederter Überblick zu relevanten Internetressourcen.

Eine Einführung in das Gesamtthema dieser Publikation gibt der im Anschluss an diesen Überblick stehende Beitrag von *Georg Simonis*. Darin wird die Frage aufgegriffen, welchen Veränderungsprozessen der LernOrt Universität durch die Entwicklung und Integration von eLearning ausgesetzt ist. Idealtypisch lassen sich derzeit drei grundlegende Konzepte des LernOrts unterscheiden: die Campus-Universität (klassische Präsenzuniversität), die Fern-Universität und die virtuelle Universität. Durch die Einbeziehung des eLearnings vermischen sich dabei einstmals trennscharfen Unterscheidungen. Da die Konzepte zur Integration von eLearning stark differieren, ist zu untersuchen, welchen Leitbildern, Visionen und Modellen diese Nutzungsmöglichkeiten folgen. Ein Blick auf die institutionellen und sozio-kulturellen Problemstrukturen dieser Integration zeigt nämlich, dass für den Aspekt der Inter- bzw. Transnationalisierung von elektronischen Lehrangeboten die Berücksichtigung des Kontextes von entscheidender Bedeutung sein kann. Die Verknüpfung der technologischen und politischen Dimension für die Nutzungs- und Gestaltungsmöglichkeiten kann insgesamt betrachtet zu einer künftig zunehmenden Delokalisierung und Denationalisierung des LernOrts führen. Ob dieser Wandel positiv oder negativ zu bewerten ist, hängt aber weniger von der Technologie als vielmehr von der politischen Gestaltung und sozialen Einbettung dieser Bildungs-Technologie ab.

Der *zweite Abschnitt* wird eingeleitet von *Barbara M. Kehm*. Sie geht von der Prämisse aus, dass die deutsche Diskussion zur Regulierung und Deregulierung der Hochschulen wie auch die damit verbundenen Reform-Prozesse im Wesentlichen von drei Internationalisierungsprozessen determiniert sind: der Europäisierung durch die Hochschul-Förderprogramme der Europäischen Union (SOKRATES), der Internationalisierung durch den Prozess von Bologna und der Globalisierung durch die im Rahmen der WTO stattfindenden GATS-Verhandlungen. Nicht nur in der begrifflichen Differenzierung dieses kontextuellen Rahmens, sondern auch in den faktischen Strukturen und Prozessen zeigt sich, dass dieses Feld durch einen hohen Grad an Komplexität auszeichnet ist. An zwei Beispielen lässt sich der Einfluss des Deregulierungsansatzes auf die Reform des LernOrts Universität besonders deutlich zeigen. Erstens: der Versuch, ein neues Governance-Modell zu implementieren, das darauf abzielt, das traditionelle Kollegialmodell durch ein Managementmodell zu ersetzten. Dieser verändert nicht nur die Entscheidungsprozesse innerhalb der Organisation der Hochschule, sondern auch den Bereich von Forschung und Lehre. Als zweites Beispiel gilt die Einführung gestufter Studiengänge. Insgesamt betrachtet können die Folgen dieser Reformprozesse als ein Paradigmenwechsel bezeichnet werden, der wissens-, bildungs-, institutionen- und systembezogene Veränderungen impliziert.

Im anschließenden Beitrag geht *Thomas Walter* von der These aus, dass der Bologna-Prozess als ein doppelter Neuordnungsprozess zu verstehen ist. Neben dem explizit erklärten Ziel einer gesamteuropäischen Neuordnung der Studienstrukturen wird über die Einbeziehung aller zentralen hochschulpolitischen Akteure in das spezifische Prozessarrangement implizit auch die Akteurskonstellation der europäischen Hochschulpolitik neu geordnet. Dieser zweite Neuordnungs-Aspekt wird zum einen nur dadurch in seiner ganzen Dimension erkennbar, wenn der historische Kontext der europäischen Hochschulpolitik einbezogen wird. Zum anderen wird er erst durch die Beschreibung des Prozessarrangements und der Struktur des Mitgliedschaftsraums des Bologna-Prozesses transparent. Nicht zuletzt anhand der Verschachtelung mit der Lissabon-Konvention (1997) und dem Teilnahmekriterium einer Mitgliedschaft der europäischen Kulturkonvention (1958) – beides Konventionen des Europarats – lässt sich zeigen, dass dieser europäische Prozess weit über das EU-Europa

hinausgreift. Mit der angestrebten Konvergenz der Studienstrukturen und dem
zentralen Aspekt der Qualitätssicherung schafft der Bologna-Prozess zugleich
eine wesentliche institutionelle Voraussetzung für eine Virtualisierung des Lern-
Orts Universität.

Ausgehend vom Konzept der Akkreditierung differenziert und diskutiert
Ulrich Teichler in seinem Beitrag in systematischer, vergleichender und histori-
scher Perspektive Mechanismen zur Analyse, Überprüfung sowie Bewertung
von Hochschulen. Unter Akkreditierung versteht man das in Agenturen institutionalisierte Verfahren der öffentlichen Leistungsbewertung von Studienprogrammen oder Hochschulen, das der Anerkennung dient. Akkreditierungssysteme entwickelten sich zunächst in Staaten mit heterogenen Hochschulsystemen
und wurden seit den 1990er Jahren in einzelnen Staaten Kontinentaleuropas als
Teilbereich der Evaluation eingeführt. Die Gründe hierfür sind im Rückgang der
staatlichen Kontrolle und einer zunehmenden Diversität der Hochschulland-
schaften (z.B. Etablierung von privaten Hochschulen) zu suchen. Um die Besonderheiten des Akkreditierungsmechanismus zu erfassen, müssen die nur
selten trennscharf verwendeten Verfahren und Konzepte wie Leistung, Qualität
(Qualitätssicherung) oder Evaluation differenziert werden. Prospektiv stellt sich
für den Autor die Frage, ob die erst seit Kurzem eingeführten Evaluationssysteme durch die Verfahren der Akkreditierung verdrängt werden können. Sollte
sich das als Tendenz bestätigen, so birgt dies die Gefahr einer Zerstörung der
Balance zwischen der kontroll- und sanktionsorientierter Leistungsbewertung
und der reflexionsorientierten und verbesserungsfördernden Rückmeldung.

Beobachtet man die Bildungsmärkte, so ist eine wesentliche Veränderung
darin zu erkennen, dass neue Träger von Bildungs- und Ausbildungsangeboten
in Erscheinung treten, wie z.B. private Hochschulen, Corporate Universities
sowie Bildungsbroker. *Tilman Küchler* geht in seinem Beitrag von der These
aus, dass diese Veränderung im Wesentlichen auf drei Entwicklungstendenzen
zurückzuführen ist, die sich unter den Schlagworten Internationalisierung, Privatisierung und Virtualisierung zusammenfassen lassen. Die Komplexität der
Gesamtentwicklung liegt zu einem Gutteil darin begründet, dass sich diese Prozesse wohl analytisch differenzieren lassen, jedoch in der hochschulpolitischen
Praxis nicht selten vermengt sind. So gehen z.B. Internationalisierungsangebote
nicht selten mit der Tendenz zur Privatisierung einher. In diesem Gesamtprozess
gerät das Modell der „alten" Universität unter einen erhöhten Veränderungsdruck und soll nach Leitbildern wie dem der „entfesselten" oder „unternehmerischen" Hochschule neu positioniert werden.

Den *dritten Abschnitt* eröffnet *Rolf Schulmeister*. Die Untersuchung der
Frage, welche Trends auf dem Gebiet des virtuellen Lernens festzustellen sind,

muss auf drei unterschiedlichen Ebenen vorgenommen werden. Die Makroebene, die ökonomische Strategien und Marktorientierungen abbildet, zielt entlang
der drei Strategien Kostenführerschaft, Differenzierung und Nischenbildung vor
allem auf eine Ressourcen- und Kostenreduzierung ab. Betrachtet man die
Nachfrageseite, so ergibt sich insgesamt ein höchst widersprüchliches Bild. Für
die Mesoebene muss im universitären Bereich nach den Organisationsformen
Präsenz-, Fern- und virtuelle Universität differenziert werden. Der sich abzeichnende Trend liegt hier aufgrund der logistischen Vorteile und auch aufgrund
einer speziellen Klientel auf Seiten der Fern-Universitäten. Die Mikroebene
erfasst die Trends der Qualität von Lehr- und Lernumgebungen. Hier zeigt sich,
dass nicht selten die magere didaktische Qualität der Lernobjekte zu einem
anderen, nicht intendierten Verhalten der Studierenden führt.

Im Anschluss daran stellt *Helmut Hoyer* das Multimedialisierungskonzept
der FernUniversität in Hagen vor. Die Neuen Medien spielen sowohl bei der
Profilbildung als auch bei der Positionierung von Hochschulen im nationalen
wie auch internationalen Rahmen eine zentrale Rolle. Durch sie wird nicht nur
die Hochschullehre verändert, vielmehr sind die Arbeitsabläufe und Strukturen
in allen Bereichen der Hochschule davon berührt. Langfristig wird mit diesem
Prozess auch die Chance verbunden, die Leistung zu verbessern und die Qualität
in Forschung, Lehre und Verwaltung zu steigern. Das Multimedialisierungskonzept der FernUniversität, der „Lernraum Virtuelle Universität" (LVU) geht als
strategisches Entwicklungsziel über bereits vorhandene Ansätze hinaus. Mit der
LVU wird der Versuch unternommen, ein vollständiges und homogenes System
zu implementieren, das für den Lehrbetrieb alle universitären Funktionen integriert. Die Entscheidung zur Entwicklung eines eigenen Multimedialisierungs-
konzeptes war nicht zuletzt mit der strategischen Überlegung verbunden, künftige Entwicklungen (technische wie auch methodisch-didaktische) in Eigenregie
gestalten und umsetzten zu können.

Studentische Mobilität, die Erleichterung der Anerkennung von Studienleistungen und die Flexibilität des Lernens sind zentrale Anliegen der europäischen Visionen und Projekte im Bereich der Hochschullandschaft. *Bernd Krämer* stellt in seinem Beitrag das unter der Federführung der FernUniversität in
Hagen von neun europäischen Partnern entwickelte Projekt CUBER vor. Dessen
Ziel war die Entwicklung eines Systems, mit dem sich einerseits unter einem
einzigen Portal universitärere Studiengänge, Kurse und Lernmaterialien erfassen, klassifizieren und verwalten lassen. Andererseits steht CUBER den Nutzern
als Informations- und Kursmakler-System zur Verfügung, mit dem die vielfältigen Angebote europäischer Universitäten erschlossen, verglichen und individuell zusammengestellt werden können sollen. Alle Angebote sind einheitlich mit
Leistungspunkten nach dem ECTS-Standard bewertet. Im Vergleich zu anderen

Studieninformationssystemen zeichnet sich CUBER durch eine größere Menge an Suchkriterien und die tabellarische Vergleichsmöglichkeit der Suchergebnisse aus. Der Zukunftsentwurf von CUBER liegt in der automatischen Anerkennung europaweit erworbener Leitungsnachweise. Damit soll eine neue Form der Mobilität, die virtuelle Mobilität, verwirklicht werden.

Bettina Koeper geht in ihrem Beitrag über das elektronische Informationsangebot der Hochschulbibliotheken von der Frage nach dem Nutzungsgrad und der Nutzungskompetenz im Umgang mit den neuen Medien aus. Steht den Studierenden und Lehrenden heute eine Vielzahl von Portalen und Systemen zur Verfügung, die qualifizierte und strukturierte Dienstleistungsangebote beinhalten, so zeigen verschiedene Studien, dass sowohl der Nutzungsgrad als auch die Nutzungskompetenz den Möglichkeiten, aber auch den wissenschaftlichen Anforderungen häufig nicht gerecht werden. Anstelle einer fundierten und systematischen Nutzung ist ein Verhalten symptomatisch, das aus den gewohnten und einfacheren Recherchestrategien der Internet-Suchmaschinen übertragen wird. Dieser Problematik muss bei der Weiterentwicklung der elektronischen Informationssysteme von Bibliotheken und anderen Anbietern konzeptionell Rechnung getragen werden (technologischer Lösungsansatz). Komplementär dazu muss die Informationskompetenz aber auch über Schulungsveranstaltungen (Weiterbildung als Lösungsansatz) gefördert werden. Aus Kosten- und Kapazitätsgründen können sich derartige Angebote langfristig jedoch nur an Multiplikatoren richten. Da die elektronische Informationsversorgung und das eLearning an Hochschulen künftig nicht mehr voneinander getrennt zu betrachten sind, sondern in integrierter Form weiterentwickelt werden, muss die Weiterbildung zur Förderung der Nutzungskompetenz auch diese Formen mit einbeziehen.

Im ersten Beitrag des *vierten Abschnitts* diskutiert *Brigitte Young*, welche interkulturellen Herausforderungen sich für die Lehre und das Lernen an Hochschulen durch die Kombination von Internationalisierung und Virtualisierung ergeben können. Dafür wird in einem ersten Schritt auf den Kontext – die Gründung eines europäischen und internationalen Bildungsmarktes durch das EU-Binnenmarktprogramm und die GATS-Verhandlungen – und die Defizite des Internationalisierungsdiskurses eingegangen, die in der Reduzierung auf technische und ökonomische Ziele wie Effizienz und Leistung, oder der unreflektierten Rückwärtsbewegung zu neuen Belehrungskulturen und hegemonialer Wissensnormierungen zu suchen sind. Im zweiten Schritt werden die Münsteraner Erfahrungen aus zwei kooperativ durchgeführten interdisziplinär und interkulturellen Distance Learning Seminaren mit dem Massachusetts Institute of Technology (M.I.T.) und der Universität Zagreb reflektiert. Auf der Seite der Lernenden stellen sich neben technischen wiederholt auch interkulturelle Herausforderungen. Doch auch die Rolle der Lehrenden verändert sich. Im virtuellen Lernraum, in dem Autorität nicht durch physische Präsenz erzeugt werden kann, kann es dazu kommen, dass strukturierende Interventionen der Lehrenden von den Lernenden ignoriert werden, was nicht zuletzt Auswirkungen auf den Faktor der Planbarkeit von Lehrveranstaltungen hat. Abschließend wird darauf verwiesen, dass Fragen, in welchem Ausmaß Internationalisierung in Form von interkulturellen Internetseminaren zugelassen und mit welchen finanziellen und personellen Ressourcen sie durchgeführt werden sollen, bislang nur unzureichend diskutiert worden sind.

Am Beispiel der Philosophie geht *Kurt Röttgers* der Frage nach, ob sich die Inhalte universitärer Lehre unter dem Einfluss der Multimedialisierung verändern. Ausgangspunkt seines Beitrags ist die These, dass der feststellbare Wandel auch als „Zugewinn an Differenzierung" bewertet werden kann. Mit einer Skizze zum Wandel der Medialität wird darauf verwiesen, dass die gegenwärtige Zentrierung der Philosophie auf Wort und Schriftlichkeit – und nicht auf Bild und Mündlichkeit – gerne als selbstverständlich betrachtet wird. Damit wird aber ausgeblendet, dass es sich bei dieser Zentrierung um eine „historisch gewordene" und deshalb kontingente Entwicklung handelt. Gegen den Mythos der „direkten Kommunikation" wird konstatiert, dass jede Kommunikation medial vermittelt ist. Für die Verknüpfung von Wort und Bild innerhalb der multimedialen Kommunikation ist daher weniger die Frage nach dem „ob", als vielmehr die Frage nach dem „wie" relevant. Zentrales Kriterium für die Bewertung derartiger Verknüpfungen ist und bleibt der zusätzliche Gewinn an Erkenntnis.

Ausgehend von einer Skizze wesentlicher Etappen der Standardisierung von Lernmaterialien problematisiert *Helmut Fritsch* in seinem Beitrag die praktischen Folgen, die sich daraus ergeben können. Die Elektronisierung von Lernmaterialien zielt darauf ab, die Suche und Austauschbarkeit zu erleichtern und die Nachhaltigkeit erfasster Lernobjekte zu gewährleisten. Notwendig hierfür ist die Standardisierung, d. h. die Erfassung und Beschreibung von Daten nach einheitlichen Kategorien (Metadaten). Die Standardisierung bringt aber für die Autoren und diejenigen, die mit der Pflege von Datenbanken befasst sind, ein großes Maß an zusätzlicher Arbeit mit sich. Darüber hinaus provoziert das gesamte Verfahren ein neues, am kursorischen Denken orientiertes Lernkonzept, das vom Nutzer in noch viel höherem Maße als bislang gewohnt die Fähigkeit abverlangt, die Vielzahl der Suchergebnisse hinsichtlich ihrer Relevanz einschätzen zu können.

Im letzten Beitrag wendet *Irmgard Broekmann* den Blick auf die institutionelle Dimension der Internationalisierung von Hochschulen. Internationalisierung nicht als Zierwerk, sondern als Gestaltungsaufgabe verstanden, provoziert nach innen gerichtete, organisatorische Strukturveränderungen. Dabei stellen sich die beiden Fragen, wie sich die Anforderungen nach neuen Strukturen effektiv und effizient ermitteln lassen und welche Faktoren bei der Umsetzung einer Internationalisierungsstrategie zu beachten sind. Verbindlichkeit von Internationalisierungsstrategien lässt sich nur im Konsens erzielen und beruht in ihrer Umsetzung auf Faktoren wie der Schaffung von Prioritäten, Akzeptanz und Transparenz. Da strategisch orientierte Internationalisierung keinen Job darstellt, der „nebenbei" bewältigt werden kann, muss zu ihrer institutionellen Absicherung eine verantwortliche Organisationsstruktur etabliert werden.

Als Herausgeber danken wir Maik Schumacher und Thorsten Zdebel, die uns bei der Erstellung der Druckvorlage unterstützt haben sowie Frau Jia Xu, die bei der Vorbereitung und Durchführung der Workshops engagiert war. Unser besonderer Dank gilt Ulrike DeStena, die durch ihre umfassende Unterstützung zur Realisation dieser Publikation beigetragen hat.

Die Herausgeber
Georg Simonis
Thomas Walter

eLearning induzierter Wandel der Alma mater: Besichtigung eines komplexen Gestaltungsraumes

Georg Simonis

1 Einleitung

Die Multimedialisierung und Virtualisierung der universitären Lehre hat weltweit begonnen und schreitet, von unterschiedlichsten Motiven der Angebotswie der Nachfrageseite getrieben, unaufhaltsam und breitenwirksam voran (Seale 2003; Carstensen/ Barrios 2004; OECD 2005). Die Auswirkungen dieses Technisierungsschubs auf die Institution der Universität als Einrichtung der Forschung, Lehre und Weiterbildung, sind wie immer bei größeren Technisierungsschüben kaum zu übersehen (Robins/ Webster 2002; Schulmeister 2001/ 2003). Die Unübersichtlichkeit der Lage an den Hochschulen ist freilich nur teilweise technikbedingt. Zahlreiche andere Faktoren, wie die zunehmende Liberalisierung der nationalen Bildungsmärkte und damit deren Integration und Globalisierung, der Wandel der Nachfrageseite durch die Erfordernisse des lebenslangen Lernens, des demographischen Wandels und der Bildungsrevolution in den jungen Industriestaaten (insbesondere Ost- und Südostasiens), der Bologna-Prozess in Europa, die Finanzkrise der öffentlichen Haushalte, die Effizienzprobleme der Massenuniversitäten mit ihren hohen Dropout-Quoten, etc., wirken auf die Governance-Strukturen der Universitäten ein und führen zu deren Umbau (vgl. Stölting/ Schimank 2001; Bok 2003; Walter 2004; OECD 2004). Welche Bedeutung in dieser Gemengelage dem Technikfaktor als Triebkraft zur Veränderung der Organisationsmuster, der Lehrformen und Lehrinhalte der Einrichtungen höherer Bildung im Einzelnen zukommt, ist schwer abzuschätzen.

Die neuen Informations- und Kommunikationstechniken, die Anwendungsmöglichkeiten des Internet, das eLearning, wirken einerseits verstärkend auf bereits bestehende Trends und Organisationsentwicklungen ein. Dies gilt z. B. für die Fernlehre und die Transnationalisierung von Universitäten (u.a. Errichtung von ausländischen Tochteruniversitäten und Studienzentren, Franchising, Twinning) sowie die Ökonomisierung der Lehre über einen erweiterten

Einsatz von Technik. Andererseits werden durch die neuen technischen Möglichkeiten der Informatisierung der Universitäten und speziell der Virtualisierung der Lehre gänzlich neue Entwicklungslinien angestoßen; hier sind beispielsweise die Errichtung von die Lehre vollständig oder doch weitgehend in virtualisierter Form durchführenden Universitäten und die Einrichtung von Lehrplattformen, die auch an Präsenzuniversitäten zu einer teilweisen zeitlichen und örtlichen Entkoppelung der Lehre vom Lernort des Campus und vor allem zu neuen Kommunikations- und Lernformen führen, zu nennen. Wie sich die neuen Möglichkeiten universitärer Lehre mit den bereits bestehenden Lehr- und Organisationsformen, die von der Technisierung herausgefordert werden, verbinden und dadurch die Lehrformen und -inhalte sowie die Aufbau- und Ablauforganisation der Alma mater verändern, ist gegenwärtig offen und Gegenstand strategischen Handelns von universitätspolitischen, staatlichen und gesellschaftlichen Akteuren (vgl. DELPHI 2004; Pfeffer/ Sindler/ Pellert/ Kopp 2005) und nicht zuletzt von den in die Bildungsmärkte drängenden Unternehmen, die sich hier besonders lukrative Anlagechancen erhoffen (Glotz/ Seufert 2002).

Mit dem Instrumentarium der Technikfolgenanalyse und -bewertung wurde der seit den 90er Jahren beschleunigte Technisierungsprozess der universitären Lehre bislang nicht systematisch untersucht (vgl. Bora/ Drechsler/ Krohn 2003; Revermann 2004). Für die möglichen Auswirkungen, die Vor- und Nachteile der neuen IuK-Technologien, von Multimedia und Internet, interessieren sich neben Bildungs- und Universitätsforschern vor allem Informatiker, Softwareentwickler und Designer, freilich auch Informations- und Bibliothekswissenschaftler, gelegentlich auch Ökonomen. Die sozialwissenschaftliche Technikforschung und die Community der Technikfolgenabschätzung haben sich dieses Themenfeld noch nicht erschlossen. Die hier bestehende Forschungslücke zu schließen, wäre eine Überforderung dieses Aufsatzes. In ihm sollen in explorativer Absicht Fragestellungen und Theoreme der jüngeren sozialwissenschaftlichen Technik- und Innovationsforschung aufgenommen werden, um einige Aspekte des durch die beschleunigte Technisierung der Lehre ausgelösten oder verstärkten Wandels universitärer Organisationsformen zu beleuchten. Vier Ausschnitte aus dem sozio-technischen Gestaltungsraum Universität sollen besichtigt werden, ohne sie empirisch-analytisch im Detail vermessen zu können.

Die Universitäten unterscheiden sich in ihren Konzeptionen, eLearning-Komponenten in den Regelbetrieb der Lehre zu integrieren. Sie entwickeln unterschiedliche Nutzungsprofile der neuen technischen Möglichkeiten und begeben sich zwangsläufig in eine Leitbildkonkurrenz. Differierende Leitbilder der Techniknutzung verweisen auf Interventions- und Gestaltungsmöglichkeiten. Im ersten Abschnitt wird danach gefragt, welche Leitbilder, Visionen und

Modelle von eLearning zu beobachten sind. Welche Nutzungsmöglichkeiten zeichnen sind ab? Der zweite Teil des Aufsatzes gibt einen groben Überblick über die vielfältigen institutionellen und sozio-kulturellen Probleme, die mit der Integration von eLearning in den Kontext der Universitäten verbunden sind. Die erforderliche Kontextualisierung der neuen Lerntechnologie erzeugt je nach Leitbild und strategischer Orientierung differierende Anpassungs- wie Gestaltungsprobleme. Wie muss die Organisation, wie muss die Technik (die Lernsoftware) beschaffen sein, um sie „nachhaltig" zu nutzen? Im dritten Abschnitt wendet sich der Artikel den Studierenden, also den Nutzern von eLearning, zu. Welche Erwartungen verbinden die Studierenden mit eLearning? Wie sollten eLearning-Angebote gestaltet sein, damit sie von den Studierenden akzeptiert, genutzt und nachgefragt werden? Schließlich wird nochmals nach Nutzungs- und Gestaltungsmöglichkeiten von eLearning gefragt. Die Virtualisierung der Lehre erleichtert die interorganisatorische Vernetzung von Universitäten und ermöglicht ein orts- und zeitunabhängiges Studium. Fördern die neuen Lerntechnologien die Regionalisierung, die Transnationalisierung und die Europäisierung von Lehrprogrammen oder gar der Institution Universität, so dass sich für die Zukunft eine zunehmende Delokalisierung und Denationalisierung ihrer Organisationsform abzeichnet?

Der Aufsatz möchte einen Beitrag zu der Diskussion leisten, die sich mit dem Problem beschäftigt, in welcher Weise die Entwicklung und Integration von eLearning die Institution der Universität verändert. Ob sich dabei ein Wandel zum Besseren oder zum Schlechteren einstellt, ist nicht „der" Technik geschuldet, sondern hängt von deren politischer Gestaltung und sozialer Einbettung ab. Die Varietät der Nutzungs- und Gestaltungsmöglichkeiten scheint fast unbegrenzt zu sein. Daher ist es Aufgabe der Wissenschaft, die Varietät zu ordnen.

2 Leitbildkonkurrenz

Die jüngere Technikforschung hat herausgefunden, dass sich die Entwicklung von Technik, insbesondere von großtechnischen Systemen, z. B. von Automobilen oder netzfähigen Computern, an Leitbildern orientiert (Dierkes/ Hoffmann/ Marz 1992; Grin/ Grundwald 2000). Unter Technikleitbildern werden normativ aufgeladene Projektionen der individuellen und gesellschaftlichen Nutzung einer bestimmten Technik verstanden. Sie bündeln und kanalisieren Bewertungen über das Leistungspotenzial von Technologien. Die Erwartungen können negativ oder positiv besetzt sein. Befürchtungen um neue Gefährdungen stehen im Widerstreit mit Hoffnungen auf verbesserte Lebensbedingungen. Für die Entscheidungsträger in Wirtschaft, Politik und Gesellschaft geben Technikleit-bilder wichtige Orientierungshinweise, in welcher Weise eine Technologie ge-fördert werden sollte und wo besondere Entwicklungspotenziale und Märkte liegen könnten. Technikleitbilder können sich, wie z. B. das Leitbild des papier-losen Büros, als unrealistisch erweisen. Sie können auf mangelnde Akzeptanz stoßen und dann Widerstand erzeugen. Sie können sich Jahrzehnte nach ihrer Realisierung als Menschen unfreundlich, als sozial nachteilig und damit als grandiose Fehlkonzeption, wie beispielsweise die Auto gerechte Stadt, heraus-stellen.

Im Bereich der höheren Bildung bestehen und konkurrieren gegenwärtig hinsichtlich der Art und Weise der Vermittlung von Lehrinhalten drei basale Konzeptionen (Idealtypen).

a) In der *traditionellen Universität*, die hier als Präsenz- oder Campus-Universität bezeichnet wird, um die räumliche Nähe der Lehrenden und Lernenden kenntlich zu machen, wird zeitlich synchron und sprachvermit-telt in Vorlesungen, Übungen/ Seminare und Praktika gemeinschaftlich ge-lernt. Das Selbststudium zu Hause aus Büchern und Manuskripten ergänzt die kollektiven Lernprozesse im Seminar.

b) Neben der Campus-Universität hat sich seit den 70er Jahren des letzten Jahrhunderts als eigenständiger Typ akademischer Lehre die *Fernuniversi-tät* etabliert (vgl. Fandel/ Bartz/ Nickolmann 1996). Die Lehre erfolgt an der klassischen Fernuniversität räumlich getrennt und zeitlich asynchron, schriftvermittelt im angeleiteten Selbststudium. Der Lehrbrief, der ein preisgünstiges und leistungsfähiges Kommunikationsnetz impliziert, er-setzt hier die Vorlesung; die Einsendearbeit ersetzt die Übungsaufgabe.

c) Schließlich entwickelte sich in jüngerer Zeit, als ein weiterer Typ universi-tärer Lehrmöglichkeit, die *virtuelle Universität* (Schulmeister 2001). An ihr findet die Vermittlung des Lernstoffs mit Hilfe elektronischer Medien, insbesondere des Internet und der CD-Rom, Rechner gestützt statt. ELear-ning mit virtueller Lernumgebung tritt an die Stelle des Seminars der Campus- bzw. des Lehrbriefes der Fernuniversität. Das Verhältnis zwi-schen Lehrenden und Lernenden wird noch weiter als an einer Fernuniver-sität entpersonalisiert. Die Mensch-Maschine-Kommunikation gewinnt hier überragende Bedeutung.

Der Begriff der virtuellen Universität wird nicht einheitlich verwendet. Mindestens vier Formen virtueller Universitäten lassen sich unterscheiden (vgl. PLS-Ramboll 2004: 5):

a) Internetportale, die eLearning-Angebote verschiedener Universitäten bündeln,
b) Internetportale von Universitätskonsortien, die ein gemeinsames eLearning-Angebot vorhalten und betreuen,
c) Studienbetrieb und virtualisierte Studienangebote einer Universität, die nur virtuelle Lehre betreibt,
d) eLearning-Angebote (virtueller Campus) einer Präsenzuniversität.

Nur die dritte Variante entspricht dem Konzept einer virtuellen Universität in reiner Form. Bei den drei anderen Varianten handelt es sich um Mischtypen, die die Existenz von Campus- bzw. Fernuniversitäten voraussetzen.

Mit den drei Idealtypen akademischer Lehre korrespondieren Leitbilder, die in unterschiedlichem Ausmaß gesellschaftlich und kulturell etabliert sind[1]. Das Leitbild und die Institution der virtuellen Universität haben sich erst noch durchzusetzen (vgl. Bachmann/ Haefeli/ Kindt 2002; Uhl 2003). Die Akzeptanz der Fernlehre und des Hochschultyps Fernuniversität nimmt selbst in Deutschland, wo lange Zeit große Vorbehalte bestanden, langsam zu. Im globalen Bildungsmarkt (OECD 2004; OBHE 2004) scheinen sich Mischformen universitärer Lehre mit je spezifischem Technikeinsatz herauszubilden. Reine Formen dürften der Vergangenheit angehören:

• Die Präsenz- bzw. Campus-Universitäten integrieren Komponenten der virtuellen Universität und des eLearning. Vielfach ergänzen sie ihr Lehrangebot durch einzelne Module, ganze Studiengänge oder Weiterbildungsbausteine der Fernlehre („dual mode" Universitäten).
• Die Fernuniversitäten nutzen zunehmend die Möglichkeiten von virtuellen Lehrplattformen, eLearning und Tele-Tutoren ohne auf den schon traditionellen „Lehrbrief" zu verzichten (blended learning). In der Regel werden neben den Basiselementen des Fernunterrichts auch Präsenzphasen angeboten.
• Die virtuellen Universitäten differenzieren Betreuungs- und Qualitätssicherungssysteme, ähnlich wie die der Fernuniversitäten, aus. Auch scheint die

---

[1] Die offenen Universitäten, die an die akademische Lehre heranführen oder spezielle Weiterbildungsangebote offerieren, werden hier nicht betrachtet.

virtuelle Lehre ohne Bestandteile von Präsenzunterricht wenig erfolgreich und nachhaltig zu sein.

• Die drei Grundtypen der Vermittlung von Lehrinhalten höherer Bildung verbinden sich miteinander in je spezifischer Weise, so dass hybride Formen universitärer Lehre entstehen. Gegenwärtig ist dieser Hybridisierungsprozess bereits in vollem Gange. Eine Vereinheitlichung der Lehrorganisation ist dabei nicht zu erwarten (vgl. Lepori/ Cantoni/ Succi 2003).

Jede der drei Grundformen verfügt über Spezialisierungsvorteile und Alleinstellungsmerkmale, die bei einer flächendeckenden Vereinheitlichung der Lehrformen verloren gehen müssten. Unter der Bedingung zunehmender Konkurrenz zwischen den Hochschulen um Studierende, qualifiziertes Lehr- und Verwaltungspersonal, öffentliche und private Finanzmittel, letztlich um Reputation, ist eher damit zu rechnen, dass eine stärkere Konzentration auf bestimmte Kompetenzen, Leistungsmerkmale und Angebotsspezifika erfolgen wird. Der wachsende Finanz- und Konkurrenzdruck wird auch die Technisierung der Lehre vorantreiben, sofern deren Multimedialisierung und Virtualisierung zur Steigerung der Qualität, vor allem auch zu deren Attraktivität, zur Reduktion von Kosten und zur Eroberung neuer Marktanteile im In- und Ausland beitragen. Im Falle der virtuellen Universitäten wird die Konkurrenz nicht nur über die Qualität und Quantität multimedialer Lehrangebote und deren Preis, sondern vor allem über deren Betreuung und Einbindung in die bestehenden Ausbildungs- und Prüfungssysteme ausgetragen werden.

Die Entwicklung und soziale Einbettung der virtuellen Universitäten werden ebenso wie die Entwicklung und Einpassung von eLearning-Elementen in die Fern- und die Präsenzlehre von Visionen und Konzepten der Nutzung der neuen Medien in der Lehre begleitet und von ihnen koordiniert und gesteuert. Jede Einrichtung wird zumindest implizit, zumeist aber explizit, ein Leitbild formulieren, an dem sich die Angehörigen der Hochschule, sowie die gegenwärtigen, potenziellen und zukünftigen Stakeholder orientieren. Neben der Informations- und Orientierungsleistung haben Leitbilder auch die Funktion das Handeln in komplexen Organisationen und Netzwerken zu koordinieren und als Motivationsquelle zu dienen (vgl. Canzler/ Dierkes 2001: 460 f.). Je nach Hochschultyp und dessen konkreter Ausprägung kann die Formulierung von je spezifischen Leitbildern des eLearning erwartet werden. Beispielsweise hat sich die Technische Universität Darmstadt (TUD) jüngst (WS 2003/04) das Leitbild einer besonderen „Dual Mode University" zugelegt (vgl. Sesink/ Wendland 2005). Steinmetz und Offenbartl (2005) charakterisieren das „Geschäftsmodell" der „Dual Mode TUD", die sich nach wie vor als „Präsenzuniversität mit dem

Schwerpunkt auf der universitären Erstausbildung" (2005: 67) begreift, durch folgende Merkmale:

- „Bis zum Jahre 2014 wird die Dual Mode TUD als erste Universität in Deutschland in allen Studiengängen mindestens eine eLearning Pflichtveranstaltung anbieten ..."
- „In einigen Studiengängen können dann die Studierenden bis zu 30 % ihres Studienpensums mit eLearning-Veranstaltungen abdecken ..."
- „Die Zielgruppen der TUD werden sich dadurch verändern ..."
- „Die Dual Mode TUD will national und international in der Universitäts- und Wissenschaftsgemeinde als herausragend im Bereich eLearning gelten ..."
- „Punktuell wird es reine Fernstudiengänge geben. Die Vermarktung von Studiengängen und Modulen wird vorangetrieben werden von den Interessierten in der Weiterbildung mit Unterstützung durch das 2004 neu gegründete eLearning Center der TUD." (Steinmetz/ Offenbartl 2005, 68)

Die Dual Mode Vision der TUD hat ihren Niederschlag in einem strategischen Konzept und einem Maßnahmenbündel gefunden, das die Realisierung der Vision bis zum Jahre 2014 ermöglichen soll. Dabei gehen die Organisatoren des Projekts einer Dual Mode TUD davon aus, dass eLearning und eTeaching „nur dann zu tiefgreifenden Veränderungen an der Hochschule führen, wenn die Beteiligten dadurch Vorteile realisieren können" (Steinmetz/ Offenbartl 2005: 71). Entsprechend sollen geeignete Anreizsysteme alle beteiligten Interessengruppen (Lernende, zentrale Einrichtungen, Lehrende) motivieren und integrieren. Wenn alle mitmachen, werden auch alle etwas gewinnen, vor allem freilich die Institution, deren Leistungsfähigkeit und Reputation durch die Realisierung der Vision Dual Mode TUD nachhaltig gestärkt werden. Die Dual Mode Vision lässt sich als Ausdruck einer Technik induzierten Herausforderung begreifen, auf die die TUD mit einem beachtlichen Redesign der Lehrorganisation und -angebote sowie der sie unterstützenden Infrastrukturen reagiert. Auch Forschung und Entwicklung sind in den Umbau und die Neuausrichtung der Ziele der Organisation eingebunden.

Die TUD ist mit ihrer Dual Mode Vision kein singuläres Beispiel. Andere Universitäten entwickeln ähnliche, in ihren konkreten Zielen und Maßnahmen aber doch sehr unterschiedliche Visionen (vgl. Uhl 2003; Lepori/ Cantoni/ Succi 2003; PLS-Ramboll 2003a) über die Integration und Gestaltung von eLearning und eTeaching. Auf diese Weise entsteht Differenz, Konkurrenz und Handlungsdruck. Bemerkenswerterweise erfasst der Technik getriebene Handlungsdruck bereits die Mehrzahl der europäischen Universitäten (PLS-Ramboll 2003).

Man kann davon ausgehen, dass die virtuelle Universität in reiner Form das bestehende Universitätssystem ergänzen und die institutionelle Vielfalt vergrößern wird, wie schon der Typ der Fernuniversität (distance education) das alte System der Präsenz- und Campus-Universitäten erweitert hatte. Die Aneignung und Nutzung der neuen Rechner- und Internet gestützten Lehrmöglichkeiten lösen zwar auch einen beträchtlichen Wandel der Fernlehre und ihrer Organisation aus, jedoch geben Vergleichsstudien (u.a. PLS-Ramboll 2003; OECD 2005) zu der Vermutung Anlass, dass die Integration von eLearning das System der Präsenzhochschulen vor noch größere Probleme stellt. Die Präsenzuniversitäten müssen sich der Aufgabe stellen, Technik gebundene Lernsysteme, die es erlauben dauerhaft auf hohem Niveau wissenschaftlich gesichertes Wissen zu vermitteln, erstmals zu entwickeln und zu pflegen. Dieser Aufgabe und dem mit ihr verknüpften organisatorischen Redesign, werden sie sich nicht entziehen können, da hinreichend Anreize (z. B. politische Programme, Verbesserung der Lehre, Erhöhung der Reputation, steigende Einnahmen) bestehen, von den neuen technischen Möglichkeiten Gebrauch zu machen. Entsprechend artikulieren sie Visionen und Leitbilder, die ihrerseits die Konkurrenz und den Handlungsdruck zur Integration von Momenten des eLearning und eTeaching erhöhen.

3   Kontextualisierungsprobleme

Die Invention moderner, wissensbasierter Technologien erfolgt dekontextualisiert, im geschützten Raum von Forschung und Entwicklung (Fleischmann/ Esser 1989). Auch die virtuelle Universität ist ein „Produkt" dekontextualisierter, arbeitsteiliger Forschung, an der sich Informatiker, Medienwissenschaftler, Elektrotechniker, Pädagogen und viele andere Spezialisten beteiligen. Das neue Leitbild einer sich ankündigenden Wissensgesellschaft adäquaten, die neuen IuK-Technologien nutzenden, Universität integriert pädagogische, organisatorische, technische und sozio-ökonomische Idealvorstellungen, die sich außerhalb des Labors, also in der Praxis, noch zu bewähren haben. Der erste große Praxisschock folgte unvermeidlich den überzogenen Hoffnungen (vgl. Brake 2000).

Buchholz und Schwarz (2002) charakterisieren unter Verweis auf Vorarbeiten Chongs (1997) die virtuelle Universität mit vier Merkmalen, die auf Grenzüberschreitungen abstellen:

- „time-independent: instructional materials are accessible on demand at any time
- place-independent: participants of the teaching/ learning process need not be present within the four walls of a classroom
- borderless: acess will be increased so as to collaborate with a worldwide network of experts and knowledge
- reality-augmented: complex matters are visualised in virtual world models for pur-poses of demonstration" (Buchholz/ Schwarz 2000: 1).

In der durch den Höhenflug der Börsenkurse angeheizten Stimmungslage der Dotcom-Ära schien die schnelle Realisierung der entgrenzten virtuellen Universität möglich zu sein. Neue Märkte im Bereich der Weiterbildung (Stichwort: lebenslanges Lernen) und in den Schwellenländern (Stichwort: China) schienen auf ihre Erschließung durch das Internet und seine Anwendungspotenziale bloß zu warten. Die Firstcomer könnten sich, so wurde vermutet, die besten Stücke des neuen Kuchens aneignen und würden in dem als höchst lukrativ geltenden Markt für höhere Bildung dauerhaft vorne liegen. Wer sich zurückhielt, wäre gänzlich aus dem Rennen. Im Bericht des Select Committee on Education and Skills des Britischen Parlaments (UKP/ SCES, 3. Bericht 21.2.2005), das das Scheitern der britischen Virtuellen Universität (UKeU) zu untersuchen hatte, wird auf die damalige Stimmungslage verwiesen:

> „At that height of the dotcom era there was also a sense of urgency that if you didn't strive to take your share in this global market straight away, you would lose out". (UKP/ SCES 2005: 1)

und wenige Zeilen später wird der Erziehungsminister, Kim Howells, mit folgender Aussage vor dem Untersuchungsausschuss zitiert:

> „It was also informed by a kind of fear that the Americans were going to capture students and that they were actually going to capture students in this country". (UKP/ SCES 2005: 2)

Im Mai 2000 legte die Beratungsfirma Pricewaterhouse Coopers dem Higher Education Funding Council for England (HEFCE) eine viel versprechende Marktstudie vor. Eine e-Universität des Vereinigten Königreichs könne bereits im zweiten Betriebsjahr mit 12.600 eingeschriebenen Studierenden rechnen. Nach sechs Jahren ließe sich die Zahl der eingeschriebenen Studierenden auf 110.000 und nach zehn Jahren auf 250.000 steigern. Die Einnahmen beliefen sich im zweiten Studienjahr auf 2,7 Mio. Pfund und sollten nach zehn Jahren

110 Mio. Pfund erreichen. Nachdem sich erste Schwierigkeiten in der Umsetzung des ersten Geschäftsplans der im Jahre 2001 gegründeten UKeU ergaben, wurde dieser angepasst. Die öffentlichen Investitionsmittel wurden auf insgesamt 62 Mio. Pfund erhöht. Im September 2003 begann die UKeU mit 900 Studierenden den Studienbetrieb, von denen nur ca. 200 die von der UKeU gemeinsam mit Sun Micro-systems Ltd. entwickelte Plattform benutzten. Der revidierte Geschäftsplan hatte allerdings für diesen Zeitpunkt schon 5.600 Studierende eingeplant. In Anbetracht der geringen Nachfrage entschied HEFCE bereits im Februar 2004, nachdem 50 Mio. Pfund investiert worden waren, den Lehrbetrieb sofort einzustellen und das Unternehmen zu beenden.

Auch andere Projekte virtueller Universitäten scheiterten, wie z. B. die NYU-Online, die Cardean University (u.a. Wharton business school) oder das Fathom-Projekt, ein gemeinsames Unternehmen der Columbia University mit 14 anderen Universitäten (u.a. LSE), Museen (u.a. British Museum) und Bibliotheken (vgl. The Guardian v. 13.4.04). Die Gründe für die Pleite der UKeU, die der für die Aufklärung dieses Falls eingerichtete Untersuchungsausschuss des britischen Unterhauses herausgefunden hat, dürften exemplarischen Charakter besitzen. Als wichtigste Ursache für ihr Scheitern hebt der Untersuchungsbericht die angebotsorientierte Entwicklungsstrategie der UKeU hervor. Diese Unternehmensphilosophie habe drei negative Implikationen gehabt:

- Das von der UKeU vertretene eLearning-Konzept habe ausschließlich auf die Internet-Technologie gesetzt.
- Marktforschung und Marketing der Lehrangebote seien völlig unzureichend gewesen. Es habe die irrige Annahme einer unmittelbar vorhandenen, zahlungsfähigen und zahlungswilligen Nachfrage bestanden.
- Nicht die Studierenden, sondern die technologischen Probleme hätten im Zentrum der Aufbauarbeiten der UKeU gestanden. Die technologische Entwicklung der Lehrplattform habe viel zu viel Aufmerksamkeit auf sich gezogen.

Wie so häufig bei der Entwicklung und Vermarktung der Produkte neuer Technologien verfolgte die UKeU eine Technik zentrierte Einführungsstrategie. Der gesellschaftliche Kontext, vor allem die Fähigkeiten und Interessen der Studierenden, die so genannten Lerner, wurde weitgehend ausgeblendet. Die Entwickler und Manager der UKeU waren von den neuen technologischen Möglichkeiten so fasziniert, dass sie glaubten, Technik kompetente, lernbegierige und zahlungsfähige Studierende würden zu Tausenden in den Schwellenländern auf das Universitätsangebot aus England warten. Diese Hoffnungen erwiesen sich als irreal. Die Vision eines grenzenlosen Marktes von eLearnern, die nur auf ein entsprechendes eTeaching-Angebot warteten, musste revidiert werden, da

- die Lerngewohnheiten, -möglichkeiten und -bedingungen der potenziellen Studierenden nicht angemessen berücksichtigt worden waren,
- das elektronische Kursmaterial nicht in hinreichendem Umfang und den Lernbedürfnissen entsprechend aufbereitet zur Verfügung stand,
- der Aufbau eines funktionierenden und bedürfnisgerechten Betreuungssystems sich als viel aufwendiger als erwartet erwies
- und die Kosten des Systems von der Infrastruktur (Lernplattform, Studienzentren, Kooperationsbeziehungen, Lizenzen), dem elektronischen Kursmaterial und dem erforderlichen Forschungsinput bis zum laufenden Betrieb weit unterschätzt wurden, so dass sich wegen mangelnder Aussichten auf Gewinn keine privatwirtschaftlichen Partner, wie vom Geschäftsplan vorgesehen, bereit fanden, in das Unternehmen zu investieren.

Die tiefere Ursache für diese Fehlkalkulationen war, wie das „Select Committee on Education and Skills" richtig erkannt hat, die Technik zentrierte Unternehmensphilosophie der Organisatoren und Verantwortlichen der UKeU, die zur Ausblendung der relevanten Kontextfaktoren, von den Fähigkeiten, Einstellungen und Interessen der zukünftigen Studierenden bis zu den ökonomischen, sozialen, rechtlichen und politischen Rahmenbedingungen von eTeaching und eLearning, führte. Als erschwerender Faktor kam hinzu, dass die UKeU, unterstützt von Sun, meinte, eine eigene Lehrplattform entwickeln zu müssen. So machten sich die Kontextbedingungen als zunächst einmal unüberwindbare restriktive Faktoren bemerkbar. Das Geschäftsmodell der UKeU wurde für gescheitert erklärt. HEFCE vollzog einen Kurswechsel um 180 Grad und verkündete, dass „in future HEFCE funding should support the development of e-learning in universities and colleges". (UKP/ SCES 3. Bericht, 21.02.05: 1)
Die neue, im März 2005 von HEFCE der britischen Öffentlichkeit bekannt gemachte, eLearning-Strategie (HEFCE 2005) stellt nun auf die Erwartungen und Fähigkeiten der Lernenden an britischen Universitäten sowie auf die Einbettung von eLearning in die bestehenden institutionellen, sozialen und kulturellen Kontexte ab. Die Studierenden sollen jetzt im Zentrum der Entwicklung und Nutzung von eLearning an englischen Universitäten stehen, „using technology to transform higher education into a more student-focused and flexible system, as part of lifelong learning for all who can benefit". (UKP/ SCES 3. Bericht, 21.02.05: 5) Mit höchster Priorität sollen die Einrichtungen höherer Bildung befähigt werden, „to meet the needs of learners and their own aspirations for development." (UKP/ SCES 3. Bericht, 21.02.05: 5)

In England wird der Idealtyp einer virtuellen Universität, dem die UKeU ohnehin als Konsortialuniversität nur näherungsweise entsprochen hatte, nicht weiter zu realisieren angestrebt. Die zentralistische Einführungsstrategie wird zugunsten einer dezentralen und weniger Technik zentrierten Strategie, die an bestehenden Strukturen ansetzt, aufgegeben. Außerdem wird nun ein inkrementeller Ansatz verfolgt. Durch ein kleinschrittiges Vorgehen, das an dem aktuellen Bedarf, den Erwartungen und Möglichkeiten der beteiligten Akteure ansetzt, sollen Strukturbrüche vermieden werden. John Slater vom Higher Education Policy Institute fasst die Lehren aus dem Scheitern der UKeU in folgenden Punkten zusammen:

> „So what can be learned from this? Firstly to keep models simple and in line with normal procedures. Secondly not to spend too much in development of courses or platform without a clear idea of market. Thirdly to build testing and trialling into work and to do so early. Fourthly to concentrate at least initially on where gains are greatest. Fifthly to share wherever it is feasible and realistic. Finally to ensure appropriately qualified, professional, and motivated management of the process." (Slater 2005: 9)

Diese strategischen Vorschläge für die Implementation von eLearning und eTeaching wurden vor dem Hintergrund der britischen Erfahrungen und der britischen politisch-institutionellen Rahmenbedingungen formuliert. Das trotz Dekonzentration und Devolution (Regionalisierung) im Kern immer noch unitarisch und hierarchisch strukturierte britische politische System verfolgte mit der Gründung der UKeU einen dieser Struktur entsprechenden und gleichzeitig Technik zentrierten Steuerungsansatz zur Implementation eines landesweiten und Export orientierten virtuellen Lehrangebots.

Im föderal aufgebauten Deutschland war diese zentralistische Förderstrategie strukturell ausgeschlossen. Hierzulande wurde die Förderpolitik von Beginn an dezentral angelegt, so dass es nicht zu einem entsprechend großen Desaster kam. Trotzdem ergaben sich erhebliche Kontextualisierungsprobleme, die aufsummiert die Größenordnung der britischen Förderruine durchaus erreichen. Die wichtigste Ursache für die recht schwachen Auswirkungen der zahlreichen staatlich geförderten Projekte auf die Veränderung der universitären Lernformen scheint, in gleicher Weise wie in England, deren Technik zentrierte Ausrichtung gewesen zu sein. Das Begleitprojekt des Instituts für Wissensmedien (IWM) zum BMFB-Programm „Neue Medien in der Bildung, Bereich Hochschulen", das mit einem Gesamtumfang von 185 Mio. Euro die Einführung multimedialer Lehr- und Lernformen in den Jahren 2000 – 2004 förderte, gelangte frühzeitig zu dem Ergebnis,

„dass der Fokus bislang stärker auf der technischen Realisation liegt als am didaktischen Design". (Zentel/ Bett u.a. 2002: 227)

Die dominante Orientierung auf die Entwicklung von Technik wird vor allem
für den Bereich Telemedia festgestellt:

> „Nur selten wird in diesem Bereich eine didaktische Einbettung beschrieben. Es
> zeigt sich, dass bislang bei Telemedia-Anwendungen – im Gegensatz zu Mul-
> timedia – nur wenige Erfahrungen über geeignete Nutzungsformen exis-tieren,
> auf die Bezug genommen werden könnte". (Zentel/ Bett u.a. 2002: 226)

Die in Deutschland verfolgte bottom-up-Strategie scheint zu keinem besseren,
„nachhaltigeren", Ergebnis geführt zu haben als die britische top-down-
Strategie. Beide Strategien waren Technik zentriert angelegt und blendeten den
komplexen Kontext universitärer Lehre weitgehend aus. Dennoch erwies sich
die kleinteilige, dezentrale bottom-up-Strategie dem zentralistischen und groß-
formatigen Einführungskonzept als überlegen. Von den zahlreichen kleinforma-
tigen Projekten ließen sich zumindest einige in den Regelbetrieb überführen.
Und von vielen anderen gingen vielfältige Impulse zur Entwicklung und Kontextualisierung der neuen Lern- und Lehrtechniken aus. Nach vielen Fehlversu-
chen zeichnet sich allmählich ab, mit welchen Problemen eine „nachhaltige"
Einführungsstrategie zu rechnen hat und wie sie angelegt sein sollte, um die
Integration der neuen Techniken in den Lehrbetrieb der Universitäten zu befördern.

In der Auswertung ihrer Delphi-Befragung von eLearning-Experten im
deutschsprachigen Raum im Jahre 2003 gelangen Seufert und Euler zu einem
dreistufigen Implementationskonzept zur Unterstützung der „Nachhaltigkeit von
eLearning-Innovationen" (2004: 14), wobei sie unter Nachhaltigkeit „eine dauerhafte Implementierung und Nutzbarmachung der Potenziale von eLearning in
einer Organisation" verstehen (2004: 13). Die Implementierung und damit Kontextualisierung von eLearning erfordere

- eine angemessene strategische Grundausrichtung der Hochschule,
- die Vereinbarung eines hochschulweiten Innovationsprojekts sowie
- die Durchführung von eLearning-Projekten in den Fachbereichen.

Außerdem müsste sowohl auf der Hochschul- wie auf der Fachbereichsebene
die Mehrdimensionalität von eLearning berücksichtigt werden. Im Mittelpunkt
habe die didaktische Dimension zu stehen:

„Letztlich müssen sich eLearning-Konzepte an der Frage messen lassen, inwieweit sie die ausgewiesenen fachlichen und überfachlichen Lernziele erreichen,
und dies zudem besser als dies mit weniger aufwändigen Lernszenarien möglich
wäre" (Seufert/ Euler 2004: 11f.).

Eine nachhaltige Implementation von eLearning habe jedoch auch den ökonomischen, technischen, organisatorisch-administrativen und sozio-kulturellen
Erfordernissen Rechnung zu tragen.
     Seufert und Euler (2004) haben auf der Basis ihres Expertendelphis ein
Sollkonzept für die nachhaltige Implementierung von eLearning entworfen, das
die negativen Erfahrungen mit der Überführung von dezentralen, zeitlich befris-
teten eLearning-Projekten in den Studien- und Regelbetrieb widerspiegelt. Erst
die bei der Integration von eLearning in den institutionellen Kontext der Universitäten aufgetretenen Probleme scheinen die eLearning-Experten, von denen
wohl nur wenige wirklich überrascht waren, vor allem aber das Leitungsperso-
nal der Hochschulen zu der klaren Erkenntnis gebracht zu haben, dass die Virtualisierung der universitären Lehre, wenn sie dauerhaft und breitflächig zum
Nutzen der Studierenden eingeführt werden soll, mit einem Redesign universitärer Strukturen und Organisationsprinzipien verbunden sein muss. Das Seufert-
Eulersche Sollkonzept macht auf die verschiedenen Ebenen und Dimensionen
aufmerksam, die von der Integration von eLearning tangiert werden und die
ihrerseits auf die Nachhaltigkeit und die Art und Weise der Nutzung von eLearning einwirken. Zu Recht wird ein komplexer wechselseitiger Anpassungs- und
Gestaltungsprozess, der von einer Vielzahl von Mikro- und Makrofaktoren
beeinflusst wird, für erforderlich gehalten.
     Die Integrations- und Kontextualisierungsproblematik stellt sich für jede
Hochschule, je nach besonderer Ausprägung der Mikro- und Makrofaktoren, in
unterschiedlicher Weise dar. In Reaktion auf die je spezifischen Problemsituati-
onen und Handlungsmöglichkeiten werden mehr oder weniger passförmige
Aneignungsstrategien formuliert, die zu gänzlich unterschiedlichen Aneig-
nungsmustern der neuen Lerntechnologien führen. Die im Auftrag der Europäischen Kommission in den Jahren 2002/03 von dem dänischen Beratungsunter-
nehmen PLS-RAMBOLL durchgeführte Untersuchung zur Diffusion von e-
Learning an europäischen Universitäten kann hinsichtlich der Art und Weise der
Integration der neuen Techniken vier Typen oder Cluster von Universitäten
(PLS-RAMBOLL 2004) erkennen:

• „The front-runners" (16 %), wo die Hochschulleitung die Entwicklung und
  Nutzung der IuK-Technologien mit hoher Priorität verfolgt und wo die

neuen Technologien sowohl in der Lehre als auch in der organisatorischen Infrastruktur zunehmend genutzt werden.

*   „The co-operation universities" (33 %), die der schnellen Integration von IuK-Anwendungen eine relativ geringere Priorität einräumen und die auf strategische Partnerschaften mit heimischen und ausländischen Universitäten bauen. Die neuen Technologien werden zur Verbesserung der Universitätsorganisation, aber auch zur Unterstützung der Präsenzlehre auf dem Campus eingesetzt.

*   „The self-sufficient universities" (36 %) mit einem hohen Anteil von großen Universitäten mit über 20.000 Studierenden, die ein ähnliches Nutzungs- und Integrationsprofil wie die „co-operating universities" aufweisen. Der wesentliche Unterschied zu diesen besteht in ihrem sehr niedrigen Kooperationsniveau.

*   „The sceptical universities" (15 %), die in nahezu allen Anwendungsbereichen der neuen Medien zurückhängen, und bislang – bis auf Ausnahmen (13 % dieses Clusters) – keine erkennbare Entwicklungs- und Integrationsstrategie von eLearning-Komponenten formuliert haben. Beachtliche Teile des Lehrkörpers wie der Verwaltung schätzen hier die Anwendungs- und Nutzungspotenziale der IuK-Technologien in der universitären Lehre skeptisch ein.

Den von PLS-Ramboll analytisch-deskriptiv gewonnenen Universitätsclustern lassen sich die von Seufert und Euler (2004: 17) theoretisch begründeten, durch ihre Delphi-Befragung erhärteten und in Anlehnung an Collis/ van der Wende (2002) formulierten, Strategietypen für den Einsatz von eLearning-Innovationen zuordnen. So ergibt sich das folgende Muster von sich wechselseitig bedingenden und verstärkenden Universitätsclustern und Strategietypen:

*   „front runners" verfolgen im Allgemeinen eine „New Economy"-Strategie: Neue Zielgruppen werden sowohl durch Globalisierung als auch durch Individualisierung/ Flexibilisierung der Bildungsangebote erschlossen.

*   Die „co-operating universities" verfolgen im Allgemeinen eine „Global Campus"-Strategie: Neue Zielgruppen werden durch räumliche und zeitliche Globalisierung/ Flexibilisierung von Bildungsangeboten in bestimmten Bereichen erschlossen.

*   Die „self-sufficient universities" verfolgen im Allgemeinen eine „Stretching the Mould"-Strategie: Neue Zielgruppen werden durch Flexibilisierung des Personals und Individualisierung von Bildungsangeboten auf dem Campus erschlossen.

• Die „sceptical universities" verfolgen im Allgemeinen eine „Back to Ba-
  sics"-Strategie: Bestehende Zielgruppen sollen durch die Verbesserung der
  Qualität der Bildungsangebote und die Förderung neuer Lehr- und Lernkulturen effektiver und effizienter ausgebildet werden.

Die in der Übersicht angedeuteten Wechselbeziehungen zwischen Cluster- und
Strategietyp erscheinen einigermaßen plausibel, bedürften aber der empirischen
Überprüfung und Konkretisierung. Unstrittig ist, dass die Universitäten auf die
große Herausforderung der neuen IuK-Technologien in sehr unterschiedlicher
Weise reagiert haben. Die Folge ist eine zunehmende Differenzierung der Universitäten hinsichtlich des Einsatzes und der konkreten Gestaltung von eLearning. Die Universitäten haben begonnen sich neu zu positionieren, zu profilieren
und strategische Ziele zu formulieren, in welcher Weise sie für die Weiterentwicklung ihrer Organisation die neuen Technologien einsetzen wollen. Die
Zielvorstellungen sind das Ergebnis gewachsener Strukturen und Machtverhält-
nisse, inkrementeller und dezentraler Integrations- und Anpassungsprozesse
sowie politischer Vorgaben. Sie wirken ihrerseits, sofern sie das Handeln des
Leitungspersonals und der Aufsichtsbehörden zu orientieren vermögen, auf die
Strukturbildung, d.h. auf die konkrete Ausgestaltung des Verhältnisses zwischen
den Techniknutzern und -anwendern, den organisatorischen Abläufen und der
eingesetzten Technik, zurück.
    Die empirischen Ergebnisse nationaler und internationaler Vergleichsstu-
dien (Collis/ van der Wende 2002; Zentel/ Bett u.a. 2002; Lepori/ Cantoni/ Succi 2003; Seufert/ Euler 2004; PLS-RAMBOLL 2004) deuten darauf hin, dass
die Universitäten breitflächig, allerdings mit sehr unterschiedlicher Intensität,
begonnen haben, die neuen eLearning-Potenziale aufzunehmen und bezogen auf
das organisatorische Setting der eigenen Universität auszugestalten. Dezentrale
und gleichzeitig inkrementelle sowie Technik zentrierte Aneignungsstrategien
dominieren. Auch werden beachtliche Ressourcen mobilisiert. Doch der Ressourceneinsatz droht schnell zu verpuffen, falls es nicht gelingt, die erzeugten
Produkte, neuen Lehrformen, -fähigkeiten und -erfahrungen organisatorisch
einzubinden und auf Dauer zu sichern. Die Sicherung der Nachhaltigkeit von
zunächst punktuellen und projektbezogenen eLearning-Innovationen erfordert
deren verbindliche Integration in institutionalisierte Lehrangebote, technische
und organisatorische Infrastrukturen und in die Aufbau- und Ablauforganisation
der Hochschulen (so schon Bates 2000). Ohne Unterstützung durch eine zielori-
entierte und langfristig ausgerichtete top-down-Strategie in den Universitäten
kann die nachhaltige Einbettung und Pflege von anspruchsvollen eLearning-
Bausteinen nicht gelingen.

4 Nutzerorientierung?

Die Bereitschaft der Universitäten, strategische Leit- und Entwicklungslinien auf der Grundlage eines hochschulspezifischen Leitbildes der Nutzung und Entwicklung von eLearning-Potenzialen zu formulieren, wird nicht nur aus internen Gründen, um die Nachhaltigkeit und Effizienz von eLearning-Aktivitäten zu steigern und die Diffusionskosten zu vermindern, sondern auch aus externen Gründen zunehmen. Der gesellschaftliche Kontext, in den die Universitäten eingebunden sind, und auf den sie reagieren müssen, wandelt sich (vgl. Woolgar 2002; Crook/ Light 2002). Die Konkurrenz um staatliche Förder- und Drittmittel sowie um Gebühren zahlende, qualifizierte Studierende nimmt zu, und Letztere erwarten in zunehmendem Maße ein breites, funktionierendes, und Nutzer zentriertes Angebot an eLearning-Komponenten, das höchsten Qualitätsanforderungen entsprechen sollte. Die Studierenden wachsen in einer von Internet-Dienstleistungen geprägten Wissensgesellschaft auf, in der die Benutzung der Informations- und Kommunikationsdienste des Netzes zur täglichen Routine geworden ist. Rund 90 % von ihnen verfügte 2004 über einen privaten Internetanschluss, gegenüber etwa 55 % im Jahre 2000 (HIS 2005: 3).

Der jüngst von der Hochschul-Informations-System GmbH (HIS, 2005) vorgelegten Studie „eLearning aus Sicht der Studierenden" können die steigenden Erwartungen, die Studierende in Deutschland im Hinblick auf das eLearning-Angebot hegen, annäherungsweise entnommen werden. Indirekt vermittelt die Studie auch ein Bild über die Prioritäten, die von den Hochschulen in Deutschland bei der Entwicklung von eLearning-Angeboten verfolgt werden. Auf die Frage nach der Zufriedenheit mit dem eLearning-Angebot ihrer Hochschulen wurde von den Studierenden im Rahmen des HISBUS-Panels zurückhaltend reagiert. Die HISBUS-Befragung erfolgte im November/ Dezember 2004 über das Internet, so dass auch die Gruppe der Nicht-Nutzer Kenntnisse über das Internet besaß.

„Die Studierenden im Allgemeinen sind mittelmäßig zufrieden mit dem E-Learning-Angebot, dem sie eine glatte „3" geben. Die Nutzer von E-Learning-Angeboten äußern sich im Durchschnitt etwas positiver (2,96 %)[2], die Nicht-Nutzer sind dagegen am unzufriedensten (3,66 %), was auch durch die Streuung der Bewertung (12 % = (eher) zufrieden, 40 % = (eher) unzufrieden unterstrichen wird." (HIS 2005: 61 f.)

---

[2] Die Bewertung erfolgte auf einer 5-stufigen Skala von 1 = sehr zufrieden bis 5 = gar nicht zufrieden.

Nach Meinung der befragten Studierenden ließe sich die Bereitschaft zur eLearning-Nutzung durch verstärkte Hinweise auf relevante und verfügbare Angebote seitens der Lehrenden (81 %) und der Hochschule (75 %), Verbesserung der inhaltlichen Qualität (74 %) sowie durch den Einsatz in Pflichtveranstaltungen (72 %) erreichen. Die geringste Wirksamkeit wird von Schulungs- und Trainingsmaßnahmen (34 % zustimmende, 47 % ablehnende Antworten) erwartet (HIS 2005: 64 f.).

Diese Befragungsergebnisse deuten daraufhin, dass die eLearning-Angebote noch nicht hinreichend in den Routine-Lehrbetrieb der Hochschulen integriert werden konnten. Noch wird auf die Möglichkeiten des eLearning nicht systematisch und durchgängig hingewiesen, noch sind die Angebote nicht Bestandteile des Pflichtpensums, noch lässt ihre Qualität zu wünschen übrig. Um diese Mängel abzustellen, müsste eLearning zum integralen Bestandteil des Aufgabenkanons der Fachbereiche und Dekanate, der Hochschulleitung und der Verwaltungsspitzen werden, wie von den eLearning-Experten (z. B. Seufert/ Miller 2003; Seufert/ Euler 2004; Stratmann/ Kerres 2003; Sesink/ Wendland 2005 und früher schon Bates 2000) gefordert. Die Nutzerinteressen der Studierenden konvergieren hier offensichtlich mit den Interessen und Analysen der eLearning-Planer. Beide Gruppen treffen auf Beharrungskräfte der etablierten Organisationsstrukturen und Verfahrensabläufe. Die Ergebnisse der von Seufert und Euler durchgeführten Delphi-Studie dürften die derzeitige Situation in den deutschsprachigen Universitäten korrekt erfassen. Die Mehrzahl der Universitäten sei erst in eine zweite Phase der Kontextualisierung bzw. Integration von eLearning-Innovationen eingetreten, *„in der sie den pädagogisch (i.O. gesperrt) sinnvollen Einsatz von eLearning anstreben"*. Die strategische Ausrichtung von eLearning rücke „ins Blickfeld". Doch an den meisten Hochschulen würde eine „derart produktive Strategiegestaltung ... noch nicht explizit in Betracht gezogen" (Seufert/ Euler 2004: 17). Vom dezentral und technikverliebt durchgeführten Experimentalprojekt zur nachhaltigen und hochschulweiten Nutzung von eLearning ist noch ein weiter und steiniger Weg.

Die von der HIS-Untersuchung erhobenen Angaben über das Nutzungsverhalten der Studierenden lassen Rückschlüsse auf die Art und Weise der Aneignung von eLearning-Komponenten durch die deutschsprachigen Hochschulen zu. Die HIS-Studie (2005: 19) gibt an, dass zwischen 2000 und 2003 der Einsatz des Internet zur Verteilung lehrveranstaltungsbegleitender Materialien und Informationen von 25 % auf 76 % aller Studierenden, für interaktive Lehrangebote (z. B. Onlinekurse, CBT) von 4 % auf 12 % und für virtuelle Seminare/ Tutorien (z. B. via Mailinglisten, Newsgroups, Diskussionsforen, Chat) von 3 % auf 4 % angewachsen ist. Mit der in den letzten Jahren deutlich verbesserten externen und internen Vernetzung bei gleichzeitig sinkenden Übertragungs-

und PC-Kosten wird die Informationsverteilungsfunktion zunehmend in die Lehre integriert. Die Studierenden und die Lehrenden bemächtigen sich für den Zweck der Lehre einer Infrastruktur, die für gänzlich andere Zwecke (in den Hochschulen Forschung und Verwaltung, sonst aber kommerzielle Zwecke) entwickelt worden war, da der Aufwand für das Lehrpersonal gering und der Nutzen für alle Beteiligten hoch ist. E-Learning hat sich in dem Anwendungssegment der Verteilung von Informationen (mit Ausnahme der Bibliotheksdienste) als nicht-intendierte, allerdings hoch willkommene, Nebenwirkung des Netzausbaus und der Diffusion des PC eingestellt.

Ein sich davon unterscheidendes Integrations- und Diffusionsmuster besteht bei den telemedialen Lehrangeboten. Deren Entwicklung und Einführung in die Lehre wurde vom Bund und den Ländern mit beachtlichen Fördersummen unterstützt. Die Projekt bezogene Technikförderung löste bei den telemedialen Anwendungen einen Technology-Push aus. Nach Beendigung der Förderung hat sich gerade in diesem Funktionsbereich ein Nachhaltigkeitsproblem ergeben.

Den geringsten Zuspruch finden immer noch die telekommunikativen eLearning-Dienste. Angebote in diesem Anwendungssegment zu entwickeln und zu verstetigen ist Personal intensiv und steht den Rationalisierungserwartungen, die sich mit der Technisierung der universitären Lehre verbinden, entgegen. Daher werden Fördermittel für die Erprobung von Tele-Tutoren, virtuellen Seminaren oder neuen Formen kollaborativen Netz gestützten Lernens weniger großzügig bereitgestellt. Auch für das Lehrpersonal bestehen wenig Anreize, sich telekommunikativer Lehrformen zu bedienen, da sie aufwändig und nicht integraler Bestandteil des Pflichtlehrprogramms sind. Für die Hochschulleitungen wäre es geradezu konterproduktiv auf dieses Segment der eLearning-Welt, das zu Forderungen nach einer Aufstockung des Lehrkörpers führen müsste, zu setzen. Mit gelungenen und attraktiven Beispielen kann allenfalls geworben und den Finanzgebern und der Öffentlichkeit demonstriert werden, wie sich die Lehre verbessern ließe, wenn die erforderlichen Mittel zur Verfügung gestellt würden.

Das Auswertungsprojekt zum BMBF-Förderprogramm „Neue Medien in der Bildung" (vgl. Rinn u. a. 2004) gelangt zu ähnlichen Ergebnissen. Die multimedialen Anwendungen hätten bei den geförderten Projekten „einen deutlich höheren Stellenwert für die Lernszenarien" als die telemedialen (Rinn/ Bett 2004: 433). Dieser Befund wird aber nicht als problematisch eingeschätzt, „da an deutschen Hochschulen traditionelle Präsenzveranstaltungen sowie der direkte Kontakt dominieren". (Rinn/ Bett 2004: 432) Die im Programm realisierten Lernszenarien böten die Möglichkeit, „die Bedürfnisse der Studierenden stärker in den Mittelpunkt zu rücken." (Rinn/ Bett 2004: 436) Die relativ schlechte

Beurteilung telemedialer Lehrangebote seitens der Nutzer und vor allem seitens der Nicht-Nutzer steht dieser Einschätzung entgegen.

Die Integration von eLearning-Komponenten in das universitäre Lehrangebot und deren Kontextualisierung machen einen langen Anpassungsprozess und aufwandreiche Gestaltungsprozesse erforderlich. Die Restriktionen sind beachtlich, wie die gégenwärtige Nachhaltigkeitsdiskussion belegt. Die Interessen zahlreicher Akteure sind involviert. Daher ist zu vermuten, dass die Kontextualisierung weiterhin inkrementell verläuft (vgl. Seale 2003; Slater 2005) und sich die alten Strukturen der Präsenzuniversitäten nur langsam verändern werden. Die Lerntechnologien sind nur eine Determinante neben vielen anderen (wie z. B. die politischen Governancestrukturen oder die gesellschaftlichen Anforderungen an Ausbildungsinhalte und -standards), die auf den Wandel der tradierten Universitätsstrukturen einwirken (Walter 2004).

Wie wir gesehen haben, sind die Erschließung des Internet für die universitäre Lehre und die Entwicklung passender Rechner gestützter Lernsoftware als Kontextualisierungs- und Gestaltungsprozesse zu verstehen. Einerseits wirken die Strukturen und Anforderungen der Universitäten auf das neue Lernmedium ein und ermöglichen dessen mehr oder weniger bedarfsgerechte Gestaltung. Andererseits löst die Integration der neuen Lehr- und Lerntechnologien in die von den Universitäten praktizierten Lehrformen Reorganisationsprozesse in und zwischen den Hochschulen aus. Die zunehmende Nutzung der Anwendungspotenziale der IuK-Technologien führt zu einer zunehmenden Informatisierung der universitären Infrastrukturen und Verwaltungssysteme sowie von Forschung und Lehre. Alleine die Umstellung der Einschreibungen und Rückmeldungen, der Informationen für Studierende und Beschäftigte, der Prüfungsadministration, der Personal- und Haushaltsführung und des Bibliothekswesens auf Rechner und Internet gestützte Verfahren hat die Universitäten, die zuvor aus lose gekoppelten Instituten und Fakultäten mit weitgehend unabhängigen zentralen Einrichtungen bestanden, zu Rechner integrierten Organisationsnetzwerken werden lassen, deren Funktionsfähigkeit von der Art der Standardisierung und der Software gerechten Erfassung von Organisationsabläufen abhängt (vgl. Oblinger/ Rush 1998; Cornford/ Pollock 2003; McLaughlin/ Rosen/ Skinner/ Webster 1999).

So werden auch die Routinekontakte zwischen den Studierenden und den Hochschuleinrichtungen (Studienberatung, Einschreibung, Rückmeldung, Literaturbeschaffung, Prüfungswesen, Leistungskontrollen) zunehmend medialisiert und standardisiert abgewickelt. Die Studierenden verwandeln sich in Nutzer der Informations- und Technik basierten Serviceangebote. Mit der verstärkten Einbeziehung von eLearning-Elementen in die Lehre bis hin zur Virtualisierung von kompletten Studiengängen könnte sich diese Neubestimmung der Rolle der

Studierenden noch akzentuieren. Auf diesen Sachverhalt haben Hemmi/ Pollock und Schwarz hingewiesen:

„Developing and implementing e-learning is not only about the design of software – the writing of computer code – but also about the production of roles and identities of various actors." (2003: 87)

In ihrer Begleituntersuchung zu einem der Teilprojekte der Virtuellen Hochschule Baden-Württemberg (vgl. Uhl 2003: 71 ff.) haben Buchholz und Schwarz (2002) die Fixierung der Studierenden auf eine bestimmte, allerdings traditionelle, Rolle nachgezeichnet. Der von dem evaluierten Teilprojekt entwickelte virtuelle Studienführer (Study Guide System, SGS) bietet den Studierenden bestimmter Fächer die Möglichkeit, virtualisierte Kurse dieser Fächer, die von den vier Partneruniversitäten erstellt wurden, zu belegen. Das SGS betrachtet die Studierenden „as course-chooser" (Buchholz/ Schwarz 2002: 4). Andere mögliche Funktionalitäten des SGS, z. B. zur Verbesserung der Kommunikation, wurden nicht beansprucht. Im weiteren Verlauf des Projektes wurden die Studierenden sogar zu „Phantomen" der Projektarbeit, so Buchholz und Schwarz (2002: 6), weil die im Projekt beschäftigten studentischen Hilfskräfte die Nutzerinteressen der Studierenden repräsentieren sollten. Die „realen" Studierenden blieben vom Design-Prozess ausgeschlossen. Die Projektmacher definierten, welche Rolle die Studierenden zu erfüllen haben, damit das Beratungssystem entsprechend der Projektionen des Projektes funktioniert. In welchem Umfang diese Erfahrungen verallgemeinerungsfähig sind, kann hier nicht weiter erörtert werden.

Zumindest gelangten Cornford und Pollock (2003) zu ähnlichen Ergebnissen, als sie die Implementation des von SAP entwickelten Campus Management System in einer englischen Pilot-Anwender-Universität untersuchten. Das neue Managementsystem verlange von den Studierenden, die zuvor über persönliche soziale Kontakte administrativ betreut wurden, die Herausbildung einer Selbstbedienungs- und Selbstversorgungsmentalität. Von den Studierenden würde ein radikaler Rollenwechsel erwartet: vom „passiven" Objekt der Verwaltung zum „aktiven" Nutzer. SAP betone zwar den emanzipatorischen Gehalt dieses Rollenwechsels (Cornford/ Pollock 2003: 97 ff.). Doch das Verhältnis zwischen Studierenden und Universität sei vielfältiger als dass es allein auf die Funktion des self-service fokussiert werden sollte. Im untersuchten Fall stellten sich weitere Fragen: Welche Datenzugänge sollten den Studierenden ermöglicht werden? Solle die Institution den Studierenden generell vertrauen? Würden sie eigenständig ihre Daten verlässlich pflegen?

Die zitierten Fallbeispiele sollten ausreichen, um das Problem, um das es hier geht, zu illustrieren. Die Informatisierung der Verwaltungsabläufe der Universitäten, die selbst für eine bescheidene Nutzung von eLearning-Komponenten erforderlich ist, muss als sozio-technischer Innovations- und Gestaltungsprozess begriffen werden, in dem sich das für die Institution der Universität basale Verhältnis zu den Studierenden neu justiert. In den Netzwerken der Software-Entwickler werden Aufgaben und Rollen für die späteren Nutzer kreiert, die Leitvorstellungen und Problemdefinitionen dieser gestaltenden Akteursgruppen entsprechen. Die informatisierte Hochschule verlangt nicht nur Technik kompetente Nutzer, die die neue Technik akzeptieren, sondern die Übernahme bestimmter Rollenzuschreibungen. Von den Studierenden wird erwartet, dass sie über die Fähigkeit zur individualisierten Selbstorganisation verfügen und sich aus dem Netz zu bedienen wissen, um als Selbstlerner den geforderten Ausbildungsstandards gerecht zu werden.

In welcher Weise sich das Verhältnis zwischen System- und Sozialintegration im tertiären Ausbildungssektor verschieben wird und welche sozialen Konsequenzen von dieser Reorganisation der universitären Ausbildung zu erwarten sind, lässt sich gegenwärtig nicht absehen. Zu erwarten ist, dass sich schon allein wegen der differenten Leitbilder, Kontextualisierungsprozesse und Integrationsbedingungen unterschiedliche Beziehungsmuster zwischen dem Campus und den Studierenden herausbilden werden. Zwischen den Polen eines Freiheitsgrade fördernden und selbst bestimmtes Lernen ermöglichenden Einsatzes der neuen Technologien (vgl. Peters 2000) und eines softwaretechnisch fixierten Lernens im Rahmen des Prokrustesbett einer standardisierten Selbstbedienungsuniversität besteht eine große Variationsbreite. In welcher Weise die neuen Lerntechnologien zukünftig genutzt werden, hängt nicht zuletzt von den Reaktionsmodi der Studierenden und deren Lernerfolgen ab. Erststudierende im Alter zwischen 18 und 21 Jahren, die gerade noch die Schulbänke gedrückt haben, fordern andere Organisationsverfahren und eLearningangebote als im Beruf stehende Weiterbildungsstudierende in den Dreißigern.

5   Vernetzung

Die Virtualisierung der universitären Lehre, in welcher Form sie auch erfolgen mag (Campus-Universität, Fernuniversität, virtuelle Universität) ist technisch-organisatorisch höchst voraussetzungsvoll; sie erfordert die Einbindung der Universitäten in leistungsfähige Kommunikationsnetze, den Aufbau interner

Netzwerke, die softwaremäßige Erschließung von Funktionalitäten, den Betrieb und die Pflege der Netzwerke, der Server, Rechner und Software gemeinsam mit externen Dienstleistern, die Erzeugung und Gestaltung von „Content", dessen Einspeisung, Pflege und Qualitätskontrolle, die Ausbildung von eTeachern und TeleTutoren, etc. Die vielfältigen organisatorischen Auswirkungen der eLearning *ermöglichenden* internen und externen technisch-infrastrukturellen Netzwerke, in denen Akteure mit sehr unterschiedlichen Interessenlagen kooperieren, auf die Institution der Universität können hier nicht weiter thematisiert werden (vgl. Lohmann 2004). Nachfolgend soll ausschließlich auf unterschiedliche Formen von Anbieternetzwerken eingegangen werden, auf Netzwerke, in denen Hochschuleinrichtungen kooperieren, um eLearning unterstützte Studiengänge und Lehrangebote auf regionaler, transnationaler oder europäischer Ebene Nutzer orientiert und effizient anzubieten. Diese neuen von der Virtualisierung der Lehre stimulierten Netzwerke fördern gleichzeitig die Erschließung von eLearning-Potenzialen, da sie dazu beitragen können, die Kosten von eLearning zu senken, neue Märkte zu erschließen oder die Lehrangebote zu verbreitern und zu verbessern. Es wird die These vertreten, dass diese neuen, im Zuge der Virtualisierung der Lehre erst entstehenden oder durch sie qualitativ modifizierten und verbesserten, Anbieternetzwerke von akademischen Lehrangeboten dazu beitragen, die lokale und nationale Einbindung von Universitäten durch deren Delokalisierung, Regionalisierung und Transnationalisierung aufzubrechen. Die universitäre Lehre könnte unter dem Einfluss von eLearning zunehmend denationalisiert werden, um ein von Zürn (1998: 65 ff.) geprägtes Konzept aufzugreifen.

5.1 Regionalisierung

Als Beispiel für eine regional vernetzte Universität kann die Universität Oberta de Catalunya (UOC) dienen, die 1995 als reine virtuelle Universität gegründet wurde (vgl. PLS-RAMBOLL 2003 a, Annex G, 39 ff.) Die UOC hat eine privatrechtliche Rechtsform und wurde auf Initiative regionaler Akteure ins Leben gerufen (u.a. Landesregierung von Katalonien, Handelskammer, Sparkasse, Industrievereinigung, regionale Fernseh- und Radioanstalten). 2001 waren an der UOC über 15.000 Studierende eingeschrieben, davon besaßen fast 60 % einen ersten Universitätsabschluss. 95 % der Studierenden kamen aus der Region und belegten das Lehrangebot auf Katalanisch. Die restlichen 5 % studierten spanischsprachige Kurse. Das Lehrangebot umfasst Studiengänge für Anfänger (ca. 50 % der Studierenden) wie für Fortgeschrittene (MA, Doktorat, Sommerschulen) sowie Weiterbildungsdienstleistungen für Institutionen und Unternehmen.

Im Selbstverständnis der Universität Oberta de Catalunya stehen die Studierenden im Mittelpunkt der Universitätsorganisation. Die Lehre wie die Prüfungs- und Studienorganisation erfolgen weitgehend virtualisiert. Klausuren werden in den Räumen kooperierender Universitäten geschrieben. In Studienzentren wird über die Universität informiert. Dort ist aber auch direkte Beratung möglich. Die Universität begreift sich als Netzwerk-Universität. Ihre Funktionsfähigkeit als virtuelle, private und personell schlanke Universität setzt eine enge Vernetzung mit Wirtschaft, Gesellschaft und Politik der Region wie insbesondere den benachbarten katalanischen Universitäten voraus, mit denen es zu einer regelrechten Symbiose gekommen ist:

- Der Lehrkörper setzt sich aus 150 Vollzeit Hochschuldozenten sowie 2.000 Tutoren und Mentoren zusammen, die semesterweise 10 – 12 Stunden pro Woche für die UOC arbeiten. „of these about half are teachers at other public universities in the region, and the other half work outside the university as lawyers, economists, judges or in other professional categories." (ebd., 42) Über diese personelle Verzahnung werden die an der UOC erworbenen eTeaching-Erfahrungen in die anderen Universitäten der Region eingespeist.

- Die UOC hat wichtige Teilaufgaben ausgelagert und eigene Unternehmen gegründet, darunter E-strategies, eine Konsultingfirma für Design und Implementation von eLearning-Strategien, Eurekamedia, ein Verlag für die Entwicklung von eLearning-Material und entsprechende Beratungsdienstleistungen sowie GEC.es, eine weitere Konsultingfirma für Design und Implementation von e-Internet Strategien. Diese Firmen operieren auf eigene Rechnung und bieten ihre Dienstleistungen u.a. den Hochschulen in der Region an. Des Weiteren arbeitet die UOC mit weiteren Unternehmen der Region zusammen.

- Mit zahlreichen Städten und Regionalräten wurden Vereinbarungen über eine Zusammenarbeit geschlossen, um beispielsweise regionale Studienzentren zu unterhalten. In den Entscheidungs- und Aufsichtsgremien der Universität (Board of Trustees, Standing Committee) sitzen auch Vertreter aus Wirtschaft, Gesellschaft und Öffentlichkeit.

- Gegenwärtig arbeitet die Universität an der Entwicklung und Implementation eines „Meta-Campus" zur Unterstützung der virtuellen Mobilität zwischen Hochschulen. Der Meta-Campus soll die virtuellen Lehrangebote der sich beteiligenden Universitäten miteinander verknüpfen, damit die Studierenden die virtuellen Kurse der jeweils anderen Hochschulen belegen und bearbeiten können.

Die Universität Oberta de Catalunya (www.uoc.edu) ist eine der ganz wenigen durchgängig virtualisierten und gleichzeitig erfolgreichen Universitäten. Erst die vertrauensvolle und für alle Beteiligten sich auszahlende Kooperation mit den Universitäten der Region hat der UOC die erforderliche Flexibilität im personellen Bereich und den Zugang zu sonst unbezahlbaren Lehrkapazitäten erschlossen. Als unbeabsichtigte, in diesem Falle aber durchaus positive, Nebenwirkung wurden die Universitäten der Region technisch, organisatorisch und sozial miteinander vernetzt. Es entstand, vermittelt über die Informatisierung und Virtualisierung, ein starkes regionales Netzwerk, das sich aus mehreren öffentlichen und einer, mit diesen symbiotisch verbundenen, privaten Universität sowie universitätsnahen privaten Dienstleistungsfirmen zusammensetzt.

Schließlich sei bezüglich der UOC noch ein Aspekt erwähnt, der weiter unten nochmals aufgegriffen werden wird: Die UOC hat begonnen mit Universitäten in Lateinamerika (Argentinien) zu kooperieren, um virtualisierte Studiengänge gemeinsam anzubieten. Dabei geht es der Hochschulleitung nicht darum, den Virtuellen Campus oder Studienmaterial gewinnbringend zu vermarkten (z. B. durch Franchising-Abkommen), sondern um die Weiterentwicklung eigener Stärken. Das in der Region erfolgreiche Geschäftsmodell der UOC eröffnet Perspektiven für eine transnationale Kooperation mit dem lateinamerikanischen Bildungsraum, in dem eine bilinguale katalanisch- und spanischsprachige europäische Universität Konkurrenzvorteile gegenüber den dominierenden, allerdings englischsprachigen, Anbietern der USA und Kanada verfügt.

Effekte der Regionalisierung, die durch Virtualisierung der universitären Lehre ausgelöst werden können, sollen noch an einem weiteren Beispiel einer absehbar erfolgreichen virtuellen Universität erörtert werden. Die Finnische Virtuelle Universität (FVU) (vgl. Kess 2003; PLS-RAMBOLL 2003a; 2003b) wurde als Konsortialuniversität aller finnischen Universitäten (insgesamt 21) und der Hochschule für nationale Verteidigung (National Defence College) im Jahre 2001 auf Initiative des Bildungsministeriums gegründet. Sie unterstützt durch Entwicklungs- und Koordinationsaufgaben im Bereich Virtualisierung der Lehre (u.a. strategische Planung, Errichtung eines nationalen eLearning-Portals, Förderung der Entwicklung und Koordination von Lehrangeboten, Information der Studierenden, Evaluation) die Konsortialpartner, die Hochschulen des Landes (FVU 2003; 2005), ist also keine unabhängige Einrichtung. Universitätsdiplome werden nicht von der FVU, sondern alleine von den Mitgliedsuniversitäten verliehen. Deren Potenziale und Stärken sollen durch die FVU entwickelt und verbessert werden, um die Spezialisierung und Arbeitsteilung zwischen den Universitäten und damit die internationale Konkurrenzfähigkeit des finnischen Universitätssystems insgesamt zu fördern. Die FVU erweitert die Zusammenarbeit zwischen den finnischen Universitäten durch drei spezielle Instrumente: Regionale Initiativen, Gemeinsame Initiativen und Fachspezifische Initiativen. Als Beispiele für regionale Initiativen verweist der Ramboll-Bericht (2003a: 25) auf den Helsinki Business Campus, das ostfinnische VU Netzwerk und das Netzwerk Lernzentrum. Die Kooperation bezieht sich in allen drei Fällen auf die Bündelung von Ressourcen, um beispielsweise das eLearning-Lehrpersonal gemeinsam auszubilden, ein Medienstudio gemeinsam zu betreiben, Lernzentren einzurichten oder um sich die Kosten für Beratungsdienstleister zu teilen.

Eines der wichtigsten Ziele, das von politischer Seite mit der Gründung der FVU verfolgt wird, besteht in der Förderung der virtuellen Mobilität der Studierenden. In den nördlichen dünnbesiedelten Regionen kann die Versorgung mit akademischen Bildungsdienstleistungen durch virtuelle Studienangebote, die sich zu Hause am Computer bearbeiten lassen verbessert werden. In Schweden (Umeå Universität) und Kanada werden mit dem Ausbau der Fernlehre und deren Virtualisierung entsprechende Ziele angestrebt. Im Frühjahr 2003 unterzeichneten alle finnischen Universitäten eine Vereinbarung über virtuelle Mobilität, die auch die physische Mobilität einschließt, da sich die Anerkennungsprobleme in beiden Mobilitätssegmenten gleichen. Die Vereinbarung soll ermöglichen, dass Studierende kleiner Universitäten über das gesamte virtuelle Lehrangebot der finnischen Universitäten, das über das Lehrportal der FVU zugänglich ist, effektiv verfügen können. Die Implementation dieser weitreichenden Vereinbarung hat begonnen (vgl. FVU 2005).

> „Several faculties have already introduced a ‚personal study plan' that gives the student more freedom to plan his / her own degree studies from the Growing selection of courses". (Leinonen/ Aikonen/ Oikkonen 2004: 10)

Die Virtualisierung wird in Finnland zur Individualisierung genutzt. Um zusammenzufassen: Am Beispiel der finnischen virtuellen Universität lassen sich drei unterschiedliche, durch die Virtualisierung der Lehre ermöglichte, Regionalisierungseffekte erkennen:

- räumliche Vernetzung: Erschließung und Versorgung eines lokalen/ regionalen Raums mit Bildungsdienstleistungen. Ermöglichung von virtueller Mobilität,

- institutionelle (regionale) Vernetzung: Optimierung der regional verfügbaren Ressourcen durch verstärkte Arbeitsteilung, Projekte und gemeinsam genutzte Einrichtungen der Hochschulen und Bildungsträger einer Region.

- transregionale (nationale) Vernetzung: Verbesserung der regional verfügbaren Lehrangebote und Lernmöglichkeiten durch Zugriff auf den nationalen (auch transnationalen) Pool von Lehrangeboten und Informationsmöglichkeiten.

Im Falle Finnlands wird das Regionalisierungspotenzial von eLearning durch aktivierende Maßnahmen des Zentrums, der nationalen Regierung, zu erschließen versucht. Im Falle der Universität Oberta de Catalunya ging die Initiative von regionalen Kräften aus. Der spanische Föderalismus war, wie im deutschen Falle (Virtuelle Hochschule Bayern, Virtuelle Hochschule Baden-Württemberg), die entscheidende politische Rahmenbedingung, um ein regional basiertes VU-Projekt auf den Weg zu bringen. Starke und autonome Regionen sollten eher als periphere Standorte in der Lage sein, die Früchte der Kooperation und Vernetzung zu ernten.

Dass Stärke nicht ausreicht, wenn der Wille der Universitäten zur Kooperation und die Bereitschaft zur Finanzierung aus eigener Kraft fehlen, zeigt beispielsweise die Krise der Virtuellen Hochschule Bayern (VHB) im Sommer 2004 (SZ 16. Juni 2004), als sich der Finanzminister weigerte, „zugesicherte und dringend notwendige Mittel zur Finanzierung laufender Seminare und Vorlesungen im Internet bereit zu stellen". Zwar entschloss sich die bayerische Landesregierung weitere Mittel locker zu machen, auch verdoppelten sich im WS 04/05 die Belegungen (von 4.438 im WS 03/04 auf rd. 8.600 im WS 04/05), da aber die Studierenden das Angebot kostenlos nutzen können und der Weiterbildungsmarkt entgegen der Planung nur unzureichend erschlossen wurde, steht das Geschäftsmodell der VHB 2006 erneut auf dem Prüfstand (vgl. VHB-aktuell vom 20.06.05). In Finnland und Schweden scheinen die Governancestrukturen passender als in Bayern zu sein. Die universitären Einrichtungen, insbesondere in den Struktur schwachen nördlichen Regionen, haben die neuen Möglichkeiten, der durch die Hauptstädte geförderten Kooperation und Vernetzung erkannt (u.a. grenzüberschreitende regionale Zusammenarbeit schwedischer und finnischer Universitäten). Die finnische Kooperations-Strategie für den Aufbau der dortigen virtuellen Universität scheint zu einem tragfähigeren Geschäftsmodell geführt zu haben als der top-down-Ansatz Bayerns.

5.2 Transnationalisierung

Während des dotcom-Aufschwungs glaubten viele Beobachter, ein schnelles Zusammenwachsen der nationalen Märkte für Höhere Bildung erwarten zu können (vgl. Porter 1997; Schwarzer 1998; Bates 2000; Encarnação 2002).

Diese Erwartungen haben sich nicht erfüllt. Viele Unternehmen, die in das
transnationale Geschäft mit Bildungsdienstleistungen auf universitärem Niveau
einsteigen wollten, scheiterten. Die Kurse der an der Börse gehandelten Bildungsunternehmen brachen, wie die der meisten anderen Internetfirmen, im
Jahre 2000 zusammen (Garrett 2004a). Dennoch hat sich das Offshore-Geschäft,
die Ausbildung von Studierenden in Drittstaaten, auf niedrigerem Niveau weiterentwickelt. Das Zentrum für Bildungsforschung (CERI) der OECD, das auch
eine spezielle Umfrage des britischen Observatory on Borderless Higher Education (OBHE) ausgewertet hat, kann für die von ihm befragten Universitäten
feststellen:

> „Using reported data, purportedly non-resident international students amounted
> to about 17 % of total relevant online students (i.e. „mixed mode" and „fully
> online" using the OECD/ CERI categories), and about 1,4 % of all students at
> those institutions." (OECD 2005: 65)

Die OECD (2004: 19 ff.) unterscheidet vier Typen transnationaler, also grenzüberschreitender, höherer Bildungsdienstleistungen:

1) Mobilität von Studierenden oder Dozenten,
2) Mobilität von Ausbildungsprogrammen,
3) Mobilität von Einrichtungen,
4) Mobilität von speziellen Dienstleistungen (z. B. Aufbau von Institutionen,
   Akkreditierung).

Die Drittländer-Studierenden (Typ 2 und 3) untergliedern sich in drei Kategorien:

1) Studierende, die an einer Tochteruniversität oder an einem von einer ausländischen Hochschuleinrichtung betriebenen Studienzentrum eingeschrieben sind (Institutionenmobilität).
2) Studierende, die bei einer lokalen Partnereinrichtung einer ausländischen
   Hochschule eingeschrieben sind (Programmmobilität).
3) Studierende, die direkt an einer ausländischen Universität eingeschrieben
   sind und die Möglichkeit des Fernstudiums wahrnehmen (Betreuungsmobi-
   lität).

Von den 19 Universitäten, die von der OECD genauer analysiert und befragt
wurden, gaben fünf einen über zehnprozentigen Anteil von Studierenden in
Drittstaaten an. In dieser kleinen Fünfer-Gruppe sind sowohl die drei Kategorien

Einleitung

transnationaler Studienmöglichkeiten als auch die drei oben (siehe Abschnitt 2) definierten universitären Idealtypen vertreten (vgl. Tabelle 1).

Tab. 1: Universitäten mit einem Anteil von Studierenden in Drittländern von mehr als zehn Prozent

Universität	Land	Anteil	Typ	K1	K2	K3
Monasch	Australien	10,4	C	x	x	
UK Open University	UK	15	D		x	x
University of South Australia	Australien	20	M		x	x
Open University Catalunya	Spanien	21	D			x
University of Maryland UC	US	57	M	x		x

C = Campus, D = Distance, M = Mixed; Quelle: OECD (2005: 62)

Das Bild, das die Tabelle 1 von transnational aktiven Universitäten vermittelt, ist aus drei Gründen unzureichend. Die OECD hat nur einen Ausschnitt der transnationalen Universitäten in ihre Untersuchung einbezogen. Einige der Universitäten haben nicht oder nur teilweise den Fragenkatalog beantwortet. Die Studie der OECD berücksichtigt die gemeinnützigen (non-profit) Universitäten, nicht aber die privaten Gewinn orientierten Bildungseinrichtungen. Letztere hat Garrett (2004b) analytisch zu erfassen und zu vermessen versucht (vgl. auch Garrett 2004a), ohne allerdings die Anzahl der Studierenden in Drittländern und deren Zu- bzw. Abnahme genau ermitteln zu können. Garrett differenziert zwischen drei Gruppen Gewinn orientierter Anbieter im Bereich der akademischen Bildung: den spezialisierten Dienstleistern (1), den Unternehmen, die Ausbildungsleistungen für andere Unternehmen oder die Öffentliche Verwaltung erbringen (2) und den in einem direkten Konkurrenzverhältnis zu dem sehr viel größeren Segment der non-profit-Hochschulen stehenden Universitäts-Unternehmen (3) (Garrett 2004a: 288).

Die Mehrzahl der 17 von Garrett ermittelten Börsen notierten Bildungsunternehmen der dritten Kategorie (direkte Wettbewerber) sind auf nationale Bildungsmärkte (überwiegend der USA, aber auch Australien, Kanada und Südafrika) spezialisiert und organisieren College- bzw. Universitätsnetzwerke in den

profitablen Sektoren des Bildungsmarktes, vor allem im Bereich der post-
gradualen Aus- und Weiterbildung. Einige der for-profit Hochschulen sind jedoch auch transnational ausgerichtet. Die beiden größten Unternehmensgruppen
in diesem transnationalen Segment sind die Apollo-Gruppe mit der University
of Phoenix Online und Western International University sowie Sylvan Learning
Systems (SLS) mit der erst 1999 gegründeten Tochter „Sylvan International
Universities" (SLU) sowie den auf Fernlehre spezialisierten Hochschuleinrichtungen National Technological University und Walden University. Neben diesen beiden großen amerikanischen Bildungskonzernen sind eine kleine Gruppe
von for-profit Bildungsunternehmen aktiv, bspw. De Vry (USA) in Kanada,
Career Education Corp (USA) in England und den Vereinigten Arabischen
Emiraten, Amnet (Australien) in China, Adotech (Südafrika) in Australien und
den benachbarten Ländern Südafrikas. Die University of Phoenix Online (Apol-
lo) unterhält u.a. Zweigstellen in Kanada, Deutschland, Niederlanden, Brasilien,
Mexiko und Indien. Sylvan International Universities hat private Universitäten
u.a. in Europa, Zentral- und Südamerika aufgekauft und gab für 2003 an, 60.000
Studierende weltweit zu betreuen, davon zwei Drittel an der Universidad del
Valle de Mexico (vgl. Garrett 2004b: 292 ff.).

Den Angaben der OECD (2004: 215 ff.; 2005: 68 ff.) wie des OBHE (Garrett 2004b: 294) zu Folge, ist es derzeit nicht möglich, genaue und detaillierte
Daten über die Nutzung des Internet und von eLearning seitens der transnational
aktiven non-profit oder for-profit Universitäten bzw. Bildungsunternehmen
anzugeben. Berichtet wird allerdings von einer Zunahme der online-Angebote
transnationaler Universitäten. Dabei scheinen die meisten eLearning-
Innovationen zunächst auf dem Campus erprobt zu werden, bevor sie in den
transnationalen Netzwerken zum Einsatz gelangen. Das hohe Nutzungspotenzial
der IuK-Technologien wird zwar durchaus erkannt, von den transnational tätigen Universitäten aber nur langsam in den Lehrbetrieb integriert.

University of London External System

Die Entscheidungsprobleme, vor die sich transnational aufgestellte Universitäten hinsichtlich des verstärkten Einsatzes von eLearning gestellt sehen, lassen
sich am Beispiel der University of London (UL) gut erläutern. Die 1836 gegründete UL ist die drittälteste englische Universität. Sie entstand aus dem Zusammenschluss von King's und University College und besteht heute aus einem
Netzwerk von 19 Colleges und 9 Instituten. Gegenwärtig sind an der UL in
London etwa 115.000 Studierende eingeschrieben. Seit 1850 unterhält die UL
ein externes System von Universitäten und bietet seit 1858 die Möglichkeit an,

sich direkt als Externer einzuschreiben, um einen Abschlussgrad der University of London zu erwerben...

> „anyone with the means and motivation was, at least theoretically, able to pursue a University of London degree, regardless of place of residence – and, indeed, regardless of creed or colour." (Davies 2004: 3)

Von dieser Möglichkeit machen heute mehr als 30.000 Studierende, die in der oben angegebenen Zahl der Einschreibungen nicht inbegriffen sind, in über 180 Ländern Gebrauch. Die Mehrzahl dieser Studierenden kommt aus der Region Asien-Pazifik und besitzt noch keinen ersten Universitätsabschluss.

Im Frühjahr 2004 veranstaltete die UL eine Konferenz, um innerhalb der Hochschule zu diskutieren, in welcher Weise die Online- und Fernlehre-Aktivitäten ausgebaut werden sollten. Der UL Vizekanzler Sir Graeme Davies stellte u.a. die beiden folgenden Fragen an die Teilnehmer:

> „Should cost reductions be pursued through standardising programmes for global delivery or, alternatively should individualism be celebrated in the context of mediated online group learning ...?"
> „Should the External System pursue the option of moving into a situation where the flexible provision of learning, backed up by online support, would eventually become a significant proportion of its activities, or ...?" (Davies 2004: 4/ 5)

Diese Fragen stellen sich vor dem Hintergrund beachtlicher Investitionen in den letzten Jahren in eine moderne eLearning-Infrastruktur (u.a. Virtuelle Lernumgebung, Online-Bibliotheksdienst) der UL, veränderten Erwartungen der extern Studierenden und eines sich verschärfenden Wettbewerbs mit anderen Anbietern transnationaler Bildungsdienstleistungen. Während die Beantwortung der zweiten Frage bei den Teilnehmern der Konferenz unstrittig gewesen zu sein scheint: Das External System der Universität von London soll einen zentralen Beitrag zur weiteren Entwicklung von eLearning leisten (Davies 2004: 35), blieb die erste Frage unbeantwortet. Wie so oft wurden von den Pädagogen und Entwicklern innovativer Ansätze der Hochschullehre die Chancen und Erfolge einer stärkeren Individualisierung (z. B. mittels eTutoren oder kollaborativen Lernens) der Lehre an Beispielen belegt. Doch die hohen Kosten einer technisch aufwändigen individualisierten Lehre verbieten eine breite Nutzung dieser Lernform und beschränken ihren Einsatz mit einiger Wahrscheinlichkeit auf postgraduale Studiengänge und die kostenpflichtige wissenschaftliche Weiterbildung.

Am Beispiel des External System der University of London lässt sich erkennen, wie ein etabliertes transnationales Fernstudiensystem mit über 30.000 Studierenden unter Druck gerät, neue Lehrtechniken und Netz basierte Lern-

formen einzuführen. Mehrere Einflussfaktoren wirken hier zusammen und verstärken sich: Die vorwiegend ökonomisch, teilweise auch forschungspolitisch
begründete Einbindung der Universitäten in leistungsfähige Kommunikations-
netzwerke; die zunehmende Informatisierung der Campus-Universitäten in Verbindung mit innovativen eLearningprojekten in einzelnen Instituten und Fächern; die nicht zuletzt durch die rasante kommerzielle Entwicklung des Internet
veränderten Erwartungen der neuen Studierendengenerationen gepaart mit zunehmender eKompetenz; erfolgreiche Modelle der regionalen und transnationalen Virtualisierung der Lehre; die tendenziell steigende Kommerzialisierung der
Lehre und die mit ihr verbundene Konkurrenz um zahlungsfähige Studierende.
Unter diesen veränderten Marktbedingungen hat die University of London kaum
eine andere Wahl als den Ausbau und die Weiterentwicklung ihrer eLearning-
Kapazitäten und -Angebote. Alleine auf die tradierte Reputation zu setzen, dürfte im dynamischen transnationalen Bildungsmarkt nicht ausreichen, um erwor-
bene Marktpositionen zu verteidigen. Die UL hat sich daher für den Technisie-
rungspfad der transnationalen Lehre entschieden.

Singapur: Beispiel eines transnationalisierten Hochschulwesens

Sobald die analytische Perspektive gewechselt wird und statt der Universitäten
bzw. Bildungsunternehmen die Länder betrachtet werden, die akademische
Lehrleistungen importieren und/ oder exportieren, lässt sich erkennen, dass
bislang nur wenige Länder am transnationalen Markt für höhere Bildung beteiligt sind. Beim Export dominieren eindeutig Australien, England und die USA.
In einem wesentlich geringeren Umfang exportieren auch Spanien, Frankreich,
Deutschland und Neuseeland universitäre Bildung. Die wichtigsten Importlän-
der sind Malaysia, Singapur, China und Hongkong gefolgt von Indien (vgl. zu
diesen Angaben Garrett/ Verbik 2004: 365). Von den 35 erfassten Ländern sind
20 entweder nur im Import oder nur im Export tätig. 15 Länder (43 %) exportieren und importieren akademische Ausbildungsleistungen (vor allem Indien,
Malaysia, Russland und Singapur). Jedoch: „Almost all countries present un-
equal import and export activity." (Garrett/ Verbik 2004: 365)
   Am Beispiel Singapurs lassen sich mit den von Garrett und Verbik zu-
sammengestellten und ausgewerteten Daten des OBHE die Verhältnisse, die
derzeit den transnationalen Bildungsmarkt kennzeichnen, weiter konkretisieren.
Auf dem akademischen Bildungsmarkt Singapurs dominieren die Lehrprogramme australischer (279 Programme) und englischer (172 Programme) Anbieter mit Marktanteilen von 53 bzw. 33 Prozent (2004: 336). Es folgen die
USA, China und Neuseeland mit Anteilen von 7, 2 und 1 Prozent an den angebotenen Programmen. Bemerkenswert ist, dass auch Länder wie die Schweiz,

Irland, Niederlande, Kanada und Finnland mit Lehrangeboten vertreten sind. Von den 127 Institutionen, die den akademischen Bildungsmarkt Singapurs bedienen, kommen 35 aus Australien, 34 aus England und 22 aus den USA (zusammen 88 %). Immerhin 7 Einrichtungen (6 %) sind chinesischer Herkunft. Jüngsten Angaben zu Folge sind 140 ausländische Bildungsinstitutionen in Singapur aktiv mit einem Anteil von 75 Prozent an den Studierenden Singapurs (Garrett 2005).

Die Lehraktivität der in Singapur tätigen öffentlichen und privaten non-profit oder for-profit Universitäten fällt sehr unterschiedlich aus. Nur 11 Einrichtungen (knapp 9 %) bestritten ein Drittel aller Lehrangebote. Spitzenreiter sind die australische Curtin University of Technology (36 Programme) und die englische Open University mit 22 Programmen. 83 % der Anbieter firmieren als Universität. Von weiteren ist bekannt, dass sie einer Universität zugehörig sind. Andere sind Zweigeinrichtungen von Colleges, polytechnischen Hochschulen oder Instituten. Zwischen den in Singapur besonders aktiven Anbietern und jenen in Hongkong, wo 168 unterschiedliche Bildungseinrichtungen etwa 450 Studienprogramme anbieten, bestehen offenbar nur unbedeutende Überschneidungen (vgl. Garrett 2005: 328 - 339). Die Ursachen für diese Marktaufteilung sind erst noch zu ergründen.

Der Anteil der Studierenden Singapurs, der an einer ausländischen Bildungseinrichtung in Singapur einen BA-Abschluss anstrebte, belief sich 1997 auf 31 % und 2000 auf 36 %. Die Zahl der BA-Abschlüsse an den in Singapur registrierten ausländischen Hochschulen stieg von 1997 mit 2.600, über 5.350 im Jahre 2000, auf fast 8.000 im Jahre 2002. Der Auslandsanteil an allen BA-Abschlüssen nahm damit von 23 % (1997), über 36 % (2000), auf beachtliche 44 % (2002) zu. Obwohl die zum BA-Abschluss führenden Studienprogramme nur einen Anteil von unter einem Drittel an dem ausländischen Gesamtangebot aufwiesen, waren 2001 in diesen Programmen fast drei Viertel aller Studierenden eingeschrieben. Im gleichen Jahr vereinigten die Masterprogramme mit einem Anteil von knapp 60 % nur 25 % der Studierenden auf sich (Garrett 2005: 339-342).

Diese, sich auf Singapur beziehenden, Zahlen können einen Eindruck von dem Marktpotenzial vermitteln, das in Schwellenländern für transnationale Bildungsdienstleistungen auf universitärem Niveau besteht. Bislang haben jedoch nur eine handvoll Länder (neben Singapur vor allem Hongkong, Malaysia, China und Indien) mit Marktpotenzial (hohe Nachfrage, heimisches Unterangebot, Sprach- und Kulturkompetenz) ihre Bildungsmärkte geöffnet. Die großen Anbieternationen (Australien, England, USA) drängen daher auf international vereinbarte Liberalisierungsmaßnahmen im Rahmen der Welthandelsorganisation mit ihrem sich auf den Dienstleistungssektor beziehenden Teilregime und

Vertragswerk, dem General Agreement on Trade in Services (GATS) (vgl. Knight 2004a; 2004b; OECD 2004: 258 ff.; Fritz/ Scherrer 2002; Scherrer 2004).

Trotz des offenkundigen Liberalisierungsdrucks und der durch ihn ausgelösten nationalen und internationalen Debatten über die Vor- und Nachteile einer stärkeren Öffnung der tertiären Bildungsmärkte, haben es gegenwärtig die Nationalstaaten noch in der Hand, ob sie auf ausländische Ausbildungsangebote zurückgreifen und die Konkurrenz zwischen den nationalen und internationalen Anbietern um zahlungsfähige Studierende erhöhen wollen. Einige Staaten, insbesondere die südostasiatischen Schwellenländer, haben sich dafür entschieden, transnationale Bildungsangebote zu nutzen, da sie selbst nicht in der Lage sind, die Nachfrage zu decken, und es sich für sie mehr auszahlt, die Institutionen ins Land zu holen als die junge Generation zum Studieren ins Ausland zu schicken. Und so manches Entwicklungsland würde diesen Vorbildern nur allzu gern folgen. Da deren Märkte für die Ausbildung des akademisch gebildeten Nachwuchses jedoch sehr klein und nur bedingt zahlungsfähig sind, werden sie sowohl von den for-profit Anbietern als auch von den non-profit Einrichtungen, die sich über Studiengebühren refinanzieren, gemieden. Diese Länder, also die große Gruppe der Entwicklungsländer, sind und bleiben Fälle für die staatliche Entwicklungszusammenarbeit.

Über den Grad der Informatisierung und Virtualisierung der in den Schwellen- und Entwicklungsländern von transnational aktiven Hochschulen angebotenen Studiengängen und Lehreinheiten geben die Studien der OECD (2004, 2005) und des OBHE (2004) keine Auskunft. Die Entstehung des transnationalen Bildungsmarktes war, wie das Beispiel der University of London zeigt, auf das Internet und moderne IuK-Technologien nicht angewiesen. Welchen Beitrag die Internet und Rechner gestützten neuen Lerntechnologien zu der dynamischen Entwicklung der transnationalen Bildungsmärkte in den Schwellenländern Süd- und Ostasiens leisten, bleibt zu untersuchen. Es sollte sich die Annahme einer positiven Wechselwirkung zwischen dem Wachstum transnationaler akademischer Bildungsangebote in einem Importland und der Zunahme von eLearning-Komponenten in den Lehrangeboten bestätigen lassen. Die zunehmende Konkurrenz zwischen den transnationalen wie zwischen den heimischen und ausländischen Anbietern befördert die Informatisierung der Hochschulen und die Virtualisierung der Lehre. Mit einiger Wahrscheinlichkeit werden sich nur die Hochschulen, die die neuen IuK-Technologien Nutzer gerecht in die Lehre integrieren, auf den transnationalen Bildungsmärkten behaupten. Die Universität von London hat mit ihrer Entscheidung, den Ausbau der eLearning gestützten Fernlehre zu forcieren, Marktsignale vermutlich richtig aufgenommen. Falls das Beispiel der Londoner Universität verallgemeinerungsfähig ist, sollte trotz der grassierenden Virtualisierungsskepsis damit gerechnet werden können, dass die Integration von Internet gestützten eLearning-Potenzialen in die universitäre Lehre zügig voranschreiten wird. Die transnational tätigen Universitäten werden dabei mit an der Spitze liegen.

Vision: eine virtuelle Universität für kleine Staaten

Die Genese eines über virtuelle Lernarrangements vernetzten transnationalen universitären Bildungssektors wird nicht alleine von den Entscheidungen der öffentlichen und privaten Anbieter bestimmt. Für die Ausgestaltung der politischen Rahmenbedingungen sind ohnehin die Staaten, internationale Organisationen und Gremien zuständig. Doch die Staaten intervenieren im Verbund mit internationalen Organisationen und nicht-gouvernementalen internationalen politischen Akteuren auch direkt, um transnational vernetzte Universitäten zu gründen.

Ein interessantes Beispiel ist der von der Konferenz der Commonwealth Bildungsminister im November 2000 gefasste Plan, eine virtuelle Universität der Kleinstaaten des Commonwealth aufzubauen. Die internationale intergouvernementale Organisation „Commonwealth of Learning (COL)" (vgl. Daniel 2005) wurde damit beauftragt ein Gründungskonzept zu entwickeln. Dieses wurde im Oktober 2003 von den Commonwealth Bildungsministern gebilligt. Noch ganz unter dem Eindruck der dot.com-Jahre verfasst, heißt es in diesem Dokument:

„The vision that is proposed for a virtual univesity serving small states is that of a consortium of institutions, enabled by appropriate ICT applications..." (COL 2003, zit. nach Daniel 2004).

Kaum zu Papier gebracht, musste dieses Konzept zur Realisierung der Vision einer virtuellen Universität für Kleinstaaten, die nicht über die Kapazität zum Aufbau eines differenzierten und leistungsfähigen Universitätssystems verfügen, schon wieder beerdigt werden (vgl. COL 2003). Einerseits fanden sich keine Geldgeber. Andererseits stagnierte wegen des Leitungswechsels an der Spitze von COL die Ausarbeitung des visionären Plans. Als Sir John Daniel im Juli 2004 die Präsidentschaft von COL übernahm, hatte sich das internationale Klima für die Gründung einer visionären virtuellen Universität gewandelt. Das kaum zwei Jahre alte Konzept wurde als nicht realisierbar eingeschätzt, da zu hierarchisch und nutzerfern, zu bürokratisch und zu teuer.

Das Ziel, eine virtuelle Universität für Kleinstaaten des Commonwealth zu gründen, wurde jedoch nicht aufgegeben. Nur wurde das zunächst vorgesehene

Governance-Modell vom Kopf auf die Füße gestellt. Ein bottom-up-Ansatz soll nun den top-down-Ansatz ersetzen (vgl. Daniel 2005: 3 ff.). Der Aufbau der neuen Einrichtung soll vorerst durch Maßnahmen auf der Ebene der intergouvernementalen und interinstitutionellen technischen Zusammenarbeit vorbereitet werden. Zu klären seien die Standards der interinstitutionellen Kooperation, die von den Partnern gemeinsam nutzbaren Ressourcen (u.a. Computersysteme und -programme, Lerninhalte) sowie die lokal erforderlichen Managementkapazitäten. Der Technologieeinsatz müsse nach den Erfahrungen der vergangenen Jahre vorsichtig geplant werden.

> „The focus must be on the knowledge and skills acquired by learners and not on the introduction of technology for is own sake". (Daniel 2005: 4)

John Daniel begreift den Aufbau einer an die Bedürfnisse und Fähigkeiten von Kleinstaaten, von denen einige zu den am wenigsten entwickelten Ländern gehören, angepassten virtuellen Universität als soziotechnisches Entwicklungsprojekt, das von unten wachsen müsse. Die kleinen Entwicklungsländer sollten sich nicht darüber beklagen, technologisch weiter in Rückstand zu geraten, sondern die richtigen Lehren aus der bewegten Geschichte von eLearning ziehen und die virtuelle Universität von unten aufbauen. Prioritäre Bildungsbedarfe müssten festgelegt, Ausbildungsprogramme für die zukünftigen eTeacher aufgelegt und auf die jeweilige Situation zugeschnittene Lerntechnologien ausgewählt werden.

> „Provided that these lessons are learned, growing a virtual university from the grassroots, instead of putting in place is international organisational framework first, will maximise development benefits." (Daniel 2005: 5)

Manchmal haben Nachzügler auch Vorteile. Sie können aus den Fehlern der Vorreiter lernen. Die Übernahme einer unangepassten, nicht dem sozioökonomischen Kontext entsprechenden, Technologie konnte in dem zitierten Beispiel gerade noch vermieden werden. Das von John Daniel vorgeschlagene Verfahren, über das nun die Commonwealth Bildungsminister zu befinden haben, wird kein Standardprodukt hervorbringen, sondern ein auf die speziellen Bedürfnisse von schwach entwickelten Kleinstaaten zugeschnittenes Unikat. Diese Beobachtung sollte sich verallgemeinern lassen: Transnational vernetzte Universitäten mit einem hohen eLearning-Anteil werden hochkomplexe soziotechnische Systeme mit Unikatcharakter sein. Diese Hypothese schließt Typen- und Modellbildung nicht aus. Die verstärkte Nutzung von eLearning hat für die Institutionen der Universität widersprüchliche Auswirkungen. Einerseits wird durch die erforderliche Kontextualisierung der Technologie und ihre Orientierung auf die Fähigkeiten und Bedarfe der Lerner gesellschaftliche Varietät reproduziert und institutionell verfestigt. Andererseits werden durch die Informatisierung der Institutionen Normierungs- und Standardisierungsprozesse ausgelöst, die in Richtung Vereinheitlichung (z. B. durch Standardsoftware) verweisen. Die bisherigen Erfahrungen mit der Technisierung von Institutionen und Organisationen sprechen eher dafür, dass die Varietät fördernden Faktoren größeres Gewicht haben.

5.3 Europäisierung: virtuelles Auslandsstudium

Auch innerhalb der Mitgliedstaaten der EU entstanden in den 90er Jahren des vergangenen Jahrhunderts Segmente eines transnationalen Marktes für akademische Ausbildungsleistungen. Einen ersten Überblick über diesen neuen Markt versuchte sich die Vereinigung der Rektorenkonferenzen der Union mit der Auftragsstudie „Transnational Education Project" (Adam 2001) zu verschaffen. Trotz beträchtlicher methodologischer (unzureichende Begrifflichkeit) und daten-technischer (schwache Datenbasis) Probleme wurde die Entwicklung der transnationalen Bildungsmärkte in den EU-Staaten in groben Umrissen skizziert und wurden die sich für die nationalen, europäischen und internationalen Regulierungssysteme ergebenden Herausforderungen thematisiert. Der Bericht macht darauf aufmerksam:

> „that, in the long term, traditional student mobility will be eclipsed by study programme mobility as more transnational programmes are offered. It is becoming cheaper relatively to move courses rather than students." (Adam 200: 41)

Während der Adams-Bericht davon ausgeht, dass die transnationalen Bildungsmärkte nicht in Westeuropa, sondern in Zentral-, Süd- und Osteuropa, vor allem aber in den Schwellen- und Entwicklungsländern wachsen werden, hat der Europäische Rat auf seiner Tagung in Lissabon (23./ 24. März 2000) und mit seinem Beschluss, die Wettbewerbsfähigkeit der EU durch den Aufbau einer wissensbasierten Ökonomie zu stärken, erstmals das europäische Bildungssystem und den europäischen Bildungsmarkt auf die Agenda der europäischen Politik gesetzt. Bereits im Mai 2000 verabschiedete die Kommission die erste Initiative zum Thema eLearning, gefolgt von einem Aktionsplan, einem eLearning-Gipfel sowie einem Entschluss des Rates zum eLearning (13.07.2001). Am 15. Mai 2001 fasste das Europäische Parlament seine eLearning-Resolution:

„Recognising that the eLearning initiative is helping to strengthen the idea of a, single European educational area', which complements ..." (EUP/ CEU 2003 Präambel)

Die eLearning Aktivitäten in Brüssel mündeten schließlich in ein vom Parlament und Rat gemeinsam beschlossenes (05.12.2003) mehrjähriges (2004 bis 2006) Förderprogramm „for the effective integration of information and communication technologies (ICT) in education and training systems in Europe", das mit 44 Millionen Euro ausgestattet wurde.

Schon in den Jahren vor der Verabschiedung des eLearning-Programms hatte die EU eLearning-Aktivitäten der Mitgliedstaaten im Rahmen der eLearning Initiative (2000 – 2003, ca. 51 Projekte) und vor allem über die laufenden Programme (u.a. Erasmus, Sokrates, FP6 mit ca. 800 Projekten) nicht unbeträchtlich gefördert (Floor 2003; Gutierrez Diaz 2003; Revermann 2004). Mit dem neuen eLearning-Programm erhielten die Fördermaßnahmen der EU eine bessere und eindeutige Rechtsgrundlage für den politisch sensiblen Bereich der Bildungspolitik. Die Ausweitung der EU-Kompetenzen in diesem Politikfeld wird u. a. mit Hinweisen auf den Bologna-Prozess, die Virtualisierung der akademischen Lehre, die erforderliche Ergänzung der Mobilitätsprogramme sowie der transnationalen Dimension von eLearning begründet. Ein spezifisches Ziel des Programms soll sein, „to exploit the potential of e-learning for enhancing the European dimension in education;" (Art. 2, Absatz 2 b). Für das Teilprogramm „European virtual campuses", das auch die virtuelle Mobilität im europäischen Hochschulraum auf der Grundlage der Regelungen des Bologna Prozesses (ECTS, BA-/ MA-Strukturen, Qualitätssicherung, Mobilität) auszubauen beabsichtigt, wurden 30 Prozent des Programmbudgets gebunden.

Die finanzielle Ausstattung des eLearning-Programms der EU ist sehr niedrig ausgefallen. Eine Beurteilung des geplanten Finanzvolumens hat jedoch zu berücksichtigen, dass die EU den Prinzipien der Subsidiarität und Proportionalität verpflichtet ist. Die EU darf nur in Politikfeldern tätig werden, die von den Mitgliedstaaten und deren politischen Körperschaften nicht alleine bestellt werden können. Nach Auffassung des Europäischen Rates, der Kommission und des Europäischen Parlaments verfügt die EU bei der Ausgestaltung und Förderung der Wissensgesellschaft in den Bereichen Wissenschaft, Innovation und Bildung über Handlungspotenziale, die die Mitgliedstaaten nicht besitzen. Wichtige eigenständige Handlungsfelder sind der Auf- und Ausbau europäischer Netze sowie europäischer virtueller Universitäten und die Entwicklung der virtuellen Mobilität in Ergänzung der bereits stark geförderten realen Mobilität von Studierenden und Hochschullehrern. Während der Adams-Bericht der vereinigten Europäischen Rektorenkonferenzen noch die Meinung vertrat, dass sich die transnationalen Bildungsmärkte nicht im Kerngebiet der EU herausbilden, hat die EU mit dem eLearning-Programm die Aufgabe übertragen bekommen, einen europaweiten virtuellen Bildungsraum und damit einen spezifischen transnationalen Bildungsmarkt zu etablieren.

Die Herausforderungen, die sich beim Aufbau europäischer virtueller Universitäten stellen, sind weniger technischer als sozialer, kultureller, institutioneller und politischer Natur. Damit sich virtuelle Mobilität im institutionellen Rahmen europäischer virtueller Universitäten entfalten kann, müssen nicht nur von mehreren europäischen Universitäten gemeinsam betriebene Lehrplattformen installiert und die erforderlichen Lehrinhalte virtualisiert werden. Erforderlich ist auch, dass sich die beteiligten Universitäten auf gemeinsame Lehrprogramme, Lehrmodule, Anerkennungsregeln, Betreuungs- und Entgeltformen einigen. Außerdem müssen die Studierenden wie die Lehrenden den Mehrwert virtueller gegenüber realer Mobilität erkennen und bereit sein, diesen Mehrwert für sich zu nutzen. Die für die Errichtung funktionsfähiger europäischer virtueller Universitäten zu überwindenden Hürden sind also hoch. Die Ziele des e-Learning-Programms (2004 bis 2006) werden sich nicht leicht und schnell realisieren lassen, zumal die EU die für eine erfolgreiche Implementierung von e-Learning je Universität spezifischen Kontextbedingungen nicht aus eigener Kraft erzeugen kann.

Trotz der offenkundigen Schwierigkeiten, virtuelle Universitäten auf europäischer Ebene oder auch nur eine studiengangsbezogene virtuelle Mobilität zwischen europäischen Universitäten zu etablieren, verbessern sich nicht zuletzt aufgrund des Bologna-Prozesses und der Fördermaßnahmen auf europäischer Ebene, aber auch wegen der stetig wachsenden Leistungsfähigkeit der Kommunikationsnetze und der zunehmenden Erfahrungen, die Rahmenbedingungen für europäische Kooperationsprojekte im Bereich von eLearning. Beispielsweise haben sich jüngst (14. Juni 2005) 31 Universitäten zusammen mit Technologietransfer-Einrichtungen und Firmen (u.a. Novo Nordisk, Dänemark) von 11 Anrainerstaaten der Ostsee im ScanBalt Campus zusammengeschlossen.

> „ScanBalt Campus will – in einem ‚bottom up' Ansatz flexibel und in modularer Form – eine kritische Masse für Ausbildung und Forschung aufbauen mit dem Ziel, die ScanBalt BioRegion als eine international wettbewerbsfähige BioRegion zu etablieren" (idw 14.06.2005).

Zunächst soll eine Internetplattform entwickelt werden, die von der BioCon Valley GmbH betreut wird, um damit eine virtuelle Plattform für die akademische Ausbildung zu erarbeiten. Später sollen „modernste web-basierte Module" als Instrumente

„den schnellen Informations-Austausch und die Kommunikation gewährleisten sowie Interessierten einen schnellen Einblick in die unterschiedlichen Ausbildungseinheiten der akademischen Einrichtungen und Partneruniversitäten bieten." (idw 14.06.2005)

Das ist nicht wenig; gemessen am Ziel virtueller Mobilität im Rahmen einer europäischen virtuellen Hochschule jedoch nur ein bescheidener Anfang.

Das Internet und die sich schnell entwickelnden eLearning-Technologien machen einen virtuell integrierten transnationalen europäischen Bildungsraum möglich. In welchem Umfang und in welcher Weise die europäischen Staaten, Universitäten und Unternehmen von dieser Möglichkeit Gebrauch machen, lässt sich in Anbetracht der Kosten und zahlreichen sozio-politischen Unwägbarkeiten gegenwärtig nicht abschätzen. An der Spitze der Entwicklung stehen Universitäten wie die englische Open University und die FernUniversität in Hagen, die in Europa seit langem transnational tätig und die dabei sind, ihre Infrastruktur (Einschreibe- und Prüfungswesen, Leihverkehr, Lehrplattform) und ihre Studienangebote in einem bottom-up-Prozess Stück um Stück zu virtualisieren. Die Fernuniversität bedient etwa 2.500 deutschsprachige Studierende in verschiedenen Ländern Europas (neben Deutschland vor allem in Österreich und der Schweiz, aber auch in Osteuropa). Virtuelle Angebote kommen dabei zunehmend zum Einsatz. Mit sechs westeuropäischen Fernuniversitäten wird im Rahmen der European Association of Distance Teaching Universities (EADTU) zusammengearbeitet, um „realistische Konzepte" für den Ausbau der virtuellen Mobilität in Europa vorlegen zu können. (vgl. Nickolmann/ Schimank 2004: 42 ff.) Erste positive Erfahrungen, auf deren Grundlage sich die erforderlichen innerinstitutionellen Vereinbarungen formulieren lassen, wurden zwischen 2001 und 2003 im Rahmen eines Kursaustauschprogramms zwischen der Open University und der FernUniversität gewonnen (Keutner 2002).

6   Fazit

Die Integration von eLearning in das Spektrum universitärer Lehrformen verändert nicht nur die traditionelle Präsenz- oder Campus-Universität, sondern auch die seit längerem etablierten Fernuniversitäten und ermöglicht die Entstehung eines neuen Universitätstyps, der virtuellen Universität. Die Technik zentrierte Entwicklung von eLearning ist, wie sich nicht alleine am Beispiel der UKeU zeigte, zum Scheitern verurteilt. Ohne Berücksichtigung der Interessen und Fähigkeiten der Studierenden und ohne Einbettung in die organisatorischen, sozio-kulturellen, politischen und ökonomischen Kontexte lässt sich die Virtualisierung der Hochschullehre nicht bewerkstelligen. ELearning muss als äußerst komplexes sozio-technisches System begriffen werden, das sich nur über Verfahren und Prozesse der Koevolution, also der gleichzeitigen und sich wechselseitig befruchtenden Gestaltung der technischen Systeme und ihrer organisatorischen und sozialen Kontexte, aufbauen lässt. Die Universitäten sind zum Experimentieren gezwungen und reagieren mit je spezifischen Leitbildern der Virtualisierung und ihnen entsprechenden Geschäftsmodellen. Zwischen den Universitäten zeichnet sich daher eine zunehmende Leitbildkonkurrenz ab, in der sich die Vielfalt der Gestaltungsmöglichkeiten von eLearning abbildet.

Auch wenn sich die Virtualisierung der akademischen Lehre, schon allein wegen der Sperrigkeit der Kontexte, der hohen Kosten Inhalte zu virtualisieren und zu pflegen und Nutzer orientierte Betreuungssysteme zu institutionalisieren, viel langsamer, als während der Hochzeiten der dot.com-Euphorie angenommen, vollzieht, breitet sie sich unaufhaltsam aus und verändert die globale Hochschullandschaft. Ein besonderes Element dieses Wandels ist die zunehmende institutionelle Vernetzung von Hochschulen im Bereich der Lehre. Mit der Herausbildung des Nationalstaats in der Moderne waren die Universitäten zu nationalen Forschungs- und Bildungseinrichtungen geworden, die einerseits weltweit miteinander kommunizierend Forschungs- und Bildungsergebnisse erzeugten, die andererseits aber – bis auf Ausnahmen – mit nationalem Personal die Akademiker für den nationalen Bedarf ausbildeten. Erst nach dem Zweiten Weltkrieg, und beschleunigt durch die europäische Integration seit den 1970er Jahren, setzte die Internationalisierung der Universitäten mit der kontinuierlich zunehmenden Mobilität der Studierenden und des Lehrpersonals ein. Die sich gegenwärtig abzeichnende Virtualisierung der Lehre befördert die Herausbildung transnationaler Bildungsmärkte und ermöglicht die klein- und großräumige Vernetzung von Universitäten, Studiengängen und Bildungsangeboten. Sicherlich nicht alle, aber doch einige Universitäten sind dabei sich zu denationalisieren. Transnational und gleichzeitig regional vernetzte Universitäten mit hoher virtueller Mobilität könnten zu einem prägenden Strukturmoment der Wissensgesellschaft werden.

Literatur

Adam, Stephen (2001): Transnational Education Project. Report and Recommendations. Conferetation of European Union Recotrs Conferences. URL: http://www.crue. org/espaeuro/transnational_education_project.pdf (Zugriff: 23.08.2005).

Bachmann, Gudrun; Haefeli, Odette; Kindt, Michael (Hg.) (2002): Campus 2002. Die Virtuelle Hochschule in der Konsolidierungsphase. Medien in der Wissenschaft Bd. 18. Münster.

Bates, A. W. (2000): Managing Technological Change. Strategies for College and University Leaders, San Francisco.

Bok, Derek (2003): Universities in the Marketplace. The Commercialization of Higher Education. Princeton.

Bora, Alfrons; Drechsler, Katharina; Krohn, Wolfgang (2003): Folgen neuer internetgestützter multimedialer Bildungstechnologien. Öffentliche Diskurse über neue Technologien. Dokumentation der Abschlussveranstaltung vom 09.05.2003, Arbeitskreis Technikfolgenabschätzung und -bewertung des Landes Nordrhein-Westfalen, Universität Bielefeld: Institut für Wissenschafts- und Technikforschung.

Brake, Christoph (2000): Politikfeld Multimedia. Multimediale Lehre im Netz der Restriktionen. Medien in der Wissenschaft Bd. 11. Münster.

Buchholz, Andrea; Schwarz, Christine (2002): Deferring Uncertainties in the Virtual University: About Trojan Horses and Hot Potatoes, European Association for the Study of Science and Technology (EASST) 2002, Conference Paper. URL: http://www.wa.uni-hannover.de/WIR/Schwarz/Schwarz-publik.html (Zugriff 12.08.2005)

Bureau, Marquis L.; Collinge, Joan; Tubin, Yvonne (2003): A multi-level analysis of the impact of technology on organisational structures, in: Anne Gaskell und Alan Tait: The Future of Open and Distance Learning, The 10th Cambridge International Conference on Open und Distance Learning. Cambridge. S. 7-11.

Canzler, Weert; Dierkes, Meinolf (2001): Informationelle Techniksteuerung: öffentliche Diskurse und Leitbildentwicklung, in: Georg Simonis; Renate Martinsen; Thomas Saretzki (Hg.): Politik und Technik. Analysen zum Verhältnis von technologischem, politischem und staatlichem Wandel am Anfang des 21. Jahrhunderts. PVS-Sonderheft 31/2000. Wiesbaden. S. 457-475.

Carstensen, Drois; Barrios, Beate (Hg.) (2004): Campus 2004. Kommen die digitalen Medien an den Hochschulen in die Jahre? Medien in der Wissenschaft Bd. 29, Münster.

Chong, N. (1997): Higher education over the Internet: Dawn of the virtual university, paper presented at UNESCA Regional Conference in Higher Education, Tokyo, 8.-10. Juli 1997.

COL (2003): A Virtual University for Small States of the Commonwealth, Consultant's report. URL: http://www.col.org/Consultancies/02virtualu.htm (Zugriff am: 30.05.2005).

Collis, Betti; Wende, Marijk van der (2002): Models of Technology and Change in Higher Education. Report of the Center for Higher Education Policy Studies, Twente: University of Twente.

Cornford, James; Pollock, Neil (2003): Putting the University Online. Information, Technology and Organizational Change. Buckingham.

Crook, Charles; Light, Paul (2002): Virtual Society and the Cultural Practice of Study. In: Steve Woolgar (Hg.): Virtual Society? Technology, Cyberbole, Reality. Oxford. S. 153-175.

Daniel, John (2004): A Virtual University for Small States of the Commonwealth, An update from the Commonwealth of Learning, August 2004. URL: http://www.col.org/04virtualu.htm (Zugriff: 10.08.2005).

Daniel, John (2005): The Commonwealth of Learning: What does it do? Rede an der Bangladesh Open University, Vice-Chancellor's Special Seminar, 19. May 2005. URL: http://www.col.org/speeches/JD_0505BangladeshPR.htm (Zugriff: 30.05.2005).

Davies, Graeme (2000): Borderless Higher Education: The Scene in Continental Europe, in: Robin Middlehurst u.a. (Hg.): The Business of Borderless Education. A Project Undertaken for the Committee of Via Chancellors and Principals. United Kingdom, CVCP. S. 1-50.

Davies, Graeme (2004): The University of London External System in the Era of Borderless Education, Conference Report „Teaching and learning in a networked world 20.-21. April 2004, S. 3-5. URL: http://www.Londonexternal.ac.uk (Zugriff: 27.05.2005)

DELPHI (2004): Establishment of a framework for a European-wide discussion: the European Laboratory for innovation in eLearning. European Observatory of e-Learning Practice (DELPHI). URL: http://www.ab.es/euelearning/delphi/ publicdocs.htm, (Zugriff: 07.09.2005)

Dierkes, Meinolf; Hoffmann, Ute; Marz, Lutz (1992): Leitbild und Technik. Zur Entstehung und Steuerung technischer Innovationen. Berlin.

Encarnação, José Luis (2002): Entwicklung multimedialer Software für das Studium – Die Rolle der Hochschule im neuen Bildungsmarkt, in: Ludwig J. Issing und Gerhard Stärk (Hg.): Studieren mit Multimedia und Internet. Ende der traditionellen Hochschule oder Innovationsschub?, Medien in der Wissensgesellschaft, Bd. 16, Münster. S. 91-112.

EUP; CEU (2003): eLearning Programme, Decision No. 2318/2003/EC of the European Parliament of the Council of the European Union, in: Official Journal of the European Union L 345. S. 9-16.

Fandel, Günter; Bartz, Ralf; Nickolmann, Friedhelm (Hg.) (1996): University Level Distance Education in Europe. Assessment and Perspectives. Weinheim.

Fleischmann, Gerd; Esser, Josef (1989): Technikentwicklung als sozialer Prozeß. Bedingungen, Ziele und Folgen der Technikgestaltung und Formen der Technikbewertung. Interdisziplinäre Technologieforschung. Diskussionsbeiträge. Arbeitspapier 1/ 89. Frankfurt/M.: Johann Wolfgang Goethe Universität.

Floor, Peter (2003): EU Policies for e-Learning as seen from the World of Higher Education. In: Marijk van der Wende, Maarten van de Ven: The Use of ICT in Higher Education. A Mirror of Europe. Utrecht. S. 33-49.

Fritz, Thomas; Scherrer, Christian (2002): GATS: Zu wessen Diensten? Hamburg.

FVU (2003): The Strategy of the Finnish Virtual University. URL: http://www.Virtuaali gliopisto.fi/arkisto/FVU-strategy.pdf (Zugriff: 13.07.2005)

FVU (2005): The strategy of the Finnish Virtual University 2005-2010. URL: http://www.virtualuniversity.fi/data/files/strategia/FVUstrategy2.pdf (Zugriff: 25.08.2005).

Garrett, Richard (2004a): Mapping the Education Industry, Part 1: public companies – share price and financial results (1/2003), in: The OBHE (Hg.): Mapping Borderless Higher Education: policy, markets and competition. London. S. 271-286.

Garrett, Richard (2004b): Mapping the Education Industry, Part 2: public companies – share price and financial results (2/2003), in: The OBHE (Hg.): Mapping Borderless Higher Education: policy, markets and competition, London S. 287-316.

Garrett, Richard (2005): The Rise and Fall of Transnational Higher Education in Singapore. In: *International Higher Education* 39 (2005) S. 9. URL: http://www.bc. edu/bc_org/a08/soe/cihe/newsletter/News39/text005.htm (Zugriff: 26.08.2005).

Garrett, Richard; Verbik, Line (2004): Transnational Higher Education: major markets and emerging trends (11/2003). In: The Observatory on Borderless Higher Education (Hg.): Mapping Borderless Higher Education: policy, markets and competition. London. S. 319-371.

Glotz, Peter; Seufert, Sabine (2002): Corporate University. Wie Unternehmen ihre Mitarbeiter mit E-Learning erfolgreich weiterbilden. Frauenfeld.

Grin, John; Grunwald, Armin (Hg.) (2000): Vision Assessment: Shaping Technology in 21st Century Society. Towards a Repertoire for Technology Assessment. Berlin

Gutierrez Diaz, Maruja (2003): EU Polidy in the Field of ICT in Higher Education, in: Marijk van der Wende und Maarten van de Ven: The Use of ICT in Higher Education. A Mirror of Europe. Utrecht. S. 21-32.

Hahn, Karola (2004): Die Internationalisierung der deutschen Hochschulen. Kontexte, Kernprozesse, Konzepte und Strategien, Hochschulforschung Bd. 1, Wiesbaden.

HEFCE (2005): Higher Education Funding Council for England: HEFCE strategy for e-learning. 17. März 2005, Policy development. URL: http://www.hefce.ac.uk/ pubs/hefce/2005/05_12/05_12.pdf (Zugriff: 27.05.2005).

Hemmi, Akiko; Pollock, Neil; Schwarz, Christine (2003): If not the Virtual University then what? Co-producing e-learning and configuring ist users, in: Michael Kerres und Britta Voß (Hg.): Digitaler Campus. Vom Medienprojekt zum nachhaltigen Medieneinsatz in der Hochschule. Medien in der Wissenschaft Bd. 24. Münster. S. 84-92.

HIS (2005): E-Learning aus der Sicht der Studierenden, Hochschul-Informations-System GmbH Hannover, in: Bernd Kleimann, Steffen Weber und Janka Willige,

Kurzbericht 10 hrsg. von HIS, Hannover. URL: http://www.his.de/ Abt2/Hisbus/HISBUS_E-Learning10.02.2005.pdf (Zugriff: 01.07.2005).

Iwd (2005): ScanBalt Campus – Start zur Internationalisierung biotechnologischer Studiengänge im Ostseeraum. URL: http://www.idw-online.de/pages/de/news 116934 (Zugriff: 04.07.2005).

Kess, Pekka (2003): The Creation of The Finnish Virtual University – The First Three Years, in: Marijk van der Wende; Maarten van de Ven (Hg.): The Use of ICT in Higher Education. A Mirror of Europe. Utrecht. S. 75-91.

Keutner, Thomas (2002): German Studies – British Studies. Das Open University; FernUniversität Kursaustauschprogramm 2001 – 2003. In: Jahrbuch 2002. Gesellschaft der Freunde der FernUniversität (Hg.). Hagen. S. 33-40.

Knight, Jane (2004): New Rationales Driving Internationalization. In: *International Higher Education*, 34 (Winter 2004) 3/4. URL: http://www.bc.edu/bc.org/aop/ Soe/cihe/newsletter/News 34/text002.htm (Zugriff: 23.08.2005).

Knight, Jane (2004a): Trade in Higher Education: perspective 2003 – where are we? In: The OBHE: Mapping Borderless Higher Education: policy, markets and competition, selected papers from The Observatory on Borderless Higher Education. London. S. 39-88.

Knight, Jane (2004b): New Rationales Driving Internationalization. In: *International Higher Education Newsletter*, 34, 1-2. URL: http://www.bc.edu/bc_org/aop/ soe/cihe/newsletter/News34/text002.htm (Zugriff: 23.08.2005).

Lepori, Benedetto; Cantoni, Lorenzo; Succi, Chiara (2003): The introduction of e-learning in European universities: models and strategies, in: Michael Kerres und Britta Voß (Hg.): Digitaler Campus. Vom Medienprojekt zum nachhaltigen Medieneinsatz in der Hochschule. Münster. S. 74-82.

Leinonen, Teemu; Aikonen, Risto; Oikkonen, Laura (2004): Analyses of the Finnish Virtual University Model, UNIVe project. Creating a network-based e-university model for the small countries in the context of e-learning in Europe. URL: http:/www.e-uni-ee/Minerva/doc/FVUmodel.pdf (Zugriff: 25.08.2005).

Lohmann, Ingrid (2004): Universität, Neue Medien und der globale Bildungsmarkt – Wie Bildungsprozesse in Eigentumsoperationen mit Wissen als Ware transformiert werden. In: Jahrbuch Pädagogik 2004. Globalisierung und Bildung. Frankfurt/M. S. 191-213.

McLaughlin, Janice; Rosen, Paul; Skinner David; Webste, Andrew (1999): Valuing Technology. Organisations, culture and change. London/ N.Y.

Nickolmann, Friedhelm; Schimank, Uwe (2004): Perspektiven für E-Bologna: Virtuelle Mobilität im Fernstudium. In: Jahrbuch 2004. Gesellschaft der Freunde der FernUniversität (Hg.). Hagen. S. 31 – 45.

Oblinger, Diana G.; Rush, Sean L. (Hg.) (1998): The Future Compatible Campus. Bolton.

OBHE (2004): Mapping Borderless Higher Education: policy, markets and competition. Selected papers from The Observatory on Borderless Higher Education, London: John Foster.

OECD (2004): Centre for Educational Research and Innovation: Internationalisation and Trade in Higher Education. Opportunitics and Challanges. Paris: OECD.

OECD (2005): E-learning in Tertiary Education. Where do we stand?, Centre for Educational Research and Innovation (CERI), Paris: OECD.

Pfeffer, Thomas; Sindler, Alexandra; Pellert, Ada; Kopp, Michael (Hg.) (2005): Handbuch Organisationsentwicklung: Neue Medien in der Lehre. Dimensionen, Instrumente, Positionen. Münster.

Peters, Otto (2000): The transformation of the university into an institution of independent learning, in: Terry Evans; Daryl Nation (Hg.): Changing University Teaching. Reflections on Creation Educational Technologies. London. S. 10-23.

PLS-Ramboll (2003a): Studies in the Context of the E-learning Initiative: Virtual Models for European Universities (Lot 1), Case profile for the Finnish Virtual University, Annex G. S. 21-38.

PLS-Ramboll (2003b): Studies in the Context of the e-learning Initiative: Virtual Models for European Universities (Lot 1), Annex F Contry profiles.

PLS-Ramboll (2004): Studies in Context of the E-learning Initiative: Virtual Models for European Universities (Lot 1), Draft Final Report to the EU Commisson, DG Education & Culture. URL: http://www.elearningeuropa.info/extras/pdf/virtual_models.pdf (Zugriff: 14.07.2005)

Porter, Lynette R. (1997): Creating the virtual classroom: distance learning with the Internet. New York.

Rauthenstrauch, Christina (2001): Tele-Tutoren. Qualifizierungsmerkmale einer neu entstehenden Profession, Wissen und Bildung im Internet, Bd. 1, Bielefeld.

Revermann, Christoph (2004): eLearning.Europäische eLearning-Aktivitäten: Programme, Projekte und Akteure. TAB Hintergrundpapier 11, Berlin: Deutscher Bundestag.

Rinn, Ulrike u.a. (2004): Virtuelle Lehre an deutschen Hochschulen im Verbund, Teil II. URL: http://www.iwmkmrc.de/kevik/infos/Virtuelle_HSLehre_Teil2.pdf, (Zugriff: 04.07.2005).

Rinn, Ulrike; Katja Bett (2004): Revolutioniert das „E" die Lernszenarien an deutschen Hochschulen? Eine empirische Studie im Rahmen des Bundesförderprogramms „Neue Medien in der Bildung", in: Doris Carstensen und Beate Barrios (Hg.): Campus 2004. Kommen die digitalen Medien an den Hochschulen in die Jahre? Medien in der Wissenschaft Bd. 29. Münster. S. 428-437.

Robins, Kevin; Webster, Frank (2002): The Virtual University? Knowlegde, Markets, and Management. Oxford.

Seale, Jane K. (Hg.) (2003): Learning Technology in Transition. From Individual Enthusiasm to Institutional Implementation. Lisse.

Sesink, Werner; Wendland, Karsten (Hg.) (2005): Studieren im Cyberspace? Die Ausweitung des Campus in den virtuellen Raum. Münster.

Seufert, Sabine; Miller, Damian (2003): Nachhaltigkeit von eLearning-Innovationen: Von der Pionierphase zur nachhaltigen Implementierung, in: MedienPädagogik 20.11.2003. URL: http://www.medienpaed.com/03-2/seufert1.pdf.

Seufert, Sabine; Eule, Dieter (2004): Nachhaltigkeit von eLearning-Innovationen. Ergebnisse einer Delphi-Studie. SCIL-Arbeitsbericht 2, Universität St. Gallen.

Slater, John (2005): Spent force or revolution in progress? eLearning after the eUniversity; Higher Education Policy Institute. URL: http://www.hepi.ac.uk/downloads/16elearning.pdf (Zugriff: 14.07.2005).

Scherrer, Christoph (2004): Bildung als Gegenstand des internationalen Handelsregimes. In: Jahrbuch Pädagogik 2004. Globalisierung und Bildung. Frankfurt/M. S. 177-189.

Schulmeister, Rolf (2001): Virtuelle Universität – Virtuelles Lernen. München, Wien.

Schulmeister, Rolf (2003): Lernplattformen für das virtuelle Lernen. München, Wien

Schwarzer, Ralf (Hg.) (1998): Multimedia und TeleLearning. Lernen im Cyberspace. Frankfurt/M.

Steinmetz, Ralf; Offenbartl, Susanne (2005): Geschäftsmodell der Dual Mode University. E-Learning; E-Teaching muss sich lohnen! In: Werner Sesnik; Karsten Wendland (Hg.): Studieren im Cyberspace? Die Ausweitung des Campus in den virtuellen Raum: Münster. S. 66-80.

Stölting, Erhard; Schimank, Uwe (Hg.) (2001): Die Krise der Universitäten, Leviathan. Sonderheft 20. Wiesbaden.

Stratmann, Jörg; Kerres, Michael (2003): Ansatzpunkte für das Change-Management beim Aufbau einer Notebook-Universität, in: Michael Kerres und Britta Voß (Hg.): Digitaler Campus. Vom Medienprojekt zum nachhaltigen Medieneinsatz in der Hochschule. Münster. S. 93-103.

Uhl, Volker (2003a): Virtuelle Hochschulen auf dem Bildungsmarkt. Strategische Positionierung unter Berücksichtigung der Situation in Deutschland, Österreich und England. Wiesbaden.

Uhl, Volker (2003b): Strategisches Management von virtuellen Hochschulen. Positionierung auf dem Bildungsmarkt, in: Michael Kerres und Britta Voß (Hg.): Digitaler Campus. Vom Medienprojekt zum nachhaltigen Medieneinsatz in der Hochschule. Münster. S. 104-111.

UKP; SCES (2005): The United Kingdom Parliament. Select Committee on Education and Skills. Third Report 21.02.2005. URL: http://www.publications.parliament.uk/pa/cm200405/cmselect/cmeduski/205/20502.htm (Zugriff: 27.05.2005).

Walter, Thomas (2004): Der Bologna-Prozess. Ein Wendepunkt europäischer Hochschulpolitik? Eine international- und historisch-institutionalistische Untersuchung. Dissertation am Fachbereich Kultur- und Sozialwissenschaften der FernUniversität in Hagen.

Wills, Sandra; Shirley Alexander (2000): Managing the introduction of technology in teaching and learning. In: Evans, Terry und Daryl Nation: Changing University Teaching. Reflections on Greating Educational Technologies. London. S. 56-72.

Woolgar, Steve (Hg.) (2002): Virtual Society? Technology, Cyberbole, Reality. Oxford.

Zentel, Peter; Katja Bett u.a. (2002): Trends und Perspektiven der virtuellen Hochschule in Deutschland In: *it+ti, Informationstechnik und Technische Information* 44/2002. S. 223-229.

Zürn, Michael (1998): Regieren jenseits des Nationalstaates. Globalisierung und Denationalisierung als Chance. Frankfurt/M.

2 Faktoren der Internationalisierung

Regulierung und De-Regulierung in Europa

Barbara M. Kehm

1 Kontexte der deutschen Diskussion

Im Vergleich mit vielen anderen westeuropäischen Hochschulsystemen ist das deutsche Hochschulsystem traditionell von einer starken staatlichen Steuerung geprägt worden, die allerdings auch eine weitgehende staatliche Alimentierung der Hochschulen mit sich brachte. Hochschulbildung galt und gilt weiterhin vorrangig als öffentliches Gut, dem der private Nutzen nachgeordnet ist. So hat zwar einerseits der Staat, bzw. im deutschen Föderalismus die Länder, wesentliche Steuerungsinstrumente in der Hand, z. B. Haushaltsrecht, Personalrecht, Genehmigung von Studien- und Prüfungsordnungen etc., andererseits gibt es offenen Zugang und keine Studiengebühren.

Das bestehende Gefüge von staatlicher Steuerung und akademischer Freiheit begann sich an dem Punkt zu verändern, an welchem sich eine Finanzkrise, also ein Rückgang der staatlicherseits den Hochschulen zur Verfügung gestellten Mittel, mit einer gesellschaftlichen Legitimationskrise, also die immer deutlicher werdende politische und gesellschaftliche Unzufriedenheit mit dem Funktionieren der Hochschulen verband. Schimank (2000: 96) hat dies prägnant als „historische Koinzidenz von Herausforderungen und Knappheit" bezeichnet.

Bereits Ende 1992 hatte die Hochschulrektorenkonferenz (HRK) auf einer Tagung begonnen, über Deregulierungen im Hochschulrecht zu diskutieren. Aus der Sicht der Hochschulen verband sich dies mit der Hoffnung, ein größeres Maß an Autonomie zu erlangen (Hochschulrektorenkonferenz 1992). Ein gewisser Kulminationspunkt lässt sich Ende 1996, Anfang 1997 feststellen, als die Regierungschefs von Bund und Ländern eine „Gemeinsame Erklärung zur Steigerung der internationalen Wettbewerbsfähigkeit des Studienstandortes Deutschland" verabschiedeten (Gemeinsame Erklärung 1996), und der damalige Bildungsminister Rüttgers Humboldt endgültig für tot erklärte und in Sorge um die Attraktivität des deutschen Hochschul- und Studiengangssystems erste Schritte für Reformen einleitete, die den Hochschulen in der Tat mehr Autonomie versprachen („Hochschulen für das 21. Jahrhundert" 1997). Diese Reformansätze wurden zunächst über spezielle, meist vom Deutschen Akademischen Austauschdienst verwaltete Förderprogramme umgesetzt sowie durch Erleichterungen der gesetzlichen Regelungen bei der Erteilung von Visa und Aufenthaltsgenehmigungen für ausländische Studierende. Weitere Maßnahmen betrafen den Bau von Wohnheimen für ausländische Studierende und GastwissenschaftlerInnen sowie der Auf- und Ausbau von Akademischen Auslandsämtern an Fachhochschulen. Aber erst die etwas mühsame Verabschiedung des neuen Hochschulrahmengesetzes 1998 brachte einen deutlichen Rückzug des Staates aus der allzu engen Kontrolle und Regulierung der Hochschulen, insbesondere auch über die Aufnahme von Öffnungs- und Experimentierklauseln in die an das neue Rahmengesetz anzupassenden Landeshochschulgesetze.

Von politischer Seite erhoffte man sich von den eingeleiteten Reformen eine verbesserte Wettbewerbsfähigkeit der Hochschulen untereinander und im europäischen bzw. internationalen Kontext, mehr Flexibilität und Eigeninitiative und mehr Effizienz und Effektivität in der inneren Organisation. Insgesamt wurde eine deutliche Verschiebung von der ex ante zur ex post Steuerung angestrebt. Von den Maßnahmen zur Deregulierung sind im Wesentlichen drei Bereiche betroffen: das Haushaltsrecht, das Personalrecht und die Leitungs- und Verwaltungsstrukturen.

Im *Haushaltsrecht* erfolgte die Möglichkeit zur Flexibilisierung der Hochschulhaushalte durch Umstellung der kameralistischen Haushaltsführung auf eine betriebswirtschaftliche Kostenrechnung, zunächst auf experimenteller Basis an Pilothochschulen in einigen Bundesländern, allerdings mit dem mittelfristigen Ziel, das Experiment möglichst bundesweit zum Regelmodell zu machen. Mit dieser Umstellung sind verbunden:

- die Übertragbarkeit und gegenseitige Deckungsfähigkeit der Haushaltsmittel,
- die Bildung neuer Titelgruppen,
- die Möglichkeit neuer Betriebsformen (z. B. Stiftung, Landesbetrieb),
- die Entwicklung von Anreizsystemen,
- die Einführung des Globalhaushalts.

Im *Personalrecht* finden wir ebenfalls eine Reihe von Veränderungen wie den Abbau verbeamteter Lebenszeitprofessuren, die Einführung neuer gesetzlicher Bestimmungen zur Weiterbeschäftigung des wissenschaftlichen Nachwuchses nach fünf bzw. sechs Jahren oder die Schaffung von Juniorprofessuren.

Schließlich wurden relativ weitgehende *Organisationsreformen* eingeleitet, mit denen die bestehenden Governancestrukturen nach dem Modell des New Public Management umgebaut werden. Während das traditionelle Selbstverwaltungsmodell der Hochschulen durch eine Kombination von starker akademischer Selbstorganisation mit hoher Autonomie der einzelnen Professoren und starker staatlicher Regulierung geprägt ist, soll das neue Managementmodell die entgegengesetzten Governance-Mechanismen stärken: die hierarchische Selbststeuerung der Universitäten durch Dekane und Rektoren in Verbindung mit einer intensiveren Außensteuerung durch staatliche Instanzen und so genannte Stakeholder-Gruppen sowie einen erhöhten Konkurrenzdruck (s. Braun/ Merrien 1999, Schimank/ Kehm/ Enders 2002).

Zusammenfassend besteht das Bündel von Maßnahmen, das wir als Deregulierung wahrnehmen, also aus Reformen der rechtlich-administrativen Seite der Hochschulen bei einer gleichzeitigen Veränderung des Verhältnisses zwischen Hochschule und Staat. Allerdings kann staatliche Deregulierung nicht umstandslos als erweiterte Autonomie für die Hochschulen verstanden werden. Es handelt sich vielmehr um einen Prozess, in dessen Rahmen das klassische Regelungsinstrumentarium der Bürokratie durch ein marktförmiges Regelungsinstrumentarium abgelöst wird. Damit werden bestimmte Regelungsstrukturen von der staatlichen auf die institutionelle Ebene verlagert, so dass Bereiche, die zuvor staatlich reguliert wurden, nun von den Hochschulen selbst gestaltet werden; doch unterliegen zugleich andere Bereiche, die zuvor gar nicht oder von den Hochschulen selbst geregelt wurden, neuerdings einer Kontrolle, sei es des Staates, sei es durch neue Agenturen. Zu diesem Zweck wurden neue Steuerungsinstrumente eingeführt: Akkreditierung neuer Studiengänge, Qualitätssicherung durch Evaluation, Zielvereinbarungen zwischen Hochschulen und Landesregierungen, Kontraktmanagement etc. Zugespitzt lässt sich diese Entwicklung durchaus als „staatlich regulierte entstaatlichende Deregulierung" (Kehm/ Pasternack 2001: 215) charakterisieren.

Die in den letzten Jahren in Gang gesetzten Hochschulreformen sind vor allem mit der Hoffnung auf eine Optimierung des deutschen Hochschulsystems verbunden, dessen Funktionieren als suboptimal wahrgenommen wird. Dabei soll das oligarchisch-bürokratische Selbstverwaltungsmodell von einem Effizienzmodell abgelöst werden, das von drei Merkmalen gekennzeichnet ist:

- ein stärker utilitaristisches Verständnis der Funktion von Hochschulen,
- weniger substantive Autonomie und
- größere prozedurale Freiheiten.

Im Wesentlichen sind es vier Faktoren, die als Auslöser für die gegenwärtigen Deregulierungsprozesse im deutschen Hochschulsystem identifiziert werden können: Finanzkrise und Legitimationskrise, Sorge um mangelnde Attraktivität deutscher Hochschulen für ausländische Studierende sowie die Annahme eines

Verlustes der Wettbewerbsfähigkeit deutscher Hochschulen im internationalen Kontext. Ziel der staatlichen Deregulierung in Deutschland ist es unter anderem, die Hochschulen zu eigenständigeren Akteuren auf ihrem Feld zu machen und dem Hochschulsystem insgesamt zu einem weiteren Internationalisierungsschub zu verhelfen. Dieses Feld ist allerdings nicht mehr ausschließlich national definiert. Regulierung findet zunehmend in einem supranationalen – europäischen oder globalen – Politikfeld statt, und selbst nationale Reformmodelle, seien sie deregulierender oder regulierender Natur, sind vom Blick über die eigenen Grenzen beeinflusst. Internationalisierung von Hochschulen ist ein bedeutsames Paradigma, auf dessen Grundlage Regulierungs- und Deregulierungsprozesse sowohl in Deutschland als auch darüber hinaus in Europa stattfinden. Drei Einflussfaktoren spielen dabei eine wichtige Rolle: das Förderprogramm der Europäischen Kommission im Bildungsbereich SOKRATES, der über die EU-Mitgliedstaaten hinausgreifende Bologna-Prozess und neuerdings die Verhandlungen über das General Agreement on Trades in Services (GATS). Sie bewirken, dass neben die zuvor genannten Deregulierungsbereiche (Haushaltsrecht, Personalrecht, Organisationsreformen) zwei weitere hinzutreten: eine Deregulierung der traditionellen Struktur deutscher Studiengänge und Abschlüsse sowie eine tendenzielle Deregulierung der institutionellen Struktur. Die Wirkungen von SOKRATES, Bologna und GATS auf Fragen der Regulierung und Deregulierung im Hochschulbereich werden nach einer kurzen begrifflichen Klärung und einem kleinen historischen Exkurs in den folgenden Abschnitten diskutiert.

2   Internationalisierung: Versuch einer begrifflichen Klärung

In der öffentlichen Diskussion sind Hochschulreformen in internationaler Perspektive mit drei wichtigen Schlüsselbegriffen belegt: Europäisierung, Internationalisierung und Globalisierung. Gerade in Deutschland sind in den letzten Jahren tief greifende Reformen eingeleitet worden mit dem Argument, die deutschen Hochschulen müssten für ausländische Studierende attraktiver gemacht und für den internationalen oder gar globalen Wettbewerb gerüstet werden.

Hier bedarf es einer begrifflichen Klärung in doppelter Hinsicht. Ich greife zunächst auf einige Definitionen zurück, die in den reformpolitischen Debatten um die Internationalisierung der Hochschulen immer wieder aufgetaucht sind:

(a) *Europäisierung*: wird verstanden als „Internationalisierung light", als Raum, in dem (kulturgeschichtliche) Gemeinsamkeiten vorherrschen, und als ökonomisches, politisches, kulturelles Bündnis gegenüber dem Rest der Welt, also als „Festung Europa" (Teichler 2002: 8).

(b) *Internationalisierung:* reflektiert eine Weltordnung, die weiterhin noch von Nationalstaatlichkeit bestimmt ist, aber zu grenzüberschreitenden und zunehmend von strategischen Überlegungen bestimmten Kooperations- und Austauschbeziehungen zwischen Hochschulen führt (Scott 1998: 126).

(c) *Globalisierung:* reflektiert eine entstehende Weltordnung, in der national-staatliche Grenzen eine zunehmend untergeordnete Rolle spielen oder sich gar aufzulösen beginnen (und ggf. neue regionale Blöcke entstehen) und in der Prozesse des globalen Wettbewerbs dominieren (Scott 1998: 127).

Aber es geht hier nicht nur um die Analyse von räumlichen Typologien. Vielmehr sind die Strukturen, Prozesse und Aufgaben sowie die gesellschaftlichen Leitbilder von Hochschulen und Hochschulsystemen davon berührt. Auch wenn im Weiteren von Internationalisierung die Rede ist, ist dabei immer mitgedacht, dass die Übergänge zu einer überwiegend auf Europa fokussierten Internationalisierung einerseits und zu einer Orientierung an globaler Interaktion fließend sind.

Internationalisierungsprozesse an den Hochschulen lassen sich auf verschiedenen Ebenen verorten.

(a) Wir finden Bemühungen um eine Internationalisierung von Studium und Lehre, die sich – jenseits von Austausch und Mobilität – auf die „stoffliche Substanz" oder den „Kern", wie Teichler (2002) es formuliert hat, beziehen. Damit sollen u. a. interkulturelle Kompetenz und die Stärkung inter- und transdisziplinärer Ansätze in der Lehre erreicht werden. Doch sind auch Aspekte der Qualitätsentwicklung davon berührt.

(b) Wir finden Bemühungen um die Herstellung international transparenter und kompatibler Strukturen, wie die Einführung von gestuften Abschlüssen, von Anerkennungs- und Akkreditierungsverfahren, Kreditpunktesystemen und Modularisierung. Damit verbundene Ziele sind etwa die Sicherung der internationalen Wettbewerbsfähigkeit durch Vergleichbarkeit angesichts wachsender Differenzierung und der Abbau von Barrieren für ausländische Studierende.

(c) Wir finden Reformen in der Organisation der Hochschulen, die zwar nur zum Teil in einer direkten Beziehung zu Internationalisierungsprozessen stehen (z. B. die Umstrukturierung von Akademischen Auslandsämtern zu International Offices, die Einführung einer Leitungsfunktion für Internationale Angelegenheiten, die Adaption ausländischer Leitungsmodelle), doch häufig mit der Anforderung begründet werden, dass erst eine Stärkung der Hochschulleitung und ein eher managerialistischer Ansatz die Hochschulen in strategische Akteure auf dem internationalen oder gar globalen Feld zu verwandeln vermag. Die Ziele sind eine Steigerung der Wettbewerbs- und Leistungsfähigkeit in nationalen und internationalen Kontexten, größere Innovationsfähigkeit und eine Steigerung der Effizienz und Effektivität.

(d) Schließlich ist eine deutliche Internationalisierung des Politikfelds Hochschule zu beobachten. Neben die nationale Politik treten neue Akteure, insbesondere supranationale oder internationale Organisationen (wie die EU, die OECD, die UNESCO oder die World Bank), die mit je eigenen Definitionen der Funktionen von Hochschulen und der Ziele von Hochschulbildung versuchen, Reformprozesse zu beeinflussen und Steuerungsziele mitzubestimmen.

Diese Differenzierung des kontextuellen Rahmens, in dem Hochschulreformen in internationaler Perspektive diskutiert werden und stattfinden, mag hier ausreichen, um von einem hohen Komplexitätsgrad des Feldes sprechen zu können. Deutlich werden an den Beispielen vor allem die tendenziellen Wechselwirkungen zwischen staatlicher Deregulierung und suprastaatlicher Regulierung, letztere allerdings mit anderen Instrumenten, wie im Folgenden zu zeigen sein wird.

In der Forschung über Hochschulen gibt es in letzter Zeit vermehrt Versuche, das Thema Internationalisierung im Hochschulbereich von einer systematischen und klassifizierenden Perspektive aus zu betrachten, in welcher die Motive und Gründe für Internationalisierung, die Rahmenbedingungen und Aktivitäten und schließlich die institutionellen, nationalen und supranationalen Politiken zum Gegenstand gemacht werden. Daraus wird vielfach eine Frage abgeleitet, deren Antwort bisher sehr kontrovers ausgefallen ist: Müssen wir mit einem Trend zu Harmonisierung vielleicht gar Konvergenz von Hochschulen und nationalen Hochschulsystemen rechnen oder weisen die derzeitigen Entwicklungen vielmehr auf weitere Differenzierung und Diversifizierung der institutionellen Typen und nationalen Systeme hin?

3   Internationalisierung: ein kleiner historischer Exkurs

Vielfach wird davon ausgegangen, dass Internationalität – die natürlich einen Zustand und nicht einen Prozess bezeichnet – zum Wesen von Wissenschaft gehört. Mit dem Verweis auf die Durchgängigkeit dieser Eigenschaft, von den wandernden Scholaren des Mittelalters bis zur heutigen Mobilität von Studierenden, ist es dann auch meist abgetan. Man kann diesem Argument relativ leicht entgegensetzen, dass weltweit gesehen immer etwa 2 % der Studierenden mobil gewesen sind und sich das nicht geändert hat. Und diese 2 % sind quantitativ gesehen kaum hinreichend, um damit zu begründen, Wissenschaft sei international. Es muss also an etwas anderem liegen, dass wir das Gefühl haben, Hochschulen und Hochschulbildung seien internationaler als früher und es habe entsprechende Prozesse gegeben, die dies bewirkt haben.

Es hat immer wieder Schübe von Internationalisierung im Hochschulbereich gegeben, die mit Deregulierungsprozessen einhergingen und durchaus unterschiedlich politisch motiviert waren. Außerdem waren je eine Reihe unterschiedlicher Akteure in diese Prozesse involviert. Für Deutschland hat Baron (1993; 1996) vier Phasen der Internationalisierung zwischen 1950 und Ende der 1990er Jahre unterschieden:

(1)   Zwischen 1950 und 1975 war Mobilität vorrangig ein Teil der Außenpolitik und begrenzt auf eine kleine Zahl zumeist hoch entwickelter Empfängerländer. In Deutschland wurde eine Politik der *„offenen Türen"* für ausländische Studierende verfolgt, um nach dem Zweiten Weltkrieg die internationale Reputation des Landes wieder zu verbessern.

(2)   Zwischen 1975 und 1987 gab es eine zweite Phase, in der die liberale Politik der „offenen Türen" zugunsten eines stärker regulativen und differenzierenden Ansatzes aufgegeben wurde. Das *Auslandsstudium deutscher Studierender* wurde für wichtiger erachtet als der Empfang ausländischer Studierender. Beträchtliche Finanzmittel wurden bereit gestellt, um Hemmnisse zu überwinden, die der Mobilität deutscher Studierender entgegenstanden. Der DAAD erhielt die Aufgabe, das erste „Integrated Study Abroad Programme" zu verwalten. *Organisierte Mobilität* sollte die freie Mobilität einschränken. Ein Auslandsstudium galt als wichtige Bildungserfahrung. Zugleich veränderten sich die bis dahin dominanten Muster der Mobilitätsströme von der traditionellen Süd-Nord-Mobilität zu einer wachsenden Nord-Nord-Mobilität.

(3)   Die dritte Phase, zwischen 1987 und 1992, war gekennzeichnet durch das Auftauchen eines neuen Akteurs in der Mobilitätsarena: *die Europäische Kommission*. 1987 begann das *ERASMUS-Programm* und wurde schnell zum erfolgreichsten Mobilitätsprogramm in Europa. Vor kurzem erhielt der einmillionste Student einen finanziellen Zuschuss, um im Rahmen des Programms eine zeitlang im Ausland zu studieren.

(4)   Nach 1992, mit dem Vertrag von Maastricht und dem ‚Memorandum zur Hochschulbildung' der Europäischen Kommission, begann eine vierte

Phase. Sie ist insbesondere gekennzeichnet durch die *Professionalisierung der Strukturen*, die an den Hochschulen entstanden waren, um die Mobilität von Studierenden zu organisieren. Aber auch andere Faktoren werden deutlich. Zunehmend werden die *Hochschulen zu unabhängigen und vor allem strategischen Akteuren* in den Prozessen der Internationalisierung. Zugleich kann die Europäische Kommission ihre Rolle als politischer Akteur auf dem Feld der Internationalisierung von Bildung insgesamt stärken. Im Kontext dieser Entwicklungen beginnen Fragen des Marktes und der Wettbewerbsvorteile stärker in den Vordergrund zu rücken. Dies deutet auf den Beginn einer weiteren Phase hin, in welcher dann möglicherweise von Globalisierung geredet werden muss. Darauf ist noch zurückzukommen.

So viel zur Geschichte. Im Folgenden sollen drei Prozesse etwas genauer beleuchtet werden, die jeweils mit einem anderen politischen Akteur in Verbindung stehen und je eigene Internationalisierungsschübe, d. h. immer auch nationale Deregulierung und Reformen in internationaler Perspektive, ausgelöst haben.

4   Die EU-Ebene: SOKRATES und Ansätze der Strategiebildung

Mit der Verabschiedung des SOKRATES-Programms im Jahr 1996 wurden eine Reihe von Aktivitäten der Europäischen Union auf dem Feld der Bildung unter einem gemeinsamen Dach zusammengeführt. Das ERASMUS-Programm wurde Teil des SOKRATES-Programms, allerdings in einer modifizierten Form hinsichtlich der mit der Förderung verbundenen Ziele. Neben der weiterhin bestehenden Bedeutung der Förderung von Studierendenmobilität und einer Erweiterung der Förderung von Dozentenmobilität, wurde insbesondere ein größeres Gewicht auf die Curriculumsentwicklung, Anerkennungsfragen und die Förderung von Innovationen im Hochschulbereich gelegt. Doch die sichtbarsten und mit der größten Herausforderung an die Hochschulen verbundenen Veränderungen von ERASMUS im neuen Kontext von SOKRATES waren managerialistischer Art. Ab dem Wintersemester 1997/98

(a)   musste jede Hochschule einen Gesamtantrag stellen, der alle ihre Austausch- und Kooperationsaktivitäten enthielt, und solchermaßen das vorherige Muster der Antragstellung einzelner Netzwerke kooperierender Institutionen bzw. Fachbereiche ersetzte. Dieser Antrag war die Grundlage für einen „Hochschulvertrag" zwischen der Europäischen Kommission und der einzelnen Hochschule.

(b) Von den Hochschulen, die SOKRATES-Fördermittel beantragten, wurden schriftliche Kooperationsvereinbarungen mit ihren jeweiligen Partnerhochschulen erwartet. Die früheren inter-universitären Vereinbarungen zwischen Fachbereichsnetzwerken wurden damit durch bilaterale Kooperationsvereinbarungen ersetzt.

(c) Jede Hochschule, die SOKRATES-Fördermittel beantragte, musste ihrem Antrag ein „European Policy Statement" (Erklärung zur europäischen Bildungspolitik) beifügen. Diese Erklärung sollte den allgemeinen Rahmen für alle aktuellen europäischen Aktivitäten darstellen, die in der Institution durchgeführt wurden und die Rolle der SOKRATES-Förderung in diesem Rahmen verdeutlichen.

Diese *managerialistische Wende* des SOKRATES-Programms forderte die antragstellenden Hochschulen in mehrfacher Weise heraus:

• angestrebt wurde die Reflexion und stärkere *Betonung der Kohärenz der verfolgten europabezogenen Ziele* und Aktivitäten,

• die *Verantwortung der Leitungsebene der Hochschulen* für die europäischen Aktivitäten sollte *gestärkt* werden, insbesondere durch die Notwendigkeit von Prioritätensetzungen, der Bereitstellung einer Stützstruktur und einer Absicherung der für diese Aktivitäten erforderlichen Ressourcen,

• *strategisches Denken sollte entwickelt und verstärkt* werden hinsichtlich klarer Zielsetzungen und deren Verfolgung (s. Kehm in: Barblan u. a. 1998a: 9f.).

Um eine lange und komplexe Geschichte abzukürzen: es hat nicht immer funktioniert wie erwartet und nicht alle erhofften Wirkungen sind eingetreten. Allerdings löste die managerialistische Wende im SOKRATES-Programm zusammen mit anderen nationalen, meist auf Deregulierung zielenden Reformbemühungen eine Reihe von Wirkungen aus bzw. verstärkte bereits bestehende Bemühungen, den Leitungen deutscher Hochschulen strategisches Denken näher zu bringen. Zu jener Zeit hatten deutsche Hochschulen, aber auch Hochschulen in anderen europäischen Ländern, noch kaum Erfahrungen mit der Formulierung von Leitbildern („mission statements") oder der Entwicklung eines klaren Profils. Die „European Policy Statements" waren ein erster Versuch und die wenigen existierenden Pilotprojekte in diesem Bereich konnten gestärkt werden.

Im Verlauf der letzten sechs Jahre können wir eine Reihe von Entwicklungen feststellen, die durch die Anforderung, ein „European Policy Statement" im

Rahmen des SOKRATES-Antrags zu formulieren, gestützt wurden. Einige davon sollen hier aufgezählt werden:

- Die im Rahmen des SOKRATES-Programms durchgeführten europäischen Kooperations- und Austauschaktivitäten wurden stärker in einen *übergreifenden Rahmen der Internationalisierung eingebettet*, der wiederum in höherem Maße von strategischem Denken gekennzeichnet war.
- Innerhalb dieses Rahmens erfolgte eine *gezieltere Auswahl der Partnerinstitutionen*, mit denen kooperative Aktivitäten durchgeführt wurden. So genannte „schlafende Partner" wurden fallengelassen und Kooperationen beruhten auf gegenseitigem Vertrauen sowie Gleichheit und Qualität der Partnerschaft.
- Die Rolle der *gegenseitigen Anerkennung* und des europäischen Kreditpunktesystems wurde stärker betont und gewichtiger.
- Schließlich erfolgte eine klarere Definition der seitens der Hochschule bereitzustellenden *Ressourcen*. Vielfach wurden die Akademischen Auslandsämter besser ausgestattet und erhielten mehr Personal.

5 Die internationale Ebene: der Bologna-Prozess und die Herstellung von Transparenz und Kompatibilität

Etwa zeitgleich mit der Verabschiedung des SOKRATES-Programms wurden in Deutschland die im ersten Abschnitt bereits erwähnten Klagen von politischer Seite immer lauter, dass das deutsche Hochschulsystem wenig attraktiv für ausländische Studierende sei und deutsche Hochschulen im internationalen Kontext kaum wettbewerbsfähig. Darüber hinaus gab es weit verbreitete Zweifel an der Effizienz und Effektivität sowie Qualität der Lehre. Dies hat nicht nur weitreichende nationale Reformen ausgelöst, sondern auch zur deutschen Beteiligung an dem geführt, was heute als Bologna-Prozess bezeichnet wird.

Der Bologna-Prozess mit seiner Vision der *Schaffung eines europäischen Bildungsraums* geht auf eine Initiative der Bildungsminister von zunächst vier europäischen Staaten zurück – Deutschland, Frankreich, Großbritannien und Italien. Das Ziel einer „Harmonisierung der Architektur des europäischen Hochschulsystems" (Sorbonne-Erklärung vom 25. Mai 1998) war von zwei Überlegungen geprägt. Einerseits sollten einheitliche, von einem supranationalen Akteur – gemeint war insbesondere die Europäischen Kommission – geprägte Inhalte, Strukturen und Abschlüsse in den Hochschulsystemen der europäischen

Mitgliedstaaten abgewehrt, andererseits sollten die europäischen Hochschulsysteme unter Gesichtspunkten der Globalisierung und weiterer internationaler Vernetzung als gewichtige Partner im entstehenden Weltbildungsmarkt wahrgenommen werden (Friedrich 2002: 7).

Die Bologna-Erklärung von Juni 1999 ist mittlerweile von 31 europäischen Staaten ratifiziert und hat gemeinsame Ziele und Prinzipien zur Schaffung eines europäischen Hochschulraums formuliert. Die beteiligten Minister wollen sich bis 2010 alle zwei Jahre treffen, um über die erzielten Fortschritte und die weiteren Maßnahmen zur Erreichung der übergreifenden Ziele der Erklärung zu diskutieren. Das zweite Treffen der Bildungsminister in Prag (2001) legte nach den sechs in der Bologna-Erklärung formulierten *Zielen* drei weitere Ziele fest:

1. die Einführung eines Systems leicht lesbarer und vergleichbarer Abschlüsse,
2. die Einführung eines zweistufigen Studiengangssystems (undergraduate und graduate),
3. die Einführung eines Leistungspunktsystems (wie etwa ECTS),
4. die Förderung von Mobilität durch den Abbau von Hindernissen,
5. die Förderung der europäischen Kooperation im Bereich der Qualitätssicherung,
6. die Förderung einer europäischen Dimension in der Hochschulbildung,
7. die Förderung lebenslangen Lernens,
8. die Einbeziehung von Studierenden,
9. die Stärkung der Wettbewerbsfähigkeit des Europäischen Hochschulraums und seiner Attraktivität für andere Regionen der Welt (einschl. des Aspekts der transnationalen Bildung).

Für den Bereich des deutschen Hochschulwesens hat der Bologna-Prozess zu einer deutlichen Beschleunigung der Einführung von Bachelor- und Master-Abschlüssen geführt. Innerhalb von etwa drei Jahren hat sich die geringe Zahl der zunächst versuchsweise eingeführten Anschlüsse dieser Art auf etwa 1.500 erhöht. Zugleich wurden die traditionellen Akkreditierungsprozeduren von der landesministeriellen Ebene auf externe Agenturen verlagert. Zunehmend lassen Hochschulen ihre neuen Studiengänge auch von internationalen Agenturen akkreditieren mit dem Ziel, damit zu werben oder eine Reputationssteigerung auszulösen.

Die Einführung neuer Abschlüsse ist nur ein Beispiel für eine Reihe von weiteren Maßnahmen zur Internationalisierung des deutschen Hochschulwesens, die sich wechselseitig ergänzen und verstärken und in mehrfacher Hinsicht

Deregulierungen beschleunigen. Hahn (2003) hat zusammenfassend drei diesbezügliche Prozesse genannt:

- eine *Demonopolisierung* staatlicher Hochschulen (private Hochschulen, Unternehmenshochschulen, virtuelle Hochschulen, Filialen ausländischer Hochschulen, Bildungsexport, Franchising etc.);
- eine *Deinstitutionalisierung* von Studium und Lehre (eLearning und Online-Angebote, Anerkennung informell oder außerhalb der Hochschulen erworbenen Wissens und dessen Anrechnung auf die im Rahmen eines Curriculums zu erbringenden Leistungen etc.);
- eine *Denationalisierung* des Politikfelds Hochschule (neue, oftmals supranationale Akteure, andere Aushandlungsarenen, Verlust nationaler Steuerungsfähigkeit etc.).

Als eine bedeutsame Folge dieser Prozesse wird die Entstehung von Bildungsmärkten antizipiert. Und damit sind wir beim General Agreement on Trades in Services (GATS) angelangt. Zwar ist die Kooperation von Hochschulen innerhalb Europas weiterhin vom Prinzip des wechselseitigen Vertrauens geprägt, doch ist das Verhältnis zu außereuropäischen Hochschulen und Hochschulsystemen zunehmend von Prinzipien des Wettbewerbs gekennzeichnet.

6   Die globale Ebene: GATS und die Schaffung von Märkten

Worum geht es beim General Agreement on Trades in Services (GATS)? 1994 abgeschlossen und von der Europäischen Kommission als Verhandlungsführerin im Namen ihrer Mitgliedstaaten unterzeichnet, dient das GATS den Mitgliedern der Welthandelsorganisation (WTO) als Regelwerk für die fortschreitende Liberalisierung des internationalen Handels mit Dienstleistungen (Hahn 2003: 7). Wie auf anderen Ebenen auch, handelt es sich um den Versuch einer Regulierung der Deregulierung. Per definitionem – GATS ist ein Handelsabkommen – fällt die Zuständigkeit in das Ressort des Bundesministeriums für Wirtschaft. Insgesamt legt das GATS einen Katalog von 12 Dienstleistungssektoren fest, in welchen der Handel in globalem Maßstab liberalisiert werden soll. Der fünfte Sektor definiert *private Dienstleistungen im Bildungsbereich*. Unterschieden werden:

- Dienstleistungen im Primarbereich (vorschulischer Bereich und Kindergärten),
- Dienstleistungen im Sekundarbereich (schulische und Berufsbildende Angebote),
- Dienstleistungen im tertiären Bereich (Berufs- und Hochschulausbildung),
- Erwachsenenbildung (allgemeiner und beruflicher Art außerhalb des regulären Bildungssystems),
- andere Bildungsdienstleistungen (z. B. Bildungstests und Bildungsvermittlung, Akkreditierung u. ä.).

Die Mitgliedstaaten der EU sind durch die Unterschrift der Europäischen Kommission dazu verpflichtet, in allen fünf genannten Dienstleistungsbereichen Liberalisierungen vorzunehmen bzw. zuzulassen. Lediglich Dienstleistungen, die ausschließlich in staatlicher Hoheit erbracht werden, sind von der Liberalisierung ausgeschlossen. Doch reicht eine private Einrichtung in einem bestimmten Bereich, um diesen Ausschluss aufzuheben. Darüber hinaus wird nach *vier Erbringungsarten* dieser Dienstleistungen unterschieden:

- grenzüberschreitende Erbringung (z. B. eLearning, virtuelle Angebote, Fernunterricht),
- Nutzung im Ausland (z. B. durch Mobilität von Studierenden),
- kommerzielle Präsenz (z. B. Zweigniederlassungen von Universitäten oder privaten Anbietern in einem anderen Land),
- Präsenz natürlicher Personen (z. B. durch Mobilität von Lehrenden).

Bei den *Formen der Verpflichtung* zur Liberalisierung wird schließlich unterschieden zwischen

- allgemeinen Verpflichtungen (z. B. Meistbegünstigtenklausel, Transparenz, Marktzugang, innerstaatliche Regelungen),
- horizontalen Verpflichtungen (Sektor übergreifende Gültigkeit von Verpflichtungen, d. h. auf alle zwölf festgelegten Dienstleistungssektoren bezogen) und
- Sektor spezifischen Verpflichtungen (d. h. nur auf spezifizierte Dienstleistungssektoren bezogen).

Bereits 1994, mit der Unterzeichnung von GATS, hat die EU weitgehende Zugeständnisse im Bereich der tertiären und der Erwachsenenbildung gemacht und sich zur Einhaltung von drei Erbringungsarten verpflichtet: grenzüberschreitende Erbringung, Nutzung im Ausland und kommerzielle Präsenz (s. Hahn 2003 und Yalcin/ Scherrer 2002).

In Deutschland wurde GATS zunächst kaum beachtet. Erst als die USA im Jahr 2000 eine erneute Verhandlungsrunde initiierten, um weitere Liberalisierungen im Bereich der Bildungsdienstleistungen zu erzielen, kam eine breitere Diskussion in Gang.

In der zur Zeit stattfindenden Verhandlungsrunde fordert die EU von den USA Marktöffnungen im Bereich privat finanzierter höherer Bildungsdienstleistungen, während die USA von der EU die Übernahme der vollen Verpflichtungen im Bereich der höheren Bildung (privat und staatlich) sowie die Öffnung für andere Bildungsdienstleistungen fordert. Darüber hinaus fordern andere Länder von der EU die generelle Liberalisierung der ‚höheren Bildung' und der ‚Erwachsenenbildung' ohne die Beschränkung auf private Dienstleistungen in diesen Bereichen. Außerdem gibt es eine Reihe weiterer horizontaler Forderungen an die EU, die sich auf die Aufgabe folgender Vorbehalte beziehen:

•   die nicht erschöpfende Definition des öffentlichen Sektors (bisher nur in Form von Beispielen definiert; eine Schließung der bestehenden Beispielliste – wie gefordert – würde den dauerhaften Ausschluss der Hochschullehre bedeuten, da diese nicht in die Beispielliste aufgenommen wurde),
•   die ungleiche Behandlung von Tochtergesellschaften aus Drittstaaten (u. a. eben auch Zweigcampusse von ausländischen Hochschulen in Deutschland),
•   die Aufgabe des Subventionsvorbehalts (Subventionen werden als Verstoß gegen die Inländerbehandlung gesehen) (Scherrer 2003).

Die Verhandlungen sind derzeit noch nicht abgeschlossen und die Positionen der verschiedenen Interessengruppen stark polarisiert. *Kritiker* (z. B. Gewerkschaften, Hochschulorganisationen wie HRK und EUA) warnen vor weiteren Zugeständnissen. Sie befürchten den Verlust nationaler Steuerungssouveränität, die Überschwemmung nationaler Bildungsbereiche mit ausländischen Angeboten, Standardisierung, Privatisierung und Kommerzialisierung von Bildung bis hin zur Kartellbildung, stärkeren Wettbewerb um staatliche Subventionen etc. Außerdem beklagen sie fehlende Regelungen zur Qualitätssicherung und zum Verbraucherschutz. *Befürworter* (z. B. die OECD) sehen im GATS eine Chance für den verstärkten Export von Bildung, ein breiteres und vielfältigeres Angebot, die Verbesserung des Zugangs zu Bildung und den Ausgleich von (nationalen/ regionalen) Defiziten bei Bildungsangeboten. Darüber hinaus werden der ökonomische Mehrwert durch Innovationen und die Erschließung neuer Bildungsmärkte hervorgehoben (Hahn 2003: 12f.). Die Position der deutschen

Politik besteht im Wesentlichen in der Aufrechterhaltung des derzeitigen Status Quo und in der deutlichen Trennung zwischen marktfähigen und nicht marktfähigen Angeboten. Dabei gelten insbesondere die Weiterbildung und der Fernunterricht als marktfähig, aber auch Aufbaustudiengänge und eventuell die gebührenpflichtigen MBA-Studiengänge.

Obwohl dies notwendig spekulativ bleiben muss, denn die derzeitigen GATS-Verhandlungen sind noch nicht abgeschlossen und verlaufen relativ zäh, sollte ich vielleicht auch etwas zu den antizipierten Auswirkungen dieser Deregulierungen sagen. Möglicherweise ergibt das auch Stoff für die spätere Diskussion.

In ihrem Gutachten zur den GATS-Verhandlungen im Bildungsbereich im Auftrag der Max-Träger-Stiftung gehen Yalcin und Scherrer (2002: 26f.) im Wesentlichen von fünf potenziellen Auswirkungen durch die bereits bestehenden und die künftigen GATS-Verpflichtungen aus.

(1)   Die derzeit noch überwiegende staatliche Finanzierung der sekundären und tertiären Bildungsbereiche (bes. der Hochschulen) wird ausländische Angebote bei den Erbringungsarten *„Nutzung im Ausland"* und *„kommerzielle Präsenz"* vorläufig eher niedrig halten.

(2)   Die *„grenzüberschreitende Erbringung"* wird aufgrund der technischen Möglichkeiten und des Vorsprungs im Know-How seitens bestimmter ausländischer Anbieter vor allem im Hochschulbereich und im Bereich der Erwachsenenbildung zunehmen.

(3)   Sollte sich ein Markt für die *Zertifizierung von Studiengängen* entwickeln, wird es zu einer *schärferen Konkurrenz* ausländischer Anbieter mit Abschlüssen an deutschen bzw. europäischen Präsenzuniversitäten kommen.

(4)   Weitere Verpflichtungen der EU im Bereich *„andere Bildungsdienstleistungen"* können Vorteile für amerikanische Marktführer (insbesondere auf dem Feld der Leistungsüberprüfung) nach sich ziehen und im Hinblick auf die *Lehrinhalte Standard* setzend wirken.

(5)   Der derzeit noch bestehende *Subventionsvorbehalt* stellt einen *Schutz* für die staatlichen Bildungseinrichtungen dar. Doch bestehen Forderungen nach mehr Transparenz und nach Kriterien für die Bestimmung der Notwendigkeit staatlicher Subventionierung in der derzeitigen Verhandlungsrunde. Sollte eine *Paketlösung* angestrebt werden, um Einigung über andere Ziele zu ermöglichen, könnten im Zuge solcher *Kompromisse* die bisherigen Ausnahmen aufgegeben oder eingeschränkt werden. Dies hätte Auswirkungen auf die staatliche Förderung des Hochschulbaus, die Bezahlung von Lehrenden ausländischer Dienstleister oder etwa die Verpflichtung zu

BaföG-Zahlungen für Studierende an ausländischen Hochschulen mit einem Campus in Deutschland.

Van Vught u. a. (2002: 117f.) haben insbesondere auf die Auswirkungen der Akkreditierung und Zertifizierung von Leistungen und Qualität in Studium und Lehre durch ausländische bzw. internationale Agenturen hingewiesen. Neben einer Gefahr der Standardisierung und Kommerzialisierung gilt es hierbei insbesondere zu bedenken, inwieweit international kompatible Qualitätssicherungssysteme kulturelle Vielfalt garantieren und trotzdem Vergleichbarkeit, Transparenz und Verbraucherschutz ermöglichen können (Hahn 2003: 16f.). Unklar ist auch das Verhältnis von GATS zu anderen, bereits bestehenden europäischen Abkommen, wie der Bologna-Erklärung. Vermehrte Aktivitäten europäischer Hochschulen im Bereich des Bildungsexports und der Schaffung transnationaler Bildungsangebote – wie sie jetzt auch von deutschen Hochschulen im Rahmen der DAAD-Initiativen „GATE Germany" und „CAMPUS Germany" unternommen werden – werden auch entsprechende Bemühungen ausländischer Anbieter in Europa bzw. in Deutschland zur Folge haben. Und wachsende Konkurrenz und Kommerzialisierung können eine Gefahr für den europäischen Integrationsprozess bedeuten, der stärker auf Kooperation und Vertrauen beruht.

Diese teils erwarteten, teils befürchteten Wirkungen können Folgen in zwei Richtungen nach sich ziehen: entweder einen weiteren *Verlust der Steuerungssouveränität nationaler Regierungen* im Bildungsbereich oder die *Renationalisierung von Bildung durch einen neuen Protektionismus* (s. Hahn 2003: 16; van Vught u. a. 2002; Beck 1998: 16).

In den beiden folgenden Abschnitten soll an zwei Beispielen deutlich gemacht werden, welche Wirkungen und unbeabsichtigten Folgen bei den derzeitigen Deregulierungsprozessen antizipiert werden können und wie diese im Verhältnis zu den Zielen stehen, die mit den Maßnahmen erreicht werden sollen. Das erste Beispiel knüpft insbesondere an Reformen an, die durch das SOKRATES-Programm gestützt und verstärkt wurden: die Stärkung der managerialistischen Ansätze in der Leitung und Verwaltung von Hochschulen sowie der Strategiebildung. Das zweite Beispiel knüpft an die durch den Bologna-Prozess ausgelösten Reformen der Einführung neuer Studienabschlüsse nach dem Bachelor-/ Master-Modell an. Beide Reformstränge haben eine Deregulierung der bestehenden Strukturen an deutschen Hochschulen in Gang gesetzt mit dem doppelten Ziel, auf nationaler Ebene mehr Effizienz und Effektivität in der Hochschulbildung zu bewirken und auf europäischer Ebene die Attraktivität und Wettbewerbsfähigkeit zu steigern.

7 Neue Governance-Modelle: mehr oder weniger Autonomie und Wettbewerbsfähigkeit für die Hochschulen?

Wie bereits im ersten Abschnitt ausgeführt, werden derzeit im deutschen Hochschulsystem eine Reihe tiefgreifender Organisationsreformen durchgeführt, die in den politischen Diskussionen mit dem Ziel verbunden sind, die Hochschulen flexibler, innovativer und wettbewerbsfähiger im internationalen Kontext sowie effizienter und effektiver in ihrer inneren Organisation zu machen. Dazu gehören u. a. die Rücknahme staatlicher Kontrolle und Regulierung zugunsten einer Stärkung der Hochschulleitungen. In Deutschland wird dieser Prozess vielfach als Deregulierung bzw. mehr Autonomie für die Hochschulen bezeichnet, im internationalen Kontext redet man auch von neuen Governanceformen, die die bisherigen Modelle staatlicher und institutioneller Koordinierung verändern.

Die Frage ist aber, ob das neue Governancemodell die mit ihm verbundenen Hoffnungen erfüllen kann. Empirische Belege gibt es dafür bisher noch nicht. Angenommen wird, dass damit eine Verbesserung der Leistungsfähigkeit der Hochschulen erreicht werden kann. Etwas analytischer formuliert muss also gefragt werden, ob Veränderungen in der Art und Weise der politischen Steuerung von Universitäten (Makroebene), die mit dem Versuch der Implementation neuer Governancemechanismen unternommen werden, welche wiederum die organisationalen Entscheidungsprozesse (Mesoebene) verändern, sich tatsächlich auf die Performanz (Mikroebene) in Forschung, Lehre und Dienstleistungen auswirken.

Man kann daraus eine Reihe von Hypothesen ableiten, die es wert sind, grundsätzlicher analysiert zu werden, aber fragen wir zunächst einmal nur nach der Beziehung zwischen Governance und Performanz. Das Performanzkonzept ist gekennzeichnet durch eine hochgradige Pfadabhängigkeit, die von hochkomplexen Formen der Wissensproduktion und Wissensvermittlung in unterschiedlichen Konstellationen und in spezifischen Rahmenbedingungen nationaler, organisationaler und disziplinärer Kulturen (einschließlich des Verhältnisses von Wettbewerb und Kooperation) bestimmt ist.

Während das traditionelle Modell institutioneller Koordinierung und Entscheidung durch sein hohes Interessenberücksichtigungspotential und einen hohen Grad an Legitimität charakterisiert ist, verspricht das neue Governancemodell den Vorteil einer schnelleren Reaktionsfähigkeit und eines größeren Raums für Innovation. Beide Modelle haben also sowohl Vorteile als auch Nachteile für die Organisation und die Bedingungen der Wissensproduktion und Wissensvermittlung. Eine naheliegende Vermutung ist, dass das managerialistische Modell sich besser für „*mode 2*" Wissenschaftsbereiche (d. h. die meisten

Ingenieur- und Naturwissenschaften) eignet, während das kollegiale Governancemodell sich eher für „mode 1" Wissenschaftsbereiche (d. h. die meisten Kul-
tur- und Gesellschaftswissenschaften) eignet.

Im Rahmen eines größeren Verbundprojekts (Jansen 2002; Schimank/
Kehm/ Enders 2002) wird derzeit ein Vergleich beider Governancemodelle
hinsichtlich ihrer Auswirkungen auf Wettbewerbs- und Innovationsfähigkeit
von Hochschulen und außeruniversitären Forschungseinrichtungen unternommen. Dabei sollen folgende Hypothesen getestet werden, um den beiden Modellen inhärenten, vielfach normativen Annahmen empirisch zu verifizieren bzw.
zu falsifizieren:

•   Das Managementmodell ermöglicht eine stärkere Differenzierung von
    Lehre und Forschung. Dabei wird die Annahme, Hochschulbildung erfor-
    dere eine Einheit von Forschung und Lehre in Frage gestellt. Zunehmender
    intra-organisationaler Wettbewerb mit entsprechender Ressourcenallokati-
    on führt zu einer Aufteilung von Rollen in Lehre und Forschung sowie zu
    einer Ausdifferenzierung der Einheiten innerhalb der Organisation.

•   Das Managementmodell ermöglicht eine vermehrte externe Steuerung von
    Forschungslinien und -schwerpunkten und verringert dabei die individuelle
    Autonomie der Forschenden. Als Folge wird eine Schwächung unorthodo-
    xer Forschungsperspektiven erwartet sowie eine Fragmentierung der
    Hochschule in individuelle Kostenzentren mit relativer Autonomie gegen-
    über der Hochschulleitung.

•   Das Managementmodell begünstigt eine stärkere Orientierung der For-
    schung an nicht-wissenschaftlichen Relevanzfragen und vernachlässigt
    solchermaßen traditionelle Standards wissenschaftlicher Qualität.

•   Schließlich führt das Managementmodell zu einer stärkeren Orientierung
    an kurzfristigen Evaluationskriterien. Langfristige Forschungsfragen und
    Grundlagenforschung werden dadurch benachteiligt (Schimank/ Kehm/
    Enders 2002).

8 Gestufte Abschlüsse: Transparenz und Vergleichbarkeit angesichts von wachsender Differenzierung und Diversifizierung?

Wie bereits erwähnt, ist die europaweite Einführung gestufter Abschlüsse eins der wesentlichen Ziele des Bologna-Prozesses. Von Bedeutung sind dabei eine gewisse Ambivalenz der politischen Grundlagen und die praktischen Folgen für die Hochschulen einerseits und die Absolventinnen und Absolventen andererseits.

Rufen wir uns zunächst in Erinnerung zurück, dass die Bologna-Erklärung mit ihren dezidierten Zielen und der breiten Einbeziehung europäischer Staaten weit über die unmittelbaren EU-Mitgliedstaaten hinaus eine intergouvernementale Initiative unter Ausschluss der Europäischen Kommission gewesen ist, die von zwei Motiven bestimmt war. Zum einen eine gewisse Abwehr gegenüber den starken konvergierenden Kräften der Europäischen Kommission im Hochschulbereich. Die Einigung wurde über die Errichtung einer gemeinsamen Architektur erzielt, also über Strukturen und nicht über Inhalte. Letztere sollen weiterhin die europäische Vielfalt der Kulturen reflektieren. Vereinheitlichung und Standardisierung würden Mobilität überflüssig machen. Zum anderen sollte der Zusammenhalt der europäischen Staaten angesichts ausländischer Konkurrenten auf einem entstehenden globalen Bildungsmarkt gestärkt werden. Also doch so etwas wie eine „Festung Europa"? Schließlich geht es um die Schaffung von Voraussetzungen, die eine Aufrechterhaltung der Kooperation im Inneren einer geopolitischen Weltregion und eine Stärkung der Konkurrenz- und Wettbewerbsfähigkeit nach außen ermöglichen sollen.

Zwei Entwicklungen der letzten Jahre haben allerdings die Aufrechterhaltung der Kooperation immer wieder erschwert: das gewachsene Qualitätsbewusstsein von Hochschulen, insbesondere im Bereich von Studium und Lehre, und die in den verschiedenen Staaten unterschiedlich weit fortgeschrittene staatliche Deregulierung, die zu zusätzlicher Differenzierung und Diversifizierung von Hochschultypen geführt hat. Miteinander kooperierende Hochschulen wollten von ihren Partnern zunehmend genauer wissen, was ihre eigenen Studierenden denn an der ausländischen Gasthochschule geboten bekommen, wenn sie dort ein oder zwei Semester verbringen, ob dies den eigenen Qualitätsstandards entspräche und inwieweit dies Teile des an der Heimathochschule festgelegten Curriculums ersetzen könne. Dabei geht es dann allerdings an die Inhalte, für deren Festlegung die Instrumente des „Diploma Supplement" und des „Learning Contract" erfunden wurden.

Mit der Einführung der gestuften Studiengänge können zunächst zwei Ziele erreicht werden. Es gibt ein europaweit kompatibles Instrument der Umrechnung von Teilleistungen in Credits und es werden Rahmenbedingungen für die Dauer und den Umfang eines Abschlusses festgelegt (Schwarz/ Teichler 2000). Damit wird trotz weiterhin bestehender Vielfalt und Unterschiedlichkeit ein gewisses Maß an Transparenz und Kompatibilität hergestellt. Unter den Prämissen von Kooperation und wechselseitigem Vertrauen ergibt sich dann Vergleichbarkeit ohne Standardisierung.

Obwohl weiterhin eine deutliche Vielfalt in der Dauer und der Architektur von Abschlüssen in Europa festgestellt wird, lassen sich auch klare Trends erkennen. Sieht man sich die bisherigen Entwicklungsschritte etwas genauer an, ergibt sich folgender Überblick über die im Zuge des Bologna-Prozesses in Europa eingeführten Master-Abschlüsse (Tauch 2002: 7f.):

- Es gibt einen dominanten Trend, nachdem für einen Master-Abschluss 300 ECTS Kreditpunkte benötigt werden, davon mindestens 60 im Graduiertenstudium (also etwa nach einem Bachelor-Abschluss) in der jeweiligen Spezialisierung. Unterscheiden lassen sich hierbei drei Muster: (a) 180 Kreditpunkte Bachelor plus 120 Kreditpunkte Master, (b) 240 Kreditpunkte Bachelor plus 90-120 Kreditpunkte Master (wobei 30 bis 60 Kreditpunkte im Masterstudium erlassen werden können, je nachdem wie nah der Bachelor an der Spezialisierung war); (c) 300 Kreditpunkte Master (integrierte Programme).
- Typischerweise sind einige Fächer Sonderfälle, die meist nicht in dieses Muster passen (insbes. Medizin, Pharmazie und verwandte Bereiche). Hier werden in der Regel mehr Kreditpunkte insgesamt und mehr Kreditpunkte im Master-Studium verlangt.
- In einigen Ländern gibt es keine Unterscheidung zwischen eher ‚akademischen' und eher ‚professionellen' Abschlüssen, in anderen Ländern dagegen eine sehr deutliche Unterscheidung.
- Eine wachsende Zahl von Ländern ermöglicht den Übergang in Master-Programme auch für Studierende mit informelleren (aber als äquivalent anerkannten) Abschlüssen, um größere Durchlässigkeit zwischen dem professionellen Hochschulsektor (also unseren Fachhochschulen) und den Universitäten herzustellen.
- Es gibt einen klaren Trend zur umfassenden Einführung von ECTS als Berechnungsinstrument für Äquivalenzen und zur zunehmenden Verbreitung von „Diploma Supplements".

- Bei den Hochschulen ist nur eine geringe Neigung zur Akkreditierung durch ausländische Agenturen festzustellen. Doch ist eine rapide Entwicklung regionaler Akkreditierungsagenturen erkennbar.

In Deutschland finden wir im Wesentlichen zwei der zuvor genannten drei Muster, nämlich den Master-Abschluss mit 60 bis 120 Kreditpunkten an Universitäten und Fachhochschulen und integrierte Master-Programme mit 270 bis 300 Kreditpunkten an Universitäten.

Eine derzeit von der Gewerkschaft Erziehung und Wissenschaft in Auftrag gegebene international vergleichbare Studie zu Fragen der Akkreditierung im Kontext der Evaluierungsaktivitäten in Europa (Schwarz u. a. 2003) hat bereits gezeigt, dass die deutschen Akkreditierungsmaßnahmen nicht nur verhältnismäßig fragmentiert sind, sondern auch eine Reihe von offenen Fragen bleiben, die darauf hinweisen, dass die von vielen Seiten begrüßte Deregulierung auch gewisse Probleme mit sich bringt. Folgende Punkte wurden in diesem Zusammenhang besonders hervorgehoben:

- In welchem Verhältnis sollen künftig Deregulierung und weiterhin nötige staatliche Aufsicht stehen?
- Gibt es einheitliche Kriterien für die Bestimmung von Qualität? Geht es um Mindeststandards oder Höchststandards?
- Welche Rolle spielen Peer Review einerseits und Fachgesellschaften bzw. professionelle Vereinigungen andererseits in Akkreditierungsverfahren?
- Wie ist mit der Konkurrenz zwischen disziplinär ausgerichteten und alle Disziplinen umfassenden Akkreditierungsagenturen umzugehen?
- In welchem Verhältnis stehen Evaluierung und Akkreditierung zueinander?
- Wie lassen sich die in der Bologna-Erklärung verabschiedeten europäischen Prinzipien der Vergleichbarkeit und Kompatibilität in deregulierten Systemen überhaupt garantieren? (Schwarz 2003)

9   Die wesentlichen Folgen

Die als Folge von Reformen mit internationaler Perspektive (wir können auch sagen als Folge von Internationalisierung und Globalisierung) im Hochschulbereich beschriebenen Veränderungen können tendenziell als Paradigmenwechsel bezeichnet werden, da sie sich auf die wissenschaftlichen, kulturellen und sozia-

len Perspektiven von Hochschulbildung sowie die bisher dominierenden akademischen Normen und Werte auswirken. Die beschriebenen Deregulierungsprozesse haben vier wesentliche Veränderungen ausgelöst.

(1) *Wissensbezogene Veränderungen*: Internationalisierung, aber mehr noch
Globalisierung, führt zu Veränderungen in den traditionellen Formen der
Wissensvermittlung und Wissenszertifizierung an Hochschulen. Mit neuen
Formen der Wissensvermittlung sind die wachsende Einbeziehung von In-
formations- und Kommunikationstechnologien (eLearning, Internet) in die
Lehr- und Lernprozesse gemeint. Mit neuen Formen der Wissenszertifizierung sind verschiedene Weisen der Anerkennung von Qualifikationen, Fähigkeiten und Erfahrungen gemeint, die auf informellen Wegen, außerhalb
der Hochschule oder an ausländischen Hochschulen erworben wurden. Wir
beobachten zudem die wachsende Bedeutung nicht-disziplinären Wissens
(„mode 2") und sind zugleich konfrontiert mit neuen Definitionen dessen,
was „relevantes" Wissen darstellt. Die genannten Aspekte haben Auswirkungen auf die traditionelle Struktur und Organisation hochschulischer
Curricula. Darüber hinaus verstreut sich das wissenschaftlich basierte Wissen über eine größere Anzahl institutioneller Rahmen. Nicht mehr nur die
traditionelle Präsenzuniversität, sondern auch Franchising, Off-shore
Campusse, virtuelle Angebote, neue Typen privater oder unternehmensei-
gener Hochschulen, Public-Private Partnerschaften und dergleichen mehr.
Diese Entwicklungen verändern unser traditionelles Verständnis dessen,
was das disziplinär gegründete, wissenschaftliche Wissen konstituiert.
Nicht nur staatliche Grenzen erodieren, sondern das Wissen wird auf neue
Weise kontextualisiert, die traditionellen Funktionen der Universität werden in Frage gestellt und in den neuen Formen der Validierung von Wissen
stehen sich kontemplatives und performatives Wissen gegenüber.

(2) *Bildungsbezogene Veränderungen*: Wir können Veränderungen im traditionellen Verständnis dessen feststellen, was Bildung ausmacht, insbesondere höhere Bildung und die ihr zugeschriebenen Funktionen. Ich beziehe
mich damit auf die herkömmliche Vorstellung der Bildung des Charakters
bzw. der Persönlichkeit (also das humanistisch liberale Ideal des „gebildeten Menschen"). Diese Vorstellung verliert an Bedeutung zugunsten einer
Betonung von „skills" (Fähigkeiten und Fertigkeiten) und internationaler
Beschäftigungsfähigkeit. Zugleich verliert auch das an Bedeutung, was
Dahrendorf mit dem „Bürgerrecht auf Bildung" gekennzeichnet hat, zugunsten einer Bedeutung von Bildung als Dienstleistung, Ware und Markt
(Hahn 2003: „Verbetriebswirtschaftlichung der Universität und Ökonomi-
sierung der Orientierungen").

(3) *Institutionenbezogene Veränderungen*: Wir stellen Veränderungen in den institutionellen Strategien fest, angefangen von der Erosion des partizipativen Kollegialmodells zugunsten von Ansätzen des New Public Management über neue und gezieltere Formen eines internationalen oder gar globalen Marketings bzw. der regionalen, nationalen oder internationalen Profilbildung. Hochschulen werden zunehmend Akteure mit eigenen strategischen Zielen und einer eigenen Identität. Innovation, Leistungs- und Wettbewerbsfähigkeit sind Elemente einer Entwicklung hin zu weiterer Differenzierung und Diversifizierung, begleitet von den im Rahmen des Bologna-Prozesses unternommenen Versuchen der Schaffung von mehr Transparenz und Vergleichbarkeit.

(4) *Systembezogene Veränderungen*: Schließlich stellen wir Veränderungen im Politikfeld Hochschule fest, die nicht zuletzt auf die wachsende Zahl internationaler und supranationaler Akteure (z. B. korporative Akteure oder Nicht-Regierungsorganisationen) zurückzuführen sind. Diese wirken sich auf das Verhältnis zwischen Hochschule und Staat aus und verändern traditionelle Formen der Governance sowie die herkömmlichen Steuerungsinstrumente. Repräsentanten unterschiedlicher gesellschaftlicher Sektoren werden Mitglieder in Hochschulräten, internationale Akkreditierung und internationales Benchmarking nehmen zu und werden mit Beteiligung von Experten professioneller Organisationen durchgeführt. Wir sehen den Einfluss des Bologna-Prozesses sowie der Politik von OECD, UNESCO und – in einigen Ländern – der Weltbank. Die Entwicklungen zeigen einen deutlichen Trend zur Einbeziehung neuer Akteure in das Politikfeld Hochschule mit der Folge, dass die Aushandlungsarenen hybrider werden und neue Verhandlungs- und Diskussionsformen erfordern (Kehm 2002).

Um diesen Beitrag abzuschließen, werden drei Bereiche skizziert, in denen weitere Forschung zu Regulierungs- und Deregulierungsprozessen in Europa wünschenswert wäre. Dabei können international vergleichende Perspektiven besonders ergiebig sein.

Erstens Koordinierung: Das berühmte Clark'sche Dreieck der Koordinierung zwischen Staat, Markt und akademischer Oligarchie muss zu einem Hexagon erweitert werden, das die größere Zahl der Beziehungen und Interaktionen widerspiegelt.

Aufgrund der Multiplikation der Akteure und Interaktionen wird die Koordinierung bzw. Steuerung im Hochschulbereich deutlich komplexer. Darüber hinaus haben sich die gesellschaftlichen Anforderungen an die Hochschulen hinsichtlich ihrer Bildungs- und Forschungsleistungen diversifiziert. Einer weiteren Differenzierung des Systems auf der einen Seite wirken die Versuche auf der anderen Seite entgegen, größere Transparenz und Kompatibilität herzustellen. Die Frage, ob wir im europäischen Rahmen eine wachsende Konvergenz und Harmonisierung erwarten können oder vielmehr eine zunehmende Differenzierung, kann nicht mit einem einfachen entweder/ oder beantwortet werden. Beide Entwicklungsrichtungen sind zu beobachten. Angesichts wachsender Differenzierung und Diversifizierung versuchen sowohl Institutionen als auch nationale Systeme Mechanismen zu entwickeln, die weiterhin Mobilität und vergleichende Beurteilungen und Anerkennung von im Ausland und außerhalb von Hochschulen erworbenen Leistungen ermöglichen.

Abb. 1:   Hexagon der Koordination

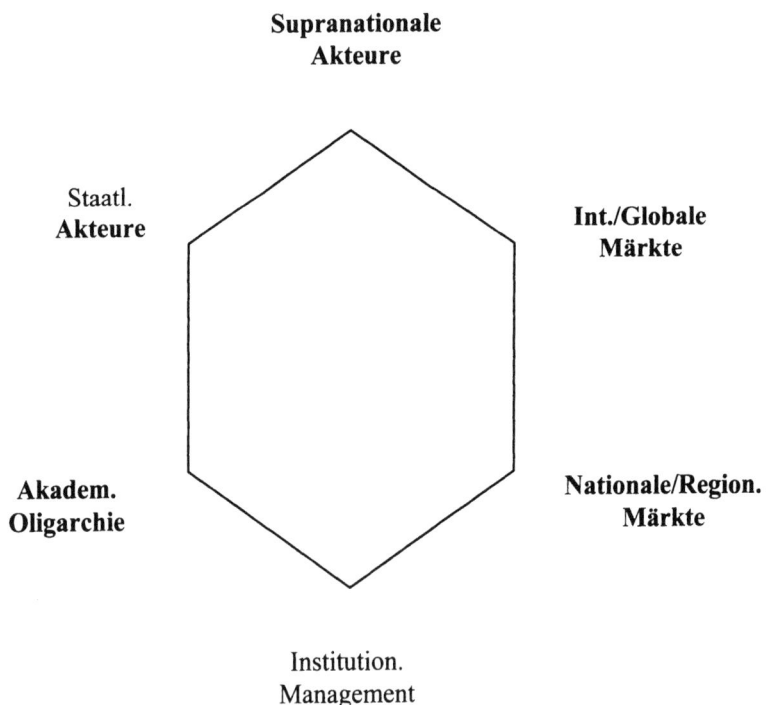

Quelle: Kehm 2001

Innerhalb des mit dem Hexagon angedeuteten Beziehungsgeflechts müssen Hochschulen sich heute und in der Zukunft positionieren und ihr Profil in Forschung und Lehre entsprechend gestalten. Die Einführung international orientierter Markt- und Wettbewerbselemente haben dazu geführt, dass auch für das deutsche Hochschulsystem die Reformprozesse anderer Länder und die Hochschulpolitik internationaler bzw. supranationaler Organisationen an Bedeutung gewonnen haben. Eine noch zu schließende Forschungslücke sind die Widersprüche und Probleme, die diesem neuen Steuerungs- und Koordinierungsmix innewohnen.

Zweitens Beziehung zwischen Hochschule und Staat: Innerhalb der bestehenden Beziehungen zwischen Hochschule und Staat wird eine neue Definition des Verhältnisses zwischen staatlicher Regulierung einerseits und institutioneller Autonomie und Selbststeuerung andererseits erforderlich. Eine Forschungsfrage, die sich aus diesem Kontext ergibt ist: Was passiert, wenn Hochschulen mit der supranationalen Ebene ein Bündnis eingehen und der schwächer werdenden staatlichen Ebene weitere Kompetenzen und Steuerungsmöglichkeiten aus den Händen nehmen. Wird dann ‚der Markt' gewinnen oder eine neue supranationale Bürokratie?

Drittens Institutionelle Governancemechanismen: Es ist weiterhin eine empirisch nicht belegte Annahme, dass neue Typen institutioneller Governance und Koordinierung wie sie mit den Ansätzen des New Public Management propagiert werden, tatsächlich die Leistungsfähigkeit, innovative Kapazität und Wettbewerbsfähigkeit von Hochschulen zu steigern vermögen. Die derzeit diskutierten neuen Formen der Regulierung innerhalb des Rahmens managerialistischer Governance müssen ihre relativen Vorteile erst noch unter Beweis stellen.

Literatur

Barblan, Andris u. a. (Hg.) (1998): Emerging European Policy Profiles of Higher Education Institutions. Kassel (Centre for Research on Higher Education and Work).

Barblan, Andris u. a. (1999): Implementing European Policies in Higher Education Institutions. Kassel (Centre for Research on Higher Education and Work).

Beck, Ulrich (1998): Was ist Globalisierung? Frankfurt/ M.

Birnbaum, Robert (2000): "The Lifecycle of Academic Management Fads." In: The Journal of Higher Education, No. 1, S. 1-16.

Blumenthal, Peggy u. a. (Hg.) (1996): Academic Mobility in a Changing World. London.

Braun, Dietmar ; Merrien, Francois-Xavier (Hg.) (1999): Towards a New Model of Governance for Universities? A Comparative View. London.

Campbell, Carolyn; Wende, Marijk van der (2000): International Initiatives and Trends in Quality Assurance for European Higher Education. Brussels (ENQA).

Elm, Ralf (Hg.) (2002): Universität zwischen Bildung und Business. Mit einem Anhang zur europäischen Bildungspolitik. Bochum.

Enders, Jürgen (2001): Academic Staff in Europe: Changing Contexts and Conditions. Westport (Conn.), London.

Esser, Hartmut (1999): Situationslogik und Handeln. Frankfurt, M./ New York.

Friedrich, Hans Rainer (2002): Neuere Entwicklungen und Perspektiven des Bologna-Prozesses. HoF Wittenberg Arbeitsberichte 4/02. Wittenberg (Institut für Hochschulforschung).

Gemeinsame Erklärung (1996) der Regierungschefs von Bund und Ländern zur Steigerung der internationalen Wettbewerbsfähigkeit des Studienstandortes Deutschland. Bonn.

Gibbons, Michael u. a. (1994): The New Production of Knowledge. London.

Gibbons, Michael (1998): Higher Education Relevance in the 21st Century. Washington.

Goedegebuure, Le; Van Vught, Frans (Hg.) (1994): Comparative Policy Studies in Higher Education. Utrecht.

Hahn, Karola (2002): Die Internationalisierung der deutschen Hochschulen. Inauguraldissertation, Universität Mainz.

Hahn, Karola (2003): Die Globalisierung des Hochschulsektors und das „General Agreement on Trade in Services". Beitrag für „die hochschule", Jg. 12, Heft 1.

Hasse, Raimund; Krücke, Georg (1999): Neo-Institutionalismus. Bielefeld.

Haug, Guy u. a. (1999): Trends in Learning Structures in Higher Education. Project Report prepared for the Bologna Conference on 18-19 June 1999. Copenhagen (Danish Rectors' Conference).

„Hochschulen für das 21. Jahrhundert" (Hg.) (1997): Vom Bundesminister für Bildung, Wissenschaft, Forschung und Technologie. Bonn.

Hochschulrektorenkonferenz (Hg.) (1992): Mehr Autonomie für die Hochschulen. Zur Deregulierung im Hochschulrecht des Bundes und der Länder. Fachtagung der Hochschulrektorenkonferenz am 24. November 1992 in Bonn. Dokumente zur Hochschulreform 77/1992. Bonn.

Hödl, Erich; Zegelin, Wolf (1999): Hochschulreform und Hochschulmanagement. Eine kritische Bestandsaufnahme der aktuellen Diskussion. Marburg.

Jansen, Dorothea (2002): „Internationale Wettbewerbsfähigkeit und Innovationsfähigkeit von Universitäten und Forschungsorganisationen – Neue Governanceformen." Speyer.

Kälvemark, Torsten; Wende, Marijk van der (1997): National Policies for the Internationalisation of Higher Education in Europe. Stockholm (National Agency for Higher Education).

Kehm, Barbara; Last, Bärbel (1997): „Germany." In: *Torsten Kälvemark, Marijk van der Wende*: National Policies for the Internationalisation of Higher Education in Europe. Stockholm (National Agency for Higher Education). S. 91-152.

Kehm, Barbara M. (1998): „Verpasste Internationalisierung?" In: Zeitschrift für Kulturaustausch, Jg. 48, Heft 1, S. 56-62.

Kehm, Barbara M. (1999): "Strategic Management of Internationalisation Processes. Problems and Options." In: TEAM Bd. 5, Nr. 4, S. 369-382.

Kehm, Barbara M.; Pasternack, Peer (2001): Hochschulentwicklung als Komplexitätsproblem. Fallstudien des Wandels. Weinheim/ Basel.

Kehm, Barbara M. (2002): „Strategies of Internationalisation in Higher Education." Vortrag auf dem EDU.DE-Studienbesuchsprogramm des DAAD für amerikanische Leiter von International Offices, am 20. November in Berlin.

Knight, Jane (1999): „Internationalisation in Higher Education." In: *Jane Knight, Hans de Wit* (Hg.): Quality and Internationalisation in Higher Education. Paris (OECD/ IMHE). S. 13-28.

Mayntz, Renate; Scharpf, Fritz W. (Hg.) (1995): Gesellschaftliche Selbstregulierung und politische Steuerung. Frankfurt/M./ New York.

Meek, Lynn V. u. a. (Hg.) (1998): The Mockers and Mocked: Comparative Perspectives on Differentiation, Convergence and Diversity in Higher Education. Oxford.

Morgan, Gareth (1998): Images of Organization. San Francisco.

Neave, Guy (2002): „Global Trends in Higher Education: Globalisation, Internationalisation and Policy – An Historical Critique." Manuskripts eines Vortrags auf dem Internationalen Symposium „Universities – Fit for the Future?" am 18./19. Oktober in Kassel.

Nowottny, Helga u. a. (2001): Re-Thinking Science. Knowledge and the Public in an Age of Uncertainty. Cambridge.

OECD (2002): GATS: Plädoyer für offene Dienstleistungsmärkte. Paris.

Ollikainen, Aaro (1999): The Single Market for Education and National Educational Policy. Ph.D. Thesis, Turku.

Pellert, Ada (1999): Die Universität als Organisation. Wien.

Philipp, Christine (2000): Auf dem Wege zum europäischen Bildungsmarkt. Supranationale Hochschulpolitik oder Wettbewerb der Hochschulsysteme. Köln.

Ronge, Volker (2000): Der Geist des neuen Hochschulgesetzes: Deregulierung und Ökonomisierung. In: Forum Wissenschaft, Heft 1, S. 23-25.

Scherrer, Christoph; Yalcin, Gülsan (2002): „Bildung als Gegenstand von Handelsvereinbarungen: Die neue GATS-Verhandlungsrunde." In: Das Hochschulwesen, Heft 4, S. 128-134.

Scherrer, Christoph (2003): „Bildung als Ware auf dem globalen Handelsmarkt." Vortrag auf dem Werkstattgespräch der GEW und der Hans-Böckler-Stiftung. Januar 2003 in Bonn.

Schimank, Uwe (2000): Handeln und Strukturen. Einführung in eine akteurtheoretische Soziologie. München.

Schimank, Uwe (2000): „Welche Chancen und Risiken können unterschiedliche Modelle erweiterter Universitätsautonomie für die Forschung und Lehre der Universitäten bringen?" In: *Stefan Titscher* (Hg.) (2000): Universitäten im Wettbewerb: Zur Neustrukturierung österreichischer Universitäten. München S. 94-147.

Schimank, Uwe; Kehm, Barbara M. ;Enders, Jürgen (2002): „Entscheidungsprozesse im Management- und Selbstverwaltungsmodell der Universitäten und die Folgen für die Forschung im internationalen Vergleich." Hagen/ Wittenberg/ Enschede.

Schwarz, Stefanie; Teichler, Ulrich (Hg.) (2000): Credits an deutschen Hochschulen. Kleine Einheiten – Große Wirkung. Neuwied, Kriftel.

Schwarz, Stefanie u. a. (2003): „Accreditation in the Framework of Evaluation Activities". Internationale Vergleichsstudie, Kassel.

Schwarz, Stefanie (2003): „Accreditation in the Framework of Evaluation. Ziele der internationalen Begleitstudie." Vortrag auf dem Werkstattgespräch der GEW und der Hans-Böckler-Stiftung im Januar 2003 in Bonn.

Scott, Peter (Hg.) (1998): The Globalization of Higher Education. Buckingham.

Shattock, Michael (1999): „Governance and Management in Universities: The Way We Live Now." In: Journal of Education Policy, Vol. 14, No. 3, S. 271-282.

Slaughter, Sheila; Leslie, Larry L. (1997): Academic Capitalism. Politics, Policies and the Entrepreneurial University. Baltimore/ London.

Sporn, Barbara (1999): Adaptive University Structures. London.

Teichler, Ulrich (1998): „The Role of the European Union in the Internationalization of Higher Education." In: *Peter Scott* (Hg.): The Globalization of Higher Education. Buckingham S. 88-99.

Teichler, Ulrich (2000): Internationalisierung als Aufgabe der Hochschule in Europa." In: *Jan C. Joerden u. a.* (Hg.): Universitäten im 21. Jahrhundert. Heidelberg S. 169-183.

Teichler, Ulrich (2002): „Internationalisierung der Hochschulen." In: Das Hochschulwesen, Jg. 50, Heft 1, S. 3-9.

Van Vught, Frans; Van der Wende, Marijk ; Westerheijden, Don (2002): „Globalization and Internationalisation: Policy Agendas Compared." In: *Jürgen Enders, Oliver Fulton* (Hg.): Higher Education in a Globalising World. International Trends and Mutual Observations. Dordrecht S. 103-120.

Wächter, Bernd (Hg.) (1999): Internationalisation in Higher Education. Bonn.

Wende, Marijk van der (1996): „Internationalising the Curriculum in Higher Education." In: OECD (Hg.): Internationalisation of Higher Education. Paris (OECD) S. 35-89.

Wende, Marijk van der (1999): „The Bologna Declaration: Enhancing Transparency and Competitiveness of European Higher Education." Paper presented at the Fourth Annual Conference of GATE. Melbourne/ Australia.

Willke, Helmut (2001): Steuerungstheorie: Grundzüge einer Theorie der Steuerung komplexer Sozialsysteme. 3. überarb. Auflage. Stuttgart.

Wit, Hans de (2001): Internationalisation of Higher Education in the United States of America and Europe: A Historical, Comparative and Conceptual Analysis. Ph.D. Thesis, Amsterdam: University of Amsterdam.

Yalcin, Gülsan; Scherrer, Christoph (2002): „Gutachten zur GATS-Verhandlungsrunde im Bildungsbereich." In: Gewerkschaft Erziehung und Wissenschaft (Hg.): Freier Handel oder freier Zugang? WTO-GATS setzt die Bildung unter Globalisierungsdruck. Dokumentation eines GEW-Workshops vom 26. Februar 2002 in Berlin. Frankfurt/M. (GEW) S. 6-43.

Hochschulbildung und Hochschulpolitik in Europa: Das Bologna-Projekt als Prozess einer doppelten Neuordnung

Thomas Walter

> „Einige Radikale mögen so tun, als wäre es möglich, ein einziges System der höheren Bildung für Europa zu schaffen oder wieder zu so einem System zurückzukehren – zu einem System der völlig freien Auswechselbarkeit von Lehrern und Lehren, oder zu einem zentralen, wenn auch mannigfaltigen Forum für den Austausch und die Kritik von Ideen. Das aber ist ganz eindeutig eine Illusion." (Beloff 1958: 382)

1 Einleitung

Bereits vor seinem auf das Jahr 2010 terminierten Abschluss wird der so genannte „Bologna-Prozess" als eine tief greifende Transformation der europäischen Hochschullandschaft bewertet. Dabei wird die Bedeutung dieses Prozesses mit ganz unterschiedlichen Begriffen charakterisiert: als „the most important and wide ranging reform of higher education" (Europarat 2002: 3), als Revolution (vgl. Sedgwick 2001: 1) oder als Wendepunkt (vgl. van der Wende 2003). Verweist der Begriff der Reform auf das Vorhaben einer schrittweisen, strukturellen Veränderung, so impliziert der Begriff der Revolution den radikalen Umbruch einer herrschenden Ordnung. Dramaturgisch gefasst, weist dagegen der Begriff des Wendepunktes auf den Vorgang eines überraschenden und entscheidenden Richtungswechsels im Kontext einer längeren historischen Entwicklung.

Die Absicht, für die Hochschularchitektur in Europa „eine umfassende Neuordnung" zu schaffen, wird im Berliner Kommuniqué (2003: 4) als explizites Ziel postuliert. Der Stellenwert, den das dabei eingeschlagene Verfahren einnimmt, lässt sich dagegen nur indirekt erschließen. Als Kern meiner Argumentation stelle ich die These auf, dass das Bologna-Projekt ein doppelter Prozess zur Neuordnung der Hochschulbildung in Europa ist. Neben der expliziten Zielsetzung wird implizit auch die Konstellation sowie der Modus der europäischen Hochschulpolitik neu geordnet. Beide Aspekte stehen zueinander in einem komplementären Verhältnis.

Die Architektur der europäischen Hochschulsysteme soll neu geordnet werden, indem eine Konvergenz in wesentlichen Elementen und Mechanismen hergestellt werden soll. Neben den beiden entscheidenden Innovationen, der flächendeckenden Einführung von Studienstrukturen, die auf drei Zyklen (undergraduate, graduate, post-graduate) aufbauen und der zentralen Stellung die der Qualitätssicherung zugeschrieben wird, werden zudem Themenfelder älterer Debatten, wie z. B. zur Mobilität, Anerkennung oder das seit den 1970er Jahren diskutierte Konzept des lebenslangen Lernens (vgl. z. B. Dahrendorf-Memorandum 1973) neu aufgegriffen und unter dem Dach einer Agenda zusammengefasst. Dieser erste Aspekt wird im zweiten Kapitel aufgegriffen.

Der zweite Aspekt erschließt sich implizit aus dem Handlungsmuster, das mit diesem Prozess aufgenommen wurde und das zugleich einen Faktor seiner eigentümlichen Dynamik darstellt. In Etappen werden alle relevanten staatlichen wie nichtstaatlichen Akteure der europäischen Hochschulpolitik miteinander verkoppelt und stimmen ihr Handeln unter dem Dach des Bologna-Arrangements untereinander ab. Dieser zweite Aspekt steht im Mittelpunkt meines Interesses und wird im dritten Kapitel entlang dreier Fragen behandelt: Erstens, welche internationale Akteurskonstellation war für die europäische Hochschulpolitik vor dem Bologna-Projekt bestimmend, und in welche Konstellation werden die Akteure mit diesem Prozess neu zueinander geordnet? Zweitens, wie vollzieht sich dieser Institutionalisierungsprozess, d. h., auf welches Arrangement wird dabei zurückgegriffen? Drittens, welche Staaten können an diesem Prozess teilnehmen und über welche Gestalt verfügt der dadurch entstehende Mitgliedschaftsraum?

Das Ziel dieses Beitrags ist, den Stellenwert des Bologna-Prozesses zu bestimmen und diejenigen Merkmale herauszuarbeiten, durch die dieser Prozess sein spezifisches Gewicht erhält. Der Stellenwert lässt sich nur bestimmen, wenn man den historischen Kontext berücksichtigt, in den dieses Projekt eingebettet ist. Erst die Differenzbildung in ein Vorher und ein Nachher ermöglicht die Einschätzung seiner eigentlichen Relevanz. Eine zweite analytische Perspektive wird mit dem sogenannte Governance-Ansatz eröffnet. Dieser Ansatz lenkt den Blick auf Strukturen und Prozesse der Handlungskoordination in komplexen Systemen oder Konstellationen. Phänomene, die mit diesem Ansatz untersucht werden können, verfügen in der Regel über folgende Charakteristika: (a) staatliche und nichtstaatliche Akteure werden durch Verhandlung in „komplexen institutionellen Arrangements" (Benz 2003: 6) miteinander verkoppelt. (b) Die Sachprobleme, über die verhandelt wird, zeichnen sich durch Interdependenz aus, weil sie über nationale Grenzen hinaus wahrgenommen und als etwas eingeschätzt werden, was eine Behandlung auf mehreren Ebenen erforderlich macht (multi-level Governance). (c) Die institutionelle Form ergibt sich – vor allem bei internationalen Abstimmungsprozessen – aus dem Umstand, dass eine übergeordnete autoritative Instanz nicht existiert. Versteht man unter Governance das Management von Interdependenz und Komplexität in einem klar umrissenen Problembereich, so kann das Bologna-Projekt mit Hinsicht auf seine Akteurskonstellation und sein Prozessarrangement als eine spezifische Governanceform verstanden werden.

2 Die Neuordnung der europäischen Hochschulbildung

Das Bologna-Projekt ist als Entwicklungs- und Umsetzungsprozess auf eine Dekade angelegt. Die zentralen, den Prozess strukturierende Ereignisse sind die im zweijährigen Turnus abgehaltenen Fachminister-Konferenzen: Bologna 1999, Prag 2001, Berlin 2003, Bergen 2005 und London 2007. Die Initialzündung zu diesem Projekt bildete die Sorbonne-Deklaration aus dem Jahre 1998, die von den Bildungsministern Frankreichs, Großbritanniens, Italiens und Deutschlands unterzeichnet worden war. Sie markiert den Grundstein der weiteren Debatte – aber nicht der Verfahrensweise. Die Bologna-Konferenzen sind die Orte, an denen von den Ministern die politischen Entscheidungen getroffen werden. Zugleich stellen sie mit den Abschluss-Kommuniqués den gemeinsamen Problem- und Handlungshorizont her und schaffen Ankerpunkte für den (weiteren) Umsetzungsprozess.

Diesen Agendaprozess kennzeichnen vor allem drei Merkmale: Erstens, er ist evolutionär angelegt. Verfolgt man einzelne Elemente durch die fortlaufenden Kommuniqués, so kann man graduelle oder substanzielle Veränderungen, wie nähere Bestimmung von Maßnahmen oder das Umgruppieren in der Reihenfolge der Prioritäten, aber auch die Aufnahme neuer Ziele und Maßnahmen feststellen. Der Einfluss, den neu dazugekommene Akteure auf diesen Agenda-Setting-Prozess ausüben, kann bis auf die semantische Ebene der Kommuniqués nachgezeichnet werden. Positionen der Studierendenorganisation ESIB, der European University Association (EUA) oder des Europarats wurden zum Teil im Wortlaut aufgenommen. Zweitens, der Agenda-Prozess kann als hybrid bezeichnet werden. In ihm vermengen sich unterschiedliche Themen; solche, die bereits seit langer Zeit debattiert wurden (Anerkennung, Mobilität, Lebensbegleitendes Lernen) wie auch solche, die neu, oder mit neuer Intensität, in den Mittelpunkt der Aufmerksamkeit gerückt sind. Die Agenda stellt insofern nichts anderes dar als die Verknüpfung von verschiedenen Themenkreisen, allerdings gerichtet auf ein gemeinsames Oberziel, bzw. Leitbild. Drittens setzt die Agenda

in ihrer Zielrichtung auf einen komplementären Effekt. Die intendierte Wirkung
der Ziele und Maßnahmen ist nach innen (Europa) sowie nach außen (übrige
Welt) gerichtet; nicht selten aber derart miteinander verknüpft, dass mit einer
Maßnahme beide Richtungen gleichermaßen abgedeckt werden.

Das Leitbild des Bologna-Projekts impliziert die Schaffung eines Europäischen Hochschulraums (European Higher Education Area, EHEA), der einen
gemeinsamen „framework for teaching and learning" (Sorbonne 1998) herstel-
len soll. Europa, so die Sorbonne-Deklaration, dürfe nicht nur als ökonomischer
und politischer Raum, sondern müsse in einem umfassenderen Sinne verstanden
werden. Neben diesen beiden Dimensionen verfüge es auch über eine kulturelle,
soziale und technische Dimension (vgl. Sorbonne 1998). Nur wenn dieses berücksichtigt würde, könne das „Gefühl der Zugehörigkeit zu einem gemeinsamen sozialen und kulturellen Raum" (Bologna 1999) entstehen. Dieses Zugehö-
rigkeitsgefühl stelle den Grundbaustein für die „Errichtung eines vollständigeren und umfassenderen Europas" (Bologna 1999) dar.

Für den zu schaffenden Hochschulraum werden drei Prinzipien aufgestellt.
Erstes Prinzip: Unter expliziter Bezugnahmen auf die Magna Charta Universitatum (vgl. MCU 1988) gilt die „Unabhängigkeit und Autonomie" (Bologna
1999) der Universitäten als notwendige Voraussetzung. Man verknüpft damit
auch die Forderung, dass die Hochschulen in die „Lage versetzt werden müssen,
über ihre interne Organisation und Verwaltung zu entscheiden" (Prag 2001).
Zweites Prinzip: Auf der institutionellen Ebene sollen die Studierenden als
„gleichberechtigte Partner" (Berlin 2003: 6) in Fragen der Hochschulsteuerung
behandelt werden. Diese Partnerschaft sei zwar durch Gesetze „weitgehend"
abgesichert, die „tatsächliche Beteiligung" (Berlin 2003: 6) könne und müsse
weiter ausgebaut werden. Drittes Prinzip: Es wird der von der EUA formulierte
Standpunkt unterstützt, dass „Hochschulausbildung als ein öffentliches Gut zu
betrachten" sei und damit eine „vom Staat wahrzunehmende Verpflichtung ist
und bleibt" (Prag 2001: 2).

Mit der Schaffung dieses Europäischen Hochschulraums verspricht man
sich, fünf Ziele zu erreichen. Erstens: Die europäischen Hochschulsysteme sollen verständlich und vergleichbar sein (vgl. Bologna 1999). Zweitens: Die Studienabschlüsse sollen für den europäischen Arbeitsmarkt Beschäftigungsfähigkeit gewährleisten (vgl. Bologna 1999). Drittens: Die Mobilität soll quantitativ
zunehmen. Zugleich soll (viertens), mit der Zielrichtung nach außen, eine weltweite Attraktivität geschaffen (vgl. Prag 2001) und fünftens die internationale
Wettbewerbsfähigkeit der europäischen Hochschulsysteme verbessert werden
(Bologna 1999; Prag 2001). Wie werden diese Zielvorstellungen aufgegriffen
und über welche Elemente soll diese neue Ordnung konstituiert werden?

Anerkennung: Die Anerkennung von Studienabschlüssen muss „einfach, effizient und gerecht" (Prag 2001: 3) geregelt werden. Das Diploma Supplement wird hierfür als ein adäquates Instrument betrachtet. Ausgestellt „in einer weit verbreiteten europäischen Sprache", soll es ab dem Jahr 2005 europaweit eingeführt sein, alle für den Arbeitsmarkt relevanten Qualifikationen enthalten und „automatisch und gebührenfrei" zu jedem Studienabschluss ausgestellt werden (Berlin 2003: 5). Als allgemeiner Referenzrahmen für die Anerkennungs-Problematik von Studienabschlüssen wird auf die Lissabon-Konvention (1997) hingewiesen (vgl. u. a. Sorbonne 1998). Man könne auf dieser Konvention aufbauen und solle darüber hinaus Schritte unternehmen, um die wechselseitige Anerkennung von Hochschulabschlüssen „for professional purposes" (Sorbonne 1998: 3) zu fördern. Im Jahr 1998 ging man davon aus, dass diese Aufgabe von der Europäischen Union geregelt werden könne.

Was ist die Lissabon-Konvention und wer hat sie initiiert? Im Jahr 1992 wurde die UNESCO initiativ und schlug dem Europarat vor, gemeinsam eine neue internationale Konvention zur Anerkennung von Studienleistungen aufzulegen. Damit wollte man die älteren, erstmals in den 1950er Jahren aufgelegten Konventionen[1] beider Organisationen überholen und auf den neuesten Stand bringen (vgl. Explanatory Report 1997). Massenuniversität und Diversifizierung der Hochschulstrukturen zum einen, und die im Vergleich zu den 1950er Jahren starke Zunahme internationaler Mobilität unter den Studierenden zum anderen, bildeten die Triebfeder dieser Neuauflage (vgl. Lissabon-Report 1997). Im April 1997 unterzeichneten die europäischen Mitgliedstaaten der UNESCO und die Mitgliedstaaten des Europarats die „Convention on the Recognition of Qualifications Concerning Higher Education in the European Region", kurz die Lissabon-Konvention.[2] Das Hauptziel dieser Vereinbarung liegt in der wechselseitigen Anerkennung von Hochschulqualifikationen. Neu an diesem Prinzip ist, dass sich die Staaten umfassend dazu verpflichteten, das Anerkennungsverfahren transparent und gerecht zu gestalten und das dafür geschaffene ENIC-Netzwerk mit der Überwachung beauftragten.

Sechs Jahre nach dem ersten Verweis auf die Lissabon-Konvention (vgl. Sorbonne 1998) wurde in Berlin festgelegt, dass alle Bologna-Staaten diese Konvention ratifizieren sollten (vgl. Berlin 2003: 5); bis 2005 sind dieser Forderung 36 von 45 Bologna-Staaten nachgekommen (vgl. Bergen 2005: 3). Damit wurde zugleich eine wesentliche Position des Europarats in die Agenda des

---

[1] Der Europarat hatte 1953, 1956, 1959 und 1990 jeweils eine Konventionen, die UNESCO hatte 1979 eine Konvention zur Anerkennung von Studienleistungen aufgelegt.
[2] Es sei daran erinnert: die *Lissabon-Konvention* ist nicht identisch mit dem *Lissabon-Prozess* (EU).

Bologna-Projektes aufgenommen (vgl. Europarat 2003b). Institutionell sind die beiden Netzwerke ENIC und NARIC (s. Kap. 3.1.2) damit beauftragt, die Umsetzung zu unterstützen, bzw. die Anerkennung durchzuführen.

Die vorgeschlagenen Maßnahmen sind in der Hauptsache nach innen gerichtet und beziehen sich auf das erste und zweite Ziel (Verständlichkeit und Vergleichbarkeit sowie Beschäftigungsbefähigung). Zugleich soll dadurch – nach außen gerichtet – die internationale Attraktivität Europas gesteigert werden; das bezieht sich auf das vierte Ziel der Bologna-Agenda.

Studienstrukturen: Der Umbau der Studienstrukturen bildet die zentrale Innovation des Bologna-Projekts und markiert zugleich seine „Achillesferse" (Witte/ Otto 2003). Diese Maßnahme ist das Kernstück einer „umfassenden Neuordnung" (Berlin 2003: 4) der europäischen Hochschulsysteme. Der Umsetzungsprozess, der ausschließlich in den Kompetenzbereich der einzelnen Mitgliedstaaten fällt, soll bis zum Jahr 2005 eingeleitet sein. Welche Merkmale kennzeichnen die neue Ordnung? Das Studiensystem besteht aus drei Zyklen:

Erster Zyklus – „undergraduate": Abschlüssen dieses ersten Zyklus' wird die Funktion eines „appropriate level of qualifications" zugedacht (Sorbonne 1998). Er soll mindestens drei Jahre dauern und er „attestiert die für den europäischen Arbeitsmarkt relevante Qualifikationsebene" (Bologna 1999). Er gilt als Voraussetzung für den zweiten Studienzyklus.

Zweiter Zyklus – „graduate": Hierfür war mit der Sorbonne-Deklaration vorgeschlagen worden, dass eine Wahlmöglichkeit bestehen solle zwischen einem kürzeren „master's degree" und einem längeren „doctor's degree". Dieser zweite Zyklus baut auf „research and autonomous work" auf und bildet die Grundlage der wissenschaftlichen Qualifikation (Sorbonne 1998). Mit Bezug auf das Bologna-Seminar in Helsinki im Februar 2001 wird festgehalten, dass „die zu einem Abschluss führenden Programme [...] unterschiedliche Orientierungen und verschiedene Profile haben [können und sollen], um der Vielfalt der individuellen, akademischen und arbeitsmarktbezogenen Bedürfnisse gerecht zu werden." (Prag 2001: 3).

Dritter Zyklus – „post-graduate": Mit der Berliner Konferenz wurde die Doktorandenausbildung als dritter Zyklus der Studienstruktur in die Gesamtarchitektur mit aufgenommen (vgl. 2003: 8). Damit wird Forschung nicht nur als elementarer Bestandteil von Hochschulbildung anerkannt, sie soll zugleich Grundlage zur Erreichung des Ziels sein, ein „Europa des Wissens" zu schaffen. Zugleich soll die Doktorandenausbildung als Bindeglied zwischen dem Europäischen Hochschulraum und dem Europäischen Forschungsraum[3] funktionieren. Allerdings wird im Bergen-Kommuniqué davor gewarnt, die Doktorandenausbildung einer „Überregulierung" (2005: 5) zu unterwerfen.

Im Anschluss an eine Definition der Lissabon-Konvention (1997) wird festgesetzt, dass der Übergang zwischen zwei Studienzyklen sukzessiv angelegt sein soll: der erste Studienabschluss ermöglicht den Zugang zum Zweiten, der Zweite ermöglicht den Zugang zum Dritten (vgl. Berlin 2003). In einer Positivformulierung wird dazu aufgerufen, sowohl an den Hochschulen als auch mit den Arbeitgebern durch eine „Vertiefung des Dialogs" (Berlin 2001: 4) zu einem breiteren Verständnis und einer breiteren Akzeptanz des zweistufigen Studiensystems beizutragen. Nur indirekt wird damit ein Problem thematisiert, dass vor allem diejenigen Staaten betrifft, die bis zum Beginn des Bologna-Projekts noch nicht über ein zweistufiges Studiensystem verfügen. Diese Maßnahmen zielen auf eine Strukturkonvergenz ab und sind – nach innen gerichtet – mit dem ersten und zweiten Ziel (Verständlichkeit und Vergleichbarkeit, Beschäftigungsbefähigung) verbunden; nach außen gerichtet, fokussieren sie auf das vierte und fünfte Ziel (Attraktivität und Wettbewerbsfähigkeit).

Mobilität: Für das vierte Element, der Steigerung von Mobilität, wird neben Postulaten bezüglich seiner Relevanz, als Instrument die flächendeckende Einführung des European Credit Transfer Systems (ECTS) empfohlen. Im Kern wird darauf gesetzt, dass die EU ihre Förderprogramme weiter ausbaut. Mobilität wird in einem dreifachen Sinne verstanden:

Mobilität der Studierenden: Bereits mit der Sorbonne-Deklaration wurde festgehalten, dass die Studierenden sich im ersten und zweiten Zyklus zumindest ein Semesters lang im Ausland aufhalten sollten. Ein Leistungspunktesystems nach dem Modell des ECTS soll dabei auf die Mobilität erleichternd wirken. Ein Hemmschuh wird in der europaweit uneinheitlichen Art der Einteilung von Studienjahren gesehen. Deshalb wird empfohlen, das Studiahr in Semester einzuteilen (Sorbonne 1997). Ein weiteres Problem studentischer Mobilität wird in rechtlichen Hürden gesehen, die „der Freizügigkeit in der Praxis im Wege stehen" (Bologna 1999). Daneben stünden Hindernisse in der „sozialen Dimension" dem Gesamtziel im Wege. Dieses Problem wurde vorrangig von studentischen Vertretern angesprochen (vgl. Göteburg-Deklaration 2001).

Mobilität der Wissenschaftler: Unter den Hürden im Bereich der Freizügigkeit haben in der Praxis neben Wissenschaftlern auch Lehrer und das Verwaltungspersonal zu leiden. Für diese Gruppe wird ebenfalls angestrebt, die

---

[3] Der *European Research and Innovation Area* (ERIA) hat nichts mit dem Bologna-Prozess zu tun. ERIA ist ein Ziel des Lissabon-Prozesses der Europäischen Union.

Mobilität zu steigern, um dadurch die Verknüpfung des Hochschulraums (EHEA) mit dem Forschungsraum (ERIA) zu befördern (vgl. Berlin 2003).

Biographische Mobilität: Unter Mobilität wird in einem erweiterten Sinne verstanden, dass der erneute Besuch einer Universität zu jedem Zeitpunkt einer beruflichen Karriere möglich sein muss (vgl. Sorbonne 1997). Seit Prag werden Maßnahmen zu diesem Aspekt - dem Element des Lebenslangen Lernens - zugeordnet.

Die Mobilität wird verknüpft gesehen mit mehreren der fünf oben genannten Ziele. Ist die Zielrichtung dieser Maßnahmen zuerst der binneneuropäische Raum, so soll nach außen durch die Schaffung von Förderprogrammen für Studierende aus „Drittländern" das Ziel der Steigerung internationaler Attraktivität erreicht werden (Berlin 2003: 7).

Lebensbegleitendes Lernen: Mit der Prager Konferenz wurde „Lebensbegleitendes Lernen, bzw. lebenslanges Lernen" (LLL) als ein „wichtiges Element" des zu schaffenden EHEA in die Agenda mit aufgenommen. LLL müsse dabei „wesentlicher Bestandteil" (Berlin 2003: 8) im Tätigkeitsprofil von Hochschulen werden. Auch hierfür bietet sich als Instrument das System der Kreditpunkte an; sie sollen nämlich auch „außerhalb der Hochschule" (Bologna 1999) erworben werden können. Ohne konkrete Maßnahmen zu formulieren, ist dieses Element mit einer Reihe von Zielen verknüpft. Implizit wird der Anspruch der Beschäftigungsfähigkeit (zweites Ziel) über das Studium hinaus in das Berufsleben gestreckt. Nach innen gerichtet, verspricht man sich durch das LLL ein Mehr an „sozialer Kohäsion" und „Lebensqualität" (Prag 2001: 5). Um „allen Bürgern, je nach ihren Wünschen und Fähigkeiten, lebenslange Lernverläufe hin zur Hochschulbildung und innerhalb der Hochschulbildung" (Berlin 2003: 8) zu ermöglichen, müsse künftig vor allem die Anerkennung bereits erworbener Qualifikationen („prior learning", Bergen 2005: 4) ermöglicht werden. Eine weitere Begründung liegt in dem Hinweis auf die externen Herausforderungen, die sich aus der Wettbewerbsfähigkeit ergeben.

Europäische Dimension: Das Postulat der Förderung einer „europäischen Dimension" wird aus dem Leitbild abgeleitet und zielt auf eine europäische Identitätsstiftung ab. Nach innen gewendet soll sie zur Triebfeder von Kohäsion werden; nach außen gerichtet soll sie „als Markenzeichen" (Bologna 1999) auf dem Weltbildungsmarkt gelten. Für diese Aufgabe werden die Hochschulen in die Pflicht genommen. Sie werden dazu aufgefordert, bei der Entwicklung von Curricula, Modulen und Kursen die „europäische" Dimension („Inhalte", „Orientierungen") stärker zu berücksichtigen (Prag 2001: 5). Erleichtert werden soll diese Entwicklung durch gemeinsame Studienprogramme. Die hierfür notwendigen Maßnahmen liegen – wie bereits bei der Mobilität – in der „Beseitigung rechtlicher Hindernisse bei der Einrichtung und Anerkennung solcher Abschlüsse" (Berlin 2003: 7).

Qualitätssicherung: Der Qualitätssicherung, einem Aspekt der in den Deklarationen von Bologna und Prag noch an fünfter Stelle der Prioritätenliste rangierte und der im Vergleich zu anderen Aspekten nur unspezifisch formuliert war, wird seit Berlin die oberste Priorität eingeräumt. Genügte 1999 noch der Aufruf, in der Entwicklung vergleichbarer Kriterien und Methoden Europa weit zusammenzuarbeiten, so spezifizierte das Prager Kommuniqué diese Aufgabe. Auf der Basis „gegenseitigen Vertrauens" und „gegenseitiger Akzeptanz" müsse es zu einer „engeren Kooperation zwischen Anerkennungs- und Qualitätssicherungsnetzen" (Prag 2001: 4) kommen. In diesem Zusammenhang wird explizit die Aufgabe des European Network of Quality Assurance" (ENQA, s. Kap. 3.1.2) erwähnt, mit denen alle Bologna-Staaten zusammenarbeiten sollten; auch solche, die noch kein Mitglied dieses Netzwerks sind.

Die zentrale Verantwortung für die Qualitätssicherung wird auf der Grundlage nationaler Qualitätssicherungssysteme und unter Verweis auf das Prinzip der Autonomie den Hochschulen übertragen. Aufgrund der Priorität dieses Themenbereichs sollen bis zum Jahre 2005 die ersten Maßnahmen ergriffen worden sein. Zum einen müssen nationale Qualitätssicherungssysteme eingerichtet werden, die folgende Aspekte erfüllen sollen: Die Zuständigkeiten der Qualitätssicherungsinstitutionen muss festgelegt werden; Programme „oder" Institutionen müssen evaluiert (interne Bewertung, externe Beurteilung, Beteiligung der Studierenden, Veröffentlichung der Ergebnisse) und ein Akkreditierungs- oder Zertifizierungssystems eingerichtet werden (vgl. Berlin 2003: 3). Zum anderen sollen auf europäischer Ebene „Normen, Verfahren und Richtlinien" für eine gemeinsame Qualitätssicherung erarbeitet, und „Möglichkeiten zur Gewährleistung eines geeigneten Begutachtungsprozesses (peer review) für Agenturen und Einrichtungen" (Berlin 2003: 4) geschaffen werden. Beauftragt werden hierfür das ENQA, EUA, EURASHE und ESIB. Als Desiderat wird auf der Konferenz von Bergen zudem die internationale Zusammenarbeit und die Einbeziehung der Studierenden benannt (vgl. Bergen 2005: 3).

Die Qualitätssicherung bildet den „Dreh- und Angelpunkt" (Berlin 2003) des EHEA. Mit Hilfe dieses Scharniers sollen innere und äußere Maßnahmen miteinander verklammert werden. Damit wird die in Salamanca formulierte Position der EUA, „Quality as the fundamental building stone" (Salamanca-Deklaration 2001) wie auch die Positionen der Europäischen Kommission in dem Agendaprozess aufgegriffen.

3 Die Neuordnung der europäischen Hochschulpolitik

3.1 Akteure und Konstellationen in der Hochschulpolitik Europas: vom Polyzentrismus zur Konzertierung

Die Europäische Hochschulpolitik im Spannungsfeld eines Polyzentrismus

Im Gegensatz zu anderen Themenfeldern herrschte im Europa[4] der 1950er Jahre für den Bereich der Hochschulbildung eine Grundstimmung vor, wie sie Max Beloff in Gesprächsrunden von Wissenschaftlern und von Gründungsvätern der Europäischen Gemeinschaft für Kohle und Stahl (EGKS) eingefangen hat:[5]

> „Einige Radikale mögen so tun, als wäre es möglich, ein einziges System der höheren Bildung für Europa zu schaffen oder wieder zu so einem System zurückzukehren – zu einem System der völlig freien Auswechselbarkeit von Lehrern und Lehren, oder zu einem zentralen, wenn auch mannigfaltigen Forum für den Austausch und die Kritik von Ideen. Das aber ist ganz eindeutig eine Illusion." (Beloff 1958: 382)

Für den zögerlichen Versuch zwischenstaatlicher Kooperationen in diesem Politikfeld markiert das Ende des Zweiten Weltkrieges den entscheidenden Wende- und Ausgangspunkt. Um die Folgen des Krieges zu bewältigen und die Gefahr einer Wiederholung zu vermeiden, wurden durch mit Gründung ganz unterschiedlich zugeschnittener internationaler Organisationen neue Strukturen geschaffen. Diese Organisationen verfügten über verschiedene Entscheidungslogiken und erzeugten damit verschiedene Kooperationsformen, bzw. Konvergenz- und Integrationsmodelle. Mit dem Bereich der Hochschulbildung sollten sich in der Folgezeit beschäftigen: die UNESCO (1946), die OECD (1960) als Nachfolgeorganisation der 1948 gegründeten OEEC, der Europarat (1949) und zuletzt die EGKS (1951), die den Grundstein für die heutige Europäische Union (EU) bildete.

Mit der Existenz dieser vier großen Organisationen entwickelte sich in den folgenden Jahrzehnten eine Konstellation, die man als institutionellen Polyzentrismus bezeichnen kann – die mit Stein Rokkan – über eine „polykephale Struktur" (2000: 143) verfügt. Das heißt, es gab mehrere Gravitationszentren:

---

[4] Unter dem Begriff Europa wird hier *Westeuropa* verstanden. Ausgeklammert sind Staaten oder Organisationen, die zwischen 1945 und 1989/1992 dem Einflussbereich der UdSSR angehörten.
[5] Teilnehmer waren: Denis de Rougemont, Eelco van Kleffens, Einar Lofstedt, Eugen Kogon, Arnold Toynbee, Alcide de Gasperi und Robert Schuman.

Jedes hatte seine eigenen Schwerpunkte, setzte andere Akzente, schuf einen eignen Mitgliedschaftsraum und verfügte über einen spezifischen Entscheidungsmechanismus, der im Modus Operandi unterschiedliche Effekte zeitigte. Als korporative Akteure verfügten alle vier Organisationen über ein gewisses Maß an Handlungs- und Entscheidungsautonomie. Über kognitive oder finanzielle Ressourcen können sie Ideen propagieren oder Aktionsprogramme initiieren. Auf der anderen Seite boten sie sich auch als Foren oder Arenen an, auf denen die jeweiligen Mitgliedstaaten interdependente Probleme der Hochschulbildung durch zwischenstaatliche Verhandlungen klären konnten.

Die Zielsetzung der universell ausgerichteten UNESCO lag in der Förderung der Zusammenarbeit von Bildung, Kultur und Wissenschaften. In dem vom Kalten Krieg gespaltenen Europa bot sie im Vergleich zu den anderen Organisationen als Einzige die Möglichkeit Forum zwischen ost- und westeuropäischen Staaten zu sein (vgl. Mickel 1978a: 3). Die OECD konzentrierte sich als sektorale Organisation auf den Bereich der Wirtschaft. Sie schuf ein Forum für die westlichen Industrieländer und nahm eine Brückenfunktion zwischen den europäischen Staaten und den USA, Kanada, Japan, Neuseeland sowie Australien.[6]

Der Europarat, als älteste europäische Regionalorganisation, verfolgte das Ziel einer gesamteuropäischen Einigung. Dadurch war er aber in einem viel höheren Maße als die anderen Institutionen der Logik des Kalten Krieges unterworfen und konnte nur den westeuropäischen Ländern ein Forum bieten. Die EGKS, aus der sich etappenweise (EWG, EG) die heutige Europäische Union (EU) entwickelte, hatte für einen klar umrissenen Mitgliederkreis das primäre Ziel der ökonomischen Integration. Erst später gesellte sich das der politischen Integration dazu. Allerdings entfachte sie durch ihre supranationalen Elemente,

---

[6] Die OECD, die aufgrund ihrer Nicht-Beteiligung am Bologna-Prozess im weiteren Verlauf dieses Beitrags keine Rolle mehr spielen wird, konzentrierte sich im Problemfeld Hochschulbildung vorrangig auf dessen Wechselwirkungen mit Fragen von Beschäftigungssystemen und der Entwicklung von wirtschaftlichem Fortschritt. Mit dem 1968 gegründeten Centre for Educational Research and Innovation (CERI) verwandelte sie sich ab den 1970er Jahren zu einer „bevorzugten" (Kohler-Koch/ Edler 1998: 184) Institution für die Entwicklung bildungs- wie auch forschungspolitischer Diskurse. Ihre Empfehlungen sind zwar politisch unverbindlich; aufgrund der fachlichen Breite und der Qualität der eingebundenen Wissenschaftler weisen sich ihre Ergebnisse „durch besondere Exzellenz" (Kohler-Koch/ Edler 1998: 188) aus. Dadurch entwickelte die OECD die Fähigkeit, bestimmte Politikentscheidungen mit herbeizuführen. Als Beispiel sei an die Reform des Hochschulwesens Australiens (1980er/1990er Jahre) erinnert, die auf ausführlicher Beratung der OECD basierte. Aufgrund ihrer allgemeinen Policy, die auf Liberalisierung ausgerichtet ist, entwickelte sich die OECD zu einer der zentralen Triebkräfte für eine aus der Perspektive der Globalisierung motivierte Veränderung des Hochschulwesens (vgl. hierzu Henry/ Lingard/ Rizvi/ Taylor 1991).

die sie qualitativ von allen anderen Organisationen abhebt, die mit Abstand
größte Dynamik – auch im Bereich der Hochschulpolitik.

Die zwischenstaatliche Bearbeitung des Problemfeldes Hochschulpolitik
entwickelte sich aufgrund der vorherrschenden Meinung, zu den „unverzichtba-
ren Essentialen der politischen Souveränität wie der ethnischen und nationalen
Identität" (Mickel 1978a: 55) zu gehören, nur langsam. Hinzu kam, dass die
Frage, ob die internationale Koordinierung von Bildungspolitik „überhaupt
wünschenswert wäre" (Mickel 1978a: 2), nur selten innerhalb der jeweiligen
Organisationen diskutiert wurde. Darüber hinaus retardierte für lange Zeit die
Art und Weise der Organisation von Regierungspolitik eine substanzielle Annäherung: Die Behandlung zwischenstaatlicher Probleme der Hochschulbildung
war als internationales Thema bei den Außenministerien angesiedelt.

So dauerte es bis 1959, dass sich Bildungspolitiker auf der Ebene der
Fachminister im Rahmen des Europarats und der UNESCO trafen. In der Europäischen Gemeinschaft fand ein erstes Zusammentreffen erst 1971 statt. Derartige Treffen wiesen jedoch das zentrale Dilemma auf, das Coester (1978) am
Beispiel des Europarats folgendermaßen skizzierte: Es kommen zu viele Betei-
ligte mit zu wenig Entscheidungskompetenz zusammen. Eine der sich daraus
ergebenden Folgen war, dass die verabschiedeten Deklarationen im Wesentlichen unverbindlich blieben und aufgrund einer fehlenden Kontrollinstanz, die
eine vereinbarungsgemäße Umsetzung hätte überwachen können, die Umsetzung nur mangelhaft war, weil sie im Kern keine Akzeptanz fanden.

Neben diesem auf der politisch-instituionellen Ebene angesiedelten Problem zeigten sich auf der kognitiven Ebene noch zwei andere Dilemmata. Das
erste Dilemma bestand darin, dass häufig umstritten war, was überhaupt unter
dem Begriff Bildung zu verstehen sei (vgl. Mickel 1978b). Das zweite Dilemma
bestand in einem fehlenden Wissen voneinander. So waren es nicht selten die
fehlenden Informationen über die unterschiedlichen Bildungssysteme, deren
Eigenheiten und Logiken sowie die Interdependenz der Bildungssysteme untereinander, die dazu führten, dass man nicht exakt wusste, worüber man sprach.
Als gemeinsamen Nenner dieser beiden Problemlagen kann man das Fehlen
eines geteilten Problemhorizonts identifizieren.

Innerhalb der Europäischen Gemeinschaft (EG) wurde mit den gleichen,
zumindest aber ähnlichen Problemen gerungen. Aufgrund der supranationalen
Struktur dieser Organisation schlug die Entwicklung aber einen anderen Weg
ein und hatte zur Konsequenz, dass sich aus diesem Arrangement Folgewirkungen ergaben, die in dieser Weise von den Mitgliedstaaten nicht intendiert worden waren.

Die Keimzelle der bildungs- und hochschulpolitischen Maßnahmen liegt
im Bereich der Berufs- und Weiterbildung von Angestellten und Arbeitern (vo-

cational training). Sie allein war in den Römischen Verträgen fixiert worden (vgl. De Wit/ Verhoeven 2001: 177). Für lange Zeit war Bildungs- oder Hochschulpolitik an keiner Stelle in den Verträgen als zusammenhängendes und einheitliches Politikfeld formuliert (vgl. Coester 1978: 27). Der Ministerialdirigent im Bundesbildungsministerium Coester verweist darauf, dass zu Beginn der 1970er Jahre noch nicht sicher gewesen sei, ob die Bildungspolitik überhaupt als Politikfeld der EG aufgegriffen werden solle, oder nicht: „Einige Mitgliedstaaten strebten eine besondere Konstruktion der Zusammenarbeit außerhalb des Vertrages und außerhalb der Organe der EG an." (Coester 1978: 26, Hervorhebungen: T.W.).

Im Vergleich zur UNESCO und zum Europarat griff die EG das Politikfeld Hochschulbildung relativ spät auf. Mit der Einrichtung einer Generaldirektion für Forschung, Wissenschaft und Bildung gab sie diesem Themenkomplex aber einen anderen, viel höheren Stellenwert. So entwickelte sich die Europäische Kommission zu einem neuen hochschulpolitischen Akteur, forcierte hochschulpolitische Themen und gewann in der weiteren Entwicklung stark an Bedeutung und Einfluss.

Auf das Problem des fehlenden Wissens reagierte die Kommission, indem sie innerhalb weniger Jahre mit dem Dahrendorf-Memorandum (1973), dem Janne-Bericht (1973) und dem Tindemans-Bericht (1975) drei groß angelegte, summarische Berichte in Auftrag gab. Dabei wurden Themen wie Lebenslanges Lernen oder die „Konvertibilität von Diplomen und Qualifikationen" als praktische Problemstellungen angesprochen, aber auch Szenarien einer Fortentwicklung diskutiert. Während Dahrendorf eine „Harmonisierung" der europäischen Bildungspolitik für „weder realistisch noch notwendig" (Dahrendorf-Memorandum 1973: 135) einschätzt, maß Janne dem Erhalt „nationaler Strukturen und Überlieferungen" zwar eine gewisse Notwendigkeit bei, plädierte aber für eine „unerlässliche Harmonisierung durch eine ständige Konzertierung auf allen Ebenen" (Janne-Bericht 1973: 140).

Welcher Art von Eigendynamiken sich durch die Systemstruktur einer supranationalen Organisation ergeben konnten, zeigte sich für das Feld der Hochschulpolitik an drei spektakulären Rechtsfällen: Forchieri-Fall 1983, Gravier-Fall 1985, Blaizot-Fall 1988. Hier eröffnete der Europäische Gerichtshof (EuGH) neue Interpretationsspielräume, indem er feststellte, dass Hochschulbildungsabschlüsse grundsätzlich auch Berufsabschlüsse seien (vgl. De Wit/ Verhoeven 2001). Für Maßnahmen der Berufsbildung war die Gemeinschaft – durch die Römischen Verträge – befugt zu handeln. Trotz Widerstand der Mitgliedstaaten kam so durch die Hintertür der Rechtsprechung die Hochschulpolitik auf die gemeinschaftliche Agenda.

In ähnlicher Weise brachten die Aktionsprogramme – das Joint Study Program Scheme (1976) und das ERASMUS-Programm (1987) – für das Verhältnis der Mitgliedstaaten zur Kommission eine Reihe von tiefgreifenden Fragen mit sich:

> „Surprisingly, the decision to develop ERASMUS also called upon member states to lend their weight to those activities which served to establish ERASMUS goals, an unusual step since generally speaking, member states would only agree that action at Community level was complementary to measures taken at national level, and not the other way round." (De Wit/ Verhoeven 2001: 190)

Vor allem wurden sich die Mitgliedstaaten einer grundsätzlichen Schwäche bewusst: Programme, die von der Kommission mit eigenem Geld finanziert und direkt mit den Projektpartnern (in diesem Fall Universitäten) abgewickelt wurden, waren dem Zugriff der nationalen Regierungen weitgehend entzogen.

Die 1980er Jahre brachten auch in einem anderen hochschulpolitischen Bereich eine wichtige Veränderung mit sich. Im Dezember 1988 einigten sich die Mitgliedstaaten „nach langem Ringen" (Teichler 1990: 8) auf eine Richtlinie für Hochschuldiplome und nahmen damit zum ersten Mal Abschied von dem Prinzip, für jede Berufsgruppe Einzelrichtlinien zu erlassen: Man machte Schluss mit der „Erbsenzählerei" (Friedrich 2002: 6) und setzte auf den Modus wechselseitigen Vertrauens.

Für die Hochschulpolitik der 1990er Jahre waren vor allem drei Aspekte kennzeichnend: Erstens wurde u. a. mit dem TEMPUS-Programm die dritte Generation der Aktionsprogramme entwickelt und implementiert. Zweitens wurde 1991 der Versuch unternommen, mittels dreier großer Memoranden[7] die hochschulpolitische Debatte auf zentrale Problemfelder zu lenken: die Hochschulbildung allgemein, „vocational training" und das Fernstudium. In allen Bereichen gab es aus Sicht der Kommission Grundprobleme, auf die nur mittels einer umfassenden Handlungskoordination reagiert werden konnte (vgl. Moschonas 1998: 41). Drittens: Für den Modus, wie Hochschulpolitik innerhalb der EU bestimmt und verhandelt werden sollte, wie auch den Status des Themenfeldes insgesamt, brachte der Maastricht-Vertrag eine grundsätzliche Entscheidung mit sich. Einerseits wurden mit diesem Vertrag der Handlungsspielraum und die Einflussmöglichkeiten der Europäischen Kommission mit den Artikeln 126 und

---

[7] Memorandum on Higher Education in the European Community (COM (91) 349 final of 5 November 1991); Memorandum on Vocational Training in the EC in the nineties (COM (91) 388 final of 12 November 1991); Memorandum on Open and Distance Learning in the European Community (COM (91) 397 final of 11 December 1991)

127 erstmals explizit definiert. Andererseits wurden die Kompetenzen der Kommission explizit limitiert. Das Ziel einer Harmonisierung von Hochschulpolitik wurde strikt ausgeschlossen. Seine Geltung beanspruchte der definitive Souveränitätsvorbehalt der Mitgliedstaaten.

Mit diesen beiden Artikeln fällt die Bildungspolitik zum ersten Mal in den Primärbereich des Gemeinschaftsrechts und wurde damit in ihrem Status aufgewertet. Durch die Aufzählung der Zuständigkeitsbereiche wurde zugleich die europäische Dimension dieses Politikfelds festgelegt. Das eingeführte Mitentscheidungsverfahren wertet dabei die Rolle des Europäischen Parlaments (EP) auf und verweist damit die Kommission in doppeltem Sinne in ihre Schranken: Neben dem Souveränitätsvorbehalt der Mitgliedstaaten, der die Machtbalance zwischen Kommission und Mitgliedstaaten anbetrifft, hat die erweiterte Kompetenz des EP konkrete Auswirkungen auf die Machtbalance innerhalb des politischen Systems der EU. Der Kommission wurden goldene Fesseln angelegt.

Die Neuordnung der Konstellation durch Verkoppelung der Akteure

Als drittes Prinzip des Bologna-Projekts wurde mit der Prager Konferenz (2001) die Partizipation von Studierenden nicht nur auf der institutionellen Ebene der Hochschulen gefordert, sondern auch als ein Spezifikum des Managements des Gesamtprozesses festgeschrieben: Die Teilnahme und -habe der Studierenden und Hochschulen „als kompetente, aktive und konstruktive Partner" (Prag 2001: 5)[8] wird zum Erfolgskriterium des Gesamtvorhabens gemacht. Diese Festschreibung ist ein Indikator für das neu entstehende Ordnungsmuster der Konstellation. Denn die Teilnahme und -habe beschränkt sich nicht auf diese beiden Gruppen; sie erfasst durch das Bologna-Arrangement vielmehr alle innerhalb von Europa maßgeblichen Organisationen, Verbände und Netzwerke, also nichtstaatliche, hochschulpolitische Akteure und verkoppelt sie in Etappen miteinander.

2001 wurde in Prag die Europäische Kommission als Vollmitglied aufgenommen; d. h., sie ist in ihrem Status den Mitgliedstaaten gleichgestellt. Den Status von Beobachtern und Konsultationspartnern in Organisation und Management des Prozesses erhielten der Europarat, die European University Association (EAU), EURASHE und ESIB. In Berlin erhielten 2003 die UNESCO sowie die mit Fragen der Anerkennung befassten europäischen Netzwerke ENIC und NARIC den Status als Beobachter und Konsultationspartner. 2005 wurde dieser Status in Bergen ENQA, Union des Confédérations de l'industrie et des

---

[8] Eine wortwörtliche Übernahme aus der Göteburg-Deklaration (ESIB 2000)

Employeurs d'Europe (UNICE) und der Education International (EI) verliehen. Dieses Muster ist ein Indiz für das, was eingangs als Charakteristikum für eine Governancestruktur bezeichnet wurde: Die Verkoppelung staatlicher und nicht-staatliche Akteure in einem „komplexen institutionellen Arrangement" (Benz 2003: 6).

Mit der Europäischen Union (konkret: der Europäischen Kommission), dem Europarat und der UNESCO werden drei Organisationen beteiligt, die im Vorfeld von Bologna den Kern eines europäischen Polyzentrums ausmachten. Mit UNICE wird der europäische Dachverband der Industrie- und Arbeitgeber-verbände eingebunden, der mit 39 nationalen Mitgliedsverbänden die Koordi-nierung industrieller Interessen und deren Vertretung gegenüber den Institutio-nen auf der europäischen Ebene zur Aufgabe hat. Durch ihn soll eine Brücke zur Unternehmerschaft geschlagen werden, um die Akzeptanz der neuen Studien-strukturen besser zu verankern. Mit dem Welt-Dachverband Education Interna-tional (EI), der mit 348 Mitgliedsorganisationen aus 166 Ländern die Interessen von Lehrern und Lehrenden aller Arten von Bildungseinrichtungen repräsen-tiert, soll die Akzeptanz und Mitwirkung der vom Gesamtprozess am meisten Betroffenen, den Hochschulmitarbeitern, erleichtert werden. Mit EUA und EURASHE, dem 1990 gegründeten Dachverband nationaler Vereinigung von Fachhochschulen, Colleges und Polytechika, werden auch die Interessen nicht-universitärer Hochschultypen berücksichtigt. Mit dem ESIB, der Dachorganisa-tion nationaler Studierendenvereinigungen Europas, werden auch die Interessen der Studierenden einbezogen. Mit ENIC, NARIC und ENQA sind die europäi-schen Netzwerke beteiligt, die sich mit Fragen der Anerkennung oder Qualität des Hochschulstudiums befassen. Aufgrund ihrer zentralen Funktion für den Gesamtprozess, soll im Folgenden auf sechs der zehn Organisationen bzw. Insti-tutionen kurz näher eingegangen werden.

Der **Europarat** ist nicht nur einer der ältesten Akteure der europäischen Hochschulpolitik, er hat mit der Lissabon-Konvention (1997) auch unter Beweis gestellt, dass er nach wie vor ein aktiver Akteur europäischer Hochschulpolitik ist. Mit dieser Konvention und den Erfahrungen der Vorläuferregelungen nimmt er sich selbst auf dem Feld der Anerkennung von Studienabschlüssen als einen wichtigen Akteure wahr (vgl. Europarat 2003a: 4). Als seine zentrale Aufgabe definiert der Europarat, die Überprüfung der Verknüpfung zwischen Fragen der Qualitätskontrolle und der Anerkennung. Rechtlich gesehen ist das Abkommen von Lissabon für Zusatzvereinbarungen offen. Sein Selbstverständnis definiert der Europarat in der Rolle als „bridge between those countries party to the Proc-ess and the remaining European countries that may benefit from the process but they are not (yet) party to it" (Europarat 2003a: 4). Seine Mitgliedschaftsstruk-tur deckt mit 45 Staaten einen größeren Raum ab als das Bologna-Projekt, das im Jahr 2001 33 Staaten umfasste. Prospektiv sieht sich der Europarat in der Rolle als „platform for debate between Ministry and academic representatives" (Europarat 2003a: 4) und als eines der wichtigsten Foren außerhalb des Bologna-Projekts. Über seinen Beitrag zu dem von der UNESCO veranstalteten „Global Forum Quality Assurance, Accrediation, Recognition" beabsichtigt er darüber hinaus, einen Beitrag zur „external dimension" des Bologna-Prozesses zu leisten (Europarat 2003a: 6).

Von allen beteiligten Akteuren ist die **European University Association** (EAU) die jüngste. Sie wurde erst im Jahre 2001 anlässlich der Salamanca-Konferenz gegründet. Die EUA stellt aber keine vollständige Neugründung dar, vielmehr fusionierten unter dieser Bezeichnung zwei bereits etablierte intermediäre Organisationen: die Europäische Rektorenkonferenz (CRE) und die Rektorenkonferenzen der Europäischen Union (Eurec). CRE und Eurec waren bereits an der Vorbereitung der Bologna-Konferenz beteiligt. Neben ihrem hohen symbolischen Stellenwert hat diese Fusion vor allem eine strategische Bedeutung. Mit der EUA wollten die Universitäten, gesamteuropäisch in einer einzigen Organisation vereinigt, „with a stronger voice and more powerfull presence" (EUA About History 2004) dazu beitragen, den Europäischen Hochschulraum mitzugestalten (vgl. EUA Policy 2004). Das praktische Ziel liegt in der Mitgestaltung der eigenen Zukunft („shaping their own future"; Salamanca-Declaration 2001). Nach Hahn ist diese institutionelle Neugründung aber auch „Ausdruck einer zunehmenden Selbstregulierung der Hochschulen auf der Basis von Meinungsbildung, Verhandlung, Kooperation und Netzwerkbildung" (2004: 47).

ESIB ist die Dachorganisation von 50 verschiedenen nationalen Studierendenvereinigungen aus 37 Ländern. 1982 von sieben nationalen Verbänden unter dem Namen West European Student Information Bureau (WESIB) gegründet, nannte sich der Dachverband unter dem Einfluss der Ereignisse von 1989 in European Student Information Bureau (ESIB) um. Mit der Etablierung von ständigen Arbeitsgruppen und einer Ausweitung der Vertretungsmacht des Vorsitzes nach außen wurde 1993, unter Beibehaltung der Abkürzung ESIB, der Name der Organisation in The National Unions of Students in Europe geändert (vgl. ESIB 2004b). Musste sich ESIB 1999 noch selbst zur Bologna-Konferenz einladen, so avancierte er zwei Jahre später zum Keynote-Speaker und wurde in seinem Status als offizieller Beobachter der EUA gleichgestellt (vgl. Göteborg-Declaration 2001).

Die European Association for Quality Assurance in Higher Education (**ENQA**) ist ein europäisches Netzwerk, das mit der Qualitätssicherung befasst ist und seine Aufgabe vor allem darin sieht, Informationen und Erfahrungen zu sammeln und auszutauschen sowie Seminare und Weiterbildungsangebote zum

Thema Qualitätssicherung anzubieten. Mitglieder dieses Netzwerkes sind nationale Agenturen (2005: 39 Mitglieder) zur Qualitätssicherung.

Das Network for Academic Recognition Informations Centres (**NARIC**) wurde 1984 im Rahmen der Europäischen Gemeinschaft geschaffen und ist mit der Anerkennung von Studienabschlüssen beschäftigt. Es setzt sich aus nationalen Zentren zusammen, die im Rechtsstatus differieren und Entscheidungen selbstständig treffen können. Ihre Aufgabe besteht im Sammeln und Aufbereiten aller verfügbaren Informationen zu Hochschulsystemen, Hochschulen, Studienfächern, Abschlussformen und den Regeln zur Anerkennung. Zwei mal pro Jahr treffen sich die Leiter der nationalen Zentren; dabei werden Themen von übergeordnetem Interesse festgelegt und an Arbeitsgruppen delegiert. Ein Pendant zu NARIC stellt das im Jahre 1994 gemeinsam von der UNESCO und dem Europarat errichtete European Network of National Information Centres on Academic Recognition and Mobility (**ENIC**) dar. Mit seinen Zentren erfüllt dieses Netzwerk eine dem NARIC vergleichbare Aufgabe. Beide Netzwerke arbeiten mittlerweile eng miteinander zusammen und unterhalten eine gemeinsame Internetpräsenz.

3.2 Der Bologna-Mechanismus als Arrangement: Institutionalisierung durch sich überlappende Prozesse

Mit dem Bologna-Projekt wird ein neues Regelsystem erzeugt, um das Handeln im Problemfeld Hochschulpolitik aufeinander abzustimmen. Zur Erzeugung dieses Arrangements wird auf drei bekannte, in unterschiedlichen Kontexten entstandene und praktizierte Koordinationsmuster zurückgegriffen: Das Grundmuster folgt der Form eines internationalen Regimes. Regime stellen weithin erprobte Mechanismen dar, mit denen auf internationaler und auf (EU-) europäischer Ebene durch normen- und regelgeleitete Koordination problemfeldspezifische Lösungen hergestellt werden. Fritz Scharpf bezeichnet dieses Muster als den „initial mode" vieler internationaler Vereinbarungen und Organisationen. Regime können auch als eine Art Politikverflechtung auf internationaler Ebene verstanden werden (vgl. Scharpf 2000).

Kombiniert wird dieses Grundmuster mit dem sogenannten Konferenzmechanismus (vgl. Simonis 2004). Auch dieser Mechanismus ist auf der internationalen Ebene weit verbreitet; seine Mechanik funktioniert über das Hintereinanderschalten von Folgekonferenzen, womit eine follow-up-Struktur erzeugt wird. Dadurch eröffnet sich die Möglichkeit, Themen durch Verhandlungsprozesse evolutionär zu entwickeln. Das dritte identifizierbare Muster ist angelehnt an die sogenannte Offene Methode der Koordinierung, einem neueren Instrument der Europäischen Union. Diese Methode zielt auf Koordination durch wechselseitige Anpassung und setzt auf die Wirkung reziproker Lernvorgänge.

Vergleichbar der inhaltlichen Dimension kann also auch für den Institutionalisierungsprozess der Befund gelten, dass dieses Arrangement über Merkmale verfügt, die sich mit den Adjektiven hybrid und evolutionär bezeichnen lassen. Die Hybridität des Bologna-Arrangements ist durch die Vermischung der drei Grundmuster gegeben. Das evolutionäre Merkmal lässt sich im Prozessmuster der etappenweisen Anpassung und Ausweitung seiner Konstellation und seines Arrangements identifizieren. Durch diese Verschachtelung wird eine spezifische Form der Arbeitsteilung erzeugt, die analytisch betrachtet in verschiedene Teilprozesse gegliedert werden kann. In der Praxis überlappen sich diese Teilprozesse strukturell wie temporal. Im Kern lassen sich fünf Teilprozesse voneinander differenzieren.

(1) **Agenda-Setting- und Steuerungs-Prozess**: Das Herzstück des Bologna-Projektes liegt in der Verfahrenweise des Prozessmanagements. Die dafür geschaffenen Gremien bilden das Scharnier, mit dem die Positionen und Kompetenzen der teilnehmenden Akteure in einem Vor-Verhandlungsprozess miteinander verbunden werden. Seit der Sorbonne-Konferenz ist das Verfahren der Vorbereitung und Steuerung wie auch die Konstellation der am Verfahren beteiligten Akteure dreimal verändert worden. Erst seit dem Prag-Kommuniqué werden Verfahrensfragen explizit in den Resolutionen definiert. Die etappenweise Weiterentwicklung zeigt nicht nur eine Verschiebung von Funktionen, sie macht vor allem deutlich, wie neben den Teilnehmerstaaten internationale Organisationen und Nicht-Regierungsorganisationen sukzessive in das Agenda-Setting mit eingebunden wurden. An dieser Stelle zeigt sich ein weiteres Indiz, das für eine Betrachtungsweise als Governancestruktur spricht. Ging die Steuerungstheorie davon aus, dass „Steuerungs-Subjekte" und „Steuerungs-Objekte" eindeutig voneinander unterscheidbar sind (Mayntz 2005: 15) so zeigt sich am Bologna-Arrangement das Neue gerade darin, dass die eigentlichen Adressaten der Ziele und Maßnahmen (Universitäten, Studierende) selbst am Definitionsprozess beteiligt sind.

Die Vorbereitung der Bologna-Konferenz wurde von einer kleinen Arbeitsgruppe vorgenommen, die aus den Generaldirektoren für Hochschulbildung der EU-Staaten, dem Gastgeber Italien sowie den beiden Hochschulverbänden Eurec und CRE sowie der Europäische Kommission bestand. Die erste Veränderung kam mit der Vorbereitung der Prager Konferenz. An die Stelle der einen Arbeitsgruppe wurden zwei Gremien gesetzt, die Große und die Kleine Vorbereitungsgruppe. Die Große Vorbereitungsgruppe tagt zweimal pro Jahr und stellt das Beschlussorgan unterhalb der Ministerebene dar. Ihre Funktion liegt in der Steuerung des Gesamtprozesses. Die Kleine Vorbereitungsgruppe tagt mehrmals jährlich. Sie ist der Ort, an dem die hochschulpolitischen Akteure miteinander verkoppelt werden und an der sie in ihrem Status als Beobachter und Konsultationspartner mitwirken. Diese Gruppe bereitet den Gesamtprozess vor und fungiert als Berichterstatter für die Große Gruppe. Der folgende tabellarische Überblick zeigt, welche Veränderungen zwischen den einzelnen Konferenzen stattgefunden haben.

Tab. 1: Mitglieder und Funktionen der Vorbereitungs- und Steuerungsgruppe

Bologna → Prag	Große Vorbereitungsgruppe	Kleine Vorbereitungsgruppe
Funktion	Steuerung des Gesamtprozesses	Vorbereitung des Gesamtprozesses Berichterstatter für die Große Gruppe
Voll-Mitglieder	alle Mitgliedstaaten	
Beobachter		die Generaldirektoren Hochschulbildung der EU-Staaten, Gastgeber (Tschechien) Eurec, CRE, Europäische Kommission
Vorsitz	jeweilige EU-Präsidentschaft	
Prag → Berlin	**Große Vorbereitungsgruppe**	**Kleine Vorbereitungsgruppe**
Funktion	Steuerung des Gesamtprozesses	Vorbereitung des Gesamtprozesses Berichterstatter für die Große Gruppe
stimmberechtigte Voll-Mitglieder	alle Mitgliedstaaten Europäische Kommission	Bologna-Beauftragte der Gastländer I, CSR, D: jeweils die vorangehende, aktuelle und kommende EU-Präsidentschaft. Davon sollen zwei aus EU und zwei aus Nicht-EU-Staaten kommen
Beobachter	Europarat, EUA, EURASHE, ESIB	Europarat, EUA, EURASHE, ESIB
Vorsitz	jeweilige EU-Präsidentschaft	
Berlin → Bergen	**Follow-Up-Gruppe**	**Kleine Vorbereitungsgruppe**
Funktion	Steuerung und Leitung des Gesamtprozesses Vorbereitung des Folgetreffens	Koordination der Aufgaben für die Follow-Up-Gruppe
stimmberechtigte Voll-Mitglieder	alle Mitgliedstaaten Europäische Kommission	drei von 40 jährlich neu gewählten Voll-Mitgliedern Europäische Kommission
beratende Mitglieder	Europarat, EUA, EURASHE, ESIB, UNESCO/CEPES, ENIC/NARIC	Europarat, EUA, EURASHE, ESIB, UNESCO/CEPES, ENIC/NARIC
Vorsitz	jeweilige EU-Präsidentschaft,	
Bergen → London	**Follow-Up-Gruppe**	**Kleine Vorbereitungsgruppe**
Funktion	Steuerung und Leitung des Gesamtprozesses Vorbereitung des Folgetreffens	Koordination der Aufgaben für die Follow-Up-Gruppe
stimmberechtigte Voll-Mitglieder	alle Mitgliedstaaten Europäische Kommission	drei von 45 jährlich neu gewählten Voll-Mitgliedern Europäische Kommission
beratende Mitglieder	Europarat, UNESCO/CEPES, EUA, EURASHE, ESIB, ENIC/NARIC, ENQA, UNICE, EI	Europarat, UNESCO/CEPES, EUA, EURASHE, ESIB, ENIC/NARIC, ENQA, UNICE, EI
Vorsitz	jeweilige EU-Präsidentschaft, Stellvertreter: Gastland	

Eigene Zusammenstellung, Quellen: Friedrich 1999a, 1999b, 2000, 2001, 2002; BM:BKW 2003; Prag 2001, Berlin 2003; Bergen 2005

(2) **Entscheidungsprozess**: Obgleich die entscheidenden inhaltlichen und verfahrenstechnischen Weichenstellungen bereits in den Vorverhandlungen der Steuerungsgremien stattgefunden haben, ist eine wesentliche Aufgabe noch nicht erfüllt. Erst durch ihre Unterschrift erzeugen die Fachminister der Teilnehmerstaaten eine politische Entscheidung. Neben dem Aspekt der Zusammenkunft und des Austausches liegt darin die entscheidende Funktion dieser in zweijährigem Turnus stattfindenden Hauptkonferenzen.

(3) **Disseminations- und Lernprozess**: Sowohl auf der horizontalen (international, transnational) als auch auf der vertikalen Ebene (national) streuen die Konferenzergebnisse aus und werden in Tagungen, Experten-Workshops (sogenannten Bologna-Seminaren) diskutiert und weiterentwickelt. Experten-Gruppen sammeln und analysieren Modelle und Ansätze, als Instrumente wie z. B. Benchmarking, ein Verfahren, mit dem Diffusionsprozesse angeregt werden sollen. Peer Reviews, d. h. eine vergleichende Bewertung durch unabhängige Expertengruppen und Best Practices, d. h. vorbildhafte Modelle, die zur Nachahmung empfohlen und in Umlauf gebracht werden können. Die zentrale Funktion dieses Teilprozesses liegt in der Frage begründet, wie Wissen herzustellen, Lernprozesse auszulösen und zu organisieren sind. Die Ergebnisse stehen allen am Prozess Beteiligten offen und gehen zudem in die Vorbereitungen der Folgekonferenz ein. Dieser Teilprozess ist auch deshalb von Bedeutung, weil er retrospektiv betrachtet, auf das beinahe zum Topos gewordene Unwissen um die Vielfalt der Strukturen und Muster konstruktiv zu reagieren versucht. Zum anderen kann prospektiv festgehalten werden, dass, gleich ob das Bologna-Projekt seine Ziele erreicht oder nicht, dieses neu hergestellte und geteilte Wissen Grundlage für jede weitere Aktion sein wird.[9]

(4) **Implementationsprozess**: Das Bologna-Projekt beruht auf dem Prinzip der Freiwilligkeit; für die Umsetzung der Ziele und Maßnahmen besteht kein Zwang. Dadurch, dass es sich hier nicht um einen völkerrechtlich verbindlichen Vertrag handelt, der ratifiziert werden müsste, beruht das praktizierte Verfahren auf dem Modus von wechselseitiger Anpassung. Dabei stellt sich ganz generell die Frage, wie und inwieweit bei Prozessen, die auf diesem Modus beruhen, eine Verbindlichkeit der Umsetzung erzeugt werden kann. Beim Bologna-Prozess sind die Mitgliedstaaten lediglich dazu gehalten, nationale Maßnahmen auf der Grundlage der vereinbarten Ziele zu ergreifen. Bislang sind für diesen Prozess keinerlei Regelungen bekannt, die sich mit Sanktionsmöglichkeiten oder -maßnahmen befassen. Als Anreiz zur vereinbarungsgemäßen Implementation wird – vergleichbar der Methode der Offenen Koordinierung – auf die Wir-

---

[9] Zahlreiche Dokumente finden sich unter: http://www.bologna-bergen2005.no/ s. u. *Seminars*

kung sozialer Sanktionen wie „naming, blaming and shaming" (Wessels 2003: 8) gesetzt.

(5) **Monitoring- und Evaluations-Prozess**: Über einen dreistufig angelegten Bewertungs- und Kontrollmechanismus werden für die Steuerungsgruppe sowie die Teilnehmerstaaten Ergebnisse, Entwicklungen und Schwachstellen zusammengefasst. Dabei lassen sich drei wesentliche Elemente unterscheiden:

1. eine umfassende Diagnose durch vergleichend angelegte Synopsen oder durch standardisierte Fragebögen, wie sie mit den TREND-Studien vorliegen (vgl. Trend I 1999, Trend II 2001, Trend III 2003).
2. Der Stand der ergriffenen Maßnahmen im nationalen Implementations-Prozess wird der Steuerungsgruppe in Form von Länderberichten zur Verfügung gestellt, denen kein einheitliches Berichtsformat zugrunde liegt.
3. Die Entwicklung des Gesamtprozesses wird von einem von Konferenz zu Konferenz neu bestimmten, unabhängigen Experten in einem Einzelbericht evaluiert. Dieser Rapporteur fasst die Beiträge und Positionen einzelner Akteure und die Ergebnisse der abgehaltenen Expertenworkshops (vgl. Disseminationsprozess) in einer strukturiert aufbereiteten Form zusammen und bringt sie in die Vorbereitungsverhandlungen (Agenda-Setting-Prozess) wie auch die Hauptverhandlung (Entscheidungsprozess) ein. Die Rapporteure haben zudem die Aufgabe, Probleme und offene Fragen systematisch zu sammeln und auszuwerten (vgl. z. B. Lourtie Report 2001; Zgaga Report 2003).

3.3 Der Mitgliedschaftsraum eines umfassenderen Europas

Neben der Verkoppelung der Akteure zu einer neuen Konstellation und dem Modus der Prozess-Organisation zeichnet sich das Bologna-Projekt noch durch ein drittes Merkmal aus: seine Mitgliedschaftsstruktur. Bereits in der Vorbereitungsphase zur Prager Konferenz wurde die Frage gestellt, wo denn die Grenzen der geographischen Reichweite des Bologna-Projektes liegen könnten (vgl. Lourtie Report 2001). Grenzbildungen, so Stein Rokkan (2000: 135), können als Raumbildungsprozesse nach zwei Aspekten differenziert werden: „Geographie" und „Mitgliedschaft". Geographische Grenzen gelten in aller Regel als fixiert, wenngleich die Frage nach den Grenzen Europas immer wieder strittig ist.[10]

---

[10] Hier sei nur an die Debatte über die Mitgliedschaft der Türkei oder der Ukraine in der Europäischen Union erinnert. Gehört die Türkei zu Europa, oder nicht? In ihrem Kern verweist diese Frage vielmehr auf den zweiten, als auf den ersten Aspekt.

Grenzenbildungen, die sich entlang der Frage von Mitgliedschaft, d. h. nach Zustimmung zu kollektiv definierten Regelsystemen, Prinzipien und Normen stellen, definieren andere, „überwindbarer[e]" (Rokkan 2000: 135) Schwellen. Im Leitbild des Bologna-Projekts wird die Vision von einem „vollständigere[n] und umfassendere[n] Europa" (Bologna 1999) entworfen. Nicht zuletzt mit der Aufnahme Russlands, so Robert Sedgwick (2003), habe der Europäische Hochschulraum eine geographische Ausdehnung angenommen, die sich vom Atlantik bis zum Pazifik erstrecke und, er stellt fest: „An educational reform movement on such a grand scale has never before been attempted in Europe or elsewhere for that matter" (Sedgwick 2003: 1).

Die Frage, welchen Staaten das Bologna-Projekt offen steht, hat sich im Verlauf des Prozesses mehrfach geändert. Als Muster zeichnet sich ab, dass mit jeder Erweiterung der Konstellation – und hier richtet sich das Augenmerk auf die supranationalen oder internationalen Organisationen (Europäische Union, Europarat) – der Geltungsbereich von Aktionsprogrammen oder Konventionen für den Bereich der Hochschul- und Kulturpolitik die Grundlage zur Definitionen des Mitgliedschaftsraumes bildeten:

(1) Mit der Sorbonne-Erklärung 1998 und der Vorbereitung auf die erste Bologna-Konferenz 1999 waren vor allem drei Gruppen von Staaten angesprochen worden: die Mitgliedstaaten und Beitrittskandidaten der EU, die Mitglieder des Europäischen Wirtschaftsraums (EWR) und die der Europäischen Freihandelszone (EFTA: Norwegen, Liechtenstein, Island, Schweiz – insgesamt 29 Staaten). Die finden sich als Unterzeichner der Bologna-Deklaration auch wieder.

(2) Mit der Konferenz in Prag wurde die Möglichkeit zur Teilnahme ausgeweitet auf diejenigen Staaten, die berechtigt waren zu den EU-Förderprogrammen SOKRATES, LEONARDO DA VINCI und TEMPUS-CARDS (Albanien, Bosnien und Herzegowina, Kroatien, ehemalige jugoslawische Teilrepublik Mazedonien und Bundesrepublik Jugoslawien). Zu diesem Zeitpunkt waren die Nachfolgestaaten der Sowjetunion (die so genannten TEMPUS-TACIS-Länder Armenien, Aserbaidschan, Georgien, Moldawien, Russische Föderation, Ukraine und Weißrussland) formal noch nicht zur Teilnahme berechtigt. Die Teilnehmerzahl stieg damit auf insgesamt 33 Staaten an.

(3) Mit der Aufnahme des Europarats als beratendes Mitglied der Follow-Up-Gruppe (Berlin 2003) wurde die Teilnahmeberechtigung auf die Signatarstaaten des Europäischen Kulturabkommens, einer Konvention des Europarats aus dem Jahr 1954, ausgeweitet. Damit steht potenziell 48 Staaten die Teilnahme am Bologna-Prozess offen: allen Mitgliedstaaten des Europarats sowie dem Heiligen Stuhl, Monaco und Weißrussland. Zugleich wurde beschlossen, dass

mit der Teilnahme am Bologna-Prozess die Ratifizierung der Lissabon-Konvention verbunden ist.

(4) In Bergen wurden 2005 die fünf Nachfolgestaaten der Sowjetunion aufgenommen, denen als TEMPUS-TACIS-Länder drei Jahre zuvor die Teilnahme noch verwehrt war.

Die folgende Tabelle gibt einen Überblick über die Mitgliedschaftsdynamik des Bologna-Prozesses. In der rechten Spalte ist das Beitrittsdatum vermerkt. Die übrigen Spalten verweisen auf die multiplen Mitgliedschaften in denjenigen internationalen Organisationen, die für hochschulpolitische Maßnahmen relevant sind.

Tab. 2: Mitgliedschaften und Beitrittsjahre

	Europarat	UNESCO	OECD	EU oder EWR/EFTA	Bologna-Prozess
Deutschland	1950	1951	1961	1951	1998/1999
Frankreich	1949	1946	1961	1951	1998/1999
Großbritannien	1949	1946/1997	1961	1973	1998/1999
Italien	1949	1948	1962	1951	1998/1999
Belgien	1949	1946	1961	1951	1999 Bologna
Bulgarien	1992	1956	x	Antrag	1999 Bologna
Dänemark	1949	1946	1961	1973	1999 Bologna
Estland	1993	1991	x	2004	1999 Bologna
Finnland	1989	1956	x	1995	1999 Bologna
Griechenland	1949	1946	1961	1981	1999 Bologna
Irland	1949	1961	1961	1973	1999 Bologna
Island	1950	1964	1961	EWR/EFTA	1999 Bologna
Lettland	1995	1991	x	2004	1999 Bologna
Litauen	1993	1991	x	2004	1999 Bologna
Luxemburg	1949	1947	1961	1951	1999 Bologna
Malta	1965	1965	x	2004	1999 Bologna
Niederlande	1949	1947	1961	1951	1999 Bologna
Norwegen	1949	1946	1961	EWR/EFTA	1999 Bologna
Österreich	1956	1948	1961	1995	1999 Bologna
Polen	1991	1946	1996	2004	1999 Bologna
Portugal	1976	1965/1974	1961	1986	1999 Bologna
Rumänien	1993	1956	x	Antrag	1999 Bologna
Schweden	1949	1950	1961	1995	1999 Bologna
Schweiz	1963	1949	1961	x	1999 Bologna
Slowakei	1993	1993	2000	2004	1999 Bologna
Slowenien	1993	1992	x	2004	1999 Bologna
Spanien	1977	1953	1961	1986	1999 Bologna
Tschechische Rep.	1993	1993	x	2004	1999 Bologna
Ungarn	1990	1948	x	2004	1999 Bologna
Liechtenstein	1978	x	x	EWR/EFTA	1999/2001
Kroatien	1996	1992	x	Antrag	2001 Prag
Türkei	1949	1946	1961	Antrag	2001 Prag
Zypern	1961	1961	x	2004	2001 Prag
Albanien	1995	1958	x	x	2003 Berlin

Andorra	1994	1993	x	x	2003 Berlin
Bosnien-Herzeg.	2002	1993	x	x	2003 Berlin
Heiliger Stuhl	x	x	x	x	2003 Berlin
Mazedonien	1995	1993	x	x	2003 Berlin
Russische Föd.	1996	1954	x	x	2003 Berlin
Serbien und Montenegro	2003	2000	x	x	2003 Berlin
Armenien	2001	1992	x	x	2005 Bergen
Aserbaidschan	2001	1992	x	x	2005 Bergen
Georgien	1999	1992	x	x	2005 Bergen
Moldawien	1995	x	x	x	2005 Bergen
Ukraine	1995	1954	x	x	2005 Bergen
Monaco	x	1949	x	x	x
Weißrussland	x	1954	x	x	x
San Marino	1988	x	x	x	x

Quelle: eigene Zusammenstellung

Man kann vermuten, dass das Bologna-Projekt inzwischen darauf angelegt wird, die geographischen Grenzen Europas zu übersteigen. So schlägt der Europarat in einem unspezifisch gehaltenen Duktus vor, langfristig auch „countries of the southern shore of the Mediterranean" (Europarat 2003b) – mit anderen Worten nordafrikanische Staaten – in den Prozess miteinzubeziehen. Ohne eine konkrete Region namentlich zu benennen, wird mit dem Bergen-Kommuniqué der Follow-up-Gruppe die Aufgabe zugewiesen, „eine Strategie für die externe Dimension" (2005: 6) zu erarbeiten. Begründet wird dies mit dem Interesse, „das Verständnis des Bologna-Prozesses in anderen Kontinenten zu fördern, indem wir unsere Erfahrungen mit Reformprozessen mit benachbarten Regionen teilen" (2005: 6).

Bereits vor der Berlin-Konferenz hatte eine Gruppe von Staaten der EU damit begonnen, den Blick auf einen Raum „beyond Europe" (Sedgwick 2003) zu lenken und versucht, den Gesamtprozess über kontinentale Kooperationen zu forcieren. Seit einer im Jahr 2000 in Paris abgehaltenen Konferenz, verfolgen Staaten der EU, Lateinamerikas und der Karibik das Ziel, innerhalb eines „common space for higher education in the European Union, Latin America and the Carribean" (EULAC) zu kooperieren (vgl. EULAC 2000). Dieser Prozess baut auf einem gemeinsamen Aktionsplan auf, der eine Grundlage für die Zusammenarbeit im Bereich der Hochschulen schaffen soll (vgl. EULAC 2002). In seinen Zielen, Grundsätzen, Maßnahmen und Mechanismen ist er eng an das Bologna-Projekt angelehnt. Vertreter der lateinamerikanischen Staaten und der gemeinsam geschaffenen Verbindungsgruppe nahmen an der Berlin-Konferenz als Gäste teil (vgl. Berlin 2003: 2). Um derartige Projekte zu fördern, beschlossen die Minister in Berlin, „die Zusammenarbeit mit Regionen in anderen Teilen der Welt durch die Öffnung der Bologna-Seminare und -Konferenzen für Vertreter aus diesen Regionen" (Berlin 2003: 7) zu fördern.

4   Ursachen des Bologna-Prozesses

Betrachtet man die inhaltliche und die institutionelle Dimension des Bologna-Projekts, so kann man festhalten, dass die Beschreibung ihrer spezifischen Charakteristika nur wenig Probleme bereitet. Möchte man aber erklären, warum es zu diesem Projekt gekommen ist, steht man vor einer analytischen Herausforderung. Meines Erachtens bieten sich dafür vier mögliche Erklärungsrichtungen an, von denen keine einen exklusiven Status beanspruchen kann und „die" Ursache vielmehr in einem Ursachenbündel gesucht werden muss. Während sich der erste Ansatz („window of opportunity") auf die situative Dimension verweist, die sich aus einer spezifischen historischen Lage innerhalb Europas ergab, fokussiert der zweite Ansatz (Globalisierung) auf den Faktor, der sich aus einer Vermischung von tatsächlichen globalen Entwicklungen in Kombination mit Instrumentalisierungen des Globalisierungsargumentes ergibt. Der dritte Ansatz konzentriert sich auf die inhaltliche Dimension und verweist auf die Dimension der Herstellung eines gemeinsamen Problemhorizonts durch Wahrnehmung von geteilten Strukturproblemen. Der vierte Ansatz bezieht die Dimension der Macht mit ein.

(1) „**Window of Opportunity**" – oder Europa als Möglichkeitsraum. Durch den Fall der Berliner Mauer ergab sich eine neue Situation für Europa. Aufgrund der unterschiedlichen Handlungslogiken, wuchsen innerhalb des Polyzentrums die jeweiligen Mitgliedschaftsräume in verschiedenen Geschwindigkeiten an. Je weniger Ansprüche eine Mitgliedschaft auf eine finanzielle Verteilung nach sich zog, desto einfacher fiel die Aufnahme. So gewann der Europarat, mit seinem Anspruch, ein gesamteuropäisches Forum zu sein, zwischen 1990 und 2000 achtzehn neue Mitglieder (bis 2003 stieg die Zahl um weitere vier Staaten) zu seinen dreiundzwanzig Altmitgliedern dazu. Die UNESCO verzeichnete zwischen 1990 und 2000 einen Zuwachs um vierzehn Staaten. Die EU dagegen wuchs zwischen 1990 und 2000 um vier Staaten, gewann allerdings in der Erweiterungsrunde von 2004 zehn neue Mitglieder (vgl. Tab. 2). Während sich der Möglichkeitsraum Europa gleichsam über Nacht vergrößerte, wuchs das institutionalisierte Europa langsamer und in unterschiedlichen Geschwindigkeiten. Auf diese nach 1989 entstandene situative Doppelstruktur, ist das Bologna-Projekt mit seinem Leitbild eines „vollständigeren und umfassenderen Europas" (Bologna 1999) und seiner Form als internationales Regime eine mögliche Antwort für den Sektor Hochschulpolitik.

(2) **Globalisierung als „Eisbrecher"**. Neben dieser rein auf Europa bezogenen Situation, wurde der Bereich der Hochschulbildung in den 1990er Jahren auch von einer ganz anderen Debatte erfasst: der so genannten Globalisierung. Beschreibt Globalisierung nach Anthony Giddens zunächst nichts anderes als

eine „Intensivierung weltweiter sozialer Beziehungen" (1997: 85), so ist diese
Vermehrung, Verdichtung und Beschleunigung von Interaktion über Grenzen
hinweg vor allem im Bereich der Ökonomie aufs Engste verknüpft mit Forderungen nach einer weit reichenden Liberalisierung und „mehr Wettbewerb" von
Handel und Märkten. Jürgen Enders weißt darauf hin, dass der Globalisierungs-
diskurs im Bereich der Hochschulbildung auch als ideologisches Narrativ aufge-
fasst werden kann, dass in den 1990er Jahren eine „icebreaker function for national reform agendas" (2002: 4) angenommen hat. Umgekehrt gilt aber auch:
eine zunehmend international und global vergleichende Aufmerksamkeit – deren Fehlen ja für die vorhergehenden Jahrzehnte häufig bemängelt worden war
(vgl. u. a. Teichler 1990) – brachte frischen Wind in die nationalen Debatten
über Hochschulsysteme (vgl. Enders 2002: 4). Das Bologna-Projekt kann gerade
in seiner doppelten Zielrichtung – nach innen Europa, nach außen weltweite
Attraktivität und Wettbewerbsfähigkeit – auch als ein Reflex auf diesen Globa-
lisierungsdiskurs gewertet werden.

(3) **Die Wahrnehmung eines Problemdrucks auf nationaler und europäischer Ebene.** Am „Vorabend" des Bologna-Prozesses wurden zahlreiche
Elemente der europäischen Hochschulsysteme als problematisch wahrgenommen: Zum einen werden als Strukturprobleme auf der nationalen Ebene wahrgenommen:

1. Die in den 1960er Jahren in Westeuropa entstandene Massenuniversität ist
   in nahezu allen westlichen Ländern chronisch unterfinanziert. Als Merkmal
   zeigt sich, dass Studierendenzahlen und Ausgaben für Hochschulbildung
   nicht proportional wachsen (vgl. COM 58/2003: 14).
2. In vielen europäischen Staaten gibt es eine Diskussion über die Frage, wie
   Ausbildung beschaffen sein muss, damit sie zur Beschäftigungsfähigkeit
   („employability") führt.
3. In vielen europäischen Staaten wird die Dauer des Studiums als zu lang
   erachtet.
4. Europaweit liegen die Studienabbrecherquoten im Durchschnitt bei ca. 40
   Prozent (vgl. Trend III 2003: 16).

Zum anderen werden folgende Strukturprobleme auf der europäischen E-
bene wahrgenommen:

1. Innerhalb der Europäischen Union gibt es trotz aller Mobilitätsprogramme
   zu wenige Studierende, die im Rahmen ihres Studiums einen Auslandsaufenthalt praktizieren. Die Zahl der Austausch-Studierenden liegt bei 2,3%
   (vgl. COM 58/2003: 10).

2. Die Erfahrung mit diesen Mobilitätsprogrammen zeigt, dass das eigentliche Mobilitätsproblem in der Leistungsanerkennung, bzw. -umrechnung liegt. Darüber hinaus hemmen rechtliche und strukturelle Hindernisse die ungehinderte Mobilität (vgl. Hahn 2004: 178).

3. Die Vielzahl der nationalen Studienabschlüsse sind für einen europäischen bzw. internationalen Arbeitsmarkt unübersichtlich.

4. Die Hochschullandschaft in Europa ist vielfältig und heterogen. Zusammengenommen gab es in der EU und in den Beitrittsländern im Jahr 2000 mehr als 4000 Hochschuleinrichtungen mit ca. 12,5 Mio. Studierenden (COM 58/2003: 6). Auf der Ebene des europäischen Hochschulsystems lassen sich keine „gemeinsamen Prinzipien und Strukturen" (Friedrich 2002: 5) erkennen. Es gibt „even more systems than countries in Europe" (Haug 2000: 14).

(4) **Der Machkonflikt.** Rekapituliert man die Konstellationen, die sich innerhalb der Europäischen Union herausgebildet haben, so erscheint für die Beantwortung der Frage nach dem „warum?" auch ein Ansatz plausibel, der auf die Dimension der Macht fokussiert. Dabei lassen sich zwei Machtkonflikte voneinander unterscheiden:

Einerseits der Machtkonflikt zwischen der Europäischen Kommission und den Mitgliedstaaten der EU: Die Festlegungen des Maastricht-Vertrags beschränkten die Kompetenzen der Europäischen Kommission in eindeutiger Form (s. Kapitel 3.1.1). Damit zeigten die Mitgliedstaaten auch, was sie nicht wollten: eine Harmonisierung der Hochschulpolitik innerhalb eines supranationalen Arrangements. Die Leitfrage der Untersuchung von De Wit und Verhoeven (2000), ob die Europäische Kommission ihre Hochschulpolitik „With or Against the Member States?" betreibe, kann angesichts des Bologna-Arrangements auch umgedreht werden: Machen die Mitgliedstaaten Hochschulpolitik mit oder gegen die Kommission? Erinnert sei an die alte Unsicherheit aus den 1970er Jahren, in welchem Modus die Zusammenarbeit im Bereich der Bildungspolitik konstruiert sein solle: „außerhalb des Vertrages und außerhalb der Organe der EG" (Coester 1978: 26) – oder innerhalb. Das Bologna-Arrangement rekuriert als intergouvernementeller Verhandlungsmodus in seiner Form auf ein internationales Regime. Damit wird eine einseitige Ermächtigung der Kommission ausgeschlossen. In ihrer Position als entscheidungsberechtigtes Vollmitglied ist die Kommission mit ihren Kompetenzen und Ressourcen als Primus inter Pares fest in das Bologna-Arrangement eingebunden worden.

Andererseits, der Machtkonflikt zwischen den kleinen und großen Staaten innerhalb der EU: Mit der Sorbonne-Deklaration landeten die vier großen EU-Staaten Frankreich, Deutschland, Großbritannien und Italien, die 1998 69% der europäischen Bevölkerung und einem Löwenanteil der Studierenden repräsentierten, einen Überraschungscoup, zu dem sich die elf anderen Mitgliedstaaten verhalten mussten. Diese „beklagten kurz ihre Nichtbeteiligung, konnten aber nicht umhin, der Sache einen gewissen Charme zuzubilligen" (Friedrich 2002: 7). Irritationen löste allerdings das Verfahren aus (vgl. Haug 1999: 43). Hatten die Verfasser der Sorbonne Deklaration die übrigen Mitgliedstaaten lediglich dazu aufgerufen, die Zielsetzung zu unterstützen – ohne eine Option auf substanzielle Beteiligung zu eröffnen – so drängten die kleineren Staaten auf die Veränderung der Verfahrensweise. Im Rahmen des ersten regulären Treffens der EU-Bildungsminister nach der Sorbonne-Deklaration, das im Oktober 1998 in Baden bei Wien stattgefunden hatte, forderten die „kleinen EU-Staaten" (BM: BWK 2003), dass künftig eine gemeinsam abgestimmte Vorgehensweise unabdingbar sei. Auf diese Forderung reagierte mit Italien einer der Unterzeichnerstaaten, indem er den Vorschlag unterbreitete, für das Folgejahr zu einer internationalen Konferenz in Bologna einzuladen (vgl. Friedrich 2000: 279).

5   Fazit

Ziel dieses Beitrages war es, anhand von spezifischen Merkmalen den Stellenwert des Bologna-Projekts zu bestimmen. Ausgangpunkt dieser Untersuchung bildete die These, dass wir es bei dem Bologna-Projekt mit einem doppelten Neuordnungs-Prozess zu tun haben. Wurde eingangs mit den Begriffen Reform, Revolution und Wendepunkt auf drei, in ihrer Stoßrichtung ganz unterschiedliche Charakterisierungen verwiesen, so kann man abschließend die zwei Fragen stellen, wie es zu einer derartig divergierenden Einschätzung kommen kann und woran sich die Neuordnung festmachen lässt.

Im Vergleich zum polyzentrisch strukturierten Feld der Hochschulpolitik, das zwischen den 1950er und den 1990er Jahren ein grundlegendes Merkmal der Konstellation der Akteure bildete, stellt der Bologna-Prozess einen überraschenden und entscheidenden Richtungswechsel dar. Über den als hybrid (Regime, Konferenzmechanismus, Offene Methode der Koordinierung) und evolutionär (Follow-up-Struktur) charakterisierten Bologna-Mechanismus, der durch die Verzahnung mehrerer Teilprozesse ein komplexes und dynamisches institutionelles Arrangement erzeugt, werden außer der OECD alle relevanten hochschulpolitischen Akteure innerhalb Europas miteinander verkoppelt und in eine neue Ordnung zueinander gebracht.

Dabei wird den nichtstaatlichen Akteuren über das Prinzip Partizipation eine wesentliche Rolle für die Erarbeitung, Verbreitung und Umsetzung der Normen und Regelungen zugesprochen. Mit der Schaffung eines maximalen Mitgliedschaftsraums, der die Grenzen von Europäischer Union und Europarat übersteigt, wird für das von Interdependenz geprägte Themenfeld Hochschulpolitik versucht, alle europäischen Staaten miteinander zu verknüpfen.

Um die Akzeptanz zu steigern, ist das Bologna-Projekt in der Form eines internationalen Regimes organisiert. Mit diesem Regime wird außerhalb der etablierten Institutionen (Europarat, Europäische Union, UNESCO) eine neue Institution für Hochschulpolitik geschaffen. Ohne eigene Rechtsverbindlichkeit basiert sie auf Verhandlungen und setzt auf den Modus wechselseitiger Anpassungen.

Zugleich weist dieses Regime noch eine weitere, doppelte Eigenart auf. Einerseits lässt es Verschachtelungen mit anderen Regimen zu: Zur Bestimmung des Mitgliedschaftsraums wurde das Kulturabkommen des Europarats aus dem Jahre 1958 als Grundlage genommen; zur Erleichterung der Anerkennung von Abschlüssen griff man auf die Lissabon-Konvention von 1997 zurück. Andererseits wurden Schnittstellen zu anderen Projekten geschaffen: an die sektorale Schnittstelle mit der European Research and Innovation Area, mit der an den dritten Zyklus der Studienstruktur (Doktorandenausbildung) angeknüpft wird und die interregionale/ interkontinentale Schnittstelle, die der Schaffung des EULAC zugrunde liegt.

Trotz ihrer überraschenden Elemente (europaweite Einführung einer Studienstruktur, die auf drei Zyklen beruht) hat die inhaltliche Dimension des Bologna-Prozesses am ehesten den Charakter einer Reform, d. h. einer schrittweisen strukturellen Veränderung. Bewusst evolutionär angelegt, werden systematisch alte und neue Problemfelder miteinander verknüpft. Die daraus entstehende Agenda hat einen stark hybriden Charakter.

Die Bewertung des Bologna-Projekts als Revolution, d. h. als Umbruch einer herrschenden und Errichtung einer neuen Ordnung, erfordert eine Differenzierung des Befunds. Stellt die Verkoppelung der Akteure im Bologna-Mechanismus sowie die Schaffung des neuen Mitgliedschaftsraums mittels des neu geschaffenen Verfahrens eine veritable Revolution dar, so muss für die inhaltliche Dimension des Bologna-Prozesses ein Fragezeichen gesetzt werden. War die Frage nach den Ursachen vorrangig eine analytische Herausforderung, so stellt die Frage nach der Umsetzung des Bologna-Projekts, vorrangig eine empirische Herausforderung dar. Der Umsetzungsprozess war aus gutem Grunde nicht Thema dieses Beitrags. An dieser Stelle soll von daher nur auf einen Aspekt eingegangen werden.

Institutionalisierungsprozesse sind erst dann abgeschlossen, wenn sie formal und substanziell umgesetzt worden sind. Ein endgültiges Urteil lässt sich für den Bologna-Prozess zurzeit nicht fällen. Die Momentaufnahme ist verwirrend, tut sich doch ein ganzes Panoptikum von Entwicklungen auf, die so sicherlich nicht intendiert waren. Nicht selten entsteht durch die Überlagerung des Bologna-Musters mit nationalen Mustern ein komplexes Gemengelage von Faktoren, die nur mühsam auseinander zuhalten sind. Aus der Momentaufnahme lassen sich aber zwei Hypothesen generieren, die auf ganz unterschiedliche Konsequenzen verweisen.

Die erste, optimistische Hypothese besagt, dass es sich bei Transformationsprozessen notwendigerweise um chaotische Prozesse handelt. Das Wirrwarr entsteht gerade durch die zeitliche Überlagerung der Auflösung einer alten und dem Aufbau einer neuen Ordnung. Mit der zweiten, pessimistischen Hypothese, lässt sich annehmen, dass gerade die Unverbindlichkeit des Implementationsprozesses auf der Ebene der einzelnen Staaten zu unterschiedlichen Interpretationen und Maßnahmen führen kann. Sollte sich dieses Muster bestätigen und über die Zeit verstärken, dann leistet dies nicht nur einer Re-Nationalisierung Vorschub, sondern führt auch zu einer neuen Heterogenität und Unübersichtlichkeit auf dem Felde der europäischen Hochschulstrukturen. Ferner kann das auf wechselseitige Anpassung setzende Regime-Design in Frage gestellt werden, weil ein zentraler Mechanismus seine intendierte Wirkung verfehlt hat.

Dennoch bleibt abzuwarten, wie sich die Bologna-Welt bis zum Jahre 2010 entwickelt hat. Und selbst dann bleibt eine Erkenntnis aus der Policy-Forschung zu berücksichtigen: Ein derart tiefgreifender Policy-Wandel wird erst nach einem Zeitraum von zehn Jahren substanziell versteh- und nachvollziehbar (vgl. Sabatier 1993: 119)

Zum Abschluss dieses Beitrags soll anhand dreier Aspekte auf die Bedeutung des Bologna-Prozesses für den LernOrt Universität verwiesen werden. (1) Die Einbeziehung der Universitäten und Studierenden über ihre Dachverbände (EUA, ESIB) wertet diese Institutionen innerhalb der Gesamtkonstellation hochschulpolitischer Akteure nicht nur auf, sie reflektiert zugleich den Umstand, dass ohne deren Teilhabe und Teilnahme eine substantielle Umsetzung der Bologna-Ziele nur wenig Wirkung zeigen würde. Allerdings fällt auf, dass – mit Ausnahme der Education International (EI) – die Interessensvertretungen von Hochschulmitarbeiter/innen bislang noch über keine äquivalente Partizipationsmöglichkeit verfügen. Dieses Manko zeigt sich nicht zuletzt an Studien wie Trends 3 (2003), die diese Gruppe nicht einbezog, obgleich sie für die für die Umsetzung der Bologna-Ziele am LernOrt Universität eine zentrale Rolle spielt.

(2) Innerhalb des Prozessarrangements führt der oben genannte Dissemina-
tions- und Lernprozess zu einer bislang sicher einmaligen Entfachung der europaweiten Kommunikation über den LernOrt Universität. Hinsichtlich des diskutierten Themenspektrums, der Kommunikationsdichte und dem Grad der damit
einher gehenden Vernetzung der hochschulpolitischen epistemic communities
trägt dies dazu bei, das seit den 1970er Jahren immer wieder beklagte Wissens-
defizit über die einzelnen Hochschulsysteme zu reduzieren.

(3) Bezogen auf den Aspekt der Virtualisierung des LernOrts Universität
zeigt sich zuletzt noch etwas ganz anderes. Mit den angestrebten Veränderungen
wie z.B. der Herstellung vergleichbarer Studienstrukturen, der flächendeckenden Einführung des ECTS oder der gesteigerten Aufmerksamkeit für Qualität
werden die institutionellen Voraussetzungen für eine – wie auch immer geartete
– virtuelle Mobilität geschaffen. Sie stellen nämlich eine notwendige Funkti-
onsbedingung für elektronische Maklersysteme wie z.B. CUBER dar (vgl. hierfür in diesem Band den Beitrag von Bernd J. Krämer). Für die Einschätzung von
Virtualisierungsvorhaben des LernOrts Universität dürfen neben den technologischen Aspekten die strukturellen wie institutionellen Aspekte nicht vergessen
werden.

Literatur

Belof, Max (1958): Europa und die Europäer. Eine internationale Diskussion. Köln.
Benz, Arthur (2003): Governance – Modebegriff oder nützliches sozialwissenschaftliches
    Konzept? In: *Arthur Benz, u. a.* [Hg.] (2003): Governance. Eine Einführung. Drei-
    fachkurseinheit der FernUniversität in Hagen.
Coester, Franz (1978): Europäische Bildungspolitik aus Sicht der Bundesregierung. In:
    Wolfgang Mickel, [Hg.] (1978): Europäische Bildungspolitik. Arbeitskreis für Eu-
    ropäische Integration e. V. Neuwied. S. 24-29.
De Wit, Kurt; Verhoeven, Jef (2001): The Higher Education Policy of the European
    Union: With or Against the Member States? In: *Jeroen Huisman; Peter Maassen;
    Guy Neave* [Hg.] (2001): Higher Education and the Nation State. The International
    Dimension of Higher Education. Amsterdam, London, New York, Oxford, Paris,
    Shannon, Tokyo. S. 175-231.
Enders, Jürgen (2002): Higher Education, Internationalisation, and the Nation-State:
    Recent Developments and Challenges to Governance Theory. Paper prepared for
    the CHER conference September 5-7, 2002, Vienna Austria. S: 1-16.

Friedrich, Hans Rainer (1999a): Einleitungsreferat zur Tagung der Generaldirektoren für Hochschulwesen und der Vorsitzenden der Rektorenkonferenzen der EU Mitgliedstaaten am 1./2.3.1999 in Weimar. In: *Friedrich* (2001): S. 241-254.

Friedrich, Hans Rainer (1999b): Gastvortrag auf dem Hochschultag „Wie lehren wir die Zukunft?" der Technischen Fachhochschule Berlin zum Thema „Aktuelle Tendenzen in der Hochschulentwicklung", am 17.11.1999. In: *ders.* (2001): S. 123-129.

Friedrich, Hans Rainer (2000): Europa kommt – sind wir schon da? Perspektiven der europäischen Hochschulentwicklung in Zeiten der Globalisierung. Bremen 10.4. 2000. In: *ders.* (2001): S. 275-293.

Friedrich, Hans Rainer (2001): Hochschulen im Wandel – Hochschulen im Wort. Vorträge der Jahre 1998-2000. Veröffentlichungen aus Lehre, angewandter Forschung und Weiterbildung, Band 38. Wiesbaden.

Friedrich, Hans Rainer (2002): Neuere Entwicklungen und Perspektiven des Bologna-Prozesses. Arbeitsberichte 04/2002. HOF Wittenberg. Institut für Hochschulforschung Wittenberg, an der Martin-Luther-Universität Halle-Wittenberg.

Giddens, Anthony (1997): Die Konsequenzen der Moderne. Frankfurt/Main.

Hahn, Karola (2004): Die Internationalisierung der deutschen Hochschulen. Kontext, Kernprozesse, Konzepte und Strategien. Wiesbaden.

Haug, Guy (1999): The Sorbonne Declaration of 25. May: what it does say, what it doesn't. In: Beiträge zur Hochschulpolitik 01/2000. HRK – Hochschulrektorenkonferenz (Hg.). Bonn. S. 43-48.

Kehm, Barbara (2003): Vom Regionalen zum Globalen. Auswirkungen auf Institution, System und Politik. In: *die hochschule. journal für wissenschaft und bildung* 1/2003 - S. 6-18.

Keller, Andreas (2003a): Von Bologna nach Berlin. Perspektiven eines europäischen Hochschulraums im Rahmen des Bologna-Prozesses am Vorabend des europäischen Hochschulgipfels 2003 in Berlin. Expertise im Auftrag von Feleknas Uca (Mitglied des Europäischen Parlaments). Berlin, Januar 2003.

Kohler-Koch, Beate; Endler, Jakob (1998): Ideendiskurs und Vergemeinschaftung: Erschließung transnationaler Räumer durch europäisches Regieren. In: *Beate Kohler-Koch* [Hg.] (1998): Regieren in entgrenzten Räumen. PVS-Sonderheft 29/1998. Opladen. S. 169-206.

Mayntz, Renate (2005): Governance Theorie als fortentwickelte Steuerungstheorie? In: *Gunnar Folke Schuppert* [Hg.] (2005): Governance-Forschung. Vergewisserung über Stand und Entwicklungslinien. Schriften zur Goverance-Forschung Bd. 1. Baden-Baden.

Mickel, Wolfgang (1978a): Einleitung. In: *Wolfgang Mickel* [Hg.] (1978): Europäische Bildungspolitik. Arbeitskreis für Europäische Integration e.V. Neuwied. S. 1-4.

Mickel, Wolfgang (1978b): Möglichkeiten und Grenzen internationaler Bildungspolitik. In: *Wolfgang Mickel* [Hg.] (1978): Europäische Bildungspolitik. Arbeitskreis für Europäische Integration e.V. Neuwied. S. 12-20.

Moschonas, Andreas (1998): Education and Training in the European Union. Aldershot.

Rokkan, Stein (2000): Staat, Nation und Demokratie in Europa. Theorie Stein Rokkans aus seinen gesammelten Werken rekonstruiert und eingeleitet von Peter Flora. Frankfurt/Main.

Sabatier, Paul A. (1993): Advocacy-Koalitionen, Policy-Wandel und Policy-Lernen. Eine Alternative zur Phasenheuristik. In: Adrienne Héritier [Hg.] (1993: Policy-Analyse. PVS-Sonderheft 24/1993. Opladen. S. 116-148

Scharpf, Fritz W. (2000): Interaktionsformen. Akteurszentrierter Institutionalismus in der Politikforschung. Opladen.

Sedgwick, Robert (2001): The Bologna-Process: How it is Changing the Face of Higher Education in Europe. In: (WENR) World Education News and Reviews. March/April 2001. URL: http://www.wes.org/ewenr/01march/ feature.htm (Zugriff am: 08.01.2004)

Sedgwick, Robert (2003): The Bologna Process: As Seen From the Outside. In: (WENR) World Education News and Reviews. September/October 2003. URL: http://www.wes.org/ewenr/03sept/PFFeature.htm (Zugriff am: 08.01.2004)

Simonis, Georg (2004): Weltumweltpolitik: Erweiterung von staatlicher Handlungsfähigkeit durch Global Governance? In: *Maria Behrens* [Hg.] (2004): Global Governance. Wiesbaden. S. 339-374.

Teichler, Ulrich (1990): Europäische Hochschulsysteme: Die Beharrlichkeit vielfältiger Modelle. (Forschung, Bd. 647, Schwerpunktreihe Hochschule und Beruf, WZBH Kassel). Frankfurt/Main.

Tömmel, Ingeborg (2003): Das politische System der EU. München.

Walter, Thomas (2004): Der Bologna-Prozess. Ein Wendepunkt europäischer Hochschulpolitik? Eine international- und historisch-institutionalistische Untersuchung. Dissertation, eingereicht am FB Kultur- und Sozialwissenschaften der FernUniversität in Hagen, 2004.

Wende, Marike van der (2003): Bologna Is Not The Only City That Matters In European Higher Education Policy. URL: http://www.bc.edu/bc_org/avp/soe/cihe/newsletter/ News32/text009.htm (Zugriff am 0801.2004)

Wessels, Wolfgang; Linsemann, Ingo (2002): Die offene(n) Methoden der Koordinierung (OMC). Beitrag zur Sitzung des Expertenrates Konvent am 19. April 2002, Staatskanzlei des Landes NRW. URL (Zugriff am: 26.09.2003): http://www.uni-koeln.de/wiso-fak/powi/wessels/DE/PUBLIKATIONEN/texte/koordinierung.pdf

Witte, Johanna; Otto, Erik (2003): Der Bologna-Prozess. In: Wissenschaftsmanagement 3 – Mai/Juni 2003. S. 29-33.

Dokumente[11]

BM:BWK (2003): Bundesministerium für Bildung, Wissenschaft und Kultur (bm:bwk), Österreich (o.J.): Bologna-Prozess. URL: http://www.bmbwk.gv.at/start.asp?OID =4388# (Zugriff am: 17.06.2003)

Bologna-Deklaration (1999): Joint Declaration of the European Ministers of Education.

---

[11] Vgl. für die URL der Bologna-Dokumente: http://www.bologna-bergen2005.no/.

COM (2003/58): endg., vom 05.02.2003. Mitteilungen der Kommission: Die Rolle der Universitäten im Europa des Wissens. URL: http://www.bmbwk.gv.at/ medien/8711_universities_com_2003_58_de.pdf (Zugriff am: 30.04.2003)

ESIB - Göteborg Declaration (2001): Student Göteborg Declaration. ESIB. URL: http://www.bologna-berlin2003.de/pdf/Student_documents_ESIB.pdf (Zugriff am: 07.01.04)

ESIB (2004a): Homepage ESIB. URL: http://www.esib.org/BPC/E&B/ oficialdocs.html (Zugriff 21.03.2004)

ESIB (2004b): Homepage: Brief History of ESIB. URL: http://www.esib.org/ (Zugriff 02.09.2004)

EUA - Graz Declaration (2003): European University Association: Graz-Declaration.. URL: http://www.bologna-berlin2003.de/pdf/EUA_Graz_ eng.pdf (Zugriff am: 07.01.04)

EUA - Salamanca Declaration (2001): European University Association: Message from the Salamanca Convention of European Higher Education Institutions: Shaping the European Higher Education Area. URL: http://www.bologna-berlin2003.de/pdf/salamanca_convention.pdf (Zugriff am: 07.01.04)

EUA About (2004): European University Association. Homepage: About EUA. URL: http://www.eua.be/eua/en/about_eua.jsp (Zugriff am 13.07.2004)

EUA About History (2004): European University Association. Homepage: About History. URL: http://www.eua.be/eua/en/about_history.jsp (Zugriff am 13.07.2004)

EUA Merger (2004): European University Association. Merger Agreement. URL: http://www.eua.be/eua/en/merger/agreement.pfd (Zugriff am 13.07.2004)

EUA Policy (2004): European University Association. Homepage: Policy. URL: http://www.eua.be/eua/en/policy.jsp (Zugriff am 13.07.2004)

EUCLA (2000): Paris Summit, 3. November 2000. THE EUROPEAN UNION - LATIN AMERICA - CARIBBEAN MINISTERIAL CONFERENCE ON HIGHER EDUCATION URL: http://www.columbus-web.com/en/partb/ archivo/paris.html (Zugriff am 21.01.2004).

EUCLA (2002): Madrid Summit, May 2002. Plan of Action Project 2002-2004 to build common ground for higher education in the European Union, Latin America and the Caribbean. URL: http://www.bologna-berlin2003.de/pdf/Plan_of_Action _Project_2002_2004.pdf (Zugriff am: 21.01.2004).

Europarat (2002): (CD-ESR 2002/6), Steering Committee for Higher Education and Research: The Bologna Process: Achievements and challenges. URL: http://www.bologna-berlin2003.de/pdf/achievements_and.pdf (Zugriff am: 30.04.2003)

Europarat (2003a): (DGIV/EDU/HE 2003/10), Directorat General IV: Contributions to the Bologna Process, 07. February 2003. URL: http://www.bologna-berlin2003.de/pdf/Council_Bologna_Process.pdf (Zugriff am: 30.04.2003)

Europarat (2003b): (Reccomondation 1620/2003), Parliamentary Assembly: Council of Europe Contributions to the Higher Education Area, 08. September 2003. URL: http://assembly.coe.int/Documents/AdoptedText/ ta03/EREC1620.htm (Zugriff am: 17.12.2003)

Lissabon-Konvention (1997): „Convention on the Recognition of Qualifications Concerning Higher Education in the European Region" (European Treaty Series, n° 165).

Lissabon-Report (1997): Report zur Lissabon-Konvention. URL:http://conventions. coe.int/Treaty/en/reports/html/165.htm (Zugriff 27.07.2004)

Lourtie Report (2001): Furthering the Bologna-Process. Report to the Ministers of the Signatory Countries, Prague May 2001. Rapporteur Pedro Lourtie.

Prag-Kommuniqé (2001): Towards the European Higher Education Area. Communiquée of the Meeting of the European Ministers in Charge of Higher Education in Prague May, 19th2001.

Sorbonne-Deklaration (1998): Joint Declaration on Harmonisation Of The Architecture Of The European Higher Education.

Trends I (1999): Trends and Issues in Learning Structures in Higher Education in Europe., zugleich: Haug, Guy (1999a): Trends and Issues in Learning Structures in Higher Education in Europe. In: Beiträge zur Hochschulpolitik 01/2000. HRK – Hochschulrektorenkonferenz (Hg.). Bonn. S. 7-42.

Trends II (2001): Trends in Learning Structures in Higher Education (II)" Follow-Up-Report prepared for the Salamanca and Prague Conference".

Trends III (2003): Trend 2003. "Progress towards the European Higher Education Area. Bologna Four Years After: Steps Towards Sustainable Reform Of Higher Education In Europe". A Report prepared for the European University Association by Sibylle Reichert and Christian Tauch.

Zgaga Report (2003): Bologna Process Between Prague and Berlin. Report to the Ministers of the Signatory Countries, Berlin September 2003, Rapporteur Pavel Zgaga.

Akkreditierung in Europa

Ulrich Teichler

1 Hochschulpolitischer Situationswandel in Deutschland

Das Hochschulwesen in Deutschland schien vielen Beobachtern lange Zeit in einen Dornröschen-Schlaf verfallen zu sein, was die Bereitschaft zur Aufarbeitung von Problemen und für gezielte Aktionen zur Umgestaltung angeht. Nach weitreichenden Reformansätzen um 1970, die nur teilweise implementiert wurden sowie in vielen Aspekten auf Kritik stießen und revoziert wurden, wurden immer wieder Anlässe gefunden, kontroverse Debatten über die Zukunft eher ohne Suche nach großen Lösungen abzubrechen: Die Bewältigung des „Studentenbergs", die Notwendigkeit einer „Organisationsruhe" nach einem Zeitraum vielfältiger Umgestaltungen und die weitgehende Anpassung des Hochschulwesens in der ehemaligen DDR an die „alten Bundesländer" wurden häufig ins Feld geführt, um zu allenfalls moderaten Veränderungen aufzurufen.

In der zweiten Hälfte der neunziger Jahre änderte sich die hochschulpolitische Atmosphäre in Deutschland jedoch deutlich. Die Notwendigkeit von Hochschulreformen wurde nunmehr in ähnlich dringlicher Weise betont, wie das zuletzt Ende der sechziger Jahre der Fall war. Dabei wurden ähnliche Themen wie vor drei Jahrzehnten, aber mit anderen Akzenten aufgegriffen:

- Fragen der Entscheidungsstrukturen und der Organisation zogen die größte Aufmerksamkeit auf sich. Hier setzten sich Ideen durch, nach denen der Staat die Detailkontrolle reduzieren und sich stärker auf politische Vorgaben konzentrieren soll, die einzelnen Hochschulen stärkere Spielräume zur Entwicklung eigener Profile erhalten, das Management an Hochschulen gestärkt wird und die Bedeutung von Evaluation als Instrument von Reflexion und Kontrolle wächst.

- Auch Fragen der Strukturen von Hochschulen und Studienprogrammen hatten erneut großes Gewicht. Das Hochschulrahmengesetz von 1998 eröffnete den Hochschulen die Möglichkeit, in Ergänzung zu oder anstelle von den bisherigen universitären und Fachhochschul-Studiengängen nunmehr gestufte Studiengänge und -abschlüsse einzuführen. Ein Jahr später kamen Erziehungsminister von etwa 30 europäischen Ländern in der so genannten „Bologna-Erklärung" überein, einen „Hochschulraum Europa" bis 2010 zu realisieren und dabei die Hochschulsysteme in Europa strukturell einander anzugleichen. Kernelement soll ein System von zwei Hauptzyklen sein: Ein erster berufsqualifizierender Bachelor-Zyklus von mindestens drei Jahren, der zugleich den Zugang zu weiteren Studien eröffnet, und ein zweiter Master-Zyklus von bis zu zwei Jahren.

- Drittens haben sich in Deutschland die gesetzlichen Bedingungen für die Hochschullehrerlaufbahn deutlich verändert. Die jeweiligen Gehaltsklassen für Hochschullehrer an Universitäten und Fachhochschulen wurden zu je einer Gehaltsklasse zusammengefasst; Gehaltszulagen werden in Zukunft nach hochschulinternen Leistungsbewertungen vergeben. Die Habilitation verlor ihre Stellung als üblicher Nachweis der Qualifikation zu selbständiger Lehre und Forschung. Eine Junior-Professur wurde in Anklang an die US-amerikanische Assistenz-Professur etabliert. Die Beschäftigungsdauer jüngerer Wissenschaftlerinnen und Wissenschaftler wurde im Regelfall auf jeweils sechs Jahre vor und nach der Promotion innerhalb des gesamten deutschen Hochschulsystems beschränkt.

Alle drei Reformbestrebungen werden häufig mit dem Schlagwort „Internationalisierung" belegt, das in einem doppelten Sinne in der deutschen hochschulpolitischen Diskussion Verbreitung gefunden hat: Einerseits werden damit Schritte angesprochen, die unmittelbar die internationale Kooperation und Mobilität betreffen, und andererseits Aktivitäten ohne einen solchen direkten Bezug zu internationalen Aktivitäten, die die „Effizienz" und „Qualität" der deutschen Hochschulen stärken und sie damit für einen globalen Wettbewerb der Hochschulen rüsten sollen.

Die ersten beiden Richtungen der neueren Hochschulreformbestrebungen in Deutschland – die Veränderung des Steuerungs- und Managementsystems sowie die Umstrukturierung der Studiengänge und -abschlüsse – verbanden sich 1998 bzw. 1999 in der Entscheidung, ein System der Akkreditierung von Studiengängen einzuführen. Ein Akkreditierungssystem sollte für die Prüfung der neuen gestuften Studiengänge zuständig sein; für die Studiengänge, die im neuen System zu einem Bakkalaureus bzw. Bachelor oder zu einem Magister oder Master führen, wurde es obligatorisch, sich einem Akkreditierungsverfahren zu unterziehen. Dazu seien ein paar Erläuterungen ergänzt.

2 Die Etablierung von Akkreditierung in Deutschland

In Deutschland wurde von 1999 bis 2002 ein System der Akkreditierung erprobt (siehe Berner und Richter 2001). Im Frühjahr 1999 verständigten sich die Hochschulrektorenkonferenz und die Kultusministerkonferenz auf die Modalitäten der Erprobung. Im Juli 1999 nahm ein 14-köpfiger nationaler Akkreditierungsrat seine Arbeit auf, der die Spitze eines zweistufigen Akkreditierungssystems darstellt. Er sollte auf nationaler Ebene die wichtigsten Prinzipien der Akkreditierung gestufter Studiengänge formulieren und vor allem Agenturen akkreditieren, die ihrerseits die Arbeit der Akkreditierung der einzelnen Studiengänge übernehmen.

Für die Einführung eines Akkreditierungssystems in Deutschland hatten seine Protagonisten vor allem mit folgenden vier Begründungen plädiert:

- Neuverteilung des Gewichts der Stakeholders: Das vorher bestehende System der in Zusammenarbeit vor allem von Staat und Hochschulen entwickelten Rahmenprüfungsordnungen und der staatlichen Genehmigung der einzelnen Studiengänge habe dem Staat bei der Einführung von Studiengängen ein zu hohes Gewicht gegeben. Das Akkreditierungsverfahren stärke den Einfluss der Hochschulen und bringe neben dem Staat andere „Stakeholders" stärker ins Spiel.

- Explizite Qualitätsprüfung: In dem alten und für die traditionellen Hochschulstudiengänge fortbestehenden System der Genehmigung von Studiengängen habe der Staat vor allem geprüft, ob die Studien- und Prüfungsordnungen den inhaltlichen Rahmenvorgaben entsprechen, die rechtlichen Verfahrensregeln angemessen seien, der Studiengang in die Planung passt und ob die Ressourcen für die Einrichtung des Studiengangs vorhanden sind. Es fand jedoch keine Qualitätsprüfung im engeren Sinne statt, weil der Input – die staatliche Förderung und die staatliche Involvierung in die Berufung von Hochschullehrern – eine „Bonitäts"-Vermutung als angemessen erscheinen ließe. Das neue Akkreditierungsverfahren soll jedoch explizit prüfen, ob die erforderliche Mindest-Qualität gegeben ist.

- Größere substantielle Vielfalt der Studiengänge: Die Akkreditierung der Studiengänge soll weniger als die frühere Genehmigung an Rahmenkonzeptionen über eine wünschenswerte Mindest-Einheitlichkeit der Studiengänge innerhalb einer Fachrichtung orientiert sein. Es soll mehr Freiraum für Profile der einzelnen Studiengänge gegeben werden.

- Geschwindigkeit des Verfahrens: Die Einführung des Akkreditierungssystems sollte dazu beitragen, den Prozess der Genehmigung der neuen Studiengängen bzw. der Veränderung der Studiengänge zu beschleunigen.

Im Herbst 2001 wurden erste Schritte der Evaluation des neuen Systems unternommen. Bis Sommer 2002 waren insgesamt sieben Akkreditierungsinstitutionen entstanden, aber weniger als 100 neue Studiengänge akkreditiert worden. Mit Beschluss der Kultusministerkonferenz vom Mai 2002 wurde die Akkreditierung von gestuften Studiengängen auf eine dauerhafte Basis gestellt. Ab Januar 2003 besteht ein im Prinzip auf Dauer eingerichtetes System:

- Der Akkreditierungsrat hat seinen Sitz bei der Kultusministerkonferenz. Der ist vor allem für die Akkreditierung von Akkreditierungsagenturen und der Überwachung ihrer Aufgabenerfüllung sowie für die Definition von Mindestanforderungen an das Akkreditierungsverfahren zuständig. Dem Akkreditierungsrat gehören vier Vertreter der Hochschulen, fünf Vertreter der Länder (vier als Vertreter der Hochschulaufsicht und einer in Zuständigkeit für das Dienst- und Tarifrecht), drei Vertreter der Berufspraxis, zwei Studierende und zwei Repräsentanten aus dem Ausland an.
- Die Akkreditierungsinstitutionen, die regional und fachlich gegliedert sein können und institutionell unabhängig sein müssen, führen die Akkreditierungsverfahren durch und entscheiden über die Akkreditierung. Die Entscheidung basiert auf einer Selbstberichterstattung der Hochschulen und einer inhaltlichen Begutachtung durch hochschulexterne Experten (Peerreview-Verfahren). Die Akkreditierung des Studiengangs ersetzt nicht die Genehmigung durch den Staat.

Wieweit das neue System der Akkreditierung die in sie gesetzten Hoffnungen erfüllt und ob tatsächlich ein voraussichtlich langfristig stabiles System entstanden ist, kann nach den ersten Jahren des Erprobens nur umstritten bleiben. Aus Stellungnahmen von Protagonisten des neuen Akkreditierungssystems im Jahre 2002 (siehe die verschiedenen Beiträge in Qualität und Qualitätssicherung an deutschen Hochschulen – 3 Jahre Akkreditierungsrat, 2002) wird ersichtlich, dass kein Zweifel an der Absicht erkennbar ist, Akkreditierung als dauerhafte Einrichtung fortzuführen, aber die Hoffnungen auf die Leistungen von Akkreditierung bescheidener geworden sind.

- Der Reduzierung der Stellung des Staates bei der Kontrolle der Genehmigung fällt weitaus bescheidener aus als erwartet: Ab 2003 ist der Akkreditierungsrat der KMK zugeordnet. Der Rat darf keine Strukturvorgaben für das Akkreditierungsverfahren und die Begutachtung der Studiengänge ohne Zustimmung der Ländervertreter beschließen. Die Akkreditierung von Studiengängen, die Eingangsvoraussetzung für den öffentlichen Dienst sind, bedarf der Zustimmung von Staatsvertretern, die die öffentliche „Berufspraxis" im Akkreditierungsverfahren vertreten. Schließlich ersetzt die Akkreditierung nicht die staatliche Genehmigung der Studiengänge (siehe KMK 2002).

- In den letzten Jahren hat sich eine Fülle von Qualitätsbewertungsverfahren im deutschen Hochschulsystem etabliert beziehungsweise befindet sich im Aufbau. Unvermeidlich scheint ein Prozess des Aussortierens, der gegenseitigen Zuordnung bzw. der Reduzierung, um das Hochschulsystem nicht insgesamt mit Qualitätsbewertungsverfahren zu überlasten und die Zielsetzung einer stärkeren Leistungsorientierung nicht durch ein überkomplexes System widersprüchlicher Signale zu konterkarieren (siehe Teichler 2003).
- Bisher ist noch nicht belegt, dass das neue System der Anerkennung von Studiengängen zügiger wird. Die geringe Zahl von Akkreditierungen kann als Start-Problem interpretiert werden, aber auch dauerhafte Probleme signalisieren. Offen ist noch, ob staatliche Genehmigung mehr oder weniger automatisch auf Akkreditierung erfolgt oder zu einem aufwendigen Prozess sui generis wird.
- Wieweit Evaluation zur größeren Vielfalt des deutschen Hochschulsystems insgesamt beiträgt, wird sich erst langfristig erweisen können.

Da auch in anderen europäischen Ländern zu beobachten ist, dass nationale Systeme der Qualitätsbewertung bisher keine langfristige Stabilität zeigten, lohnt sich in Deutschland fraglos ein Blick auf die Akkreditierungssysteme, die in anderen Ländern etabliert worden sind bzw. sich im Aufbau befinden. Ein internationaler Vergleich verspricht zweifellos Anregungen für die Analysen, welche Stärken und Schwächen das inzwischen etablierte Akkreditierungssystem in Deutschland hat, welche Verbesserung im bestehenden System denkbar sind und welche Richtungen von Veränderungen in Zukunft zur Diskussion stehen dürften.

3   Definition

In dem wichtigsten wissenschaftlichen Hochschullexikon – „The Encyclopedia of Higher Education", das 1992 von Burton Clark und Guy Neave herausgegeben wurde – wird Akkreditierung wie folgt definiert: „Accreditation refers to a process of quality control and assurance in higher education, whereby, as result of inspection or assessment, or both, an institution or its programs are recognized as meeting minimum acceptable standards." (Adelman 1992: 1313).

Der US-amerikanische Wissenschaftler Herb Kells (1999: 217), der international eine große Rolle als Berater für den Aufbau von Evaluations- und Akkreditierungssystemen spielte, beschreibt Akkreditierung nach dem amerikanischen Verständnis als „the use of a system of sanction-related, choice-related reviews of institutions and programs in light of both a set of prestated accreditation standards and the extent to which the unit being examined seems to meeting its stated intentions". Er hebt stärker als Adelman hervor, dass Akkreditierung auf einem impliziten oder expliziten Konzept beruht, welches Maß von Einheit und Vielfalt in der substantiellen Ausprägung wie in der Qualitätsebene wünschenswert und akzeptabel ist.

In dem in Deutschland im Jahre 2001 erschienenen Handbuch „Grundbegriffe des Hochschulmanagement" verweist die Autorin des einschlägigen Artikels darauf, dass der Begriff „Akkreditierung" in Deutschland bis vor kurzem vor allem für die Beglaubigung von Diplomaten verwendet wurde und gelegentlich auch bei der Zertifizierung von technischen Standards. Für die Hochschulen verzichtet die Autorin auf jegliche Definition und beschreibt stattdessen die seit 1998 eingeführten Mechanismen und Verfahren (Naderer 2001).

Die Definition von Adelman und andere Definitionen machen deutlich, dass Akkreditierung

• zu einer Bewertung führt, die externe Anerkennung von Einheiten des Hochschulsystems sichern soll,
• eine Ja-/Nein-Bewertung beinhaltet,
• fest – und zwar gesondert von den Hochschulen – institutionalisiert ist,
• einen systematischen Prozess der Analyse von „Leistung", „Qualität" u. ä. beinhaltet.

Offen bleibt dabei, was der Gegenstand der Akkreditierung ist. In der Regel werden Hochschulen bzw. deren Untereinheiten oder Studiengänge akkreditiert. Offen ist auch, wer beglaubigt und wer an dem Prozess der Prüfung und Beglaubigung beteiligt ist.

Zu erwähnen ist, dass einige andere Begriffe in enger Nachbarschaft zu Akkreditierung stehen. Zuweilen wird der Terminus „Chartering" verwendet, um den Akt der erstmaligen Anerkennung von Hochschulen und Studienprogrammen sowie die damit verbundenen Verfahren zu charakterisieren. In manchen Fällen wird auch der Terminus „Lizenzierung" dafür verwandt, der jedoch häufiger auf die Anerkennung von Qualifikationen von Individuen bezogen wird, die ein Studium durchlaufen haben und als wissenschaftlich und beruflich befähigt ausgewiesen werden sollen. Kells betont, dass die Überprüfung über eine erstmalige Anerkennung von Hochschulen oder Studienprogrammen, die ein relativ rigoroses Instrument der Regulation des Hochschulsystems darstellt, oft mit anderen Termini als Akkreditierung bezeichnet werde. In diesen Fällen werde Akkreditierung zur Bezeichnung der regelmäßig sich wiederholenden, oft eher weichen Überprüfung der einmal erfolgten Anerkennung verwandt. Akkreditierung als die sich wiederholende Überprüfung erlaube mehr als das Verfahren der Erst-Anerkennung, sanktionsbetonte Ja-Nein-Bewertung und qualitätsverbessernde Anregungen miteinander zu verbinden (siehe Kells 1999: 217).

Schließlich gibt es eine Fülle von Begriffen wie „Evaluation", „Qualitätssicherung" u. ä., die Verfahren der Analyse und Bewertung von Ressourcen, Prozessen und Erträgen im Hochschulwesen zu kennzeichnen suchen. Im Spannungsfeld zwischen Reflexion zum Zwecke der Verbesserung und Kontrolle hat sich eine Fülle von Mechanismen angesiedelt, für die sich keine Verwendung von Begriffen durchgesetzt hat. Der Terminus Akkreditierung ist offen im Hinblick auf unterschiedliche Verfahren von Analyse und Bewertung; spezifisch ist nur, dass Analyse und Bewertung zu einer externen Beglaubigung von Hochschulen bzw. Studienprogrammen beitragen soll oder diese selbst darstellt.

4   Historischer Ursprung

Akkreditierung ist ursprünglich in einigen Ländern unter der Voraussetzung entstanden, dass

- das Hochschulsystem sehr heterogen ist und
- die Leistung und Qualität von Hochschulen bzw. ihrer Erträge solche Instanzen sichern wollten, die ihrerseits keine oder nur sehr geringe Möglichkeiten zur Kontrolle dieser Leistung bzw. Qualität im Alltagsgeschäft haben.

Während in den kontinentaleuropäischen Ländern der Staat traditionell durch Regelsetzung, Finanzierung und Prozesskontrolle solche Möglichkeiten der direkten Leistungs- bzw. Qualitätssicherung besessen hat und daher kein Bedarf für gesonderte Prozesse der Sicherung bestand, war diese Sicherheit in den USA bzw. in Großbritannien nicht ohne weiteres gegeben (siehe z. B. Richter 2002,

Ratcliff 1996, Burrage 1994). Offenkundig herrschte aber auch in diesen Ländern die Vorstellung, dass es für die Hochschulen insgesamt, ihre Studienprogramme – oder zumindest für einen Teil der Studienprogramme – eine Instanz
und einen Prozess geben muss, der zu einer machtvollen Aussage der „Anerkennung" führt.

Dies rief staatliche Instanzen und Professionsverbände auf den Plan, die
Mechanismen der Akkreditierung einführten bzw. Mechanismen der Akkreditierung, die andere Instanzen etablierten, anerkannten (siehe Adelman 1992; Myers
u. a. 1998).

In den USA gelang es den Hochschulen dabei, ein freiwilliges System der
Akkreditierung zu etablieren, das weitgehend in der Hand der Hochschulseite
liegt. Die Hochschulen sind die Träger von sechs regionalen Akkreditierungs-
verbänden; sie rufen die Hochschulen zur regelmäßigen Akkreditierung ihrer
Programme auf. Diese versuchen, Ja-Nein-Entscheidungen mit Beratung zur
Qualitätsverbesserung zu verbinden. Die Hochschulen sind nicht gezwungen,
daran teilzunehmen, können es sich zur Sicherung ihrer öffentlichen Anerkennung aber nicht leisten, nicht daran teilzunehmen, ohne in den Ruf zu kommen,
„degree mills" zu sein. Die einzelnen Staaten in den USA verpflichten sich nicht
zur Anerkennung der Akkreditierung, setzen aber in der Regel keine ähnlichen
Prüfverfahren ihrerseits ein.

5   Zur Etablierung von Evaluationssystemen in Europa

„Akkreditierung" ist in kontinentaleuropäischen Ländern seit den neunziger
Jahren als ein Teilbereich von Evaluation entstanden, die sich seit den achtziger
Jahren zunehmend in Europa verbreitete. Der Begriff „Evaluation" wird hier als
Oberbegriff von institutionalisierten, regelmäßigen, systematischen Mechanis-
men der Leistungs- bzw. Qualitätsbewertung verstanden. Größere nationale
Hochschul-Evaluationssysteme wurden in den 80er Jahren zuerst in den Nieder-
landen, Großbritannien und Frankreich etabliert.

Die Vorstellung, dass solche nationale Systeme der Hochschul-Evaluation
die Gestalt von Akkreditierungssystemen haben sollten, also den Zweck der
Anerkennung in den Mittelpunkt stellen sollten, gewann zunächst zu Beginn der
neunziger Jahre in einigen mittel- und osteuropäischen Ländern Verbreitung.
Hier gab es die Vorstellung, dass

- angesichts der gewaltigen Transformationserfordernisse die Mindestqualität bei den etablierten Hochschulen nicht mehr ohne weiteres gegeben sei,
- die Stellung des – ehemals hoch-interventionistischen Staates – bei der Qualitätssicherung erheblich verringert werden sollte,
- die Etablierung einer großen Zahl von privaten Hochschulen wahrscheinlich sei.

1993 wurden in Ungarn die gesetzlichen Grundlagen für das erste größere Akkreditierungssystem in Europa gelegt. In der zweiten Hälfte der neunziger Jahre kamen auch westeuropäische Länder zu dem Schluss, dass sie Akkreditierungssysteme für Teilbereiche des Hochschulwesens oder für das Hochschulwesen insgesamt einführen sollten.

6   Anlässe, Begriffe und Konzepte der Evaluation

Der Charakter von „Akkreditierung" wird nur verständlich, wenn Gemeinsames mit anderen Mechanismen der Evaluation, aber auch Besonderheiten deutlich werden. Deswegen ist ein kurzer Überblick über Evaluation in Europa unabdingbar, bevor die Entwicklung der Akkreditierung in Europa näher behandelt wird.

Leistungs- bzw. Qualitätsbewertungen im wissenschaftlichen Bereich der Hochschulen in Kontinentaleuropa, so ist *erstens* festzustellen, sind nicht neu. Sie waren früher jedoch

- primär anlassbezogen: Sie erfolgten, wenn Wissenschaftlerinnen oder Wissenschaftler einen Forschungsantrag stellten, etwas publizieren wollten und sich um eine wissenschaftliche Position bewarben,
- in erster Linie individuenbezogen: Einzelne Wissenschaftlerinnen und Wissenschaftler wurden vor allem bewertet, weniger dagegen Studiengänge, ganze Fachbereiche und Hochschulen,
- vor allem auf überdurchschnittlich erfolgreiche Personen und Aktivitäten gerichtet: Unterdurchschnittlich erfolgreiche Wissenschaftlerinnen und Wissenschaftler erlebten, wenn sie Dauerbeschäftigung genossen, solche Bewertungen kaum direkt, sondern nur indirekt dadurch, dass sie an Unterstützungen, die es für besondere Leistungen gab, nicht partizipieren konnten, und

überwiegend auf die Forschung konzentriert, während Lehre kaum Gegenstand der Bewertung war.

Mit der Einführung von Evaluationssystemen wird die Leistungs- bzw. Qualitätsbewertung nicht nur häufiger. Sie änderte ihre Gestaltung und erfolgte

*   regelmäßig und periodisch,
*   zunehmend kollektiv-bezogen, d. h. auf Studiengänge, Fachbereiche, Hochschulen oder Institute bezogen,
*   flächendeckend: Es wurden alle betreffenden Personen bzw. alle Programme oder institutionelle Einheiten einbezogen, und
*   auf ein breiteres Funktionsspektrum bezogen: zusätzlich zu Forschung wurde nunmehr auch Lehre und Organisation häufig Gegenstand der Evaluation.

Zweitens ist zu konstatieren, dass es für die stärkere Betonung der Leistungs- bzw. Qualitätsbewertung im Hochschulsystem ein breites Spektrum von Anlässen gab. Vor allem vier, nicht völlig trennscharfe Anlässe sind zu nennen:

*   Sorge um Qualitätsdefizite: Schon seit Jahrzehnten wird immer wieder diskutiert, ob vor allem die naturwissenschaftlich-technische Forschung in Europa mit den USA – insbesondere in den 80er Jahren wurde auch vielfach auf Japan verwiesen – mithalten kann.
*   Finanzielle Probleme waren ein weiterer Anlass für Evaluation: Bereits im Laufe der siebziger Jahre setzte in vielen Ländern eine Verlangsamung der Steigerung von Hochschulausgaben ein, die zu Defiziten in der Forschung und oft zur Kürzung der Ausgaben je Studierenden führte; dies legte verstärkt Prioritätenentscheidungen nahe, die oft auf der Basis von Evaluationen erfolgten.
*   Veränderung des Steuerungssystems waren ein weiterer Anlass. Das öffentliche Vertrauen sowohl in den Erfolg staatlicher Planung und Detailregulation als auch in die professionelle Sozialisation der Wissenschaftler, die in der Vergangenheit hohen Einsatz und eindrucksvolle Leistungen bei hoher Selbständigkeit ohne deutliche Kontrollen und starke direkte und kurzfristige Leistungsanreize sichern sollte, sank. So wurden immer mehr Hoffnungen auf eine Stärkung des Hochschulmanagements gesetzt, das von staatlichen Zielvorgaben, einer Fülle von Leistungsanreizen und verstärkter Evaluation zur Stärkung der Reflexion wie der Kontrolle umgeben wird.

Mit steigender Betonung der Nützlichkeit der Leistungen der Hochschulen schließlich stieg auch der Bedarf an Transparenz für potentielle Nutzer: Das gilt für Studierende wie für potentielle Nutzer der Forschungsergebnisse sowie der nach außen gerichteten Dienstleistungen der Hochschule. Für diese Nutzer sind die Leistungen der Hochschule nur bedingt durchschaubar, so dass sie die für sie brauchbaren Leistungen nur durch erhöhte Transparenz ihres Angebots erreichen. Auch gilt die Transparenz darüber hinaus als Voraussetzung dafür, dass die tatsächliche Nutzung seitens der Nutzer tatsächlich valide Marktsignale an die Hochschulen sendet.

Evaluation soll also der öffentlichen Rechenschaft, der Transparenz, der Prioritätensetzung und der Suche nach Verbesserungen dienen.

Es gibt, so ist *drittens* hervorzuheben, eine Fülle von Begriffen, die oft nicht trennscharf verwendet werden: „Leistung" und „Qualität", Evaluation, Assessment, Qualitätsbewertung, Qualitätssicherung, Akkreditierung, usw. Dabei geht es u. a. darum,

- ob es um eine Bewertung der Aktivitäten der Hochschule selbst geht oder ob eine Bewertung von Mechanismen vorgenommen wird, die z. B. eine Hochschule etabliert, um sich regelmäßig zu bewerten (quality audit),
- ob der Input für Aktivitäten, die Prozesse, die unmittelbaren Ergebnisse (output) oder die darüber hinausgehenden Wirkungen (outcome, impact) geprüft werden sollen,
- was die Kriterien der Beurteilung sind (Effizienz, Effektivität, Leistung, Qualität usw.) und wie die Kriterien in der Evaluation operationalisiert werden,
- ob die Beurteilungen nach einheitlichen Maßstäben erfolgen oder ob eine Vielfalt von Zielen („Profile", „fitness for purpose") akzeptiert wird,
- ob Ränge in den Ergebnissen, Abstände, Güteklassen, Mindeststandards oder ähnliches gemessen werden sollen.

Leistungs- bzw. Qualitätsbewertungen haben, das sei *viertens* betont, in jedem Fall den Zweck einer Rückmeldung an die leistungserbringenden Akteure, d. h. im Hochschulwesen vor allem an die Wissenschaftlerinnen und Wissenschaftler. Die leistungserbringenden Akteure werden somit durch Leistungs- bzw. Qualitätsbewertung veranlasst, nicht allein an die Sache selbst (z. B. Forschung und Lehre in ihrem Sachgebiet) zu denken, sondern daneben auch ständig zu reflektieren, wie ihre Optionen für bestimmte Ziele und die von ihnen gewählten Aktivitäten die Ergebnisse und die Wirkungen ihres Handelns beeinflussen und

inwieweit diesbezügliche Erfahrungen zu eventuellen Veränderungen ihrer Optionen Anlass geben könnten.
Darüber hinaus stehen die meisten Leistungs- bzw. Qualitätsbewertungen auch in Beziehung zu Förderern, Aufsehern und Nutzern der Leistungserbringer bzw. der Leistungen. Sie bieten diesen Akteuren die Möglichkeit, auf der Basis solcher Informationen Sanktionen positiver oder negativer Art vorzunehmen. Für Leistungsbewertung ist also konstitutiv, dass sie in einem Spannungsverhältnis von offener, nützlicher Reflexion und risikobehafteter Kontrolle steht. Oft scheint es sich zu bewähren, dass die Evaluation in der Spannung einer solchen doppelten Zielsetzung steht; nicht selten droht jedoch die Spannung zu zerbrechen – entweder, weil die Kontrolle überhand nimmt, dies die Bereitschaft zu einer offenen Selbstevaluation untergräbt und damit insgesamt die Validität der Evaluation reduziert, oder weil die Evaluation in ihren potentiellen Folgewirkungen zu unverbindlich wird und deshalb nicht hinreichend ernst genommen wird.

7   Verfahren und Methoden der Evaluation

Verfahren zur Kontrolle von Qualität gibt es in vielen Lebensbereichen. So wird auch immer zur Diskussion gestellt, ob die Hochschulen von den Verfahren zur Qualitätsbewertung in der privaten Wirtschaft lernen können. Einigkeit besteht jedoch unter Experten, dass die „Vermessung" der Hochschulen und ihrer Leistungen in Forschung und Lehre besonders schwierig ist (siehe z. B. van Vught und Westerheijden 1993, Teichler und Winkler 1994, Daniel 2001):

• Die Prozesse der Leistungserstellung sind sehr komplex und daher schwer zu messen.
• Die Akteure in den Hochschulen und ihre Bezugsgruppen sind sehr heterogen in ihren Vorstellungen von den Aufgaben der Hochschulen, von den Kriterien, an denen erfolgreiche Prozesse und Ergebnisse gemessen werden könnten, von der Validität der Befunde von Evaluationen. Daher wird Leistungsbewertung an Hochschulen immer mit kontroverser Bewertung seitens der Hochschulangehörigen rechnen müssen.
• Die Aufgaben der Hochschulen sind multifunktional und differenziert. Dies stellt die oft gewünschte Einheitlichkeit von Bewertungskriterien und -verfahren in Frage.

- Die Hochschulen sind für die Generierung von Innovation und für die Vorbereitung der Absolventen auf unbestimmte berufliche Aufgaben zuständig. Deswegen ist damit zu rechnen, dass Evaluation Innovationen systematisch unterschätzt. Das stellt in gewissem Maße jede Leistungsbewertung als potentiell überholt in Frage.

Angesichts der unvermeidlichen Imperfektionen von Hochschulevaluation geht es bei der Wahl der Methoden von Qualitätsbewertung um eine akzeptable Balance von

- Validität, d. h. hohe Entsprechung von Messung und dem gemeinten Sinn der Messung,
- Zugänglichkeit der Information,
- Objektivität, Inter-Subjektivität, Generalität der Messung,
- Breite der Kriterien und Messungen,
- Berücksichtigung der besonderen Konstellation des Einzelfalls,
- Begrenzung des Aufwands.

Bei der Wahl eines Verfahrens wird ein Abwägen zwischen diesen Kriterien erforderlich, weil jedes Verfahren Bestimmtes besser und Anderes schlechter leistet.

Die wichtigsten Methoden der Messung wissenschaftlicher Leistungen lassen sich gliedern in

- Indikatoren, d. h. die Nutzung und Auswertung von Quellen mit strukturierten oder strukturierbaren Daten, die nicht genau das zu Messende messen. Dies hat Vorteile für den Aufwand, die Zugänglichkeit und oft auch für die Objektivität, aber es ergeben sich Probleme bei der Validität und der Flexibilität für den Einzelfall.
- Direkte Messung (z. B. Tests): Dies verspricht hohe Validität und Objektivität, ist aber mit Problemen des Aufwandes und oft auch der Zugänglichkeit verbunden. Daneben fehlt häufig die erforderliche Breite der Information.
- Beobachtung und Bewertung durch die Akteure selbst: Diese Methode hat ihre Stärke in der Zugänglichkeit und der Breite der einzubeziehenden Information; Probleme im Hinblick auf Objektivität sind jedoch offenkundig.
- Beobachtung und Bewertung durch Experten: Sie ermöglicht eine bessere Kombination von Breite der zu beobachteten Bereiche und Intersubjektivi-

tät der Bewertung; jedoch bleiben Probleme der Subjektivität und Grenzen des Zugangs zu den Informationen; auch ist der Aufwand recht groß.

Bei komplexen Verfahren der Evaluation kommt es deshalb in der Regel zu einer Kombination verschiedener Methoden der Messung und einer differenzierteren Austarierung verschiedener Stärken und Schwächen. Üblich bei solchen Verfahren, wie es zum Beispiel bei dem Evaluationssystem für Studiengänge in Niedersachsen vorfindlich ist, sind

- die Etablierung eines Regelwerks, das eine gewisse Einheitlichkeit der Kriterien und Verfahren sowie eine gewisse Transparenz sichert,
- die Einrichtung einer Agentur, die in gewisser Weise unabhängig von den Auftraggebern der Evaluation und den zu Evaluierenden ist und die die professionelle Kompetenz zu sichern sucht,
- die Kombination objektiver und subjektiver Verfahren,
- die Verbindung von Selbst- und Fremd-Evaluation,
- die Etablierung einer Verständigungsschleife zwischen Evaluatoren und Evaluierten vor der endgültigen Bewertung.

Zum besseren Funktionieren von Qualitätsbewertung ist die Entwicklung einer Evaluationskultur erforderlich, in der ein Glaube an den Nutzen von Reflexion der Leistung besteht und in der es Grenzen der Konfliktkonstellation zwischen den Evaluierten und den Mächten der Bewertung gibt. Evaluationskultur im Hochschulbereich kann zum Beispiel gefördert werden durch

- ein gewisses Maß an Pluralität der Kriterien und Berücksichtigung des Einzelfalls,
- Transparenz des Verfahrens,
- ein Angebot des Besser-Werdens statt ausschließlich negativer Sanktionen,
- einen Dialog zwischen Evaluatoren und Evaluierten,
- zeitliche Puffer zwischen Evaluation und Entscheidungen über Ressourcenallokation.

Die Qualität eines Qualitätsbewertungsverfahrens hängt also auch von seiner Angemessenheit für die jeweils bestehende Evaluationskultur ab (siehe dazu Kells 1999).

8   Die Besonderheit von Akkreditierung

Die in Europa seit den 90er Jahren entstandenen Akkreditierungssysteme sind zum Teil aus bereits bestehenden Evaluationssystemen erwachsen bzw. haben solche Evaluationssysteme als Modell gewählt, in denen zunächst eine Selbstberichterstattung durch die antragstellenden Institutionen erfolgt und danach dann eine Bewertung durch Externe, die zur Gewinnung von Informationen u. a. eine Visitation bei der zu bewertenden Institution durchführen. Typisch für die Evaluationssysteme ist auch, dass für die Durchführung des Evaluationsprozesses besondere Agenturen bestehen, die für die Systematik und grundlegende Ähnlichkeit der Verfahren sorgen – gleichgültig, ob sie unter Kontrolle der anerkennenden Instanzen stehen oder unabhängig von ihnen sind.

Akkreditierung unterscheidet sich jedoch von derartigen Evaluationen häufig dadurch, dass

- auch die Akkreditierung neu einzurichtender Programme vorgesehen ist, bei denen nicht Prozesse und Erträge bewertet werden können, sondern Potenziale zu bewerten sind,
- im Prinzip keine graduelle Bewertung erforderlich ist, sondern nur eine Ja-Nein-Bewertung,
- die Bewertung angesichts des damit verbundenen Anerkennungsanspruchs stärker gegenüber möglichen Beschwerden, Widersprüchen, Klagen o. ä. „abgesichert" sein muss,
- die Frage der Gültigkeit – z. B. Gültigkeitsdauer der Akkreditierung und Erforderlichkeit einer Wieder-Akkreditierung – eindeutig geklärt sein muss,
- eine eindeutige Beziehung zwischen der Bewertung am Ende des bewertenden Prozesses und der Anerkennung hergestellt werden muss – nicht zuletzt, weil oft die für die Bewertung zuständige Instanz nicht identisch ist mit der – machtvollen – Anerkennungsinstanz.

9   Zum gegenwärtigen Stand der Akkreditierung in Europa

Es ist nicht ganz einfach, eine Übersicht über den Stand der Entwicklung von Akkreditierungssystemen in Europa zu gewinnen. Vieles ist im Fluss. Unter den kontinentaleuropäischen Akkreditierungssystemen, die seit den neunziger Jahren etabliert worden sind, ist nur das ungarische Akkreditierungssystem in einem sehr elaborierten Verfahren im Jahre 2000 evaluiert worden. Es gibt jedoch verschiedene Versuche, Übersichten über bestehende Akkreditierungssysteme zu erstellen. Diese sind jedoch noch nicht publiziert oder noch mitten im Prozess der Erstellung. So wurde in der Schweiz im Jahre 2001 vom Organ für Akkreditierung und Qualitätssicherung der Schweizer Hochschulen eine – bisher noch nicht publizierte – Übersicht über Akkreditierung und Evaluation in anderen europäischen Ländern erstellt. Daneben bereitet ENQUA (European Network for Quality Assurance in Higher Education) eine Übersicht über die inzwischen entstandenen Akkreditierungssysteme in Europa vor. Schließlich steht eine wissenschaftliche Analyse, koordiniert von Stefanie Schwarz (Wissenschaftliches Zentrum für Beruf- und Hochschulforschung, Universität Kassel) und Don F. Westerheijden (Center for Higher Education Policy Studies, Twente University) kurz vor dem Abschluss, in der die Akkreditierungssysteme in etwa 20 europäischen Ländern in ihrer Einbettung in Anerkennungsverfahren und ihrer Beziehung zu anderen Evaluationsmechanismen analysiert werden (inzwischen erschienen: Schwarz und Westerheijden 2004; Schwarz, Westerheijden und Rehburg 2005). Daher kann die folgende Bilanz nur unter Vorbehalten erstellt werden. So wird zunächst in sechs Thesen die Entwicklung von Akkreditierung in Europa charakterisiert. Abschließend erfolgt die Darstellung der Akkreditierung in einem europäischen Land, in dem bereits einige Jahre Erfahrungen gewonnen wurden.

Nicht alle Länder Europas streben die Etablierung eines Akkreditierungssystems an. Z. B. wird in Finnland – einem Land, das in den neunziger Jahren unter starker Berücksichtigung internationaler Tendenzen eine Fülle von Hochschulreformen realisiert hat – die Einführung eines Akkreditierungssystems für Universitäten dezidiert abgelehnt.

Die Mehrheit der Akkreditierungssysteme hat Studiengänge zum Gegenstand. Es gibt jedoch auch – z. B. in Großbritannien und Schweden – institutionsbezogene Akkreditierungen.

Die meisten Akkreditierungssysteme in Europa sind bisher nicht flächendeckend angelegt; sie beziehen sich auf Teilbereiche: zum Beispiel gestufte Studiengänge (Belgien und Deutschland), Fachhochschulen (Österreich) und private Institutionen.

In allen Fällen gibt es gesonderte Instanzen, die mit der Akkreditierung betraut sind; d. h. die letztlich anerkennende Instanz koordiniert den Prozess der Akkreditierung nicht unmittelbar. Unterschiedlich ist jedoch, ob

• diese Instanz ausschließlich mit Akkreditierung zu tun hat oder auch mit anderen Evaluierungen,

- ob die Akkreditierung eindeutig von anderen Evaluierungen getrennt ist oder mit ihnen verschränkt ist,
- ob das Akkreditierungssystem für das ganze Land zentral oder dezentral angelegt ist (letzteres in Belgien und Deutschland),
- wie die Akkreditierungsbeurteilung mit Anerkennung verbunden ist.

Der Akkreditierungsprozess sieht jeweils vor, dass die Antragsteller nach bestimmten Verfahrensregeln und im Hinblick auf bekannt gegebene Kriterien Selbstberichte schreiben und dass nachfolgend ein Prozess der Fremdbewertung stattfindet, an dem zwei bis zehn Personen beteiligt sind, die auch Visitationen durchführen. Die Antragsteller haben für die Durchführung des Verfahrens meistens Gebühren zu bezahlen.

Oft wird von Akkreditierung erwartet, Institutionen bzw. Programme danach zu bewerten, ob sie bestimmte Mindest-Standards erfüllen. Das ist jedoch nicht immer der Fall. Dass auch von „Basis-Standards", „adäquaten Standards", „best practice" u. a. m. die Rede ist, zeigt, dass nicht immer eine „Mindest-Höhe" in einem differenzierten System erfasst werden soll. Die Ansprüche können höher gesetzt sein; das Verfahren kann auch multi-funktional sein.

10 Das Beispiel der Evaluation des ungarischen Akkreditierungssystems

In Ungarn wurde mit der Hochschulgesetzgebung von 1993 entschieden, ein Akkreditierungssystem einzuführen. Ausschlaggebend war dabei die Vorstellung, dass im Zuge der gesellschaftspolitischen Transformation in Ungarn in vielen Fachrichtungen große Umwälzungen erfolgen werden, dass der Anteil der Studierenden an der entsprechenden Altersgruppe erheblich steigen werde und dass mit einer Gründung zahlreicher neuer, zumeist privater Hochschulen zu rechnen sei. In all dem läge eine Gefährdung der Qualität der Hochschulen. Wolle man jedoch zugleich die institutionelle Eigenverantwortung der Hochschulen gegenüber dem Staat sichern, so könne staatliche Qualitätskontrolle diese Gefahren nicht abwenden; vielmehr biete sich die Einführung eines Akkreditierungssystems an (siehe dazu Hungarian Accreditation Committee 1996; Rozsnayai 2001).

Tatsächlich wurde sehr bald ein nationales Akkreditierungskommittee eingerichtet, dass die Akkreditierung von Hochschulen, Undergraduate-Studienprogrammen und Graduierten-Programmen koordiniert. Bis Ende der neunziger Jahre wurde ein erster Zyklus der Akkreditierung des gesamten Hochschulsystems abgeschlossen.

Die Hochschulen sind zu einer ausführlichen Berichterstattung und Selbst-Analyse nach vorgegebenen Richtlinien verpflichtet. Das ungarische Akkreditierungskomitee prüft die Berichte und setzt eine Fachgutachterkommission ein, die die entsprechenden Fakultäten besucht. Auf der Basis ihrer Empfehlungen fällt das vom Erziehungsministerium eingesetzte Komitee die Akkreditierungsentscheidung.

Im Falle von Hochschulen und Undergraduate-Programmen hat die Akkreditierung empfehlenden Charakter für die Anerkennung. Das Ministerium entscheidet über die Anerkennung der Hochschulen, nachdem die Akkreditierung vorliegt. Zu den Undergraduate-Programmen nimmt nicht nur das Akkreditierungskomitee Stellung, sondern auch der Nationale Hochschul- und Forschungsrat, der bei seiner Stellungnahme eher inhaltliche Entwicklungsprioritäten, Fragen des Bedarfs und Fragen der Finanzierung berücksichtigt. Das Ministerium entscheidet unter Berücksichtigung beider Stellungnahmen, die in ihren positiven bzw. negativen Beurteilungen – nach mündlichen Berichten zu urteilen – zu weniger als 10 Prozent differieren. Bei den Graduate-Programmen ist dagegen die Akkreditierung das abschließende Urteil: Das Ministerium gibt die Entscheidungen des Akkreditierungskomitees offiziell bekannt.

Im Jahre 2000 wurde das ungarische Akkreditierungssystem von einer internationalen Expertenkommission unter Federführung der Europäischen Rektorenkonferenz (CRE, inzwischen EUA) evaluiert (Hungarian Accreditation Committee 2000). Als Mitglied dieser Kommission zieht der Autor dieses Beitrags folgendes Fazit.

Jedes nationale Akkreditierungssystem hat seine Charakteristika. Analysen seiner Stärken und Schwächen dürften deshalb auch nur für den spezifischen Fall gelten. Dennoch sei die These vertreten, dass die erste größere Evaluation eines nationalen Akkreditierungssystems vier Befunde aufzeigt, die über den Fall Ungarn hinaus von Bedeutung sind:

Ein Akkreditierungssystem kann – erstens – vielleicht zur Vielfalt in vertikaler und horizontaler Hinsicht ermuntern; es kann jedoch auch auf einen hohen Grad von Homogenität und ein sehr hohes Niveau als „Mindest-Qualität" drängen. In Ungarn scheint eher letzteres der Fall gewesen zu sein: Eine Entmutigung von Differenzierung und eine Schaffung hoher Hürden für neue (z. B. private) Institutionen.

Eine Akkreditierung, die das Ziel der wissenschaftlichen Qualität ganz in den Mittelpunkt stellt, riskiert – so ist zweitens festzustellen –, dass für die Anerkennung des Studiengangs ergänzende Prüfverfahren hinsichtlich der Kriterien der Relevanz und Machbarkeit etabliert werden. Gerade weil die Akkreditierung in Ungarn besonders die wissenschaftliche Qualität betont, lässt die ungarische Regierung daneben den Nationalen Hochschul- und Wissenschaftsrat zu Fragen der Relevanz und Finanzierbarkeit Stellung nehmen.

Ein aufwendiges Akkreditierungsverfahren, das ist der dritte Befund, lässt kaum Raum für die Etablierung verbesserungsorientierter Evaluationsverfahren nach den jeweiligen Potenzialen und Profilen der einzelnen Studiengänge bzw. Hochschulen. Die Evaluatoren des ungarischen Akkreditierungssystems kamen zu der Ansicht, dass für die ungarischen Universitäten eine Evaluation, die die Besonderheiten der Hochschule stark berücksichtigt und somit eine „fitness for purpose"-Bewertung vornimmt und die zur Verbesserung der Studienangebote und -bedingungen Anregungen geben will, nützlicher sei als eine Akkreditierung. Wenn ein Nebeneinander verschiedener Mechanismen nicht realisierbar sei, könnte in der Tat zur Disposition stehen, die Akkreditierung wieder abzuschaffen und stattdessen eine reflexions- und verbesserungsorientierte Evaluation einzuführen.

Während Evaluationsverfahren relativ schnell aufgrund ihrer Abnutzungen, neuer Konstellationen, Einsichten in begrenzte Wirkungen modifiziert werden können, sind Akkreditierungsverfahren wegen ihrer hohen Bedeutung für Anerkennungsfragen nur schwer veränderbar. Zu fragen ist, wie unter diesen Umständen lernfähige Akkreditierungssysteme erreicht werden können.

11 Fazit

Systeme der Akkreditierung, in denen eine Mindestqualität von Hochschulen oder deren Studienprogramme öffentlich belegt werden soll, um damit deren Anerkennung direkt oder indirekt zu sichern, sind zunächst in nur wenigen Ländern unter sehr spezifischen Bedingungen entstanden. Ein Bedarf für Akkreditierung scheint zu bestehen, wenn die Hochschulen bzw. die Studienprogramme in Niveau und inhaltlicher Akzentsetzung sehr heterogen sind und wenn solche Instanzen die Leistungen der Hochschule sichern wollen, die ihrerseits keinen oder nur geringen Einfluss auf die Leistungserstellung der Hochschulen im Alltagsgeschäft haben. Für die meisten kontinental-europäischen Länder waren beide Bedingungen nicht gegeben: Der Staat glaubte, hinreichenden Einfluss auf die Sicherung von Mindestleistungen ohne ein Akkreditierungssystem zu haben, und die Qualitätsunterschiede wie die inhaltliche Profil-Vielfalt hielte sich in Grenzen.

Bevor in den kontinental-europäischen Ländern die Einführung von Akkreditierungssystemen zur Debatte stand, wurde seit den achtziger Jahren zunehmend die Notwendigkeit gesehen, eine Vielfalt von Evaluations- und anderen leistungsbewertenden Verfahren einzuführen. Allmählich entwickelte sich immer mehr eine Evaluationskultur, in der die Hilfestellung durch einen institutionalisierten Feedback-Prozess generell akzeptiert und die Spannung von Evaluationssystemen zwischen Anstoß zu Reflexion und freiwilliger Verbesserung sowie Kontrolle und Sanktion andererseits kreativ bewältigt wird.

Mitten in diesen Prozess der Erweiterung von Evaluationsaktivitäten und der Entstehung einer Evaluationskultur hinein gewann plötzlich in vielen europäischen Ländern die Idee an Popularität, dass ein Akkreditierungssystem eingeführt werden sollte. Begründet wurde das damit, dass in der Tat die Detailkontrolle des Staates über die Hochschulen rückläufig ist und dass bei einem wachsenden Gewicht von Marktmechanismen zur Lenkung der Hochschulen die Heterogenität der Hochschulen und Studienprogramme wachsen wird. Allerdings ist es bisher fraglich, ob diese beiden Akzentverschiebungen so stark sind, dass sich die Einführung eines Akkreditierungssystems als mehr oder weniger unabdingbar aufdrängt. Gleichzeitig wird die Fortentwicklung einer Evaluationskultur gefährdet, weil die Akkreditierung stärker die Mindest-Qualität betont, auf Standards drängt und eher sanktionsbezogen ist.

So lässt sich pointiert fragen: Ist die Akkreditierung in Europa der Kuckuck im Nest, der andere, möglicherweise für die kontinentaleuropäischen Hochschulen wichtigere Aufgaben der Evaluation an den Rand oder aus dem Nest drängt?

Literatur

Adelman, Clifford (1992): Accreditation, in: *Burton R. Clark; Guy R. Neave* (Hg.). The Encyclopedia of Higher Education. Oxford, S. 1313-1318.

Berner, Heike; Richter, Roland (2001): Accreditation of Degree Programmes in Germany, in: Quality in Higher Education, 7, S. 247-257.

Burrage, Michael (1994): Routine and Discrete Relationships: Professional Accreditation and the State in Britain, in: *Tony Becher* (Hg.). Governments and Professional Education. Buckingham, S. 140-158.

Daniel, Hans-Dieter (2001): Wissenschaftsevaluation. Neuere Entwicklungen und heutiger Stand der Forschungs- und Hochschulevaluation in ausgewählten Ländern. Bern: CEST.

Hungarian Accreditation Committee (1996): The Hungarian Accreditation Committee and its Work in 1995. Budapest.

Hungarian Accreditation Committee (2000): The External Evaluation of the Hungarian Accreditation Committee. Budapest.

Kells, Herb R. (1999): National Higher Education Evaluation Systems: Methods for Analysis and Some Propositions for the Research and Policy Void, in: Higher Education, 38, S. 209-232.

KMK (2002): Statut für ein länder- und hochschulübergreifendes Akkreditierungsverfahren. Beschluss der Kultusministerkonferenz vom 24.05.2002. Bonn.

Myers, Richard S. u. a. (1998): Die Akkreditierung amerikanischer Hochschulen. Bonn: BMBF.

Naderer, Heide (2001): Akkreditierung, in: *Anke Hanft* (Hg.). Grundbegriffe des Hochschulmanagements. Neuwied und Kriftel, S. 1-6.

Qualität und Qualitätssicherung an deutschen Hochschulen – 3 Jahre Akkreditierungsrat (Themenheft) (2002), in: Gewerkschaftliche Bildungspolitik, 9/10-2002.

Ratcliff, Jim L. (1998): Assessment, Accreditation, and Evaluation of Higher Education in the US, in: Quality in Higher Education, 2, S. 5-19.

Richter, Roland (2002): Akkreditierungs- und Anerkennungsverfahren im Hochschulsystem der USA, in: Beiträge zur Hochschulforschung, 24, S. 6-29.

Rozsnayai, Christina (2001): Changing Focus: Internal Quality Audit as an Element in External Quality Evaluation, in Tertiary Education and Management, 7, S. 341-344.

Schreier, Gerhard (2003): Grundmuster der Evaluation und Akkreditierung in Deutschland, in: *Evelies Mayer; Hans-Dieter Daniel; Ulrich Teichler* (Hg.). Die neue Verantwortung der Hochschulen. Bonn, S. 216-217.

Schwarz, Stefanie; Westerheijden, Don F. (Hg.) 2004: Accreditation and Evaluation in the European Higher Education Area. Dordrecht.

Schwarz, Stefanie; Westerheijden, Don F.; Rehburg, Meike (2005): Akkreditierung im Hochschulraum Europa. Bielefeld.

Teichler, Ulrich (2003): Die Entstehung eines superkomplexen Systems der Qualitätsbewertung in Deutschland, in: *Evelies Mayer; Hans-Dieter Daniel; Ulrich Teichler* (Hg.). Die neue Verantwortung der Hochschulen. Bonn, S. 213-216.

Teichler, Ulrich; Winkler, Helmut in Zusammenarbeit mit *Kreitz, Robert* (1994): Performance of Higher Education: Measures for Improvement. Evaluation of Outcomes, in: *Jamil Salmi; Adrian M. Verspoor* (Hg.). Revitalizing Higher Education. Oxford, S. 126-173.

Vught, Frans A. van; Westerheijden, Don F. (1993): Quality Management and Quality Assurance in European Higher Education – Methods and Mechanisms: Brussels: Commission of the European Communities.

Die alten und die neuen Akteure auf dem Bildungsmarkt

Tilman Küchler

1 Vorbemerkungen und Thesen

Die erste Vorbemerkung ist zugleich eine Einschränkung: Worauf soll sich im Folgenden das Augenmerk richten, wenn von „Bildung" und „Bildungsmarkt" die Rede ist? Denn „Bildung", als nicht abgeschlossener und abschließbarer Weg der *individuellen* Entwicklung tritt immer auch als ein – zumindest in weiten Teilen – *institutionalisierter* und daher strukturierter oder gestufter Prozess in Erscheinung.

Wenn daher im Folgenden von „Bildung" die Rede ist, dann ist in einer möglicherweise unzulässigen Verkürzung die „universitäre Bildung" gemeint, also das, was im so genannten tertiären Bereich seine Stätte hat und dort in der Regel von statten geht. Es ist dieser „universitäre" Bereich, der in seinen Veränderungen, Verästelungen, Verwerfungen und Ausdehnungen etwas genauer betrachtet werden soll. Aber erschöpfend kann dies nur schwerlich sein.

Vor diesem Hintergrund denn auch die zweite Vorbemerkung, die sich auf die Universität und auf ihre mögliche oder tatsächliche Stellung in diesem sich veränderten „Bildungsmarkt" bezieht. Allein schon die Bezeichnung „Bildungsmarkt" verweist auf einige der Veränderungen, die sich in den letzten Jahren oder gar Jahrzehnten in und mit der Universität vollzogen haben, nämlich ihre zunehmend starke Einbindung

- in komplexe und dynamische Austausch- und Verwertungsbeziehungen,
- in arbeitsteilig angelegte und komplementär arrangierte Systemzusammenhänge sowie
- in vernetzte und zunehmend global dimensionierte Arbeits-, Forschungs- und Vermittlungsprozesse.

Es sind diese Veränderungen, die die Universität – aber nicht nur diese – in den Kontext einer neuen Art der Wissensproduktion und -distribution, aber auch der Produktion und Distribution von neuem Wissen einbinden. Und es sind diese

Verwerfungen, die die „alte" Universität nicht selten unter Druck geraten lassen und die gelegentlich den apokalyptischen Ton ihrer Kritiker und gutmeinenden Reformer heraufbeschwören.

Soweit die Vorbemerkungen; nun zur einführenden These. Diese soll lauten: Die „alte" Universität gerät unter Druck durch aktuelle Tendenzen der *Internationalisierung, Privatisierung* und *Virtualisierung*. Und vor diesem Hintergrund ist denn auch zu fragen: (1) Wer sind die neuen Akteure auf dem Bildungsmarkt? (2) Wie verhalten sie sich zur „alten" Universität? (3) Welche Konsequenzen ergeben sich hieraus für die Universität? Zunächst zum ersten Phänomen, der Internationalisierung.

2   Internationalisierung

„Internationalität ist Teil des Wesens von Wissenschaft", bemerkte der Wissenschaftsrat Anfang der 90er Jahre in seinen einschlägigen Empfehlungen zur Internationalisierung der Wissenschaftsbeziehungen (Wissenschaftsrat 1992: 5).

Nun gibt es gewiss einen Unterschied zwischen „Internationalität" und „Internationalisierung", zwischen einem (beständigen) Wesensmerkmal einerseits und der Tendenz zum Wandel und zur Veränderung andererseits. Und während das eine Stabilität und Verlässlichkeit suggeriert und von daher eher beruhigend wirkt, birgt das andere – gerade aufgrund seiner Ungewissheit und Veränderlichkeit – ein gewisses Unruhe- und Gefahrenpotenzial in sich. Und genau davon ist bei der aktuellen Diskussion um neue Bildungsanbieter in den heimischen Gefilden einiges zu bemerken.

Dennoch: Internationalisierung per se ist keine bedrohende Erscheinung. Schon gar nicht für die Wissenschaft, die ja gerade erst aus dem gegenseitigen Austausch über Grenzen hinweg ihre eigentliche Dynamik entfaltet. Insofern kann und darf es eigentlich keine Abwehrhaltung, keine Gegenbewegung aus der Wissenschaft heraus zur Öffnung von Grenzen geben. Eine Abgrenzung gegenüber der Internationalisierung wäre der Internationalität der Wissenschaft in unzweifelhafter Weise abträglich. Daher kommt der eigentliche Widerstand – oder das Unbehagen an der Internationalisierung auch im Bildungsbereich – nicht eigentlich aus der Wissenschaft im engeren Sinne, sondern eher schon aus ihrer Politik, die, so scheint es, über Formalisierung und Regulierung Grenzen des scheinbar Erträglichen und Zuträglichen zu ziehen versucht.

Internationalisierung ist denn auch kein irritierendes wissenschaftliches Phänomen, sondern vielmehr ein hochschulpolitisches Problem. Und dieses wird deutlich, wenn man der „Phänomenologie" des Wissenschaftsrates folgt und sich die neuen Akteure auf dem Bildungsmarkt betrachtet. Dann sieht man in einem eher diffus erscheinenden Bild das Folgende:

- „Inländische Bildungseinrichtungen mit staatlicher Anerkennung vergeben Hochschulgrade, die sich nur auf postgraduale Studiengänge und/oder ein sehr eingeschränktes Fächerspektrum beziehen.
- Inländische Bildungseinrichtungen ohne staatliche Anerkennung in Deutschland führen in Kooperation mit ausländischen Bildungseinrichtungen Kursprogramme durch, die zum Erwerb eines ausländischen Hochschulgrades führen (z. B. Bildungsprogramme im Franchising-Modell).
- Inländische Bildungseinrichtungen, die keine Niederlassungen ausländischer Hochschulen sind und nicht den Status einer staatliche anerkannten Hochschule in Deutschland besitzen, führen Studienprogramme durch und verleihen ausländische Hochschulgrade (z. B. MBA).
- Ausländische Hochschulen oder ähnliche Einrichtungen führen ihre Bildungsprogramme in selbständigen oder unselbständigen Niederlassungen in Deutschland durch. Prüfungen und die Verleihung von Zertifikaten bzw. akademischen Graden/ Titeln erfolgen entweder an der ausländischen Hochschule oder an der deutschen Niederlassung nach ausländischem Recht.
- Ausländische Hochschulen oder ähnliche Einrichtungen betreiben in Deutschland Geschäftsstellen, die Studienmöglichkeiten an einer ausländischen Hochschule vermitteln oder Fernstudienmaterial zur Verfügung stellen" (Wissenschaftsrat 2002: 6).

„Richtige" Hochschulen, so der Eindruck trotz eher nüchterner Aufzählung, sind das alles nicht. Und gerade das macht es zwingend, dass man überprüft und testet. Akkreditierung auf der Basis von Mindeststandards ist dazu das geeignete Instrument, das herangezogen wird – um die Qualität dann doch noch aufrecht zu erhalten.

Was jeder „deutschen" Hochschule erspart bleibt, nämlich die institutionelle Akkreditierung ergänzend zur staatlichen Anerkennung, wird somit zu einem Abwehrinstrument, mit dem die Grenzen wieder gesichert werden können.

Dabei war das Thema institutionelle Akkreditierung bereits früher einmal auf der hochschulpolitischen Agenda, nämlich im Zuge der Novellierung des Hochschulrahmengesetzes (HRG) von 1998 und dort im HRG-Entwurf von Bündnis 90/ Die Grünen, dessen erster Satz: als Hochschulen die die durch Akkreditierung zugelassenen Einrichtungen des Bildungswesens der Länder bezeichnete.

Akkreditierung in ihrem institutionellen Bezug (und nicht nur bezogen auf
Programme und einzelne Studienangebote) bleibt ohne die derartige Öffnung
des Systems als Ganzes durch Deregulierung ein reines Abwehrinstrument, das
im Innern gerade das zu verhindern versucht, was zuallererst der Ausgangspunkt
der Überlegungen gewesen war: die Internationalisierung des noch immer allzu
nationalen Hochschulbereichs.

Aus einer anderen Perspektive erscheint die Sach- und Stimmungslage
dann aber doch wieder anders. Nämlich dann, wenn es um die Expansion von
Angeboten deutscher Hochschulen gehen soll. Dann nämlich wird gefordert und
gefördert, dass auch deutsche Hochschulen Bildung und ihre Programme exportieren. Und dann erscheint gerade das als Erfolg versprechend, was aus der
Importperspektive zu verhindern wäre: Die Entwicklung so genannter „Off-
shore-Angebote", in der die oben zitierte „Phänomenologie" der Internationalisierung in etwas gewandelter Form wiederkehrt.

Unter derartigen Angeboten – synonym dazu verwendet werden die Be-
zeichnungen „borderless education" und „transnational education" – werden
komplette Studienprogramme oder abgeschlossene Ausbildungsmodule verstanden, die

- auf einem im Ausland gelegenen Campus der Hochschule, durch eine im
  Ausland gelegene andere Einrichtung oder in Zusammenarbeit mit dieser,
- in Form eines Vollzeit - oder Teilzeitstudiums,
- grundständig oder berufsbegleitend,
- mit flankierenden Fernstudienelementen

durchgeführt werden (Schreiterer/ Witte 2002: 62). In Ländern des Pazifikrau-
mes, in „Greater China", Indien, Südafrika, in den mittel- und osteuropäischen
Ländern, in Portugal, Spanien und Griechenland sind derartige Angebote bereits
sehr häufig anzutreffen, wobei sich unter den modellhaft aufgeführten Export-
ländern immer Australien und Großbritannien finden.

Was nun sind die Trends und Zwischenergebnisse dieser Entwicklung? In
der wohl fundiertesten deutschsprachigen Untersuchung dazu werden folgende
Aspekte genannt:

- „Das Aufkommen ganz neuer Arten von „Bildungsanbietern", die den
  heterogenen, wechselhaften Wünschen der Nachfrager mit marktgerechten,
  flexiblen und preisgünstigen Angeboten zu entsprechen suchen und dafür
  den Bildungsprozess gewissermaßen durchrationalisieren – von einem
  handwerklich zu einem arbeitsteilig organisierten industriellen Geschäfts-
  prozess.

- Die wachsende Bedeutung der „for-profit-education", dank derer die scharfen Scheidelinien zwischen öffentlichem und privaten Bildungssektor, aber auch die Unterschiede zwischen einzelnen nationalen Bildungssystemen zunehmend verwischen.
- Ein steigender Wettbewerbsdruck in allen Segmenten des Bildungsmarktes und zwischen den verschiedenen Arten von Anbietern, also sowohl vertikal als auch horizontal.
- Die Auflösung komplexer Programmstrukturen und „langsamer Vermittlungsformen" sowie deren Substitution durch möglichst passgenaue, nachfragegerechte Qualifikationsmodule („Learn tonight, apply tomorrow").
- Die voranschreitende Privatisierung und Kommerzialisierung aller möglichen Arten von Produkten und Dienstleistungen vormals rein gemeinnützig arbeitender öffentlichen Hochschulen, die einen „academic entrepreneurialism" zum neuen Leitparadigma der Hochschulentwicklung macht.
- Die sprunghafte Verbreitung neuer international agierender Konsortien aus unterschiedlichen Partnereinrichtungen für die Generierung und Vermittlung kompakter Studienangebote, die mehr und mehr auch online angeboten werden.
- Ein „increasing emphasis on the marketization and the internationalisation of education"; und in deren Gefolge:
- ein geradezu phänomenales Wachstum der „transnational education", die der internationalen Mobilität von Studenten den Transfer von Institutionen und Lehrprogrammen zur Seite stellt (...)" (Schreiterer/ Witte 2002: 24-25).

Damit wird aber auch eines deutlich: Internationalisierung in diesem Sinne – im hochschulpolitischen Sinne einer Ausdifferenzierung von Angeboten, von Angebotsstrukturen und -strategien – geht einher mit jener zweiten Tendenz, die in zwei ihrer Aspekte hier beleuchtet werden soll: die Tendenz zur Privatisierung im Hochschulbereich.

3   Privatisierung

Privatisierung ist jenes Phänomen, das in der aktuellen Situation in zweierlei Hinsicht dominierend erscheint. Zum einen in Form privater Bildungseinrichtungen, die als Anbieter von Bildungs- bzw. Ausbildungs- und Qualifizierungsmöglichkeiten in Erscheinung treten. Zum anderen in der Tendenz zur Um-

wandlung staatlicher Hochschulen in Einrichtungen mit privatrechtlicher Ver-
fassung.
 Neben den bereits erwähnten Akteuren im internationalen Rahmen sind
unter dem ersten Punkt auch die viel zitierten Corporate Universities zu nennen;
der zweite Aspekt umfasst insbesondere die durch jüngste Entwicklungen in den
Ländern brisant gewordene Frage, was die Neufassung staatlicher Hochschulen
in nunmehr private Rechtsformen eigentlich bringt oder bringen darf. Zu beiden
Aspekten einige kurze Überlegungen.

3.1 Private Rechtsformen

Bei der viel diskutierten Frage nach der Umwandlung von staatlichen Hochschulen in private Rechtsformen darf eines nicht übersehen werden: Die Änderungen der Rechtsform allein führt noch lange nicht zu einer Privatisierung, die
ihren Namen verdient – oder wie sie in den schlimmsten Befürchtungen der
Gegner einer derartigen Reform heraufbeschwört wird.
 Denn eine eingehende Betrachtung der Gestaltungsmöglichkeiten und
Handlungsspielräume, die sich für Hochschulen eröffnen, die in privatrechtlicher Organisationsform, aber unter staatlicher Allein- oder Mehrheitsbeteiligung
ergeben – und dies ist der gegenwärtig diskutierte Fall (Erichsen 2002) –, sind
einerseits ernüchternd, andererseits aber auch ermutigend:

• Ermutigend insofern, als sich die geäußerten Befürchtungen, privatrechtliche Organisationsformen bedeuteten das Ende der Freiheit von Forschung
 und Lehre, den Übergang zu einseitig marktwirtschaftlich orientierten und
 die Umwandlung öffentlich-rechtlicher Hochschulen in unternehmerisch-
 gewinnorientierte Bildungskonzerne gerade *nicht* bewahrheiten;
• ernüchternd wiederum insofern, als sich weit reichende Hoffnungen auf
 eine spürbare Ausweitung der Hochschulautonomie *durch eine Änderung
 der Rechtsform allein* nicht zu erfüllen scheinen. Solange – vereinfacht gesprochen – privatrechtlich organisierte Hochschulen unter staatliche
 Mehrheits- oder Alleinbeteiligung als *staatliche* Hochschulen gelten, die in
 ganz erheblichem Maße den jeweils geltenden Landes(hochschul)gesetzen
 unterworfen sind, werden sich die mit einem Rechtsformwechsel verbundenen Autonomiespielräume in engen und recht überschaubaren Grenzen
 halten. Das heißt: Der mögliche Handlungsspielraum „privatisierter"
 Hochschulen etwa im Personalwesen, in der Haushaltsführung, bei der
 Auswahl der Studierenden etc. muss sehr genau ausgelotet werden, um den

wirklichen Mehrwert einer privatrechtlichen Organisationsform bestimmen zu können.

Es gibt somit keinen Automatismus, weder in die eine noch in die andere Richtung. Mit einem bloßen Wechsel vom öffentlich-rechtlichen zum privatrechtlichen Status, so scheint es, ist per se weder viel gewonnen noch viel verloren.

Insofern ist denn auch eine „Hochschulprivatisierung" in keiner Weise ein Ersatz für eine umfassend angelegte Hochschulreform. Sie ist ein Bestandteil – wenngleich ein wichtiger – einer derartigen Reform, deren Anliegen es sein muss, die Autonomie von Hochschulen als wesentliche Voraussetzung für eine durch eigenverantwortliche Aufgabenwahrnehmung begründete Leistungsfähigkeit zu sichern.

Dies ist denn auch die wesentliche politische Aufgabe, die sich für unser Hochschulsystem stellt, das Zielsystem, das letztlich wegführt vom Symbolischen. Im Rahmen einer derart angelegten Hochschulreform kann dann die Option einer Hochschule, sich privatrechtlich zu organisieren, in der Tat von einiger Bedeutung sein. Doch gilt auch hier: Für sich alleine und ohne einen veränderten hochschulpolitischen und hochschulrechtlichen Kontext bleiben alternative Rechtsformen hinter dem reformpolitisch Notwendigen zurück.

Wenn also eine Änderung der Rechtsform staatlicher Hochschulen noch lange nicht mit einer „Privatisierung" gleichzusetzen ist, so soll hier noch auf wirklich private und nicht nur privatrechtlich verfasste öffentliche Bildungsanbieter eingegangen werden. Dies soll am Phänomen der Corporate Universities geschehen – wobei zunächst zu fragen ist, inwieweit hier die Systematik der Betrachtung, nämlich die der zunehmenden Differenzierung des öffentlich zugänglichen Bildungsmarktes überhaupt zum Tragen kommt.

3.2 Corporate Universities

Wie schon so häufig ist auch mit dem Erscheinen von Corporate Universities eine Gefahr für Humboldts Universität und ihre Ideale verbunden (Küchler 2001). Und einmal mehr wird das Zerrbild einer „Amerikanisierung" oder schlimmer: Aldiisierung der altehrwürdigen Alma mater gezeichnet, in der die Freiheit von Forschung und Lehre einer umfassenden Discountierung von „Bildungsprodukten" zum Opfer fällt. Von „Hamburger Universities" ist daher schnell die Rede, wo Bildung auf dem Grill verbraten, in Maßen und den Massen verabreicht wird – in mehr oder weniger gut verdaulicher Form.

Doch es gibt auch andere, die mit dieser Erscheinung so etwas wie frischen Wind verspüren, den Geist der Neuerung erahnen, der angeblich längst die alte

Universität verlassen hat. Und weil das Paradigma des Privaten auch im Hochschulbereich ganz hoch gehalten wird, erscheint die Corporate University als
neuer Weggefährte und Verbündeter all jener Einrichtungen, die als private
(Neu-)Gründungen (Stifterverband 1998) die Funktion des Leuchtturms übernehmen und als solche auch die Richtung weisen, in die die gesamte Hochschulentwicklung gehen soll.

So realistisch oder unrealistisch diese beiden Positionen auch sind, sie machen eines deutlich: Der Druck auf staatliche Hochschulen scheint zuzunehmen,
der Druck des Wettbewerbs um Studenten, denen neue (Aus-)Bildungswege
offen stehen, wie auch der Druck des Wettbewerbs um „Marktanteile", der
weltweit und unter einer Vielzahl von Wettbewerbern, einschließlich der Corporate Universities, geführt werden wird.

Denn dann, so jenes Szenario der Universität im Jahre 2005, das die Optionen des fiktiven Studienanfängers Thomas S. skizziert, bilden auch weltweit

> „zahlreiche Unternehmen ihre Nachwuchskräfte in firmeneigenen Corporate
> Universities aus. Diese Bildungsinstitute vermitteln den Mitarbeitern nicht
> nur das notwendige Fachwissen, sondern auch die Kultur und Philosophie
> des Unternehmens. Durch ihr unternehmensspezifisches Angebot für die
> Aus- und Weiterbildung machen sie den Universitäten große Konkurrenz.
> Bildungsinhalte werden den Mitarbeitern vielfach direkt über den PC zu-
> gänglich gemacht. Sollte Thomas S. Interesse an einer Laufbahn in einem
> speziellen Unternehmen haben, wird er sich direkt dort bewerben und in der
> Corporate University ausbilden lassen" (Expertenkreis 1999: 409-410).

Humboldts Universität oder Corporate University – so also könnte eine der
künftigen Alternativen heißen, zumal wir hierzulande erst am Beginn einer
Entwicklung stehen, die in den USA bereits viel früher eingesetzt hat und allein
seit Ende der 80er Jahre zur Gründung von über 1.000 Corporate Universities
geführt hat.

Vor diesem Hintergrund ergibt sich die Notwendigkeit, sich mit den bil-
dungs- und hochschulpolitischen Implikationen näher zu beschäftigen, die mit
der Entstehung von Corporate Universities auch hierzulande verbunden sind.
Und eine der zentralen Fragen dabei ist: In welchem Maße werden Wettbewerb
oder Partnerschaft von Corporate Universities und staatlichen Hochschulen ihr
künftiges Verhältnis und die weitere Hochschulentwicklung prägen?

Um es aber deutlich zu sagen: Die Gefahr einer Verdrängung der „alten"
Universität durch neue Corporate Universities ist denkbar gering. Denn Corporate Universities betonen in erster Linie das organisationale Lernen; sie basieren
auf dem Verständnis des Unternehmens als lernende und strategisch orientierte
Organisation, und in dieser besonderen Fokussierung gehen sie über die traditi-

onellen Maßnahmen der auf individuelle Fähigkeiten ausgerichteten betrieblichen Weiterbildung und Personalentwicklung hinaus.

Dabei orientieren sie sich an spezifischen unternehmensinternen Bedürfnissen und unternehmensweiten (strategischen) Zielen, wobei die Wirkung auf das Ergebnis der unternehmerischen Tätigkeit im Vordergrund steht. Adressat der zumeist in Kooperation mit externen Anbietern (content provider) maßgeschneiderten Programme sind in erster Linie Führungskräfte – also eine Zielgruppe mit einschlägigem beruflichem Werdegang und mit Verantwortung für die Realisierung strategischer Unternehmensziele.

Das Aufgabenspektrum von (traditionellen) Hochschulen orientiert sich dagegen in erster Linie an wissenschaftlichen Zielen, Leitlinien und Fragestellung. Dabei steht in den Bereichen Studium und Lehre die individuelle Qualifizierung – auf der Ebene der berufsvorbereitenden Erstausbildung und der der forschungsorientierten Nachwuchsqualifizierung – im Vordergrund. Sie ist die wichtigste Form des Wissenstransfers, und hierin liegt auch die grundlegende Bedeutung der Hochschulen für Wirtschaft und Gesellschaft. Ähnliches gilt für die Hochschulforschung, die aufgrund ihrer Verknüpfung mit der Lehre und aufgrund ihrer quantiativen Dimensionen wie ihrer qualitativen Ausrichtung eine zentrale Stellung im arbeitsteilig angelegten deutschen Wissenschafts- und Forschungssystem einnimmt.

Ein signifikanter Wettbewerbsdruck oder ein harter Verdrängungskampf zwischen Hochschulen und Corporate Universities im akademischen Kernbereich erscheint als eher unwahrscheinlich – und zwar aus quantitativen wie auch aus qualitativen Gründen. Zu unterschiedlich sind die Aufgabenstellungen in Studium und Lehre (wissenschaftsorientierte Grundausbildung versus berufliche und unternehmensinterne Weiterqualifizierung; individuelles Lernen versus organisationales Lernen); zu ungleichgewichtig sind die Kapazitäten, die an Hochschulen und Corporate Universities für Ausbildungszwecke vorhanden und verfügbar sind und dies auch in Zukunft sein werden; und zu eindeutig ist die Abhängigkeit von Unternehmen von der Leistungsfähigkeit von (staatlichen) Hochschulen – in der Forschung und in der Ausbildung qualifizierter Kräfte auf unterschiedlichen Niveaus.

Nicht Substitution, sondern Subsidiarität, nicht Wettbewerb, sondern Komplementarität – dies sind wohl die Merkmale, die das Verhältnis von Hochschulen und Corporate Universities auch in Zukunft prägen werden. Dieses Fazit kann mit einiger Sicherheit gezogen werden: Denn in der Forschung wie in der Nachwuchsqualifizierung bieten Corporate Universities keinen Ersatz für das, was an Hochschulen geleistet wird – und sie wollen es auch gar nicht; und auch in Zukunft werden Unternehmen von der Leistungsfähigkeit der Hochschulen in der Lehre – der grundständigen Lehre und der akademischen Grundausbildung – leben.

Und so kommt denn gerne mit einiger Erleichterung die Feststellung: Hinter diesen „Universities" steckt kein Humboldt! Das sind gar keine Universitäten! Und damit scheint sich das eingangs erwähnte Gespenst verflüchtigt zu haben; sein Spuk scheint beendet und die gute Ordnung der Dinge wiederhergestellt.

Doch weit gefehlt: Vom Fortbestand einer „prästabilierten Harmonie" kann nicht die Rede sein. Denn was das Gespenst, oder besser: das Phänomen der Corporate Universities ganz deutlich in Erscheinung treten lässt, sind einmal mehr die nicht unerheblichen Struktur- und Organisationsdefizite, die im deutschen Hochschulsystem und an seinen Hochschulen bestehen – und die ganz wesentlich dazu beitragen, dass diese im internationalen Wettbewerb ganz offensichtlich als Unternehmenspartner nicht nachgefragt werden.

Vor diesem Hintergrund denn auch eine zweite These: Nicht zwischen Hochschulen und Corporate Universities entwickelt sich ein Wettbewerb – ein Wettbewerb um Studierende oder um qualifiziertes Personal; der Wettbewerb wird stattfinden zwischen Hochschulen, und zwar weltweit und um die (lukrativen) Kooperationsbeziehungen mit großen Unternehmen und ihren firmeninternen Universities. Derartige Kooperationsbeziehungen eröffnen Hochschulen neue Möglichkeiten zur Diversifizierung ihrer Finanzierungsbasis durch unternehmerisches Handeln. Aber für diesen Wettbewerb sind die deutschen Hochschulen denkbar schlecht gerüstet.

Dass dem so ist, zeigen die Anforderungen und Erwartungen, die seitens der Wirtschaft an mögliche Kooperationspartner für den Betrieb einer Corporate University gestellt werden.

- Denn zum einen muss ein universitärer Kooperationspartner über eine hohe internationale Kompetenz verfügen. Denn der Markt ist ein globaler Markt, und die Nachfrager sind global agierende Unternehmen. Angebote müssen demnach in englischer Sprache entwickelt werden, und die internationale Vernetzung eines möglichen Kooperationspartners ist eine wichtige Voraussetzung.

- Zum anderen ist die Fähigkeit zur engen Zusammenarbeit mit den Unternehmenspartnern gefragt, und zwar auf inhaltlicher wie auf organisatorischer Ebene: Inhaltlich muss nicht nur eine Verbindung zwischen Bildungsangeboten und den spezifischen Herausforderungen bestehen, vor denen ein Unternehmen steht; der Zusatznutzen für das Unternehmen muss klar erkennbar sein, und das heißt auch: nicht die individuelle Kompetenzentwicklung, sondern das organisationale Lernen muss im Vordergrund

stehen. Und in organisatorischer Hinsicht ist ein enges Kooperationsver-
hältnis erforderlich, da mit internen Experten kooperiert und kommuniziert
wird, was hohe Anforderungen an die Flexibilität, die Reagibilität und die
Sensitivität von Anbietern stellt.

- Aufgrund der internationalen Vernetzung in global agierenden Unternehmen sind darüber hinaus Erfahrungen und Kompetenzen im Fernunterricht
(„distance learning") und aufgrund des damit geforderten hohen Virtuali-
sierungsgrades der Angebote Kompetenzen in der Entwicklung und Implementierung multimedialer Lehr- und Lerneinheiten gefragt.

- Und schließlich spielt die Reputation des Kooperationspartners eine wesentliche Rolle. Denn die Nachfrage orientiert sich auch am Namen, und
„eingekauft" wird nach Marke, was eine entsprechende Profilierung des
Anbieters erforderlich macht.

- Dies sind in der Tat recht hohe Anforderungen, und es ist müßig, sich
darüber zu streiten, ob die genannten Kooperationspartner tatsächlich und
in jedem Punkt die einzig möglichen Kandidaten sind – oder ob nicht auch
andere Anbieter in Frage kommen könnten. Tatsache jedenfalls ist, daß
deutsche Hochschulen in den Augen der Unternehmen dafür nicht geeignet
sind.

Nun sollte dieses Fazit keineswegs in einen Generalvorwurf gegenüber deutschen Hochschulen münden, denen ja in der öffentlichen Diskussion und zumeist von eher uninformierter Seite so gerne und in verschiedenerlei Hinsicht
Unfähigkeit attestiert wird. Dieses Argument wird hier nicht aufgegriffen. Viel
wichtiger erscheint dagegen die Frage nach den Möglichkeiten oder Grenzen für
ein Engagement von (deutschen) Hochschulen als Unternehmenspartner im
internationalen „Geschäft" mit Corporate Universities.

Denn eines ist deutlich zu sehen: Der eigentliche Wettbewerb im Umfeld
der Corporate Universities findet zwischen den Hochschulen in verschiedenen
Ländern statt. Gewiss: Es ist dies ein Wettbewerb um die besten Angebote und
um die besseren Partner; aber es ist dies auch ein Wettbewerb um die besseren
organisatorischen Lösungen, ein Wettbewerb im unternehmerischen Denken
und Handeln. Und diesen Wettbewerb dürfen deutsche Hochschulen nicht verlieren.

Die Frage wäre daher, inwieweit Hochschulen und Corporate Universities
zusammenarbeiten können, inwieweit sich eine Partnerschaft – ein Private Public Partnership – organisieren ließe, das gerade das realisieren könnte, was im
Mittelpunkt des Interesses stehen sollte: den effektiven Transfer von Wissen
von dort, wo dieses entsteht, hin zu dem Ort, an dem es gebraucht wird. Das

aber ist angesichts der Heterogenität von generiertem Wissen und gebrauchtem Wissen eine unendlich diffizile Aufgabe.

Gefordert wäre hier somit auch das, was unter dem Stichwort „Education Brokerage" diskutiert wird, nämlich die Kunst, in effizienter und effektiver Weise das zusammenbringen, was eigentlich zusammengehört, was aber aufgrund von heterogenen Organisationsstrukturen, aber auch wegen unterschiedlichen mentalen und strategischen Dispositionen nicht zwangsläufig zusammengehört.

Dabei wird diese Frage insbesondere auch dann von einiger Bedeutung, wenn man sich die Möglichkeiten der Digitalisierung vor Augen führt und zudem die Komplexität von Austauschbeziehungen auf elektronischen Märkten erkennt. Kaum etwas ist hier bereits unter Beteiligung von (staatlichen) Hochschulen realisiert; das Potenzial aber sollte nicht einfach brach liegen, sondern zum Wohle beider Seiten – der Hochschulen wie der Corporate Universities – genutzt werden.

Damit ist dann auch der Übergang geschafft zum dritten Punkt der Überlegungen zu den neuen Akteuren auf dem Bildungsmarkt, zum Thema „Virtualisierung" und zum Veränderungspotenzial, das in dem Einsatz digitaler Medien in der Wissensgenerierung und -vermittlung liegen kann.

4   Virtualisierung

Wie Multivitaminsaft ist Multimedia sehr gern in aller Munde. Auch im Hochschulbereich, der hier von nicht unbeträchtlichen staatlichen Fördermitteln lebt. Doch die bisherigen Erfahrungen zeigen, dass trotz eines hohen Innovationspotenzials von Medienentwicklungsprojekten nachhaltige Strukturveränderungen in den Hochschulen und eine dauerhafte Integration von Projektergebnissen in den Regelbetrieb der Hochschullehre doch nur recht schwierig zu erreichen sind.

Dies ist zum einen darauf zurückzuführen, dass Medienentwicklung überwiegend unter forschungsnahen Fragestellungen betrieben wird. Das entspricht nicht nur dem Interesse engagierter Hochschullehrer, sondern steht auch im Einklang mit den bestehenden Anreizstrukturen im Wissenschaftsbereich.

Dies führt zu interessanten und anspruchsvollen Projektzielen, -strukturen und -ergebnissen, allerdings nicht selten unter Vernachlässigung organisatorisch-struktureller Aspekte der Hochschulentwicklung. Folglich treten auch die

Aspekte der Übertragbarkeit, der Verstetigung und Alltagstauglichkeit von Entwicklungen in den Hintergrund der konkreten Projektarbeit. Zum anderen werden Medienprojekte in erster Linie nach dem Modus der antragsinduzierten Forschungsförderung durch Drittmittel finanziert. Dadurch erfolgt die Förderung projektorientiert und von vornherein zeitlich befristet. Für forschungsorientierte Fragestellungen ist dies in jedem Falle angemessen. Fraglich ist diese Praxis allerdings aus der Perspektive der Nachhaltigkeit und Verstetigung: Denn die Validierung von Projektideen in Form genehmigter Mittel durch Dritte schwächt die übergreifenden inhaltlichen, organisatorischen und strategischen Bezüge zur jeweiligen Hochschule als Institution.

Aus Sicht einer nachhaltigen Medienentwicklung ist jedoch eine viel engere Verknüpfung von Projekten und Initiativen mit der strategisch orientierten Struktur- und Entwicklungsplanung einzelner Hochschulen erforderlich. Das heißt: Initiativen müssen in einen institutionellen Rahmen integriert werden, der die notwendigen Entwicklungsperspektiven mit der entsprechenden Bereitstellung von Ressourcen für eine nachhaltige Medien- und Strukturentwicklung verbindet. Oder anders formuliert: Medienentwicklung an Hochschulen sollte in diesem Sinne in erster Linie als Strategieentwicklung verstanden und institutionell verantwortet und gefördert werden (Programmbeirat 2001).

Wie dies geschehen könnte, hat der Beirat für das Landesprogramm „Virtuelle Hochschule Baden-Württemberg" beispielhaft aufgezeigt. Folgende Dimensionen, die selbstverständlich in ihrem jeweiligen institutionellen Bezug eine weitere Ausdifferenzierung und Konkretisierung bedürfen – sind dabei von einiger Bedeutung, nämlich die Perspektive der

- *Organisationsentwicklung* – mit dem Ziel, für die durchgängige Nutzung digitaler Medien in Forschung und Lehre eine weitgehend homogene, alltagstaugliche Infrastruktur und Organisationsstruktur (Dienste) zu schaffen, den IT-Einsatz mit Strukturentwicklungsvorhaben (z. B. Studienreform) zu verbinden und die entsprechenden Entwicklungen in ein wirksames Steuerungssystem (Zielvereinbarungen bzw. Leistungsverträge, Anreizsysteme etc.) einzubinden;
- *Personalentwicklung* – mit dem Ziel, die für den Einsatz telematischer Techniken erforderlichen technischen und didaktischen Kompetenzen auf möglichst breiter Basis zu entwickeln und den Kompetenzaufbau (interne Weiterbildung) in geeignete Anreizsysteme zu integrieren;
- *Finanzierung* – mit dem Ziel, den Medieneinsatz und die Mediennutzung in inneruniversitäre Budgetierungsprozesse und Förderverfahren zu integrieren und damit im regulären Universitätshaushalt abzusichern;

- *Marktentwicklung* – mit dem Ziel, Einsatzfelder und Nutzungsszenarien für telematische Techniken zu identifizieren, die dem Profil und der Positionierung einer Hochschule auf unterschiedlichen Segmenten des Bildungsmarkts, im wissenschaftlichen Umfeld und in der Kooperation mit der Praxis förderlich sind und die ihre Stellung im nationalen wie internationalen Wettbewerb in Forschung und Lehre festigen.

Nun bedeutet der skizzierte Perspektivenwechsel aber keineswegs, dass forschungsorientierte Fragestellungen auf dem Gebiet des Medieneinsatzes in der Lehre künftig nicht mehr aufgegriffen und gefördert werden sollen. Im Gegenteil: Derartige Ansätze sind auch weiterhin erforderlich und für die Qualität des mediengestützten Lehrens und Lernens von wesentlicher Bedeutung. Allerdings wird künftig viel deutlicher zu unterscheiden sein zwischen Initiativen zur hochschulbezogenen und strategisch orientierten Organisationsentwicklung einerseits und Projekten zur Weiterentwicklung des erreichten Kenntnis- und Forschungsstandes im Bereich mediengestützter Lehr- und Lernformen andererseits. Letztere können entweder hochschulintern oder aber im Rahmen bestehender Verfahren zur drittmittelfinanzierten Forschungsförderung gefördert werden.

Diese inhaltliche und förderpolitische Unterscheidung ist letztlich auch deshalb erforderlich, weil forschungsorientierte Projekte von ungerechtfertigten Implementierungserwartungen und Umsetzungsforderungen – insbesondere auf Seiten der Finanziers – entlastet werden müssen. Im Gegenzug können durch geeignete Förder- und Implementierungsmaßnahmen auf Hochschulebene für strategisch orientierte (Organisationsentwicklungs-)Projekte diejenigen Wirkungsfelder eröffnet werden, die für die Entstehung „virtueller" Hochschulen – mit welcher strategischen Akzentuierung auch immer – erforderlich sind.

Voraussetzung dafür ist allerdings, dass viel stärker als dies bislang der Fall ist, in Geschäftsmodellen gedacht wird – in Geschäftsmodellen, die die Nachhaltigkeit von Projektergebnissen von vornherein als Perspektive anlegen und mitdenken, Geschäftsmodelle, die auch Grundlage von Förderentscheidungen sind.

5   Schlussbemerkungen

Im Laufe der vorangehenden Betrachtung sind trotz zwangsläufiger Verkürzung und Selektierung dennoch einige der erkennbar neuen Akteure auf der hochschulpolitischen Bühne in Erscheinung getreten. Von ausländischen Bildungsanbietern war die Rede, private Hochschulen wurden angesprochen, Offshore-Programme auf einem grenzenlosen Bildungsmarkt (borderless education) wurden diskutiert, und Corporate Universities sowie Bildungsbroker sind in Erscheinung getreten.

Und was, so könnte man nun fragen, ist mit der „alten" Universität? Wird sie sich an diese neuen Erscheinungen anpassen müssen? Muss sie diese Entwicklungen nachvollziehen? Oder wird sie gar daran zu Grunde gehen?

Letzteres wohl kaum. Sicher ist aber, dass von den genannten Entwicklungen ein nicht unerheblicher Veränderungsdruck auf die „alte" Universität ausgeht. Insofern ist es auch nicht erstaunlich, dass seit einiger Zeit von einem neuen Leitbild die Rede ist, dem Leitbild der „entfesselten Hochschule" (Müller-Böling 2000) etwa oder dem der „unternehmerischen Hochschule", die sich zwar nicht der Maximierung von Gewinnen verschreibt, die aber sehr wohl und bewusst ihre institutionellen Ziele definiert und dabei auch versucht, mit ressourcenschonendem Einsatz von Mitteln diese Ziele – bei denen es sich nur um wissenschaftliche Ziele handeln kann – in möglichst umfassender Weise auch wirklich zu erreichen.

In diesem Zusammenhang sind dann die folgenden Aspekte und Kernelemente von Bedeutung:

- *Autonomie und Eigenverantwortlichkeit*: Hier ist zum einen die staatliche Deregulierung angesprochen, die Hochschulen erweiterte Spielräume für eigenverantwortliches Handeln eröffnen soll; zum anderen ist damit eine Stärkung ihrer korporativen Handlungsfähigkeit gemeint, eine Akzentuierung des institutionellen Gesamtinteresses gegenüber den Interessen einzelner – oder gegenüber einem überbetonten akademischen Individualismus auf Kosten der institutionellen Handlungs- und Entscheidungsfähigkeit. Dieser Aspekt berührt insbesondere die Frage der Gestaltung hochschulinterner Organisations- und Leitungsstrukturen als Grundlage für das, was sich als modernes Hochschulmanagement entwickeln und partiell an die Stelle der traditionellen und in vielfacher Hinsicht dysfunktionalen "akademischen Selbstabstimmung" treten soll.
- *Profilbildung und Wettbewerbsorientierung*: Auf der Grundlage einer derart gestärkten Autonomie sollen sich Hochschulen stärker als bislang der Profilbildung widmen, also der Definition von institutionellen Zielen und Strategien, aufbauend auf besonderen Stärken und (unverwechselbaren) Erfolgspotentialen. Eine ziel- und qualitätsorientierte Profilentwicklung wird als Voraussetzung für eine erfolgreiche Positionierung im Wettbewerb gehandelt, der auch im Hochschulbereich

ein wichtiges Regulativ für die institutionelle Qualität und *wissenschaftliche* Leistungsfähigkeit darstellen soll.

• *Wirtschaftlichkeit*: Auch Hochschulen sollen sich dem Problem der Wirtschaftlichkeit in stärkerem Maße widmen, wobei die Optimierung der Zweck-Mittel-Relation nicht als primäres institutionelles Ziel, wohl aber als einer der Faktoren für eine erfolgreiche Umsetzung institutioneller Ziele gelten kann. In diesem Zusammenhang spielt auch die Frage einer Diversifizierung von Einnahmequellen eine Rolle, welche die institutionelle Abhängigkeit vom Übergewicht der staatlichen Finanzierung – und damit auch von deren Restriktionen – reduzieren soll.

• *Internationalisierung und Virtualisierung*: Auch diese beiden Aspekte umreißen institutionelle Aufgabenstellungen, also die Frage, wie Hochschulen international, auf dem globalen Markt und im weltweiten Wettbewerb *als Institutionen* mit erkennbaren Profilen, wettbewerbsfähigen Stärken und erfolgreichen Angeboten in Erscheinung treten können. Und hierzu gehört auch und besonders die Entwicklung von Strategien zur Internationalisierung von (Studien-)Angeboten und (Forschungs- und Transfer-)Aktivitäten sowie von Strategien, unter deren Einfluss sich Medienentwicklung und Medieneinsatz zu wesentlichen institutionellen Profilelementen weiterentwickeln lassen.

Jenseits einer derart „entfesselten" oder „unternehmerischen" Universität besteht dann aber auch die Möglichkeit, wenn nicht gar die Notwendigkeit, dass eine „andere" Universität Gestalt annimmt, jene Universität, die der französische Philosoph Jacques Derrida die „unbedingte" Universität nennt. Letztlich müsste diese unbedingte Universität auch den Ort markieren, „an dem nichts außer Frage steht"; es wäre also eine Universität, die das Recht hat, „alles zu sagen ...; und das Recht, es öffentlich zu sagen, es zu veröffentlichen" (Derrida 2001: 14). Denn der

„rechtmäßige Raum [der] Aus- und Umarbeitung [grundlegender gesellschaftlicher Fragen] muss prinzipiell in der Universität und par excellence in den Humanities offen gehalten werden. Nicht, um sie dort einzumauern, sondern um im Gegenteil den bestmöglichen Zugang zu einem neuen öffentlichen Raum zu eröffnen, der von den neuen Techniken der Kommunikation, der Information, der Aufzeichnung und Erzeugung von Wissen transformiert wird" (Derrida 2001: 11-12).

Dann aber ist es letztlich völlig unbedeutend, welche der alten oder neuen Akteure auf dem Bildungsmarkt es schaffen, diese „Unbedingtheit" zu erreichen, diese unverzichtbare Stellung und Einstellung zu behaupten. Wichtig ist, dass diese Stellung, diese öffentliche Funktion sehr deutlich wahrgenommen wird, von wem auch immer. Es ist aber zu vermuten, dass die „alte" Universität in einer besonderen Weise dafür prädestiniert und disponiert ist, sich als „unbedingte Universität" Gehör zu verschaffen.

Ist das dann tatsächlich der Fall, dann wird die „alte" Universität auch die „neue" sein, diejenige, die eine Zukunft in der Gesellschaft und für diese hat, auf die man nicht wird verzichten wollen.

Literatur

Derrida, Jacques (2001): Die unbedingte Universität. Frankfurt/M.

Erichsen, Hans-Uwe (2000): Zulässigkeit, Grenzen und Folgen der Hochschulprivatisierung. Gutachten, veröffentlicht vom CHE Centrum für Hochschulentwicklung. Gütersloh.

Expertenkreis (1999): Hochschulentwicklung durch neue Medien. Die Universität im Jahre 2005. Ein Szenario. In: Forschung und Lehre. 8/99. S. 409-410.

Küchler, Tilman (2001): Gespenst oder Realität? Die hochschulpolitische Wirklichkeit der Corporate University. In: *Wolfgang Kraemer; Michael Müller* (Hg.) (2001): Corporate Universities und E-Learning. Personalentwicklung und lebenslanges Lernen. Strategien – Lösungen – Perspektiven. Wiesbaden S. 135-148.

Müller-Böling, Detlef (2000): Die entfesselte Hochschule. Gütersloh.

Programmbeirat Virtuelle Hochschule Baden-Württemberg (2001): Leitlinien für die Medienentwicklung an den Hochschulen in Baden-Württemberg. Gütersloh.

Schreiterer, Ulrich; Witte, Johanna (2001): Modelle und Szenarien für den Export deutscher Studienangebote ins Ausland. Eine international vergleichende Studie im Auftrag des DAAD. Gütersloh.

Stifterverband für die Deutsche Wissenschaft (1998): Private internationale Hochschulen. Profile und Gesichtspunkte zur Bewertung von Gründungsinitiativen. Essen.

Wissenschaftsrat (1992) Empfehlungen zur Internationalisierung der Wissenschaftsbeziehungen. Köln.

Wissenschaftsrat (2002): Empfehlungen zur Akkreditierung privater Hochschulen. Berlin.

3 Die Rolle der neuen Medien: Multimedialisierung

Trends der Virtualisierung

Rolf Schulmeister

1 Vorbemerkung

Die Beantwortung der Frage, welche aktuellen Trends auf dem Gebiet des virtuellen Lernens festzustellen sind, kann auf völlig unterschiedlichen Ebenen vorgenommen werden. Es ist unmittelbar einsichtig, dass Trendaussagen wie die folgenden nicht einfach gleichrangig nebeneinander stehen können: „Es ist eine Zunahme von Konkursen virtueller Universitäten zu verzeichnen" und „Ein Problem von virtuellen Seminaren ist die hohe Drop-out Rate" (R. S.) Dies kann auch folgendes Beispiel erläutern: Glotz und Kubicek (2000) unterscheiden mehrere Modelle von virtueller Lehre:

- Multimedia-Unterstützung der Präsenzlehre
- Einfache Online-Kurse (mit einem Anteil von 30 %)
- Anspruchsvolle Online-Kurse (mit einem Anteil von 30 %)
- Online-Studiengang mit Präsenzanteilen

Es dürfte unmittelbar ersichtlich sein, dass die Modelle sich hinsichtlich Kosten, Klientel, Studiengangsorganisation etc. erheblich unterscheiden und dass Thesen wie z. B. „Es findet ein langsamer, aber stetiger Anstieg des Anteils virtueller Lehre statt" oder „Der Prozess der Einführung virtueller Lehre stagniert oder ist gar rückgängig" (R. S.) nur auf je eines der vier Modelle zutreffen wird. Es ist deshalb notwendig, Trendaussagen hinsichtlich ihres Geltungsbereiches zu differenzieren, beispielsweise nach den möglichen didaktischen Szenarien virtueller Lehre (Schulmeister 2003: 163-187), nach der Größenordnung der Förderprogramme, nach der Art der angestrebten Klientel oder nach der Organisationsform derjenigen Institutionen, die virtuelle Lehre anbieten.

2   Drei Ebenen der Virtualisierung

Ich möchte der Übersichtlichkeit halber die Frage nach den Trends des virtuellen Lernens auf drei verschiedenen Ebenen beantworten, wobei ich – angeregt durch die Unterscheidung von Makro-, Meso- und Mikromethodik und -didaktik bei H. L. Meyer (2001: 46) – drei Ebenen unterscheide, auf denen Aktivitäten des virtuellen Lernens festzustellen sind: Eine Makroebene, eine Mesoebene und eine Mikroebene des virtuellen Lernens. Was ist unter dieser Unterscheidung zu verstehen?

- *Makroebene*: Als Makroebene wähle ich den Markt und den Wettbewerb von Bildungsanbietern und Trendaussagen und Argumente, die sich auf Wettbewerbsvorteile, Konkurrenzstrategien, Fragen der Positionierung von Angeboten, die Entwicklung von Angebot und Nachfrage etc. beziehen.
- *Mesoebene*: Auf der Mesoebene halte ich es für notwendig, eine Differenzierung nach unterschiedlichen Organisationsformen der Bildungsanbieter durchzuführen, deren konditionale Strategien für die Vermarktung ihrer virtuellen Angebote sich je nach Tradition, organisationalen Strukturen und rechtlichen Voraussetzungen unterscheiden etc.
- *Mikroebene*: Unter der Mikroebene verstehe ich schließlich die Organisation des Studienangebots selbst, die didaktische Gestaltung der virtuellen Lehre, die Qualitätskriterien für die virtuellen Angebote etc.

2.1 Trends auf der Makroebene: Der Markt und der Wettbewerb

Volker Uhl (2002) hat in seiner Dissertation „Positionierung virtueller Hochschulen im Bildungsmarkt unter besonderer Berücksichtigung der Situation in Deutschland" versucht, anhand wirtschaftswissenschaftlicher Modelle das „Triangle of Coordination" von Clark und die Branchen- und Konkurrenzanalyse von Porter auf die Analyse virtueller Projekte und Universitäten anzuwenden. Während Clarks Modell den Spannungsraum zwischen staatlicher Autorität, akademischer Oligarchie und Markt aufspannt, fügt das Modell von Porter eine Reihe von Dimensionen und Kriterien hinzu, die in Uhls Analyse eine wichtige Rolle spielen. Danach haben Hochschulen, die mit virtuellen Bildungsangeboten auf die globalen Märkte drängen drei potenzielle Strategien zur Verfügung: Die Kostenführerschaftsstrategie, die Differenzierungsstrategie und die Nischenstrategie. Was ist darunter zu verstehen?

- *Kostenführerschaftsstrategie*: Unter Kostenführerschaftsstrategie fasst Uhl den Umgang mit den Ressourcen, die Ressourcenminimierung, die zu Preisvorteilen für die Klienten führen soll und damit zu einem Wettbewerbsvorteil und erhöhter Nachfrage.

- *Differenzierungsstrategie*: Als Differenzierungsstrategie versteht Uhl auf den Markt gerichtete Angebotshandlungen, die dazu führen, „dass diese Leistung in der gesamten Branche als einzigartig angesehen wird. Der Wettbewerbsvorteil zielt somit auf einen einzigartigen, nur von dem eigenen Unternehmen zu beziehenden Nutzen für den Nachfrager." (Uhl 2003: 17). Die Differenzierung kann sich unterschiedlicher Methoden bedienen: Der Erhöhung der räumlichen oder sozialen Reichweite, einer Virtualisierung der Wertschöpfungskette, Knappheitskompensation, Bildungsbrokerage und Einrichtung virtueller Gemeinschaften.

- *Nischenstrategie*: Die Nischenstrategie hingegen zielt entweder auf eine besondere, von anderen noch nicht angesprochene Klientel, ein thematisch einzigartiges Angebot oder auf ein „geographisch abgrenzbares Marktsegment" (Uhl 2003: 17).

Alle drei Strategien können aktuell auf dem internationalen Bildungsmarkt beobachtet werden. Uhl ergänzt diese Überlegungen (nach Porter) durch eine

- globale Umfeldanalyse,
- Branchenstrukturanalyse und
- Konkurrentenanalyse.

Wir können in diesem Aufsatz die Überlegungen von Uhl nicht bis zu jenem Differenzierungsgrad hin verfolgen. Es soll mit diesem Hinweis nur angedeutet werden, dass die folgenden Trendaussagen im Grunde einer breiten und grundsätzlichen Analyse bedürfen, die durch Uhls betriebswirtschaftliches Modell gegeben sein könnte.

Welche Trends lassen sich nun auf der Makroebene feststellen? Ich führe einige Beobachtungen an, die ich anschließend belegen und diskutieren möchte:

- Offensichtlich ist der Trend zur Einführung neuer marktorientierter oder wettbewerbsorientierter Angebote (MBA, Nursing), die aufgrund der bloßen Zahl der Angebote bereits für den Anbieter bedeuten, dass hier Strategien zur Reduzierung der Kosten und Verschlankung der Ressourcen eingeschlagen werden, z. B. der Ersatz professoraler Lehre durch billigere Lehrbeauftragte. Ein typisches Beispiel für das Einschlagen einer Kosten-

führerschaftsstrategie stellt die University of Phoenix Online dar (s.
Schulmeister 2001: 64-66; Schulmeister 2002: 132-133).

- Beobachtbar ist das Eindringen von amerikanischen und australischen
  Bildungsanbietern in fremde Märkte, vornehmlich in Asien, also eine geo-
  grafische Strategie, die ein Marktsegment anzielt, das anscheinend noch
  nicht über die nötigen Ressourcen verfügt, um selbst derartige Bildungsangebote auf die Beine zu stellen.
- Deutliche Tendenzen existieren auch zur Gewinnung neuer Klienteln. Dies
  geschieht durch Werbung von sozialen Gruppen, die bisher kein Studium
  angestrebt oder keine Weiterbildung beabsichtigt haben, z. B. Kurzstu-
  diengänge für Netzwerkadministratoren, Weiterbildung für Rechtsanwälte,
  besondere Angebote nur für Frauen, eine virtuelle Universität nur für Mili-
  tärangehörige oder Muslime in den USA.
- Ein weiterer Trend ist die Einrichtung neuer Studiengänge, die bisher von
  den klassischen Präsenzuniversitäten nicht angeboten werden, z. B. ein
  Studiengang speziell zum Europa-Recht (Cyberversity Academy of European Law[1]; s. Schulmeister 2001: 105), ein Studiengang für Kosmetik und
  Körperpflege (Universität Hamburg). Hierbei handelt es sich um typische
  Nischenstrategien, zu denen die Einrichtung von Bindestrich-
  Studiengängen gehört, auch der vielen Medien-Bindestrich-Studiengänge
  (Medientechnik, Mediendesign, Medieninformatik, Medienkultur, Medien-
  information, Mediendidaktik etc.).
- Eine altbekannte Strategie ist die der Erweiterung der Reichweite bestehender Angebote aus der Präsenzuniversität durch Transfer in die Weiterbildung oder als Angebot an Alumni. Dies mag sowohl aus Kostengründen
  (gebührenpflichtige Weiterbildung, Mehrfachverwertung von Inhalten)
  sinnvoll sein als auch eine geeignete Nischenstrategie darstellen.
- Die Flexibilisierung traditioneller Angebote durch neue Dienste (Teilzeitstudium) betrifft eigentlich alle erwähnten Beispiele, sie macht sich jedoch
  am meisten in jenen Corporate Universities bemerkbar, die ihre Weiterbil-
  dungsmodule auf miniaturisierte Weise anbieten (s. u.).
- Am sympathischsten ist mir persönlich jedoch der Trend zur Qualitätsverbesserung der Präsenzlehre (Reform), den die deutschen Präsenzuniversitäten vorwiegend einschlagen.

---

[1] http://www.aer-academy.de/cyberversity/index.html

Die fast täglich eintreffenden Nachrichten zum eLearning-Markt sind höchst widersprüchlich. Prognosen eines ungeheuren Wachstums wechseln sich ab mit Meldungen zu Konkursen. Hierzu einige Beispiele:

- Die Anfang 2002 von Cap Gemini Ernest & Young vorgelegte Studie „CGEY eLearning Marktstudie 2001" prognostiziert ein enormes Wachstum des deutschen Marktes für eLearning: Bereits im Jahr 2004 soll er ein Volumen von 1,3 Mrd. € erreichen.
- Die auf besonders hochwertige virtuelle Ausbildungsangebote zielende Firma UNext muss Anfang 2001 weitere 70 Mitarbeiter entlassen, nachdem sie erst ein Vierteljahr vorher die Zahl der Mitarbeiter von 325 auf 190 reduziert hatte.
- Die Münchner Softwarefirma Blaxxun Interactive, Produzent eines bekannten und guten Learning Management Systems (Schulmeister 2003) und dreidimensionaler kollaborativer Communities wie Le Deuxième Monde von CANAL+ (Snowdon/ Churchill u. a. 2001), hat Insolvenz beantragt (Mac Welt Online zit. nach: Computerwoche vom 18.03.2002).
- Die United States Open University, ein Ableger der Open University Britain für den amerikanischen Bildungsmarkt, hat angekündigt, dass sie ihre Geschäfte einstellen will, nachdem es ihr trotz der Partnerschaft mit Community Colleges und der University of Maryland-Baltimore County und der Indiana State University nicht gelungen war, genügend zahlende Studenten zu werben, um die wachsenden Schulden bezahlen zu können.

Umfragen und Erhebungen zum Stand des eLearning in deutschen Betrieben zeigen ein erschreckend rückständiges Bild verglichen mit amerikanischen Unternehmen[2], obwohl auch dort noch die Präsenzkurse überwiegen und eLearning deutlich von Computer-Based-Training (CBT) dominiert wird:

In einer Umfrage des Instituts der deutschen Wirtschaft in Köln unter 907 Betrieben ergibt sich ein ernüchterndes Bild: 1999 nutzten nur 30 Prozent der Betriebe regelmäßig oder manchmal multimediales Lernen in der Ausbildung. Selten oder nie benutzten 36 Prozent der Betriebe diese Form der Ausbildung, 21 Prozent der Betriebe gaben an, dies sei „im Betrieb nicht möglich". Als

[2] Als Unterschied zu den USA betont die c.r.i.s. Studie (2001): „Hierbei sind allerdings die deutlichen Unterschiede zu berücksichtigen, die im Vergleich zu den U.S.A. bestehen. Betriebliche Weiterbildung spielt in den U.S.A. vor allem auch deswegen eine so große Rolle, weil die Arbeitnehmer in einem vergleichsweise geringen Umfang formale berufliche Abschlüsse nachweisen können bzw. müssen."

Gründe hierfür wurden festgestellt: Hoher Entwicklungsaufwand, neue Programme veralten schnell; aufwendige Pflege der Programme; Lernende brauchen natürlich dennoch Unterstützung, die gerade in kleineren Betrieben aus Zeitmangel und Mangel an professioneller Anleitung schwierig sind.

Tab. 1: Nutzung multimedialer Lehre

Betriebe (in %) nutzten 1999 multimediale Lehre in der *Ausbildung*:	Mittelständische Betriebe (in %) nutzten 1999 multimediale Lehre in der *betrieblichen Weiterbildung*
30 % regelmäßig/ manchmal	24 % regelmäßig/ manchmal
36 % selten/ nie	49 % nicht vorgesehen
21 % im Betrieb nicht möglich	17 % künftig geplant
13 % keine Angaben	10 % unbekannt
Quelle: Institut der deutschen Wirtschaft, Köln; Umfrage bei 907 Betrieben	Quelle: MBB-Michel/ Medienforschung und Beratung; Umfrage bei 800 kleinen und mittleren Betrieben

Quelle: nach einer Graphik aus: iwd, 30. August 2001

„*eLearning zwischen Euphorie und Ernüchterung. Eine Bestandsaufnahme zum eLearning in deutschen Großunternehmen*" – so lautet der Titel der Studie, die im Auftrag von KMPG (2001) von MBB Michel Medienforschung durchgeführt und vom Psephos Institut für Wahlforschung und Sozialwissenschaft beraten wurde. Grundlage der Untersuchung waren 30minütige Telefon-Interviews mit 604 Personalverantwortlichen (30 % davon Vorstände) von Unternehmen mit mehr als 1000 Beschäftigten. Mit 102 von ihnen wurde anschließend eine eingehende Online-Befragung durchgeführt. Die Erkenntnisse sind ernüchternd und widersprechen denen anderer Beratungsagenturen:

- „eLearning deckt heute lediglich einen Randbereich der Qualifizierungsmaßnahmen in deutschen Großunternehmen ab."
- „Der Weiterbildungsalltag der Unternehmen trägt weitgehend traditionelle Züge. Dominierende Lernform ist das Seminar, davon werden mehr als 60 % intern durchgeführt."
- „Die am weitesten verbreiteten Bildungsthemen sind IT-Standardanwendungen (90 % der Befragten nennen dieses Thema), kaufmännische Fachkompetenzen (89 %), personale Softskills (Verhaltens- und Kommunikationskompetenz, 85 %) und soziale Softskills (Konfliktlösungen, Teamkompetenz, 83 %)." (KPMG 2001)

Als wichtigste Ergebnisse können festgehalten werden:

- Nur 46 % der befragten Firmen setzen in 2001 eLearning ein. Der Anteil hat sich allerdings von 29 % (1999) auf 38 % (2000) stetig gesteigert. Diese Aussage unterscheidet sich beträchtlich von der Einschätzung der unicmind-Studie (2001; 88 %).
- CBT-Anwendungen sind wesentlich häufiger (82 %) als WBTs (34 %)[3]
- eLearning-Angebote erhalten 18,5 % der Mitarbeiter – aber nur 46,5 % davon nutzen sie. Tatsächlich also werden weniger als 10 % der Mitarbeiter durch diese Bildungsmaßnahmen erfasst. Diese Mitarbeiter lernen zudem nicht nur IT-gestützt, sondern auch traditionell.
- Da etwa 12,2 % der gesamten Aufwendungen für Weiterbildung auf e-Learning entfallen, kann bislang noch keine Rede davon sein, dass eLearning bereits billiger ist als die konventionellen Trainingsangebote.

Der Markt ist demnach noch recht konservativ, und zwar gerade der gewerbliche Markt innerbetrieblicher Ausbildung, auf den sich Hochschulpolitiker berufen, wenn sie den Hochschulen und Universitäten den Gang in die virtuelle Welt dringend anraten wollen. Nicht gerade zu den Bedenkenträgern oder Skeptikern des eLearning zählen in der Bundesrepublik die Bertelsmann-Stiftung und die Initiative D21. Die Initiative D21 ist eine politische Vereinigung in der Bundesrepublik bestehend aus Industrievertretern und Politikern. Sie betont in ihrem Hintergrundpapier (Initiative D21 2001) ausschließlich den Gesichtspunkt der Kostenersparnis. Auch die National Governors Association (NGA), eine Beraterinstanz für die Gouverneure der U.S. Staaten, bemüht in ihrem ersten Positionspapier „The State of E-Learning in the States" (2000) zur Begleitung ihrer Initiative „Influencing the Future of Higher Education"[4] das Argument der Kostenreduktion:

„All this means that e-learners can be taught in very large numbers, but also in very small classes, or even as individuals, anytime, anywhere. As a result, e-learning is a

---

[3] Dies wird gestützt durch die Studie des Instituts für Innovationsforschung und Technologiemanagement (innoTec), die bei den Unternehmen des Cdax (Composite Dax mit 745 Unternehmen) eine Umfrage durchführte. An der Umfrage haben sich 284 Unternehmen beteiligt. e-Learning wird bei einem Drittel der befragten Betriebe eingesetzt und scheint dort einen hohen Verbreitungsgrad erreicht zu haben, allerdings besteht eLearning bei ihnen zu über 90 % aus Computer Based Training (CBT).

[4] Die Initiative nennt drei Ziele: „1) increasing access, learning and attainment; 2) building and sustaining seamless learning pathways; and 3) fostering economic development." (NGA 2000: 3)

highly cost-effective and adaptable medium for small education and training institutions and small businesses with limited resources for large overhead." (NGA 2000: 8)

Die Studie von Unicmind.com an Top-350 Unternehmen zeigt ebenfalls, dass
das Kostenargument für die meisten Unternehmen als Motiv für die Einführung
von eLearning im Vordergrund steht:

> „Mit bemerkenswerter Klarheit dominiert unter den genannten Vorteilen des eLear-
> nings das Kostenargument (70 % der Unternehmen), gefolgt von Aspekten der Aktuali-
> tät. Überraschend ist, dass Argumente wie höhere Qualität (7 %), höhere Motivation (9
> %) und besserer Lernerfolg (18 % der Unternehmen) heute einen nachgeordneten Stel-
> lenwert haben." (Unicmind.com 2001: 7)

Es sollte nicht wundern, wenn eine derart deutliche ressourcenorientierte Politik
der Einführung von eLearning sich auch in der Wahrnehmung der zu schulen-
den Mitarbeiter bemerkbar machen und sich negativ auf die Akzeptanz des
eLearning auswirken würde.

Bestandteil der kostenorientierten Strategien sind die Anstrengungen um
die Standardisierung von Lernobjekten (s. a. Fritsch, in diesem Band) mit dem
Ziel, Lernobjekte auf dem Bildungsmarkt profitabel mehrfach zu vermarkten
und zu verkaufen, eine Strategie, die besonders von der Filmindustrie mit Erfolg
praktiziert wird, die einen Film vom Kino bis zur Konserve und dem Buch nach
dem Film ausschlachtet. Die Standardisierung von virtuellen Lernobjekten folgt
diesem Muster, und die Kennzeichnung der Produkte durch Metadaten ist ihre
Voraussetzung. Spector (2001) allerdings betrachtet die Verwendung von Meta-
daten eher kritisch:

> „The advantage of knowledge tagging and instructional metadata is that they allow ma-
> terial stored in digital repositories to be found and reconfigured for specific learning
> needs. Such use was demonstrated about 15 years ago with the hope that this technol-
> ogy would further democratize technical training (Spector, Arnold & Wilson, 1996).
> However, there is now 15 years of evidence that metadata tagging and reusable knowl-
> edge objects remain the purview of technocrats." (Spector 2001: 32). *Weiter heißt es:*
> „Quite the contrary, reusable software objects are not generally accessible outside
> small communities of specialists." (Spector 2001: 33)

Kritische Nachfragen

Betrachtet man diese Facetten der Entwicklung, so liegen folgende Schlussfolgerungen nahe:

Erstens: Die Nachfrage der *Small and Medium Enterprises* (SMEs) nach
eLearning stagniert, auch dort gibt es eine hohe Präferenz für Präsenzanteile in

der Weiterbildung und für Softskills, die nicht im eLearning auszubilden sind. Dies zeigt z. B. die Teleman-Studie (Marien und Martín 1998). Das Interesse der Arbeitnehmer an eLearning wächst nur langsam und nur in einigen Berufssparten.

Zweitens: Die Nachfrage der Erstsemester nach eLearning bleibt aus, weil sie zum Studienbeginn vorwiegend soziale Kontakte suchen, die im virtuellen Raum schwer zu finden sind; Teilzeitstudierende scheinen noch nicht entdeckt zu haben, dass diese Methode ihrer Lebenslage geradezu entgegen kommen könnte. In den virtuellen Universitäten tummeln sich bis heute maximal 1 % der Studierenden (z. B. Virtuelle Hochschule Bayern).

Drittens: Das Angebot an virtueller Ausbildung und die tatsächliche Nachfrage nach Fachinhalten decken sich nicht. Für einige Typen von virtuellen Studienangeboten ist das Angebot heute bereits zu hoch (MBA)

Viertens: Die Akkreditierungsfrage für virtuelle Studienangebote ist noch unbefriedigend gelöst, die Vergleichbarkeit stellt uns vor schwer lösbare Probleme. (s.a. Teichler, in diesem Band)

Es ist politischer Gegenwind spürbar. Die American Federation of Teachers (2001) beispielsweise hat massive Kritik an den virtuellen Universitäten geübt. Sie kritisiert, dass überwiegend unterbezahlte Teilzeitkräfte an den virtuellen Universitäten unterrichten, und befürchtet, dass „commercially minded DE will expand class sizes too greatly in order to maximize enrollments." (AFT 2001: 21). Sie führt aber nicht nur Argumente gegen die Strategie der Kostenminimierung ins Feld, sondern auch, dass die Fakultäten sich nicht verantwortlich fühlen und dass die Unterrichtsorganisation und das inhaltliche Angebot Anlass zu ernsthaften Bedenken gibt. Den Grund dafür scheint die AFT allerdings ebenfalls in der ökonomischen Orientierung der virtuellen Universitäten zu sehen, denn „one critical component of the expansion of distance education is the perception that it offers the potential for making big money" (AFT 2001: 5).

Angesichts der großen Konkurrenz auf dem Markt der Anbieter virtueller Ausbildung muss man sich schon merkwürdige Nischenstrategien ausdenken, am besten solche, die Geld einbringen, aber keine Kosten verursachen und möglichst wenig Arbeit bedeuten. Zu dieser Nischenstrategie zählen die sogenannte „paper mills" und „degree mills", diejenigen Anbieter, die gegen Geld Hausarbeiten oder gar Examen anbieten. Sogar das Committee on Governmental Affairs des United States Senate hat sich im Mai 2000 mit der Verbreitung von falschen Dokumenten befasst.

Die Hoffnung, mit den Inhalten des eLearnings Geld machen zu können, ist spätestens seit Bekannt werden der renommierten Massachusetts Institute of Technology (M.I.T.)-Initiative Open CourseWare, beträchtlich geringer geworden. Am 4. April 2001 wurde auf der Titelseite der New York Times (Goldberg

2001) bekannt gemacht, dass das renommierte M.I.T. in den nächsten zehn
Jahren die meisten seiner 2000 Kurse im Internet freigeben wird. Es ist vielleicht weniger der tatsächliche Wert oder der vorgebliche Vorbildcharakter der
Kurse dieser renommierten Institution, der Einfluss auf den Markt nehmen wird,
sondern der Signalcharakter dieser Aktion. Wenn nicht einmal das M.I.T. davon
überzeugt ist, mit seinen Kursen Kapital einzubringen, wer dürfte dann noch
darauf hoffen, Bildungscontent profitabel zu vermarkten?

Dieser Schritt macht deutlich, dass das M.I.T. nicht viel von der Entwicklung rein virtueller Kurse und ihrer potenziellen Vermarktung hält. Das geplante
Lehrmaterial zielt überwiegend auf die Ergänzung des Präsenzunterrichts: „An-
other difference between the M.I.T. plan and other Internet initiatives is that it
makes no effort to offer full-fledged, for-credit courses online." (Goldberg
2001). Und die Initiative beweist, dass das M.I.T. den Kern der Hochschulausbildung in der persönlichen, betreuten Beziehung zwischen Studierenden und
Lehrenden sieht. Charles M. Vest, der Präsident des M.I.T., wird mit den
Worten zitiert: „Our central value is people and the human experience of faculty
working with students in classrooms and laboratories, and students learning
from each other, and the kind of intensive environment we create in our residen-
tial university." (nach: Goldberg 2001) Welche Ermutigung für Präsenzuniversitäten, den eingeschlagenen Weg der Qualitätsverbesserung der Präsenzlehre
durch Anreicherung mit eLearning weiter zu beschreiten!

2.2 Trends auf der Mesoebene: Differenzierung
nach Organisationsformen

Im Folgenden werde ich versuchen, eine Differenzierung nach Organisationsformen von Hochschulen durchzuführen, nach Präsenzuniversitäten, Fernuniversitäten und rein virtuellen Universitäten (wobei ich den Spezialfall der Corporate University außen vorlasse). Diese Trennung nach Organisationsformen
scheint mir berechtigt zu sein, da die Hochschulen, wie aus der Befragung von
Uhl (2003: 26-39) hervorgeht, im Wesentlichen mit Hochschulen gleichen Typs
konkurrieren und selbst ausländische Hochschulen nicht als Konkurrenz betrachten.

Fernuniversitäten

Andernorts habe ich bereits die (nicht besonders überraschende) These vertreten, dass die Fernuniversitäten aufgrund ihrer Tradition und ihrer Klientel über

günstigere Voraussetzungen für die Einführung virtueller Lehre verfügen als andere Hochschulen (Schulmeister 2001: 62):

> „Die Voraussetzungen dafür sind nicht schlecht, weil die Fernuniversitäten mit ihren über Jahrzehnte aufgebauten Kapazitäten in Lehrbüchern, Lehrfilmen und anderen Lehrmaterialien über eigene abgesicherte Copyrights in vielen Disziplinen verfügen, in denen die traditionellen Hochschulen von kommerziellen Verlagen fremde Lehrbücher einkaufen müssen. Die Fernuniversitäten haben auch immer schon ein Inkasso-System für ihre Lehrmaterialien gekannt und deshalb keine Schwierigkeiten, auf Gebührensysteme umzustellen. Zudem verfügen die Fernuniversitäten über eine in langen Jahrzehnten aufgebaute Infrastruktur und Logistik für die Distribution ihrer Bildungsangebote, z. B. überregional verteilte Studienzentren in Präsenzhochschulen, regelmäßige Radiosendungen oder regional verteilte Satellitenempfangsstationen beispielsweise in afrikanischen und südamerikanischen Ländern."

Dies betont auch Uhl:

> „Fernhochschulen stehen aufgrund ihres Grundkonzeptes digitaler Hochschullehre wesentlich näher als Präsenzhochschulen. Die Internettechnologie stellt dabei lediglich eine Weiterentwicklung der logistischen Kernkompetenz von Fernhochschulen dar." (Uhl 2003: 199; These 24)

Und er fügt hinzu, dass Fernfachhochschulen eine „Kostenführerschaftsstrategie verfolgen würden, die bedingt würde durch die „Art des Studienbetriebes, des Personalressourceneinsatzes und der räumlichen Reichweite und damit auch des Abdeckens eines vergleichsweise hohen Marktanteils..." (Uhl 2003: 199; These 25).

Präsenzuniversitäten

Die deutschen Universitäten können nicht alle diese Strategien mit Erfolg einschlagen, denn zum einen haben die meisten Universitäten ein Defizit an strategischer Planung für den Bereich des virtuellen Lernens, sie verfügen über keine Zielvorstellungen, konkrete Planungen und detaillierte Zeitpläne zur Umsetzung der Planung, und zum anderen ist keine Strategie der Ressourcenminimierung möglich, weil sie im Gegenteil noch viel Aufholbedarf haben, was zum Beispiel die Ausstattung mit Hardware (Hörsäle, Vernetzung) und Software (keine Learning Management Systeme, keine Schnittstellen zu Informationssystemen und Verwaltungssystemen) und die Weiterbildung ihres Personals (keine medien- und hochschuldidaktische Qualifizierung) anbetrifft.

Auch ist eine Marktorientierung im Sinne einer Kostenführerschaftsstrategie unserer Hochschulen aus traditionellen Gründen wenig erfolgreich, denn bisher gilt für alle Studienberechtigten die Gebührenfreiheit des Studiums.

Schließlich ist ein absolut auf Ressourcenminimierung zielender Wettbewerb in
Deutschland nicht durchschlagend, da zumeist andere Gründe für die Studien-
fachwahl und die Studienortswahl ausschlaggebend sind (z. B. die Attraktion
der Großstadt-Universitäten) als die Kosten oder die Qualität des Ausbildungs-
angebots. Präsenzhochschulen, die keine rein virtuellen Ableger einführen wollen, können sich daher nur der Differenzierungsstrategie „durch Herausbildung
von Alleinstellungsmerkmalen" (Uhl 2003: 35) bedienen, da sie mit dem Mittel
der Kostenreduktion nicht konkurrieren können. Als solche Differenzierungsstrategie bietet sich die Zielbestimmung „Qualitätsverbesserung der Lehre durch
verstärkten Einsatz von Medien und virtuellen Studienangeboten" an. Eine internationale Umfrage von Collis und van der Wende (2002: 64), an der sich 693
Personen aus sieben Ländern beteiligt haben, bestätigt genau diese These:

> „The fact that ICT is mainly used to enhance on-campus learning, without substituting
> either the teacher or the classroom and thus becomes part of a blend is also well recog-
> nized from other sources. The same survey as cited above (Middlehurst, 2003) reports
> comparable data on the priority areas of institutions in their ICT policies: enhancing
> on-campus teaching and learning (94 %) and to improve flexibility for oncampus stu-
> dents (92 %)."

In diesem strategischen Feld deuten sich Divergenzen zwischen Hochschulen
und Ministerien an. Während die Hochschulen sich auf das Präsenzstudienange-
bot konzentrieren wollen, geben die Ministerien dem Aufbau neuer Studiengänge mit Fernstudienwirkung (Uhl 2003: 34) und der Effizienzsteigerung bei den
Kostenvorteilen (Uhl 2003: 35) höchste Priorität.

Virtuelle Universitäten

Virtuelle Universitäten müssen entweder die Kostenführerschaftsstrategie anstreben oder eine Nischenstrategie verfolgen. Einige betätigen sich aber auch als
Broker oder Provider für Präsenzuniversitäten und begeben sich damit auf das
Gebiet der Fernuniversitäten und der Weiterbildung. Alle drei Strategien sind
zur Zeit auf dem internationalen Bildungsmarkt zu beobachten (s. Schulmeister
2001). Besonders kritisch ist es, wenn die virtuellen Universitäten eine Nischenstrategie verfolgen und sich durch besondere inhaltliche Angebote für eine spezielle Klientel empfehlen wollen. Hier hat die American Federation of Teachers
(2001) eine deutliche Anmerkung gemacht. Die AFT legt höchsten Wert auf die
Qualität der Inhalte, auf die persönliche Interaktion und eine entsprechende
Qualitätskontrolle. Sie ist besorgt, dass „many of the programs ... appear to
keep authority to develop course content confined to a very narrow circle. Some
models directly challenge the idea of academic freedom in the classroom."

(AFT 2001: 20). Und sie befürchtet, dass aufgrund der kostenorientierten Strategie der virtuellen Universitäten die falschen Inhalte für die falsche Klientel ausgewählt werden:

> „The move on the part of some providers to concentrate on offering high-enrolment introductory courses (such as introductory psychology) is of particular concern because DE practitioners tell us the students best suited to succeed in a distance education environment are not the newcomers but those who are more mature, better prepared and able to work independently." (AFT 2001: 21).

Die virtuelle Lehre dient den Fernuniversitäten zur Effizienzsteigerung durch bessere Distribution der Lernmaterialien, wobei sie die Hoffnung haben können, dass dieser Weg eine Kostenreduktion beinhaltet. Ferner dient sie einer Fernuniversität zur Qualitätsverbesserung, indem sie mittels eines virtuellen Campus den Studierenden eine direktere Kommunikation und Interaktion ermöglicht.

Für die Präsenzuniversitäten steht das Ziel der Qualitätsverbesserung im Vordergrund, das bei ihnen jedoch nicht – oder lange noch nicht – mit einer Kostenreduktion verbunden werden kann. Der Prozess der Veränderung ist laut der internationalen Befragung von Collis und van der Wende (2002: 63) relativ langsam und evolutionär und keineswegs so radikal verlaufen, wie es Prognosen zwischen 1997 und 2000 vorhergesagt hatten:

> „The conclusion from this survey is that online learning has had only relative impact on campus and on distance education. Change has been relatively rapid as for modest online components and for institution-wide learning platforms. But a fundamental move away from on-campus provision has not materialized."

Bei den virtuellen Universitäten wird es zu einem Überangebot kommen mit der Folge der anschließenden Marktbereinigung durch Stilllegung und Konkurse, eine Reduktion der Reichweite im Bereich ihrer Klientel, die Beschränkung auf die Einführung neuer Bindestrichstudiengänge (Modifikation des Leistungsumfangs) etc.

Dies scheint für Corporate Universities nicht gleichermaßen zu gelten, wie man der Studie von c.r.i.s. (2001) entnehmen kann, in der die Erfahrungen mehrerer Unternehmen aus der Hightech-Branche in den USA mit eLearning erhoben wurden. c.r.i.s. berichtet beispielsweise dass in einem Unternehmen von 3400 Mitarbeitern 1 000 technische Kurse weltweit angeboten werden, also offenbar Relationen von Lehrpersonal-Lernende vorliegen, von denen die Hochschulen nur träumen können. Dieselbe Studie weist aber zugleich darauf hin, dass eLearning selbst unter so günstigen Bedingungen kritisch gesehen werden muss und dass die Lernangebote nur in Form von Lernhappen am Arbeitsplatz und auf der Fahrt zum Arbeitsplatz wahrgenommen werden.

Selbst eine Unternehmensuniversität, deren Management-Kurse sogar speziell auf die Qualifikationsdefizite der technischen Mitarbeiter ausgerichtet
waren und alle im Haus abgehalten wurden, zeigt wenig Effizienz: Die Teilnahme war wegen der geringen Distanz zum Arbeitsprozess ausgesprochen
gering: „Nur 130 Mitarbeiter nahmen im Frühjahr 2001 daran teil, und nur zwei
von ihnen haben einen solchen Kurs erfolgreich abgeschlossen. Die Effektivität
von Online-Kursen wird ‚häufig übertrieben‘ dargestellt, vor allem wegen der
inadäquaten Didaktik und der rigiden sequentiellen Präsentation der Lerninhalte." (c.r.i.s. international 2001: 17).

2.3 Trends auf der Mikroebene: Didaktik

Die Studie von Klatt u. a. (2001) im Auftrag des BMBF zur Nutzung elektronischer wissenschaftlicher Information in der Hochschulausbildung kommt bezüglich des Lehrpersonals der Hochschulen zu der ernüchternden Erkenntnis:

> „Drei Viertel aller Befragten sind nicht bereit, die Nutzung elektronischer wissen-
> schaftlicher Informationen im Rahmen eigener Lehrveranstaltungen zu fördern oder
> sogar als eigenständigen Studieninhalt zu behandeln." (Klatt u. a. 2001: 17)

Dieser Befund wird gestützt durch eine telefonische Befragung von 600 Lehrern
im Auftrag von NetDay (2001). Zwar bestätigen 84 % der Lehrer die Aussage,
dass das Internet die Qualität der Erziehung erhöhe, und 75 % der Lehrer un-
terstreichen die Wichtigkeit des Internet, aber nur 42 % nutzen das Internet im
Unterricht, wobei 78 % der Lehrer angeben, dass ihnen die Zeit fehle, sich ins
Internet einzuloggen.

   Interessant ist ferner der Befund aus der Studie von Collis und van der
Wende (2002: 63), dass „Instructors are not particularly concerned about ICT,
and not actually changing their ways of teaching even though they use ICT in
different ways."

   Nicht nur an der Infrastruktur innerhalb der Hochschulen mangelt es, auch
die Altersstruktur des Lehrkörpers ist keine gute Voraussetzung für einen Inno-
vationssprung in den nächsten Jahren.

   In der Studie von c.r.i.s. (2001) wurden die Erfahrungen mehrerer Unternehmen aus der Hightech-Branche in den USA mit eLearning erhoben. Darin
ergaben sich einige interessante Hinweise für die Nutzung und den Einsatz von
eLearning in der firmeninternen Weiterbildung. Ich erwähne im Folgenden nur
eine Erkenntnisse, die für eLearning auf der Mikroebene interessant ist:

„Die Datenbank des Unternehmens U1 enthält etwa 5 000 unterschiedliche ‚Lern-module', die je nach Anforderung kombiniert angeboten werden. Der Trend geht zu immer kleineren Lernmodulen von 20 und weniger Minuten Dauer. Für U7 sind kleins-te Einheiten des ‚in-process learning' typisch, aufgezeichnete Wissenseinheiten von 10 bis 20 Minuten, die auf bestimmte Projektphasen oder -gebiete abgestimmt sind. Diese Einheiten sind per Intranet intern abrufbar. Bei U6 sind die einzelnen Online-Module 15 Minuten lang; sie werden über ein Virtual Campus-Netzwerk dargeboten. Durch die Aufspaltung auch längerer Curricula in kurze Blöcke – ein Unternehmen spricht von ‚Lernhappen' – wird den Arbeitnehmern die Integration von Lernphasen in den Ar-beitsprozess erleichtert. ‚Der Arbeitsprozess in Hightech erlaubt keine längeren zu-sammenhängenden Zeitfenster für Lernen'." (c.r.i.s. international 2001: 14-15).

Einerseits scheint es diesen Trend hin zur McDonaldisierung der Weiterbildung zu geben, andererseits ist aber das Konzept des Live-Workshops gerade in der Weiterbildung nicht tot zu kriegen:

„Nach wie vor dominiert der traditionelle, von einer Lehrkraft moderierte Präsenzun-terricht im Klassenzimmer (K-Weiterbildung, classroom training, c-training). Als Gründe hierfür werden häufig Vorteile wie ‚human touch', größere Interaktivität und Team-Lernen genannt." (c.r.i.s. international 2001: 33).

Zu einem ähnlichen Ergebnis kommt die Studie von cognos & innotec (2002). Per E-Mail wurden aus dem Kundenkreis von Cognos in Deutschland alle Per-sonen angeschrieben, die bereits an einer Schulung von Cognos teilgenommen und in eine weitere Kontaktaufnahme eingewilligt haben. Von 2189 angeschrie-benen Personen wurden 616 auswertbare Fragebögen zurückgesendet. Auch dies ist eine enttäuschend niedrige Rücklaufquote. Immerhin wird auch hier die Rolle des Präsenzunterrichts betont:

„Die Untersuchungsergebnisse haben deutlich gemacht, dass die Präsenzschulung im-mer noch die beliebteste Lernform ist. Diese Präferenz geht einher mit Informationsde-fiziten bei den Mitarbeitern hinsichtlich der elektronischen Lernformen und ist vermut-lich mit Akzeptanzverlusten verbunden. Die meisten Mitarbeiter fühlen sich vom Un-ternehmen zwar gut über die Präsenzschulung, jedoch schlecht über E-Learning infor-miert – ihre Informationen zu elektronischem Lernen beziehen sie vor allem aus der Presse." (cognos & innotec 2002: 7).

Ebenso hat das amerikanische Training-Magazin (2000) in seinem Industry Report 2000 über eine Umfrage berichtet, dass knapp drei Viertel aller Ausga-ben für die betriebliche Weiterbildung noch auf Präsenzveranstaltungen entfal-len. Die American Society for Training & Development (ASTD 2001) nimmt an, dass der Anteil der Präsenzkurse ca. 80 % beträgt und sogar gegenüber 1998 noch zugenommen hat. Und dies hat seine berechtigten Gründe, denn schließ-lich legen ja gerade moderne Unternehmen viel Wert auf soziale Qualifikatio-

nen, sogenannte „soft-skills", die in der virtuellen Ausbildung nicht oder mindestens nicht so gut zu erreichen sind wie in der Präsenzausbildung.
    Auch die deutschen Hochschulen setzen überwiegend auf das sogenannte
„blended learning", die Mischung von Präsenzstudium und virtuellen Studienan-
teilen, deren Ziel die Bereicherung des Präsenzstudiums ist und die Verbesserung der Betreuungsdichte durch die Kommunikation in Lernplattformen und
virtuellen Klassenräumen. Diese Leitvorstellung ist der Kern der meisten virtuellen Hochschulen in der Bundesrepublik. Sie wurde explizit auch vom eLearning Consortium Hamburger Hochschulen (ELCH) seiner eLearning-Initiative
vorangestellt. Dieser Trend ist auch international festzustellen, wie aus dem
internationalen Survey von Collis/ van der Wende (2002: 23) hervorgeht: „on-
campus is and will remain the dominant learning setting":

> „The lecture remains the ‚core medium', the instructional form that is most highly val-
> ued. However, ICT has clearly become part of the blend, serving as a complement to
> already existing instructional tools. This notion of core and complementary media
> (Collis & Moonen, 2001) relates to the idea of blended learning, with ICT now clearly
> part of the blend. Web technology in particular is associated with ‚stretching the
> mould' but not with radical change of practice." (Collis/ van der Wende 2002: 62)

Einige der von c.r.i.s. (2001) untersuchten Betriebe betonen als Gründe für die
Präferenz von Präsenzlernen die ‚inadäquate Didaktik und die rigide sequentiel-
le Präsentation der Lerninhalte' in der virtuellen Lehre. Aber die Studie von
c.r.i.s. deckt auch noch ein weiteres Defizit der eLearning-Projekte in den IT-
Unternehmen der U.S.A. auf, das die Didaktik des eLearning betrifft:

> „Generell wird am Online-Lernen bemängelt, dass zu wenig auf Interaktivität geachtet
> wird. Viele Online-Angebote sind dem klassischen Ansatz des Computer gestützten
> Trainings verhaftet: Der Lernende beschäftigt sich allein mit vorprogrammierten Lern-
> schritten. Nur 27 % der Online-Weiterbildung sind interaktiv angelegt und folgen dem
> Modell des Klassenzimmers, d. h. Interaktionen sind mit Lehrkräften und/ oder ande-
> ren Lernenden möglich." (c.r.i.s. international 2001: 37).

Nur eines der Unternehmen scheint hier eine fortschrittlichere Position einzu-
nehmen.

> „In U8 besteht eine starke Präferenz für interaktive Online-Angebote: Netzklassen mit
> Lehrkraft, die Fragen beantwortet und für Rückmeldungen zur Verfügung steht. Ent-
> scheidend für den Erfolg von WBT sei ihre auf die Qualität der Angebote gerichtete In-
> teraktivität." (c.r.i.s. international 2001: 37).

Zu einer ähnlichen Erkenntnis gelangt auch die Studie von Unicmind.com, in
der „Top-350 Unternehmen der deutschen Wirtschaft" zum Einsatz von „eLear-

ning und Wissensmanagement" befragt wurden, von denen 102 Unternehmen den Fragebogen beantworteten:[5]

> „Nur 25 % dieser Unternehmen setzen dabei auf das zeitgemäße internetbasierte Web-based-Training. Für die meisten Unternehmen bedeutet eLearning noch immer, dass vor allem Schulungsvideos eingesetzt werden und dass CBTs (Computer-based-Trainings) zum Einsatz kommen. Diese Medien sind aber weder interaktiv, im Sinne einer aktiven Auseinandersetzung mit einem Tutor oder einem Mit-Lerner, noch erlauben sie eine Aktualisierung mit angemessenem Aufwand. Eine unmittelbare Lernerfolgskontrolle und eine auf den Lernfortschritten basierende differenzierte Gestaltung der Lerneinheiten und auch der Lernanforderungen ist damit nicht möglich." (Unicmind.com 2001: 5).

Eine Gruppe von Hochschullehrern von der State University of New York und anderen Universitäten, darunter die bekannte eLearning-Professorin Karen Swan von der University of Albany, hat die Zufriedenheit der Studierenden mit den Online-Kursen im SUNY Learning Netzwerk untersucht.[6] Das Learning Network (SLN) ist das virtuelle Lernangebot für die 64 Colleges und fast 400.000 Studierenden der State University of New York (SUNY). Die Autoren heben als wichtigstes Ergebnis der Befragung die Bedeutung der Kommunikation im Netzwerk hervor:

- „*Interaction with the teacher* is the most significant contributor to perceived learning".
- „Opportunities for high levels of *participation* are an important course design feature for encouraging learning".
- „*Interaction with classmates* is a significant contributor to perceived learning in on-line courses as well" (Fredericksen u.a. 2001, Hervorheb.: R.S).

Die Erhebung von ASTD und dem Masie Center (2001) zu 30 Kursen von 16 Firmen in den USA konnte mehr als 700 Teilnehmer befragen und kam, was das Defizit an Kommunikation und Kooperation anbelangt, zu ganz ähnlichen Erkenntnissen. Dabei ist bemerkenswert, dass nur ein geringer Prozentsatz der

---

[5] Dies entspricht einer „hohen Rücklaufquote von 29 %", wie unicmind betont. Die meisten dieser Befragungen haben derart niedrige Rücklaufquoten. Wenn es eine Umfrage in einer großen Stichprobe gewesen wäre, z. B. alle Haushalte, dann wäre die Aussage richtig, aber bei einer derart überschaubaren und klar adressierbaren Stichprobe muss man für eine hohe Rücklaufquote schon über 50 % verlangen. So hat auch die erwähnte Studie von cognos und innotec nur eine Rücklaufquote von 28 %.

[6] URL: http://www.aln.org/alnweb/journal/Vol4_issue2/le/Fredericksen/LE-fredericksen.htm

Studierenden auch über die softwaremäßigen Voraussetzungen für eine Kooperation verfügte:

> „roughly 58 % did not get adequate interaction with either instructors or other students.
> The lack of collaboration is one factor that potentially leads to dissatisfaction. The
> amount of support learners received while taking the technology-delivered portions of
> the courses also played a key role in their level of satisfaction. Again, learners found
> the support provided by the technical staff and subject matter experts to be especially
> important. Collaboration is also an essential factor in learner satisfaction. Only 21 % of
> courses in the survey had a digital collaboration component, and only 20 % were syn-
> chronous. In addition, learners gave low satisfaction ratings to the level of interaction
> and real-time portions of their e-learning courses." (ASTD 2001: 5).

Interaktivität wird von c.r.i.s., Unicmind.com, der SUNY-Gruppe und dem
Masie Center ausschließlich im Sinne von sozialer Kommunikation verstanden,
als Kommunikation mit dem Tutor oder den anderen Studierenden. Dieselbe
Argumentation gilt meines Erachtens aber auch für Interaktivität im Sinne der
Variabilität und Manipulierbarkeit der Lernobjekte (s. Schulmeister 2003: 207-
225). Gerade diese Eigenschaften qualitativ hochwertiger Online-Angebote, die
hohe Interaktivität der Lernobjekte und die hohe Dichte der Interaktion zwischen Lehrenden und Lernenden, sind nicht leicht zu erreichen, kosten viel Geld
und setzen hohe Qualifikationen der Entwickler und Lehrkräfte voraus, was mit
teilzeitbeschäftigten Lehrbeauftragten kaum erreicht werden kann.
Die geringe Qualität der netzbasierten Bildungsangebote ist nicht verwunderlich,
wenn man bedenkt, dass die meisten Autoren nicht über die Fähigkeit verfügen,
Flash-Programme oder Java-Applets zu schreiben, geschweige den Macromedia
Director zu bedienen. Dies spiegelt sich in einer Erhebung von Brandon-Hall
(Meldung vom 8. Januar 2003) zu der Frage wider, welche Autorenwerkzeuge
von den eLearning-Dozenten genutzt werden.[7] Sie wurden überrascht durch den
Befund, dass PowerPoint das populärste Werkzeug für die Entwicklung von
eLearning-Inhalten war. Die Rangfolge der Autorenwerkzeuge war die folgende:

---

[7] URL: http://www.brandonhall.com/public/forms/atsurvey/ (Zugriff am: 23.05.2003)

Tab. 2: Rangfolge der Autorenwerkzeuge

66 %	PowerPoint
63 %	Microsoft Word
61 %	Dreamweaver
47 %	Flash
34 %	Code at the HTML tag level
32 %	Traditional tools (Authorware, ToolBook, etc.)
26 %	Microsoft FrontPage
21 %	Learning content management system (LCMS)
18 %	Content authoring tools built-in to LMS
16 %	Other
13 %	Rapid e-learning tools (ReadyGo, Lectora Publisher, Trainersoft, etc.)

Nach: http://www.brandonhall.com/public/dispatch/dispatch8Jan03.htm

Wenn PowerPoint und Word die am meisten genutzten Werkzeuge für die Erstellung von Inhalten sind, dann kann man sich leicht ausmalen, welcher Art die in den Lernplattformen enthaltenen Lerninhalte sind: Texte und Folien.

Die magere didaktische Qualität der Lernobjekte führt denn auch zu einem anderen als dem erwarteten Lernverhalten der Studierenden. De facto entspricht das Studienverhalten der virtuell Studierenden nicht der Idee, die dem Konzept des virtuellen Studiums zugrunde gelegt wurde. Diese These lässt sich durch einige Beobachtungen belegen:

- 60 bis 80 % der Studierenden drucken alle Unterlagen, die sie im Netz vorfinden, aus (aus einem Referat eines Vertreters der Virtuellen Fachhochschule),
- die durchschnittliche Sitzungsdauer der virtuell Studierenden beträgt 10 Min. (aus einem Vortrag von Ulrich Glowalla),
- die Qualität der Lehr- und Lernmaterialien ist generell sehr gering. Bei den meisten Inhalten in Lernplattformen handelt es sich um Texte (in der Dissertation von Uhl wird berichtet, dass 95 % der Inhalte in dem Projekt Virtus Texte waren).

Aus der bereits erwähnten Befragung von Unicmind.com geht ein weiterer interessanter Gesichtspunkt hervor:

„Betrachtet man die Antworten fällt die Dominanz der Themen mit engem Bezug zur Informationsverarbeitung ins Auge. Klarer Spitzenreiter ist das Thema Office-

Schulung. Zwei von drei Unternehmen setzen für diesen Zweck eLearning-Tools an.
Es folgen Schulungsmaßnahmen für andere Anwendungssoftware, z. B. betriebswirt-
schaftliche Anwendungssoftware sowie die Bedienung von Betriebssystemen, etwa
Windows 2000." (Unicmind.com 2001: 17)

„Nur in etwa jedem dritten bis vierten der befragten Unternehmen werden Produkt-
kenntnisse, Softskills, Sprachen sowie sonstige betriebswirtschaftliche Themen via e-
Learning geschult. Unter 10 % liegt der Anteil der Unternehmen, die Themen wie die
Kundenzufriedenheit und Qualitätsmanagement computergestützt vermitteln." (Unic-
mind.com 2001: 17)

Rückschlüsse aus Bereichen wie dem der Corporate Universities oder der virtuellen betrieblichen Weiterbildung auf die Universitäten können also schon deshalb nicht gezogen werden, weil die Lernthemen und Lernobjekte von völlig
anderer Art sind als in der Hochschulausbildung. Die von den amerikanischen
Unternehmen angestrebte Lernhappen-Kultur der betrieblichen Weiterbildung
kann man eigentlich nicht als Lernen bezeichnen. Vermutlich gehen bei derartigen Pausenfüllern nur Updates von Informationen und Daten über die Bühne.
Die Universitäten müssen von ihren Studierenden längere Strecken des Lernens
verlangen, Geduld und Anstrengung in der Auseinandersetzung mit schwierigen
Ideen und Theorien zumuten. Die Reifeprozesse der Bildung benötigen mehr
Zeit als die Lernhäppchen der Manager, auch mehr als neuerlich für den Bachelor veranschlagt wird. Die Bildungsprozesse benötigen aber auch anspruchsvol-
lere Lernobjekte als nur Texte, sie bedürfen offener Lernumgebungen, problem-
orientierter Darstellungsweisen und der kommunikativen Auseinandersetzung in
Lerngemeinschaften.

3   Fazit

Auf dem wettbewerbsorientierten kommerziellen Markt der virtuellen Ausbildung, zu dem die amerikanischen und internationalen Virtuellen Universitäten
gehören, und im Bereich der betrieblichen Ausbildung dominiert die Strategie
der Kosten- und Ressourcenminimierung. Auf dieser Makroebene sind angesichts hoher Konkurrenz bereits die ersten Insolvenzen registrierbar. Selbst in
der betrieblichen Ausbildung macht die virtuelle Ausbildung nur langsam Fortschritte, wobei einschränkend bemerkt werden muss, dass die Modelle der betrieblichen Ausbildung weder vom Spektrum der nachgefragten Inhalte noch
vom Typus der Module her als Vorbild für ein Universitätsstudium betrachtet
werden können.

Betrachtet man auf einer Mesoebene die unterschiedlichen Organisationsformen, so haben die Fernuniversitäten erhebliche Vorteile aufgrund der vorhandenen Logistik und ihrer speziellen Klientel. Es kann ihnen gelingen, ihre
Effizienz und Reichweite durch virtuelle Komponenten auszubauen. Während
die deutschen Hochschulen überwiegend das Ziel der Qualitätsverbessserung
der Präsenzlehre und damit eine Differenzierungsstrategie verfolgen, scheinen
die rein virtuellen Universitäten noch Schwierigkeiten zu haben, eine genügend
große Zahl Studierender für ein virtuelles Studium zu begeistern, es sei denn, sie
folgen einer Nischenstrategie und suchen sich eine ganz spezielle Klientel (z. B.
religiöse oder ethnische Gruppen) oder eine unterversorgte geographische Region.

Auf der Mikroebene der Didaktik ist feststellbar, dass bei virtuellen Ausbildungsangeboten mit erheblichen Abstrichen an der Qualität der Lernmaterialien und den didaktischen Methoden gerechnet werden muss. Die geringe Interaktivität der Lernobjekte und das Fehlen qualifizierten Feedbacks durch Lernobjekte sowie die Einschränkungen bei den netzbasierten Kommunikationsformen
stellen das entscheidende Manko virtueller Lernumgebungen dar, das didaktisch
nur durch gute Präsenzphasen im blended learning-Konzept aufgefangen werden kann.

Literatur

AFT, American Federation of Teachers (2001): A Virtual Revolution: Trends in the
    Expansion of Distance Education. May 2001. Washington, DC, ITEM NO. 36-
    0694.   URL: http://www.aft.org/higher_ed/downloadable/VirtualRevolution.pdf
    (Zugriff am: 23.05.2003).
ASTD, American Society for Training & Development (2001): State of Industry Report
    2001, by Mark E. van Buren, Arlington, VA, February 2001. URL: http://www.biz-
    assist.com/PDF/buildcme.pdf (Zugriff am: 23.05.2003).
ASTD and The MASIE Center (2001): E-Learning: "If We Build It, Will They Come?"
    Alexandria, VA. Juni 2001.
Andersen Arthur: BMBF (Hg.) (2000): Studie zum europäischen und internationalen
    Weiterbildungsmarkt. Stuttgart.
Berlecon AG (2001): Wachstumsmarkt E-Learning. Berlin. URL: http://www.berlecon.
    de/studien/elearning/

Cedefop (2002): eLearning und Ausbildung in Europa. Umfrage zum Einsatz von Learning zur beruflichen Aus- und Weiterbildung in der Europäischen Union. Cedefop Reference series; 25. Amt für amtliche Veröffentlichungen der Europäischen Gemeinschaften.

Clark, B. R. (1996): The Higher Education System: Academic Organization in Cross-National Perspective. Berkeley.

cognos & innotec (2002): Akzeptanz von E-Learning. Eine empirische Studie in Zusammenarbeit von Cognos und dem Institut für Innovationsforschung, Technologiemanagement und Entrepreneurship. Juli 2002. URL: http://www.inno-tec.bwl.uni-muenchen.de/forschung/Studie_E-LearningAkzeptanz_%C3%9Cberblick1.pdf (Zugriff am: 23.05.2003)

Collis, B. / Wende, M. van der (2002): Models of Technology and Change in Higher Education. An international comparative survey on the current and future use of ICT in Higher Education. Center for Higher Education Policy Studies (CHEPS) 2002. URL: http://www.bsk.utwente.nl/cheps/ictsurvey/ictsurvey.html

c.r.i.s. international (2001): Lebenslanges Lernen. Best Practices der betrieblichen Weiterbildung in führenden Hightech-Unternehmen der U.S.A. Studie im Auftrag des BMBT. Santa Barbara und Berlin. URL: http://www.bmwi.de/Homepage/downlo ad/Ausbildung/LebenslangesLernen.pdf (Zugriff am: 23.05.2003).

Goldberg, C. (2001): No Net Profit. MIT Classes Are Going Online (Free!). In: New York Times, 05.04.2001. URL: http://www.uni-muenster.de/PeaCon/med komp/mk2001/mk-2001-mit.htm (Zugriff am: 23.05.2003).

Hall Brandon (2003): email-Sendung URL: http://www.brandonhall.com/public/ dispatch/dispatch8Jan03.htm (Zugriff am: 23.05.2003).

Initiative D21 (2001): Chancen neuer Bildungsstrategien für das Beschäftigungspotenzial in Deutschland. eLearning-Beispiele aus Unternehmen, Umbau der Weiterbildung, Netzwerke zwischen Politik, Verwaltung und Wirtschaft, Bildungsmarkt und Sponsoring.

Iwd, Informationsdienst des Instituts der deutschen Wirtschaft Köln 35, 27. Jg., 30.08.2001). URL: http://www.iwkoeln.de/Publikationen/frs_publikationen.htm

Fredericksen, E. u. a. (2001): Student Satisfaction and Perceived Learning with On-line Courses: Principles and Examples from the SUNY Learning Network. URL: http://www.aln.org/alnweb/journal/Vol4_issue2/le/Fredericksen/LE-fredericksen.htm (Zugriff am: 09.01.2001).

Klatt, R.; Gavriilidis, K. ; Kleinsimlinghaus, K.; Feldmann, M.; u. a. (2001): Nutzung elektronischer wissenschaftlicher Information in der Hochschulausbildung. Barrieren und Potenziale der innovativen Mediennutzung im Lernalltag der Hochschulen. (Studie im Auftrag des BMBF). Dortmund.

KPMG : eLearning zwischen Euphorie und Ernüchterung. Eine Bestandsaufnahme zum eLearning in deutschen Großunternehmen. Veröffentlicht am 28.11.2001 URL: http://www.kpmg.de

Marien, M.; Martin, A. u. a. (1998): TELEMAN/SME. Tele-Teaching & Training for Management of SMEs (ET3104) Public Results Report supported by the Telematic Application Programme – Education and Training Sector. August 1998. URL: http://www.teleman.org/teleman/orderform.htm/

Meyer, H. L. (2001): Türklinkendidaktik. Aufsätze zur Didaktik, Methodik und Schulentwicklung. Berlin.

NGA - National Governors Association (2000): The State of E Learning in the States.

NetDay (2001): Press Release 29.3.2001. 84 % of Teachers Say Internet Improves. Quality of Education. URL: http://www.netday.org/news_survey.htm (29.3.2001)

Porter, M. E. (1999): Wettbewerbsstrategie. Methoden zur Analyse von Branchen und Konkurrenten. Frankfurt, New York.

Schulmeister, R. (2001): Virtuelle Universität – Virtuelles Lernen. München, Wien.

Schulmeister, R. (2002): Virtuelle Universitäten und die Virtualisierung der Hochschulausbildung. Argumente und Konsequenzen. In: L. J. Issing; G. Stärk (Hg.) (2002): Studieren mit Multimedia und Internet. Ende der traditionellen Hochschule oder Innovationsschub? (= Medien in der Wissenschaft Band 16). Münster, New York. S. 129-145.

Schulmeister, R. (2003): Lernplattformen für das virtuelle Lernen. München, Wien.

Snowdon, D. N., Churchill, E. F,. Munro, A. J. (2001): Collaborative Virtual Environments: Digital Spaces and Places for CSCW. An Introduction. In: E. F. Churchill, D. N. Snowdon; A. J. Munro (Hg.) (2001): Collaborative Virtual Environments. Digital Spaces and Places for CSCW. London.

Spector, J.M. (2001): An Overview of Progress and Problems in Educational Technology. In: *Interactive Educational Multimedia*. 03.10.2001. S. 27-37. URL: http://www.ub.es/multimedia/iem

Training Magazine Staff (2000): Industry Report 2000: A comprehensive analysis of employer-sponsored training in the United States. In: *TRAINING Magazine* 37 (October 2000) 10.

Uhl, V. (2002): Positionierung virtueller Hochschulen im Bildungsmarkt unter besonderer Berücksichtigung der Situation in Deutschland. Diss. Hochschule für Wirtschaft und Politik Hamburg 2002.

Uhl, V. (2003): Virtuelle Hochschulen auf dem Bildungsmarkt. Strategische Positionierung unter Berücksichtigung der Situation in Deutschland, Österreich und England. Wiesbaden.

Unicmind.com AG (2001): E-Learning & Wissensmanagement in deutschen Großunternehmen. Ergebnisse einer Befragung der Top-350 Unternehmen der deutschen Wirtschaft. Privaten Fachhochschule Göttingen. Göttingen.

Zimmer, G. (1995): Mit Multimedia vom Fernunterricht zum Offenen Fernlernen. In: L.J. Issing; P. Klimsa, (Hg.) (1995): Information und Lernen mit Multimedia. Weinheim. S. 337-352.

Das Multimedialisierungskonzept der FernUniversität in Hagen

Helmut Hoyer

Die FernUniversität wurde 1974 durch den Landtag Nordrhein-Westfalen als Universität des Landes gegründet. Sie ist bis heute die einzige Fernuniversität in Deutschland und integraler Bestandteil des deutschen Hochschulsystems. Wurde sie allerdings damals in erster Linie als Entlastungshochschule gegründet, so stellt die FernUniversität heute vorrangig eine Ergänzung des universitären Bildungsangebotes mit einem eigenen Profil dar.

Dies zeigt sich auch in ihren Studierenden, die im Schnitt 29 Jahre alt, zu 80 % berufstätig sind und von denen ca. 40 % bereits erfolgreich ein erstes Hochschulstudium abgeschlossen haben. Vor diesem Hintergrund einerseits und dem Spannungsfeld zwischen konventionellem Fernstudium und den Möglichkeiten der Neuen Medien sowie der modernen I&K-Technologien andererseits hat die FernUniversität ihr Leitbild entwickelt und als Verpflichtung und Vision in der Hochschule verabschiedet.

Der Präambel des Leitbildes und Aussagen zur Positionierung und zum Profil der Universität folgen 6 Punkte als Hauptaussagen zur künftigen Entwicklung. Es sind dies Forschung, Lehre, Weiterbildung, Internationalisierung und Kooperationen sowie eine klare Aussage der FernUniversität zum Medieneinsatz als den Motor für ihre Universität der Zukunft:

> „Die Besonderheit des Lehrsystems der FernUniversität liegt in der flächendeckenden Nutzung von Medien in der Lehre. Beim Einsatz der elektronischen Medien nimmt sie im nationalen und internationalen Wettbewerb eine führende Rolle ein."

Mit ihrem Konzept „Lernraum Virtuelle Universität" macht sie, ausgehend von einem ganzheitlichen Ansatz, erstmals alle Funktionen einer Universität über elektronische Kommunikationsnetze verfügbar.

Damit schafft sie neue Perspektiven hinsichtlich der Qualität der Lehre, der Individualisierung, der Bedarfsorientierung, der sozialen Vernetzung und der europäischen Integration im Bildungswesen."

Mit dieser Vision und gleichzeitiger Verpflichtung waren die Voraussetzungen gelegt zur Entwicklung des Konzepts des „Lernraums Virtuelle Universität" (LVU) als dem zentralen Entwicklungsziel der FernUniversität und als dem Ausgangspunkt zur Formulierung gemeinsamer Eckwerte.

Bis etwa 1998 gab es an der FernUniversität eine Vielzahl an Forschungen und Entwicklungen zu Themen des virtuellen Lehrens und Lernens. In zahlreichen Projekten waren neue Konzepte entwickelt und praktisch in Pilotversuchen eingesetzt worden. In den Fachbereichen wurden Ansätze für die multimediale Gestaltung der Studieninhalte und Online-Lehrformen erprobt. Trotz des ausgereiften Charakters der Entwicklungen und mehrjährigen Praxistests handelte es sich – aus Sicht eines künftigen Regelbetriebs – um Insellösungen. Im Hinblick auf den Gesamtprozess eines Studiums fand verständlicherweise nur ein Ausschnitt seine Entsprechung im virtuellen Raum, da es letztendlich um die Entwicklung von exemplarischen Prototypen, und weniger um den Aufbau einer umfassenden Plattform für die FernUniversität ging.

Im Jahre 1999 erfolgte die Richtungsentscheidung über den flächendeckenden Einsatz der neuen Medien und den Aufbau virtueller Universitätsstrukturen. Im Zuge dieser Leitentscheidung wurde das Konzept des „Lernraums Virtuelle Universität" (LVU) als gemeinsame Zukunftsvision der FernUniversität etabliert. Für die FernUniversität ist ihre virtuelle Universität die konsequente Weiterentwicklung des traditionellen Fernstudiums, die den Studierenden als besonders wichtige Komponente eine Kompensation der traditionellen Schwachpunkte eines Fernstudiums in Hinblick auf Kommunikation, Kooperation und Nähe untereinander sowie mit den Lehrenden ermöglicht.

Der Lernraum Virtuelle Universität geht über bisher vorhandene Ansätze verteilten und mediengestützten Lernens dadurch hinaus, dass alle Funktionen einer Universität im Lehrbetrieb integriert über Kommunikationsnetze verfügbar gemacht werden und erstmals ein vollständiges und homogenes System entsteht. Das betrifft:

- das Lehrangebot
- das Betreuungsangebot
- intensive Kommunikationsmöglichkeiten und sozialen Kontakt
- Unterstützung von Gruppenarbeit über das Netz
- Funktionen für Übungs- und Praktikumsbetrieb
- Zugang zu Bibliotheken und zu verteilten Informationsressourcen
- Zugang zu Forschung als Schnittstelle zur Lehre
- Zugang zum Informations- und Beratungsangebot
- Administrationsfunktionen (wie: Einschreibung und Belegung, Studienverlaufs- und Prüfungsverwaltung)

Darin eingebunden sind die Formen der traditionellen Wissensvermittlung, eine intensive, verstärkt individualisierte Betreuung auch im persönlichen Kontakt sowie als regionale Standorte die Studienzentren.

Dieses Konzept des virtuellen Campus setzt eine betriebseinheitliche Lehr- und Lernumgebung voraus, wie sie in Abbildung 1 dargestellt ist. Nichts könnte mehr das Vertrauen von Studierenden in die Qualität der Lehre untergraben, als der Umstand, sich für jedes Online-Seminar, jede Lehrveranstaltung wieder in ein neues Anwendungssystem einarbeiten zu müssen.

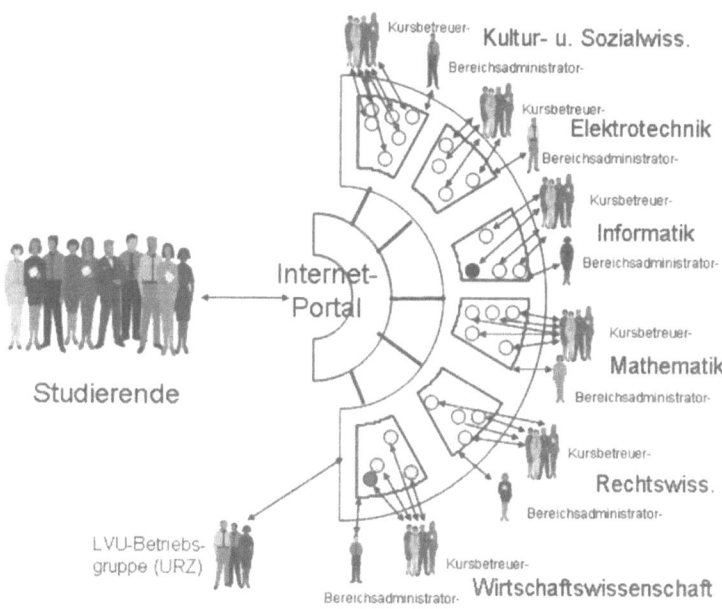

Abb. 1: Der virtuelle Campus

Im Zuge der dargestellten Erarbeitung des Konzeptes „Lernraum Virtuelle Universität" wurden daher folgende Eckwerte der Weiterentwicklung in der Hochschule im Konsens formuliert:

• Es wird eine einheitliche, technische Infrastruktur (Systemplattform) für die gesamte Universität aufgebaut und für den Regelbetrieb gefestigt.
• Es wird eine einheitliche Nutzerschnittstelle (bei fachspezifischer Diversität) entwickelt. Die Nutzer sollen gleiche Mechanismen und Kernbedienungselemente vorfinden. Hierdurch soll der Wiedererkennungseffekt gefördert werden.
• Vorhandene Kurse werden in portabler, webfähiger Form übertragen. Neue Kurse werden in mediengerechter Form realisiert. Ziel ist ein flächendeckender Medieneinsatz in jeweils fachspezifischer Ausgestaltung.
• Die Virtualisierung von kompletten Studiengängen wird angestrebt. Hierbei wird auf einen fachspezifischen Medienmix in Kombination von virtuellen und traditionellen Formen der Wissensvermittlung sowie integrierten Präsenzphasen gesetzt. Der Einsatz von webbasierten, multimedialen Studienmaterialien geschieht dort, wo er sinnvoll und effektiv erscheint. Darüber hinaus sollten Kurse immer durch Kommunikationsfunktionen im Netz ergänzt und vertieft werden.
• Beide vorangegangenen Punkte konkretisieren sich in einem Medien- und Betreuungskonzept (blended learning), das die Bezugspunkte für die internetbasierte Lehre im Spannungsfeld von Selbststudium und kooperativen, netzbasierten Arbeitsweisen definiert.

Damit waren die Voraussetzungen und das Gerüst zur Umsetzung als nächster Schritt in der institutionellen Gesamtstrategie gegeben. Hierzu bedarf es allerdings auch entsprechender Strategien und der Beteiligung aller Fachbereiche und Einrichtungen der Universität. Das Rektorat geht dabei drei Wege:

• Beratungs- und Entwicklungsteams einsetzen
• internes Anreizsystem entwickeln, sowie
• Geld für die Innovation beschaffen.

Dies wird begleitet durch entsprechende strukturelle Maßnahmen und Entwicklungsprozesse, die in Abbildung 2 (vgl. die folgende Seite) dargestellt sind. Die Entscheidungsprozesse werden in der Universität in offener Kommunikation und in konsultativer Beteiligung aller relevanten Bereiche und Gremien vorbereitet, die letztendliche Entscheidung liegt allerdings beim Rektorat.

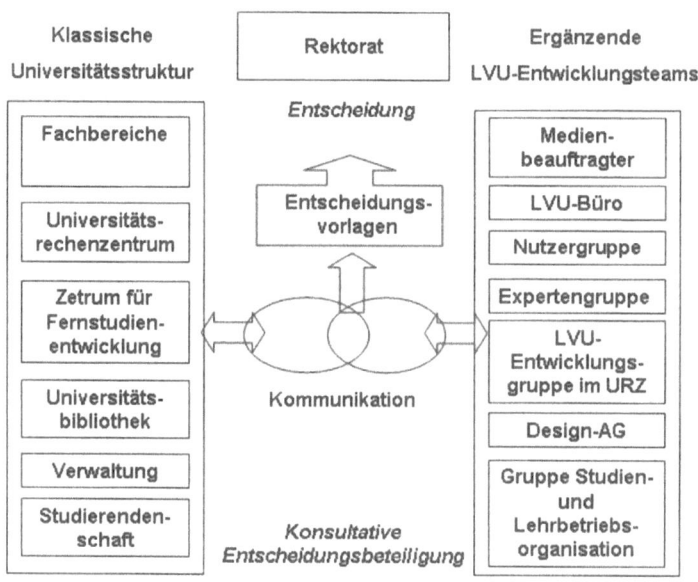

Abb. 2: Strukturelle Maßnahmen und Entwicklungsprozesse

Die Umsetzungsmaßnahmen erstrecken sich dabei ihrerseits auf drei Gebiete. Es sind dies die Entwicklungen und der Betrieb im Bereich der Infrastruktur des Lernraumes Virtuelle Universität in Hard- und Software, es ist dies der Bereich der Inhaltsentwicklung und es ist dies der Bereich der Planung und Koordination verbunden mit Servicefunktionen und einer Dokumentation des Gesamtprozesses.

Um diesen komplexen Prozess auf den Weg zu bringen, wurde in einem ersten Schritt ein Prorektor vom Rektorat zum Medienbeauftragten der Fern-Universität eingesetzt. Dies ging einher mit der Einrichtung des LVU-Büros als direkte Stabsstelle des Rektorates. Durch diese Stabsstelle werden alle Aktivitäten im Bereich der virtuellen Universität wirksam unterstützt, beraten und koordiniert. Ebenso zu den Aufgaben gehören die Vorbereitung und Begleitung der eigenen Multimedia-Förderprogramme als Anreiz zur Beteiligung aller Fachbereiche und Einrichtungen der Hochschule sowie die Unterstützung zur Einwerbung externer Fördergelder. Das LVU-Büro betreut darüber hinaus die verschiedenen Beratungs- und Entwicklungsteams, auf die im Folgenden noch eingegangen wird.

Diesen ersten internen strukturellen Maßnahmen folgte im Rahmen von Zielvereinbarungen ein weiterer wichtiger Schritt. Das Ministerium für Wissenschaft und Forschung (MWF) des Landes Nordrhein-Westfalen fördert auf der Basis der Leitentscheidung die Entwicklung des Ausbaus der technischen Infrastruktur für den Regelbetrieb des LVU in den Jahren 2000-2004 mit 3 Mio. €. Hinzu kommen 0,7 Mio. € aus den Innovationsfonds des MWF zur Unterstützung der Schwerpunktsetzung in der medienbezogenen Bildungsforschung durch Einrichtung eines Instituts für Medien- und Bildungsforschung im Fachbereich Kultur- und Sozialwissenschaften. Im Gegenzug verpflichtete sich die FernUniversität, durch interne Förderprogramme, quasi im Sinne eines Anreizsystems, die gleiche Summe für Inhaltsentwicklung zur Verfügung zu stellen.

Die FernUniversität hat sich bewusst für den Weg der Eigenentwicklung entschieden. Grund hierfür ist insbesondere, dass damit sichergestellt ist, dass zukünftige Entwicklungen, und zwar sowohl in technischer als auch methodisch-didaktischer Hinsicht, jederzeit in die vorhandene Infrastruktur in eigener Regie integriert werden können. Ziel ist dabei ein System, das die Verwaltung der Lehrmaterialien, Betreuung und Beratung sowie alle Funktionalitäten für den Lehrbetrieb und die Administration der Studierenden ermöglicht. Als eine Zwischenlösung wird gegenwärtig eine auf den bereits angesprochenen eigenen Forschungs- und Entwicklungsprototypen basierende Systemplattform eingesetzt. Darauf aufbauend und daraus lernend wird mit den dafür vom MWF zugewiesenen Mitteln eine endgültige Plattform entwickelt, die 2004 in Betrieb genommen wird. Ihre Kennzeichen sind eine offene Architektur und damit einhergehend ein bedarfs- und funktionalitätsorientierter Ausbau zur durchgängigen Abbildung von allen studienbezogenen und administrativen Vorgängen. Für diesen Entwicklungsprozess wurden zwei Einheiten im Rechenzentrum der FernUniversität neu gegründet. Neben einem Mitarbeiterstab für den technischen Betrieb der Plattform wurde eine LVU-Entwicklungsgruppe für den Aufbau der endgültigen Infrastruktur eingesetzt. Ihre Aufgabe besteht in der Konzeption des Architekturrahmens und der anschließenden Realisierung nach entsprechenden Entscheidungsprozessen. Dies ist gleichzeitig auch der Nukleus für eine Neuorientierung des Universitätsrechenzentrums als für den technischen Betrieb und den Service zuständige Einheit in der Universität.

Parallel, aber in enger Abstimmung dazu gibt es einen Forschungs- und Entwicklungsstrang zum Thema „virtuelle Universität". In jährlichen Ausschreibungsrunden werden über das interne Anreizsystem innovative Projektvorhaben mit dem Ziel einer späteren Integration der Projektergebnisse in die

Lernplattform gefördert. Merkmale des Konzeptes sind zum einen die Differenzierung der Weiterentwicklung in den Bereichen Systemkomponenten und webfähige Lehrinhalte; zum anderen die Verpflichtung zum Erfahrungstransfer innerhalb der Hochschule.

Die Fachbereiche und zentralen Einrichtungen entwickeln hierfür jährlich Ideen und Projektvorschläge. Diese werden von einer interdisziplinär besetzten Nutzergruppe diskutiert, bewertet und mit der internen Expertengruppe abgestimmt. Geleitet wird die Nutzergruppe von Medienbeauftragten des Rektorates. Die Programme und Förderentscheidungen werden vom Rektorat auf der Basis eines Vorschlages des Medienbeauftragten getroffen.

Mitglieder dieser Gruppe sind Vertreter der Fachbereiche, Studierendenvertreter sowie Mentorinnen und Mentoren aus den Studienzentren der FernUniversität. Insbesondere die Vertreter der Fachbereiche sind hierbei als Multiplikatoren für die Entwicklungsstrategie anzusehen, denn eine weitere Aufgabe der Nutzergruppe ist die eigenständige Entwicklung von Anforderungen im Hinblick auf den Einsatz neuer Medien in der Lehre. Diese werden mit Beratern zu Fragen der Studien- und Lehrbetriebsorganisation abgestimmt. Hierbei spielt insbesondere die Konsensfähigkeit von Entwicklungstrends und deren Umsetzung eine wesentliche Rolle. Begleitet wird dies durch die Expertengruppe, deren Mitglieder das Wissen und die Kompetenzen repräsentieren, die der FernUniversität zu Recht eine Vorreiterrolle in der Forschung und Entwicklung virtueller Universitätsstrukturen geben. Aufgabe dieser Gruppe ist darüber hinaus das Einbringen und Bewerten internationaler Entwicklungen und Trends im Vergleich zu dem internen Entwicklungsprozess.

Der Aufbau orientiert sich somit an den Erfordernissen der jeweiligen Fächer und Studienangebote, wobei die Fachbereiche ihre eigenen Multimediakonzepte als integraler Bestandteil und im Rahmen des Gesamtsystems entwickeln.

Ein weiteres Spezifikum in diesem System ist die mediendidaktische Serviceleistung. Nicht alle Fachbereiche besitzen das notwendige technische und gestalterische Know-how, um multimediale Lehrmaterialien zu realisieren. Hierbei werden sie von einer zentralen Einrichtung im Hochschulsystem der FernUniversität unterstützt – das „Zentrum für Fernstudienentwicklung" (ZFE), eine Einrichtung mit langjährigen Erfahrungen in der Konzeption und Realisierung von Medienproduktionen, der gleichwertig auch noch Evaluationsaufgaben unterliegen.

Mit dem Einsatz von Webtechnologien im Vermittlungsprozess wird zugleich ein technischer Rahmen abgesteckt, der Auswirkungen auf den konkreten medialen Lern- und Kommunikationsprozess hat. Hier gilt es, die bestmöglichen Bedingungen für Studierende zu schaffen und Ihnen eine komfortable

Schnittstelle zum Lernangebot zu ermöglichen. Grundlegend hierfür ist die Informationsarchitektur, in der der eigentliche Lernprozess eingebunden ist. Somit ist die Pflege und Aktualisierung des Webauftrittes eine wichtige und permanente Aufgabe. Als integraler Bestandteil der Entwicklungs- und Beratungsstruktur wurde deshalb die AG Design gegründet, in der auch die Abteilung für Presse- und Öffentlichkeitsarbeit der FernUniversität eingebunden ist. Sie ist zuständig für Konzept und Design des Webauftrittes.

Dies alles wurde entsprechend den Vereinbarungen mit dem Ministerium für Wissenschaft und Forschung in den Jahren 2000-2003 mit 3,7 Mio. € interner Fördergelder kofinanziert. Damit wurde aber auch die Basis geschaffen, um weitere externe Mittel wettbewerblich einwerben zu können. Neben EU-Projekten ist hier insbesondere die Beteiligung der FernUniversität am Programm „Neue Medien in der Bildung" des Bundesministeriums für Bildung und Forschung (BMBF) zu nennen. In diesem Programm kooperieren die FernUniversität, ihre Fachbereiche und Institute bundesweit insgesamt mit 40 Hochschulen in neun bundesländerübergreifenden, mulilateralen Kooperationsprojekten zur Entwicklung und Implementierung innovativer Bildungssoftware für ihre Fächer. Die FernUniversität hat für die Durchführung dieser Entwicklungsprojekte insgesamt mehr als 5 Mio. € eingeworben.

Diese bisherigen Erfahrungen und ein Blick auf den Entwicklungsstand zeigen die Richtigkeit der Leitentscheidung und der in der FernUniversität geschaffenen strategischen Rahmenbedingungen. Als Online-Studiengänge sind mittlerweile 4 Modellstudiengänge entstanden. Es sind dies:

- B.S. Informatik
- B.S. Informations- und Kommunikationstechnik
- B.S. Mathematik
- B.S. Mathematik-Methodik

In allen Fachbereichen wurden bis jetzt Lehrmaterialien zu ca. 250 Kursen und damit nahezu 700 Semesterwochenstunden multimedial und interaktiv aufbereitet. Begleitet wird dies durch eine Vielzahl von netzgestützten Lehrformen. So werden z. B. nahezu 150.000 Übungsaufgaben pro Semester über das Netz eingesandt und die korrigierten Aufgaben an die Studierenden elektronisch zurückverschickt. Mehr als 10 Online-Praktika stehen den Studierenden in den technisch-naturwissenschaftlichen Fächern zur Verfügung, wobei das Spektrum von rein simulierten Versuchen bis hin zu realen Systemen in virtuellen Labors reicht. Virtuell vorbereitete Seminare gehören zum Standard, mehr als 20 Seminare werden je Semester angeboten. Hinzu kommen ca. 100 Videokonferenzen pro Jahr für Prüfungsvorbereitungen und mündliche Prüfungen aus ausgewählten Studienzentren. Dass mittlerweile mehr als 40.000 Studierende einen Account zum Lernraum Virtuelle Universität besitzen und nutzen, zeigt die große Akzeptanz der Entwicklungen bei den Studierenden.

In den nächsten Schritten geht es jetzt um den bereits angesprochenen planmäßigen Übergang zum Regelbetrieb der neuen Systemplattform. Parallel dazu ist es vorrangig Aufgabe, ein effektives Qualitätsmanagement einzuführen und nachhaltig zu etablieren. Durch die Entwicklung adaptierbarer Muster für Lernsysteme einschließlich Betreuung sowie für die Produktion und die Einbindung der Lerninhalte sollten die Entwicklung von Standards und Konventionen vorangetrieben, die Wiederverwertbarkeit und Austauschbarkeit der Elemente gefördert und die Verständigung zwischen Entwicklern, Anwendern und Betreibern nachhaltig verbessert und erleichtert werden.

Der fortschreitende Entwicklungsprozess wird kontinuierlich dokumentiert und kann unter der Webadresse http://fernuni-hagen.de/LVU verfolgt werden.

CUBER oder Ausbildung à la carte

Bernd J. Krämer

1 Einführung

Während sich die entstehende Informationsgesellschaft zunehmend vernetzt und Wirtschaftsunternehmen auf globalen Märkten agieren, treten die meisten Universitäten immer noch wie lokale Monopolisten der Wissensvermittlung auf. Erste Versuche amerikanischer Bildungsanbieter, nationale Monopole durch internationale Abschlüsse wie Master of Business Administration aufzuweichen, bleiben angesichts der vergleichsweise geringen Zahl Studierender, die sie aufnehmen können, weitgehend wirkungslos.

Obgleich die Möglichkeiten und Chancen des Lernens im Internet im Vergleich zu traditionellen Aus- und Weiterbildungsformen bisher nur ansatzweise ausgelotet wurden, sind sich die Experten einig, dass digitale Lerninfrastrukturen, neuartige Lern- und Kooperationswerkzeuge sowie multimediale Lernangebote die Bildungslandschaft grundlegend verändern werden. Traditionelle Barrieren zwischen Universitäten, die durch lokale Bedingungen und kulturelle Eigenheiten geprägt sind, werden verschwinden. Die informationelle Vernetzung der Gesellschaft wird die Art und Weise, wie Universitäten ihre Funktionen ausüben, verändern (Twigg/ Miloff 1998).

1.1 Flexible Universitäten für die Informationsgesellschaft

Seit Jahrzehnten ist die Politik bestrebt, die europäischen Hochschulen für den internationalen Bildungsmarkt zu öffnen und zur verstärkten Kooperation anzuregen. Die Grundsätze dieser Politik bestätigen die institutionelle Unabhängigkeit, Freiheit und Zusammengehörigkeit von Forschung und Lehre sowie die Überwindung geographischer, sozialer und politischer Hemmnisse. Sie wurden zum 900-jährigen Bestehen der Universität von Bologna in einer "Magna Charta Universitatum" von mehr als 400 Rektoren europäischer Universitäten bekräftigt. Zehn Jahre später formulierten vier europäische Wissenschaftsminister in der Sorbonne-Erklärung erstmals die Schaffung eines einheitlichen europäischen Bildungsraums, der die *Freizügigkeit der Studierenden* und die *Anerkennung erbrachter Studienleistungen* ermöglichen soll, als konkretes Ziel. Mit ihrem 5. und dem gerade angelaufenen 6. Rahmenprogramm fördert die EU-Kommission in verschiedenen Projekten und Exzellenznetzwerken massiv die schrittweise Umsetzung dieser Zielsetzung.

1.2 CUBER – Kursmakler und Portal zu europaweiten Bildungsangeboten

Eines der Kernprojekte der Aktionslinie „Flexible University" im 5. Rahmenprogramm der EU ist CUBER[1] (CUBER 2000). Die Ziele und Ergebnisse dieses Projekts sollen im Folgenden vorgestellt werden. Das Projekt ging am 1. April 2000 mit dem ehrgeizigen Ziel an den Start, ein Werkzeug zu konstruieren, das die Internationalisierung der akademischen Lehre und die Freizügigkeit der Studierenden bei der Wahl von Kursen und Kursanbietern fördern sollte. Neun Projektpartner aus acht europäischen Ländern entwickelten unter Federführung der FernUniversität in Hagen eine Kursmakler-Software, die als Keimzelle eines Portals zur künftigen virtuellen europäischen Universität[2] ausgelegt ist (Krämer 2000a). Hinter dem Portal stellen die verbündeten Universitäten nach definierten Vorgaben detaillierte Beschreibungen von Kursen und ganzen Studienprogrammen ein. Studierende können mit Hilfe einer im Internet verfügbaren Suchmaschine dieses Angebot erschließen und ihre persönliche Auswahl treffen. Über ein Frageraster ermittelt der Makler in mehreren Schritten das Interessenprofil der Nutzer und Nutzerinnen, etwa ihr Bildungsziel, die bevorzugten Sprachen, zeitliche und finanzielle Randbedingungen oder inhaltliche Interessen. Das System schlägt dann aus den europaweiten Angeboten der beteiligten Universitäten geeignete Kurse oder Studienprogramme vor. Die freie Auswahl von Studienangeboten aus dem Maklerangebot ist aber nur dann von Nutzen, wenn die beteiligten Universitäten Studienprogramme anbieten, die es erlauben, deren Standardkurse durch inhaltlich gleichwertige Angebote anderer Institutionen zu ersetzen. Eine noch weiter gehende Möglichkeit bestünde darin, dass Studienprogramme nicht über einzelne Kurse, sondern nur über die Anforde-

---

[1] CUBER wurde unter der Projektnummer IST-1999-10737 mit nahezu 2 Mio. € von der Europäischen Kommission finanziell unterstützt.
[2] Wir verwenden den Begriff "virtuell" nicht im Sinne von "unwirklich" sondern in der Bedeutung: "vom Computer vorgetäuscht". Bei einer vernetzten virtuellen Universität ist zwar jeder Knoten wirklich vorhanden, vorgetäuscht wird aber das Bild einer ganzheitlichen Institution.

rungen an das zu erwerbende Wissen, Kompetenzen und Fertigkeiten definiert würden. Im Ausblick werden wir auf diesen Aspekt erneut eingehen.

1.3 Historischer Rückblick

Nun ist weder die Vorstellung eines europäischen Bildungsraums noch sind die Ziele der Magna Charta neu. Die mittelalterlichen Universitäten - Bologna, Paris, Oxford und andere – waren dem Zugriff der örtlichen Machthaber entzogen. Sie waren von Beginn an europäisch ausgelegt, denn die Abschlüsse wurden wechselseitig anerkannt, und der Student zog quer durch Europa, um sein Wissen zu erweitern (Goethe bezeichnete ihn im Faust als "fahrenden Scholastikus"). Die Konferenz "Wanderstudent 2000" an der Universität Leuven versuchte dieses mittelalterliche Modell des Wanderstudenten in die virtuelle Realität des Jahres 2000 zu transportieren. Die Konferenzteilnehmer sollten sich u. a. mit folgenden Fragen auseinander setzen (Van der Perre/ Vandevelde 2001):

• Werden die Studierenden im neuen Jahrtausend wieder von Universität zu Universität ziehen, diesmal aber virtuell?
• Wird jede Universität zu einem regionalen Knoten eines europäischen oder gar weltweiten Geflechts werden?
• Wird die Europäische Virtuelle Universität möglicherweise schon gebaut?

1.4 Aufbau des Aufsatzes

In den folgenden Abschnitten wollen wir darlegen, dass die Ergebnisse des Projekts CUBER geeignet sind, das Schaufenster einer vernetzten virtuellen Universität zu bilden. Im nächsten Abschnitt stellen wir die wesentlichen technischen Ergebnisse des Projekts und die damit verfolgten Ziele vor. Abschnitt 3 erörtert einige Forschungsfragen, die zu lösen waren, und beschreibt die wissenschaftliche Vorgehensweise bei der Entwicklung der Projektergebnisse. Abschnitt 4 befasst sich mit vergleichbaren Entwicklungen. Abschnitt 5 fasst den Beitrag zusammen und gibt einen Ausblick auf weiterführende Ideen zur Integration der CUBER-Entwicklung in das bestehende Universitätssystem. Hier werden auch die curricularen, organisatorischen und institutionellen Vorraussetzungen für einen erfolgreichen Einsatz des CUBER-Systems angerissen.

2   Konzept und Architektur des Bildungsmaklers

Stellen Sie sich vor, Sie seien die Leiterin der Personalabteilung eines mittel-
ständischen Unternehmens und stünden vor der Aufgabe, ein hochqualitatives
Weiterbildungsangebot für eine Gruppe ausgewählter IT- und Marketing-
Spezialisten zusammenzustellen. Nehmen wir weiter an, diese Gruppe hätte die
Aufgabe, in kürzester Zeit eine elektronische Handelsplattform zu entwickeln
und benötigte qualifizierte Weiterbildung zum Thema relationale Datenbanksysteme, Data-Warehouse und Java-Programmierung.

Sie gehen also auf die Internet-Seite http://www.cuber.net, klicken den
Verweis "CUBER System" an, betätigen mit dem Mauszeiger auf der nun er-
scheinenden Seite den Verweis "Search Engine" und wählen sich mit Ihrem
Benutzernamen und Kennwort in die CUBER-Suchmaschine ein. Da Sie dem
System bekannt sind, wird Ihr Suchprofil geladen, der Suchmodus wird automatisch auf Ihre Vorauswahl "Freitextsuche" gesetzt, und Ihre gespeicherten Präferenzen wie bevorzugte "Sprache der Bildungsangebote" u. a. werden eingestellt.
Sie geben nun die Suchbegriffe "relational" und "database" (als europäische
Entwicklung spricht CUBER nur Englisch) in die Textfelder ein und übermit-
teln die Anfrage an die Suchmaschine. Aus der ersten Antwort des Systems
können Sie entnehmen, dass CUBER 12 Kursangebote bekannt sind, die das
gesuchte Thema behandeln. Um die Auswahl gezielt einzuschränken, nutzen Sie
die auf der Antwortseite angegebenen Möglichkeiten, um die Auswahl weiter
einzuengen. Sie bestimmen z. B. den Schwierigkeitsgrad, die Art der angestrebten Zertifizierung und andere Kriterien; Sie wählen ggf. die gewünschte Lehr-
form (Frontalunterricht, Internet-gestütztes Selbststudium, klassischer Fernstu-
dienkurs o. a.) aus und geben Ihre Zeitbedingungen (Kompaktveranstaltung,
Teilzeitstudium, Kursbeginn und maximale Dauer) an.

Abb. 1: Ergebnis der Suche nach Kursen zum Thema: Relationale
Datenbanksysteme

In wenigen zusätzlichen Interaktionsschritten mit dem CUBER-System werden Ihnen vier Kurse vorgeschlagen (vgl. Abb. 1 auf der vorangehenden Seite).

Ähnliche Szenarien hatten wir zur Veranschaulichung unserer Vorstellung eines Kursmaklers im Internet zu Projektbeginn vorgelegt (Krämer 2000b). Heute können wir eine technische Lösung vorstellen, die dieser Vorstellung voll entspricht.

Bevor wir uns die Funktionen des Systems im Einzelnen ansehen, wollen wir in den folgenden Unterabschnitten kurz die Ziele und die Ausgangssituation ansprechen, die wir zum Zeitpunkt der Projektplanung vorfanden, sowie die Grobarchitektur des Systems vorstellen.

2.1 Projektziele

Das Projektkonsortium, das sich Anfang 1999 formierte, hatte sich zum Ziel gesetzt, einen *benutzerfreundlichen Such- und Vermittlungsdienst für Bildungs- und Weiterbildungsangebote* im tertiären Bereich ins Internet zu stellen. Abbildung 2 veranschaulicht diese Vermittlungsfunktion in einem Raum, der aufgespannt wird von den Hochschulen, die Wissen und Kompetenzen vermitteln, den Individuen, die Wissen und Kompetenzen erwerben wollen, und den Arbeitsmärkten, die gut ausgebildete Absolventen suchen.

Abb. 2: Vermittlung von Bildungsangeboten in einem offenen Bildungsmarkt

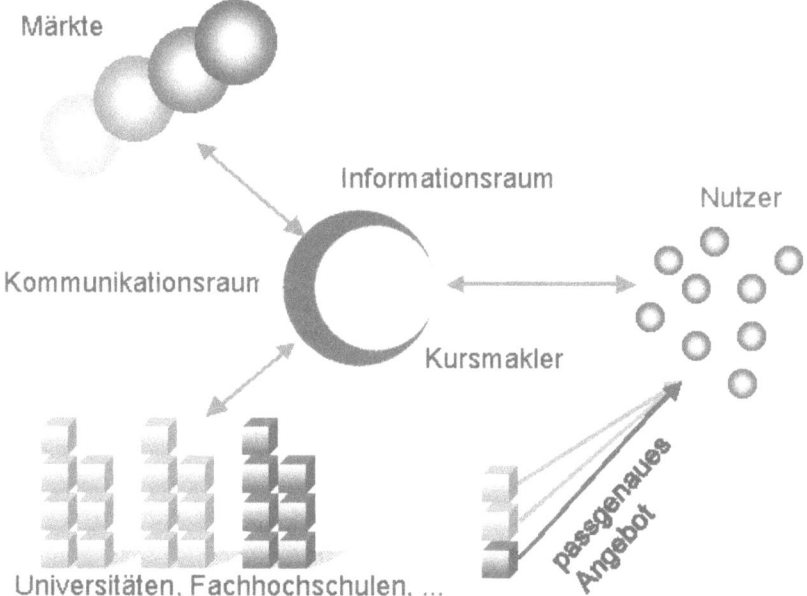

Mit CUBER sollte aber nicht nur eine reine Informationsfunktion realisiert werden. Bei der erwarteten Vielfalt der Angebote, die ein Suchprofil erfüllen, sollte es auch möglich sein, ähnliche Angebote miteinander zu vergleichen und eine fundierte Auswahl zu treffen.

Neben inhaltlichen, organisatorischen und didaktischen Kenngrößen stand das Ziel im Vordergrund, die Anerkennung von Studienleistungen mit Hilfe von CUBER zu erleichtern, wenn möglich sogar zu automatisieren. Es war klar, dass diese Aufgabe im Rahmen der Projektlaufzeit von 30 Monaten nicht endgültig gelöst werden konnte, weil hier nicht nur technische, sondern vor allem rechtliche, verwaltungstechnische und organisatorische Probleme zu lösen waren. Das Projekt beschränkte sich deshalb bewusst darauf, durch technische Vorkehrungen die *automatisierte Anerkennung und Portierung erworbener Leistungspunkte* möglich zu machen, sie aber nicht erzwingen zu wollen. Wie dies erreicht werden konnte, ist Gegenstand der Betrachtungen in Abschnitt 3.3.

2.2 Architektur des CUBER-Systems

Das zentrale Ergebnis der Projektarbeiten ist ein integriertes Informations- und Vermittlungssystem für Studienkurse und Studienprogramme für das Fachgebiet Informationstechnik. Das System ist in der aktuellen Version seit September 2002 im Internet verfügbar. Es zergliedert sich in drei Komponenten (vgl. Abb. 3 auf der folgenden Seite):

- Suchmaschine,
- Autoren- oder Dateneingabeschnittstelle und
- Wissensbasis.

Die Suchmaschine ist das Werkzeug für Personen, die Kurse und Studienprogramme suchen, die ihren Präferenzen entsprechen. Die Suchmaschine ist für jedermann frei zugänglich. Die Autorenschnittstelle ist durch ein persönliches Passwort geschützt. Über sie können autorisierte Vertreter der beteiligten Anbieterinstitutionen ihre Daten über Kurse und Studienprogramme einstellen und aktuell halten. In der Wissensbasis, die nur Administratoren direkt zugänglich ist, werden alle Angebotsdaten, Suchprofile einzelner Personen, Passwörter, Datenlexika, Klassifikationsschemata und Wörterbücher aufbewahrt.

Abb. 3: Aufbau des CUBER-Systems

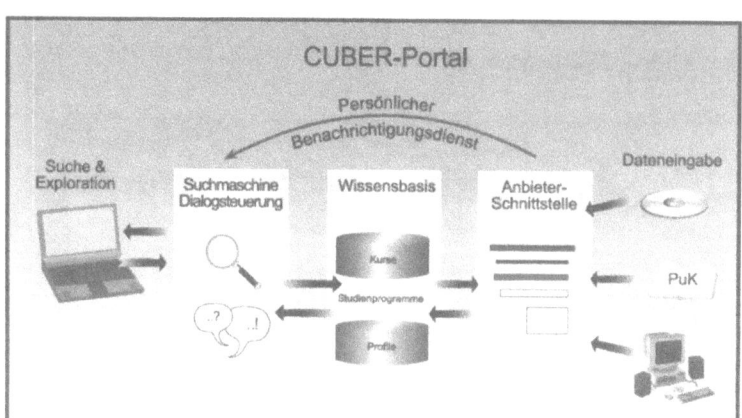

2.3 Die Suchmaschine

Bei der Gestaltung der Suchmaschine war zu berücksichtigen, dass verschiedene Nutzergruppen von Neulingen bis hin zu Experten gleichermaßen effektiv arbeiten können und eine leicht erlernbare, erwartungskonforme und anpassbare Dialogsteuerung vorfinden. Die Suchmaschine sollte die Benutzerin in einem iterativen Problemlösungsprozess so rasch wie möglich zum Ziel führen und dabei alle wichtigen Randbedingungen des potenziellen Lerners wie zeitliche und örtliche Beschränkungen, sprachliche und pädagogische Vorlieben u. a. m. berücksichtigen.

Die Suchergebnisse sollten auf verschiedene Weise darstellbar sein, und ein Wechsel der Suchstrategie sollte möglichst in jeder Situation erlaubt sein.

Abbildung 4 (vgl. die folgende Seite) zeigt die Startseite der Suchmaschine. Auf ihr werden immer die aktuellen Zahlen der eingestellten Kurse und Studienprogramme – sortiert nach Sprachen – angezeigt. In diesem Dialogschritt können die Sprachen, in denen Studienangebote studiert werden können, sowie die bevorzugte Suchstrategie und Darstellungsart (Listen- oder Tabellenansicht) gewählt werden. Vier Suchstrategien stehen zur Auswahl: geführte Suche, Freitextsuche, merkmalsbezogene oder klassifikatorische Suche. Die Sprachauswahl hat von allen Suchkriterien den höchsten Rang. Diese Rangfolge wurde, ebenso wie die Reihenfolge der Kriterienauswahl bei der geführten Suche, in empirischen Untersuchungen mit typischen Nutzerinnen und Nutzern ermittelt.

Abb. 4: Startseite der Suchmaschine

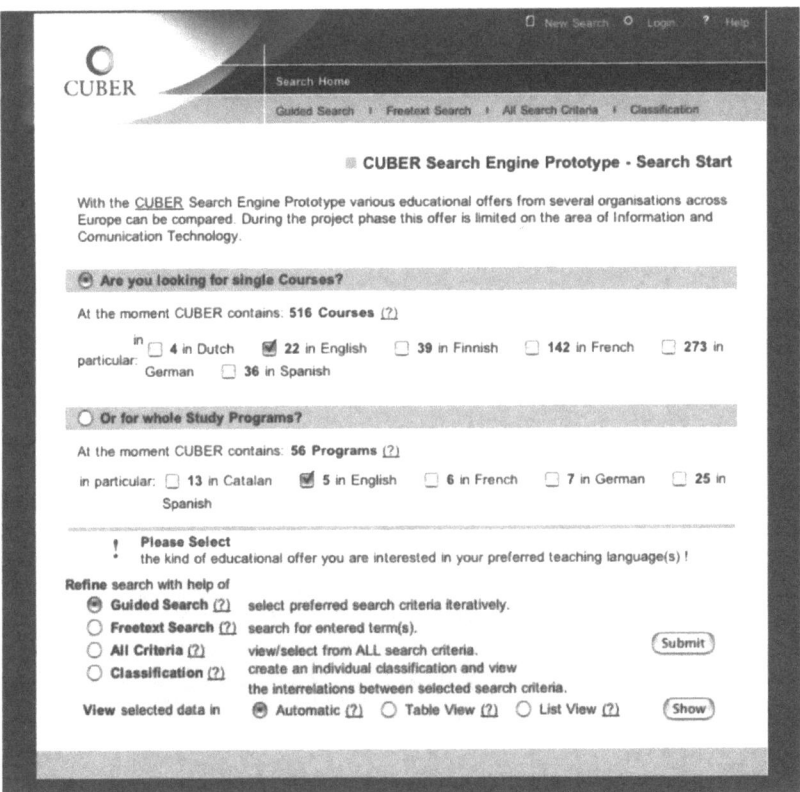

Abbildung 5 (vgl. die folgende Seite) zeigt das Suchfenster, nachdem auf der Startseite die Sprachen "German" und "English" ausgewählt sowie die Taste „Guided Search (geführte Suche)" gedrückt wurden, um alle deutsch- und englischsprachigen Kurse anzuzeigen.

Auf der neuen Seite kann man nun überblicksartig die verschiedenen Kri-
teriengruppen sehen, die der CUBER-Benutzer Schritt für Schritt auswählen
kann, um die Suchmenge immer weiter einzuengen.

Bei der Freitextsuche können beliebige Suchbegriffe eingegeben werden, nach
denen dann in den vom Benutzer ausgewählten Merkmalsfeldern der Wissensbasis gesucht wird. Die klassifikatorische Suche beruht auf anerkannten Klassifikationsschemata, nach denen ein Fachgebiet begrifflich strukturiert ist.

Abb. 5: Suchfenster im Modus "geführte Suche"

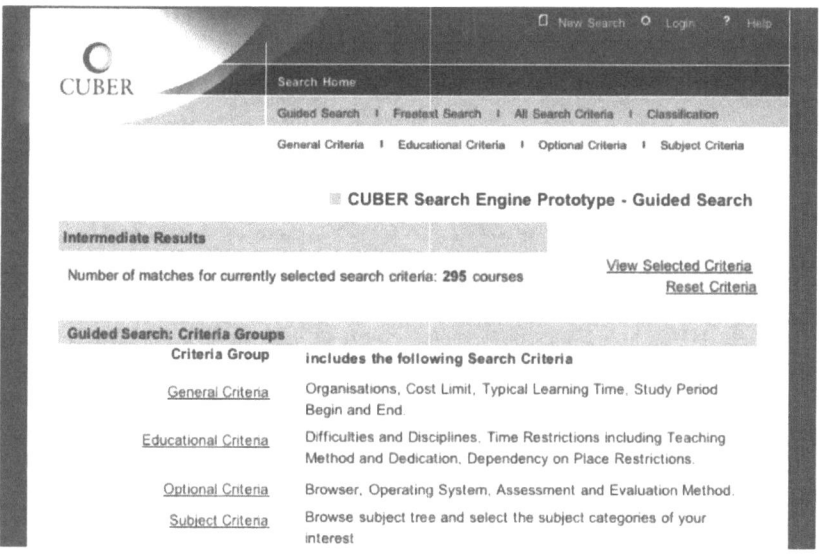

2.4 Autorenschnittstelle und Wissensbasis

Über die Autorenschnittstelle des CUBER-Systems können Bildungsanbieter
die Beschreibungen ihrer Angebote einstellen und auf dem neuesten Stand halten. Die Autorenschnittstelle schottet – ebenso wie die Suchmaschine – die
Wissensbasis gegen direkte Zugriffe der Nutzer und Nutzerinnen ab und stellt
sicher, dass die Beschreibungen dem CUBER-Standard entsprechen.

Das Dateneingabefenster umfasst zahlreiche Eingabefelder für freie Text-
eingaben wie etwa den Kurstitel oder die Kurzbeschreibung (beide werden auf

Englisch und in der jeweiligen Landessprache abgelegt). Daneben gibt es Auswahlfelder für die Eingabe standardisierter Begriffe, Wahltasten für die Angabe bestimmter Merkmale, Rechtschreibprüfung, Glossar und Suchfunktionen. Teil der Wissensbasis sind eine lexikalische Datenbasis und ein Wörterbuch mit englischen Fachbegriffen. Die lexikalische Datenbasis kommt zum Zuge, wenn ein Benutzer Begriffserklärungen benötigt oder nach Synonymen oder verwandten Begriffen sucht. Mit Hilfe des Wörterbuchs kann eine Rechtschreibkorrektur für nicht erkannte Freitextangaben aktiviert werden. Diese Funktionen stehen sowohl bei Suchaktionen als auch bei der Kursdateneingabe zur Verfügung.

Die Funktionen der Suchmaschine können auch bei der Dateneingabe verwendet werden, um z. B. Unterordnungsbeziehungen zwischen Kurspaketen oder Studienprogrammen und den zugehörigen Kursen einzurichten.

3   Forschungsfragen, Vorgehensweise, Lösungen

Für die Gestaltung des CUBER-Systems waren die Erfahrungen der beteiligten Fernuniversitäten im Hinblick auf die besonderen Bedürfnisse und Lernbedingungen im Beruf stehender Studierender von großer Bedeutung. Das Projekt wollte aber auch Neuland betreten im Hinblick auf die angestrebte virtuelle Mobilität, die Ansprache neuer Zielgruppen und die europaweite Vermarktung akademischer Studienangebote mit Hilfe eines technischen Systems, für das es keine Vorbilder gab. Folgende Maßnahmen und Forschungsaktivitäten sollten dazu beitragen, Risikofaktoren frühzeitig zu erkennen und kontrollieren zu können:

- Marktstudien,
- arbeitspsychologisch fundierte Dialoggestaltung,
- iterative Software-Entwicklung und wiederholte Tests und Evaluationen von Prototyplösungen,
- Konzeption eines einheitlichen Beschreibungsschemas,
- Entwurf eines Verfahrens zur Bestimmung der Vergleichbarkeit und Austauschbarkeit von Kursen in den Studienprogrammen verschiedener Anbieter.

Auf einige dieser Aspekte wollen wir in den folgenden Abschnitten genauer eingehen.

3.1 Marktstudien

In verschiedenen europäischen Ländern, insbesondere in Deutschland, Frankreich und dem Vereinigten Königreich wurden frühzeitig im Projektverlauf Marktuntersuchungen durchgeführt. Mit ihnen sollten der Umfang und die Intensität der Nachfrage nach einem Dienst, wie ihn das CUBER-System anbietet, ausgelotet werden. Weitere Ziele dieser per Fragebogen und Interview durchgeführten Analysen waren: a) Herauszufinden, ob Bildungsanbieter bereit sind, für einen Angebotsmaklerdienst zu bezahlen; b) Hinweise zu erhalten, welche Funktionen und Merkmale bei der Weiterentwicklung des Systems betont werden sollten, und c) Ideen zur Ausgestaltung eines Geschäfts- und Verwertungsmodells zu gewinnen.

Der Untersuchung lag die Vorstellung eines gemeinschaftlich betriebenen Fernlernportals zugrunde, dessen Stärke auf einer soliden Partnerschaft, einem abgestimmten Verwertungsmodell und der Vorreiterrolle als erstem paneuropäischem Portalprojekt gründete. Das zu Projektbeginn entwickelte Geschäftsmodell eines kommerziell betriebenen Kursportals musste inzwischen aber verworfen werden, da mit dem im Jahr 2001 einsetzenden Niedergang der Internet-Euphorie kaum Aussichten bestanden, ausreichende Einnahmen zu erwirtschaften und die Universitäten sich außer Stande sahen, genügend Startkapital für Vermarktung und Weiterentwicklung bereit zu stellen.

Abb. 6: Teilergebnis der Marktstudie

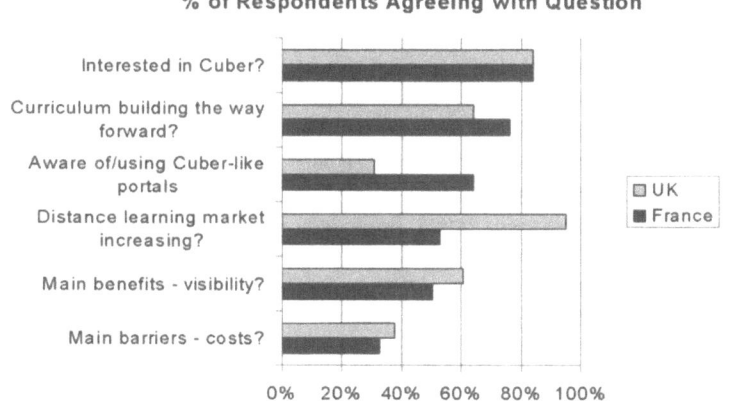

Ein Teilergebnis dieser Untersuchung ist tabellarisch in Abbildung 6 dargestellt. Die Befragung beruht auf einer repräsentativen Auswahl verschiedener Typen von Hochschulen in beiden Ländern und liefert recht verlässliche Meinungstrends. Ein entscheidender Beweggrund, einen Makler- und Informationsdienst wie CUBER in Betracht zu ziehen, war insbesondere in Frankreich und Großbritannien ein starkes Interesse der Politik und der Bildungsinstitutionen an mehr ausländischen Studierenden. Vor allem in Großbritannien wird der Bildungssektor heute als entscheidender Wirtschaftsfaktor angesehen, und sowohl öffentliche als auch private Anbieter sind darauf erpicht, ihre Marktanteile zu erhöhen.

Im Verlauf der Studien wurden die Gliederung des (Weiter-) Bildungsmarkts und seine Segmentierung analysiert. Entwicklungstrends und konkurrierende Entwicklungen wurden untersucht, und das Interesse der Universitäten an einem Leistungspunktesystem zum Zweck der Austauschbarkeit von Kursen wurde erhoben. Daraus ergab sich, dass

- Universitäten an einem neuen Vertriebskanal für ihre Bildungsangebote interessiert sind, der erwartete finanzielle und personelle Aufwand für Betrieb und Nutzung jedoch ein Hindernis darstellt,
- ECTS noch keine hohe Bedeutung beigemessen wird,
- der Wettbewerb im tertiären Bildungsbereich zunimmt und
- der Markt für Fern- und Selbststudienangebote wachsen wird.

Als kritische Erfolgsfaktoren für ein Bildungsmaklersystem wie CUBER werden gesehen: eine umfangreiche Datenbasis, Suchmöglichkeiten nach Schlüsselworten, Kursart, Titel, Voraussetzungen, Ort des Angebots u. a. m. sowie ein starkes Partnerschaftsnetz als Grundlage.

Ende 2001 gründeten britische Universitäten und Unternehmen mit massiver Unterstützung der britischen Regierung (99 Mio. € für einen Zeitraum von drei Jahren) das Konsortium "UK eUniversities Worldwide". Es soll Online-Angebote britischer Universitäten international vermarkten und baut auf einem rein kommerziell orientierten Geschäftsmodell auf. Diese und andere Entwicklungen wie das Sloan-Konsortium in den USA (Sloan-C 2003), das über die Alfred-P.-Sloan-Stiftung (Sloan 2003) finanziert wird, bestätigen die in der Marktstudie erhobenen Trends, zeigen aber auch die übermächtige Konkurrenz auf, der sich ein universitätsfinanziertes Portal gegenüber sieht.

3.2 Beschreibungsschema für Kurse und Studienprogramme

Kurse und Studienprogramme können in einem umfangreichen Angebotskatalog nur dann gefunden werden, wenn sie korrekt eingeordnet, beschrieben und indiziert wurden. Die Erkundung und Festlegung klassifikatorischer Begriffe und Strukturen, die geeignet erschienen, Bildungsangebote von universitären Studienprogrammen bis hin zu Lehrkursen quer durch Europa zu beschreiben, waren deshalb zentrale Anliegen. Das Ordnungs- und Begriffsschema, das im Projekt unter dem Begriff *Metadatenmodell* entwickelt wurde, verbindet die von der IEEE standardisierte Klassifikation der Teilgebiete der Informatik und Informationstechnik mit dem IEEE-Standard LOM für Lernobjekte (IEEE 2002) und CUBER-spezifischen Erweiterungen (Pöyry u. a. 2002). Die Indizierung eines Studienkurses oder -programms erfordert eine genaue Bestimmung seines Inhalts und seiner wesentlichen Merkmale. Um diese Aufgabe zu vereinfachen und auch den automatisierten Vergleich verschiedener Angebote zu ermöglichen, wurden für verschiedene Beschreibungskategorien überwachte Wörterverzeichnisse bestimmt und kontextbezogene Hilfen in die Bedienschnittstelle integriert.

Abb. 7: CUBERs Metadatenmodell

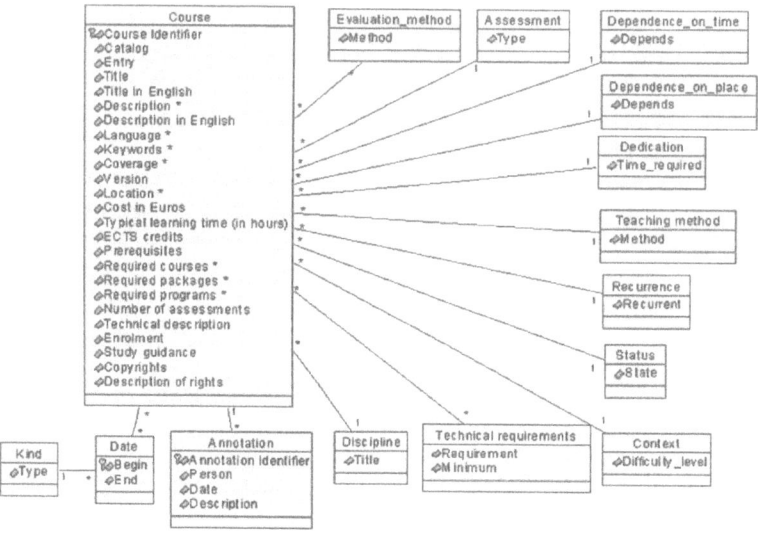

Abbildung 7 zeigt einen Ausschnitt des Metadatenmodells als Klassendiagramm. Das Diagramm benutzt nur wenige Darstellungselemente: Klassen, Attribute und Beziehungen. Klassen wie "Course" oder "Assessment" stellen wesentliche Einheiten des Gegenstandsbereichs dar. Attribute erfassen alle wichtigen Merkmale der Klassen des Anwendungsbereichs. Das einzige Merkmal der Klasse "Assessment" beschreibt die Art der Leistungsüberprüfung. Zu den Ausprägungen dieses Merkmals gehören z. B. Teilnahmeschein, mündliche oder schriftliche Prüfung. Die Beziehungen beschreiben schließlich die Zusammenhänge zwischen verschiedenen Klassen. Zu einem Kurs kann es z. B. mehrere Durchführungsperioden (dargestellt durch die Klasse "Date") geben.

Das Metadatenmodell bestimmt zum einen die Struktur der Wissensbasis. Zum anderen spiegeln sich darin die Suchkriterien der Suchmaschine sowie der Aufbau der Autorenschnittstelle wider, denn fast alle Beschreibungsdaten werden über diese Schnittstelle in die Wissensbasis eingespielt. Nur für die Übertragung von Massendaten aus existierenden Datenbasen gibt es alternativ die Möglichkeit des Imports zur Wissensbasis mit Hilfe einer gesonderten Schnittstelle. Auch das Metadatenmodell wurde über mehrere Iterationsstufen hinweg konzipiert und immer wieder mit externen Experten und Expertinnen evaluiert.

3.3 Rechnergestützte Methode zur Überprüfung der Gleichwertigkeit von Bildungsangeboten

Ein wichtiges methodisches Ergebnis des Projekts entstand aus der europaweiten Erforschung anerkannter Praktiken bei der Anerkennung von Leistungen, die an anderen Universitäten erworben wurden. Ursprünglich waren als Ergebnis dieser Arbeiten nur eine Machbarkeitsstudie und Beiträge zur Festlegung des Beschreibungsmodells vorgesehen.

Die Machbarkeitsstudie sollte Wege weisen, wie man die Anerkennung von ECTS-Leistungspunkten in Europa einführen und durch gegenseitige Vereinbarungen weitgehend automatisieren könnte. Die Studie sollte typische organisatorische, technische und rechtliche Hindernisse sowie Möglichkeiten zu ihrer Überwindung aufzeigen. In einer Reihe von Arbeitstagungen mit verschiedenen Rollenträgern, die mit Anerkennungsfragen befasst sind, sollten diese Erkenntnisse erörtert und bestätigt werden.

Parallel dazu arbeitete die Projektgruppe an einer Ergänzung des ECTS-Modells um qualitative Merkmale, denn es war von Anfang an klar, dass ECTS ob seiner Beschränkung auf quantitative Größen wie Semesterwochenstunden allein keine geeignete Grundlage für ein automatisiertes Anerkennungsverfahren bilden konnte.

Das Ergebnis dieser Forschungsarbeit war die Aufnahme der Merkmale "Schwierigkeitsgrad des Angebots", "Angaben zum Inhalt" und "Prüfungsart" in das Beschreibungsmodell. Mit diesen und den anderen Merkmalen, die ohnehin notwendig waren, gelang es über das eigentliche Projektziel hinaus, ein gewichtetes Äquivalenzmaß und ein Verfahren zur Bestimmung der Ersetzbarkeit von Kursen zu entwickeln (Boursas/ Keller, 2002). Das Verfahren wurde manuell simuliert, und seine Ergebnisse wurden mit den Ergebnissen herkömmlich gewonnener Anerkennungsentscheide verglichen. Der Vergleich fiel positiv aus und bestätigte die Erwartungen der Entwickler, dass es sich als Werkzeug zur Entscheidungsunterstützung anbietet. Das Verfahren wurde inzwischen implementiert und kann über die CUBER-Suchmaschine genutzt werden.

Bevor die automatisierte Gleichwertigkeitsüberprüfung zur Entscheidungsunterstützung in der Anerkennungspraxis eingesetzt werden kann, sind jedoch noch umfangreiche empirische Untersuchungen notwendig, um die Verlässlichkeit der Ergebnisse dieser Funktion zu belegen. Das Verfahren vergleicht zwei Kurse anhand von vier Merkmalen: 1) der ECTS-Bewertung, 2) der Prüfungsmethode, 3) dem Umfeld der Kurse und 4) der Übereinstimmung beschreibender Schlüsselwörter. Für verlässliche Vergleiche müssen somit folgende Grundvoraussetzungen gewährleistet sein:

• Die ECTS-Punkte für Kurse müssen von allen beteiligten Institutionen nach einem abgestimmten Verfahren vergeben werden.

• Der Vergleich der Prüfungsmethode soll sicher stellen, dass Leistungen, die z. B. allein mit der Einreichung von Lösungen zu Einsendeaufgaben erworben werden können, nicht mit Leistungen verglichen werden, die durch eine mündliche oder schriftliche Prüfung nachgewiesen wurden.

• Der Parameter "Umfeld" berücksichtigt die Einordnung eines Kurses in ein Curriculum (Vor- vs. Hauptstudium, Bachelor vs. Master), den Schwierigkeitsgrad des Angebots und ähnliche Werte, die alle in der Wissensbasis erfasst sind und zwecks Vergleichbarkeit nach einem einheitlichen Verfahren zugeordnet werden müssen.

• Besonders kritisch ist schließlich der Parameter "Schlüsselbegriffe", denn die in der Wissensbasis abgelegten beschreibenden Begriffe geben ein Maß für die inhaltliche Übereinstimmung der zu vergleichenden Kurse an. Die Vergabe möglichst aussagekräftiger Stichworte zur inhaltlichen Charakterisierung eines Kurses verlangt äußerste Sorgfalt und Sachkenntnis. Aus technischen Gründen können beliebige Begriffe programmtechnisch nicht effektiv auf semantische Äquivalenz hin überprüft werden. Deshalb können Nutzer und Nutzerinnen bei der Vergabe von Schlüsselbegriffen nur aus einer für jede Disziplin vorgegebenen Grundmenge auswählen. Diese

Grundmenge muss sorgfältig bestimmt werden, und ein systematisches Verfahren für notwendige Erweiterungen der Begriffsmenge muss vereinbart werden.

Für einen programmtechnischen Vergleich der inhaltlichen Charakterisierung zweier Kurse greifen wir auf standardisierte Klassifikationshierarchien des jeweiligen Fachgebiets zurück. Abbildung 8 zeigt einen Ausschnitt des Klassifikationsbaums für IT-Fachgebiete, der zur Beschreibung der Themengebiete, die ein Kurs oder ein Curriculum abdeckt, zur Verfügung steht. Im Beispiel wird gerade ein Kurs zum Thema "Software-Engineering" bestimmt, der die Unterthemen Anforderungsspezifikation, Entwurfstechniken, Kodierungstechniken etc. behandelt.

Abb. 8: Klassifikationsschema für IT-Fachgebiete

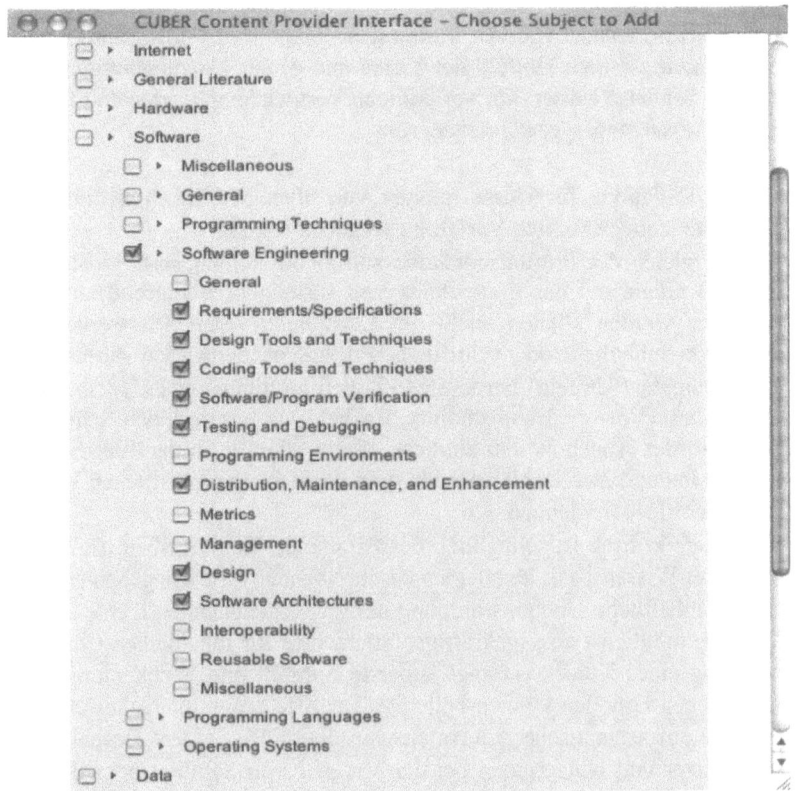

An anderer Stelle im CUBER-Beschreibungsschema sind zusätzlich charakteristische Schlüsselbegriffe aus vorgegebenen Vokabularen auszuwählen. Beim Vergleich zweier Kurse wird, falls sich die ersten drei Parameter des Prüfalgorithmus entsprechen, der gemeinsame Durchschnitt der Klassifikationsbegriffe und Schlüsselwörter berechnet und mit einem vorgegebenen Schwellwert verglichen.

4 Vergleichbare Entwicklungen – Beispiel: Sloan-C-Katalog

Beispielhaft für eine ganze Reihe von Studieninformationssystemen, die wir heute im Internet finden, soll hier der Katalog des Sloan-Konsortiums (Sloan-C Catalog 2003) vorgestellt und mit CUBER verglichen werden. Der Katalog ist eine Zusammenstellung von Studienprogrammen, die zu akademischen Abschlüssen oder Zertifikaten führen und sich für das Studium im Web und mit klassischen Fernstudienmedien eignen. Diese Angebote werden von den Mitgliedshochschulen des Konsortiums eingestellt.

Anders als bei CUBER wird hier nur die Suche nach Studienprogrammen angeboten, und es sind nur englischsprachige Angebote vorhanden. Die einzelnen Studienprogramme können auch nur als Ganzes studiert werden. Ein Austausch gleichwertiger Kurse aus verschiedenen Programmen und die Übertragung von Leistungspunkten ist nicht vorgesehen. Somit entfällt die Möglichkeit der virtuellen Mobilität.

Die Suchmaschine von CUBER bietet zudem eine weitaus größere Menge an Suchkriterien an. So ist z. B. bei Sloan-C keine Auswahl nach Kosten, wöchentlichem Studienaufwand, frühestem Beginn des Studiums u. a. möglich. Solche Kriterien werden bei CUBER zu verschiedenen Gruppen wie "allgemeine Angaben", "pädagogische Kriterien" und "sonstige Merkmale" zusammengefasst (vgl. auch Abb. 5). Elemente dieser Gruppen können in beliebigen Kombinationen ausgewählt werden.

Zusätzlich zeigt CUBER unmittelbar die Anzahl der angebotenen Kurse oder Programme für alle wählbaren Suchkriterien an. Bei Sloan-C kann pro Suchkriterium ein möglicher Kandidat ausgewählt werden. CUBER erlaubt dagegen auch die Auswahl mehrerer Kandidaten für ein Suchkriterium. Die Freitextsuche in CUBER schließt eine Rechtschreibüberprüfung mit ein. Bei Sloan-C findet keine derartige Überprüfung statt, so dass eine Suche leicht aufgrund von Tippfehlern scheitern kann. Bei Sloan-C werden Suchergebnisse in einer Liste mit maximal 10 Ergebnissen mit fest vorgegebenen Ausgabeelementen dargestellt. Sie beinhalten den Titel mit Verweis zur Detailansicht, die anbietende Institution und die Art des Abschlusses sowie die Angabe des Studien-fachs. Eine Tabellenansicht zum Vergleich der gefundenen Ergebnisse und die Möglichkeit zur Auswahl der Vergleichskriterien gibt es, anders als bei CUBER, nicht.

Sloan-C ermöglicht aber eine Suche nach US-Staaten und nach geographi-schen Regionen, was bei CUBER nicht vorgesehen ist. Zudem enthält der Slo-an-C-Katalog weitaus mehr Programme als der CUBER-Katalog, was aber bei mehr als 130 Mitgliedshochschulen gegenüber den wenigen des CUBER-Konsortiums leicht erklärbar ist. Ähnliche Aussagen wie für Sloan-C gelten für das Portal "Distance Learning Course Finder (DL Course Finder 2003) und andere, die heute im Internet zu finden sind.

5   Zusammenfassung und Ausblick

In diesem Beitrag stellten wir das neuartige Maklersystem CUBER, das im Internet verfügbar ist, vor. CUBER strukturiert und verwaltet Beschreibungsda-ten für Studienprogramme, Kurspakete, Studienkurse und dazu gehörige Lehr-materialien auf einheitliche Weise und macht sie somit besser vergleichbar.

Die CUBER-Suchmaschine unterstützt unterschiedliche Benutzungsarten bei der Erschließung des Inhalts der Wissensbasis. Bei der geführten Suche werden die gespeicherten Beschreibungskriterien Schritt für Schritt nach einer vorgegeben Rangfolge abgefragt. Diese Rangfolge wurde in arbeitspsychologi-schen Studien mit verschiedenen Nutzergruppen erhoben und spiegelt typische Vorlieben wieder.

5.1 Vorteile des Systems

Studierenden, an Weiterbildung interessierte Personen oder Unternehmen bietet CUBER die Möglichkeit,

- sich über ein europaweites Angebot an Fern- und Selbststudienangeboten zu informieren,
- konkurrierende Angebote anhand einer Vielzahl von Merkmalen zu ver-gleichen und
- sich ihre persönliche Mischung von Studienkursen zusammenzustellen.

In absehbarer Zukunft wird es für Studierende wohl auch möglich sein, sich Leistungen, die für die einzelnen Kurse bei verschiedenen Hochschulen erworben wurden, bei der eigenen Universität anerkennen zu lassen.

Das CUBER-System geht speziell mit der Einbindung von ECTS und der automatisierbaren Anerkennung von Leistungen weit über die Fähigkeiten anderer Studieninformationssysteme hinaus. Allerdings ist sein Datenbestand im Vergleich zu anderen wie Sloan-C oder DL-Course-Finder noch zu gering. CUBER erfasst derzeit nur die Bildungsangebote derjenigen europäischen Hochschulen, die am Projekt direkt oder über Netzwerke wie EADTU (European Association of Distance Teaching Universities) oder EuroPACE indirekt beteiligt waren.

Zudem beschränkt sich die CUBER-Wissensbasis derzeit im Wesentlichen auf das Fachgebiet Informationstechnik. Sie kann aber mit wenig Aufwand so erweitert werden, dass Beschreibungen von Studienangeboten beliebiger Fachgebiete verwaltet werden können. Die Freitextsuche und die geführte Suche sind ohnehin vom jeweiligen Fachgebiet unabhängige Funktionen. Allein die Klassifikationssuche benötigt fachspezifische Ontologien und Thesauren. Diese können von Fachleuten über eine definierte Schnittstelle in die Wissensbasis eingebracht werden.

Für Universitäten wird es mit CUBER leichter, ihre Bildungsangebote aufeinander abzustimmen. Sie können durch das wechselseitige Angebot einzelner Studienkurse besser kooperieren, um z. B. fremdsprachliche Studienangebote in das jeweilige Curriculum aufzunehmen oder gar gemeinsame Studiengänge zu formieren und europaweit zu bewerben. CUBER trägt auch dazu bei, die internationale Sichtbarkeit der Hochschulen zu verbessern und zur Anwerbung neuer Klientel zu nutzen.

5.2 Integration in das bestehende Universitätssystem

Als Forschungsprototyp wurde das CUBER-System zunächst als eigenständige Softwarelösung konzipiert, mit der die Machbarkeit der Projektziele belegt werden sollte. Nachdem dieser Nachweis gelungen ist, stehen drei neue Aufgaben an:

1. Das CUBER-System muss in die entstehende Betriebsplattform der Virtuellen Universität der FernUniversität integriert und mit der zentralen Quelldatenbank, in der derzeit die Personal- und Kursdaten sowie andere prüfungsrelevante Daten verwaltet werden, so abgeglichen werden, dass die Gesamtheit relevanter Daten nur einmal erfasst und gespeichert wird.

2. Ein oder mehrere Fachbereiche der FernUniversität schaffen die curricula-
    ren Voraussetzungen, die es ermöglichen, dass Studierende dieser Fachbe-
    reiche Studienangebote anderer Fernuniversitäten in ihren Studienplan in-
    tegrieren können.
3. Mit anderen europäischen Fernuniversitäten werden Kooperationsvereinba-
    rungen getroffen, in denen die Möglichkeiten des CUBER-Systems in kon-
    kreten Anwendungen, wie etwa einem gemeinsam angebotenen Masterstu-
    diengang, genutzt werden, um Erfahrungen mit der virtuellen Mobilität von
    Studierenden und einer neuartigen Kooperation in der Lehre zu gewinnen.

Noch weit vor Ablauf der Projektförderung im September 2002 versuchte die
Projektleitung mit Unterstützung des EADTU-Sekretariats und der EADTU-
Rektorenrunde ein Anwendungsprojekt unter Beteiligung einiger EADTU-
Mitgliedshochschulen zu lancieren. Die Rektoren der Open Universiteit in den
Niederlanden (OUNL), der Open University in Großbritannien (OU) und der
FernUniversität in Hagen (FeU) befürworteten die Konzeption eines gemeinsa-
men Studiengang, der über CUBER zugänglich gemacht werden sollte, um das
Konzept der virtuellen Mobilität zu erproben. Dazu war es notwendig, dass die
OU und die OUNL, die ja nicht Mitglieder des CUBER-Konsortiums waren,
ihre Lehrangebote im Bereich Informatik in das CUBER-System einstellten.
Vom Rektor der FeU wurden für das Jahr 2003 zudem finanzielle Mittel zugesi-
chert, um den technischen Betrieb des CUBER-Systems sicher zu stellen und
einige Optimierungen an der Software vornehmen zu können. Um die rechtlichen und organisatorischen Vorkehrungen für eine Lehrkooperation gering zu
halten, sagte der Dekan des Fachbereichs Elektrotechnik und Informationstechnik der FeU zu, im Rahmen eines neuen Masterangebots eine entsprechende
Vertiefungsrichtung anzubieten und Leistungen, die im Rahmen dieses Studienangebots an den beiden Fernuniversitäten erbracht wurden, anzuerkennen.
     Leider sahen sich die Informatikfachbereiche der OUNL und der OU ohne
Projektförderung nicht in der Lage, die notwendigen Kurs- und Programmdaten
zu erheben und in CUBER einzustellen, so dass diese Projektidee nie verwirklicht wurde.

5.3 Weiterführende Ideen

Ein System wie CUBER kann neben der Vermittlung von Bildungsangeboten
als Zentrum eines voll ausgebauten Portals noch andere Funktionen übernehmen. Eine statistische Analyse der Zugriffsdaten könnte zu Aussagen über
Trends hinsichtlich aktueller Studieninteressen heran gezogen werden. Eine

kontinuierliche Auswertung von Stellenanzeigen im Web könnte dazu benutzt werden, Studierenden Informationen über zeitgemäße Anforderungen an Stellenprofile, die sich mit ihren Studieninteressen überlappen, zu vermitteln. Firmen könnten sich aber auch mit den Hochschulen, die in der CUBER-Wissensbasis vertreten sind, verbünden, um firmenspezifische Weiterbildungsangebote zu gestalten und zu bewerben.

Da die vernetzte virtuelle Universität in Europa noch nicht existiert, kann CUBER derzeit nur ein Schaufenster auf das gemeinsame Bildungsangebot der im System vertretenen Institutionen sein. Eine CUBER-Kundin erhält zwar mit der detaillierten Beschreibung eines ausgewählten Kurses oder Studienprogramms einen anklickbaren Verweis, der sie zu der anbietenden Institution führt; sie hat aber noch nicht die Möglichkeit, sich auf einfache Weise mit wenigen Mausklicks in den gewünschten Kurs einzubuchen.

Die Studentin – sagen wir der FeU - müsste sich unter den derzeitigen institutionellen Voraussetzungen der Mühe unterziehen, auf die Webseiten des Anbieters zu gehen, dort Dienste zu finden, die es ihr erlauben, sich in den Kurs einzuschreiben, den Kurs über das Web zu studieren, eine Prüfung abzulegen und ihre Leistungspunkte zu retransferieren, um den Studienfortschritt an der FeU zu dokumentieren. Dies würde heute allein schon daran scheitern, dass viele dieser Dienste noch nicht über das Internet verfügbar sind, ganz zu schweigen von den dafür notwendigen rechtlichen, administrativen und organisatorischen Abstimmungen zwischen den Hochschulen.

Mittelfristig wird es aber wohl möglich sein, dass die Studentin – wie in Abbildung 9 illustriert (vgl. die folgende Seite) – auf den ausgewählten Kurs den von CUBER aus erreichbaren Webdienst „einschreiben" anwendet, nachdem sie mit Hilfe des in CUBER-Dienstes „äquivalenzPrüfen" festgestellt hat, dass der gewählte Kurs als Stellvertreter für den im FeU-Curriculum angegebenen Kurs wählbar ist. Der Dienst „einschreiben" würde nun aufgrund der Authentifizierungsdaten der Studentin im Hintergrund den Auskunftsdienst „stammdatenHolen" der FeU aktivieren, um die notwendigen Personaldaten dieser Studentin zu lesen und – nach erfolgter Transaktion – in der Studierendendatenbank der OU die Angabe hinterlegen, dass sich die Studentin für den gewählten Kurs eingeschrieben hat. Diese (in Abb. 9 grau hinterlegte) Hintergrundtransaktion wäre deswegen möglich, weil der FeU- und der OU-Server sich gegenseitig vertrauen. In der Hintergrundverarbeitung des Einschreibdienstes würde die Studentin rechtzeitig auf den Kursbeginn aufmerksam gemacht und mit Diensten versorgt werden, die sie für die Kursdurchführung (studieren) und die anschließende Prüfung benötigt. Alle diese Dienste würden von allen Hochschulen der vernetzten virtuellen Universität nach dem gleichen Standard implementiert, so dass sie für die Nutzer gleichartig erscheinen, obgleich sie im

Einzelnen durchaus unterschiedlich realisiert sein können und auch die Identität der jeweiligen Institution bewahrt wird. Die technischen Grundlagen für die Implementierung einer dienstorientierten Hochschulverwaltung sind mit Web-Diensten heute geschaffen (Wang/ Krämer 2006).

Abb. 9: Institutionsübergreifender Lernprozess

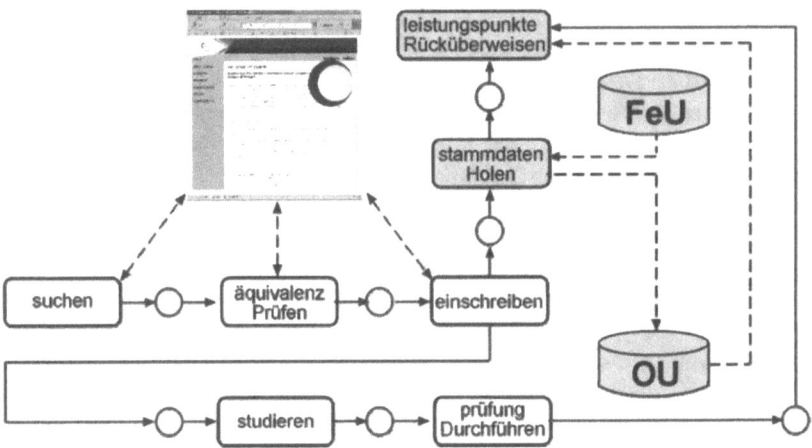

Das Abbild eines Browserfensters in der linken oberen Ecke von Abbildung 9 versucht dabei anzudeuten, dass die Studierenden auch in dieser neuen Welt i. d. R. immer noch nur bei einer Universität eingeschrieben sind, dort ihren Abschluss erwerben und während des Studiums alle Dienste, selbst die anderer Institutionen, aus der Sicht ihrer Universität sehen. Für abschlussorientierte Studiengänge gäbe es auch weiterhin verpflichtende Studienpläne. Die Art und Weise, in der Studiengänge bestimmt werden, mag sich aber mit zunehmender Internationalisierung des Studiums – wie in Abschnitt 1.2 angesprochen – in Richtung Spezifikation anstelle festgelegter Programme wandeln.

Eine Kerngruppe europäischer Fernuniversitäten entwickelte Ende 2003 bis Anfang 2004 unter dem Arbeitsbegriff „eBologna" den Plan für ein sog. Integriertes Projekt, in dem solche Vorstellungen – wieder mit Hilfe von EU-Mitteln – umgesetzt werden sollen. Leider brach das Konsortium noch vor der Projekteinreichung auseinander, so dass auch dieser Plan bisher nicht realisiert werden konnte.

Literatur

Boursas, L.; Keller, J. (2002): A Method to Automatically Recommend Course Alternatives in the Web-Based Coure Broker CUBER. In: Proceedings 2nd EDEN Research Workshop. Hildesheim.

CUBER (2000): Webseiten des EU-Projekts CUBER. URL: http://www.cuber.net (Zugriff am: 28.11.2005).

DL Course Finder: Distance Learning Course Finder. URL: http://www.dlcoursefinder.com/ (Zugriff am: 28.11.2005).

IEEE Learning Technology Standards Committee (2002): Learning Object Metadata (LOM) Standard. URL: http://ltsc.ieee.org/wg12/ (Zugriff am: 28.11.2005).

Krämer, Bernd (2000a): Forming a Federated Virtual University through Course Broker Middleware. In: *LearnTEC* (2000), Schriftenreihe der Karlsruher Kongreß- und Ausstellungs-GmbH, Band I: 137-148.

Krämer, Bernd (2000b): CUBER – Kursmakler und Portal zu europaweiten Bildungsangeboten. In: Jahrbuch (2000), Gesellschaft der Freunde der FernUniversität, 57-65.

Perre, George van der; Vandevelde, Patricia (Hg.) (2001): Wanderstudent 2000 - The Wanderstudent of 1425 Revived in Virtual Reality in 2000? Towards a European Virtual University. Leuven.

Pöyry, P.; Pelto-Aho, K.; Puustjärvi, J. (2002): The role of metadata in the CUBER system. In: Proceedings of the 2002 Annual Research Conference of the South African Institute of Computer Scientists and Information Technologists on Enablement Technology: 172-178.

Sloan-C (2003): URL: http://www.sloan-c.org/index.asp (Zugriff am: 28.11.2005). Startseite des Sloan-Konsortiums.

Sloan-C Catalog (2003): URL: http://www.sloan-c.org/programs/index.asp (Zugriff am: 27.11.2005). Startseite des Katalogs für Online-Studienangebote des Sloan-Konsortiums.

Sloan, Alfred P. (2003): URL: http://www.sloan.org/ (Zugriff am: 27.11.2005). Internetseite der Alfred P. Sloan Foundation.

Twigg, C.; Miloff, M. (1998): The Global Learning Infrastructure. Kapitel 9 in: Tapscott, D., D. Ticoll, (Hrsg.). Blueprint to the Digital Economy. Mgraw-Hill.

Das elektronische Informationsangebot auf dem Prüfstand: Fragen nach der Nutzungskompetenz im Umgang mit den neuen Medien

Bettina Koeper

1 Einführung

„Information ist eine Schlüsselressource des 21. Jahrhunderts." Mit diesem Grundsatz leitet der Wissenschaftsrat (2001: 5) seine Empfehlungen zur wissenschaftlichen Informationsversorgung durch Hochschulbibliotheken ein, und diese Aussage findet sich in dieser oder ähnlicher Weise in fast jedem Strategie- oder Positionspapier zur Weiterentwicklung des Bibliothekswesens. Bibliotheken sind wie jede andere Einrichtung, die sich in ihrem Kerngeschäft mit dem Informationswesen beschäftigt, wesentlich und unmittelbar von den technologischen Entwicklungen im Bereich von Information und Kommunikation geprägt und müssen mit diesen Schritt halten. Hierzu gab und gibt es zahlreiche Initiativen, die sich mit elektronischer Informationsversorgung, digitalen Bibliotheken sowie Multimedia beschäftigen und strukturierte Zugänge zu der mittlerweile unüberschaubaren Fülle an verstreut liegender elektronischer wissenschaftlicher Information bieten. Aber wie sieht der einzelne Nutzer bzw. die Nutzerin diese ganzen Instrumentarien? Welchen Gebrauch macht er/sie davon? Diesen Fragen aus dem Blickwinkel der Hochschulbibliotheken nachzugehen, ist Thema des vorliegenden Beitrags (Stand: 2003).

Zunächst soll anhand eines summarischen Überblicks über die verschiedenen Akteure und Initiativen im Bereich digitaler Informationsversorgung die Entwicklung elektronischer Bibliotheksdienstleistungen skizziert und durch die Beschreibung eines ausgewählten Informationsportals ihre Bandbreite exemplarisch vorgestellt werden. Im Anschluss daran beschäftigt sich der Hauptteil dieses Beitrags mit dem Nutzungsgrad und den Nutzungsformen elektronischer Information. Im Mittelpunkt dieser Betrachtung stehen zwei im Jahre 2001 durchgeführte Umfragen aus dem Bibliotheks- bzw. Hochschulbereich. Deren Ergebnisse werden diskutiert und auch die daraus resultierenden Fragen zur

Informationskompetenz im Umgang mit den neuen Medien näher beleuchtet. Die dadurch gewonnenen Schlussfolgerungen auf den Bereich der virtuellen Lehre zu übertragen ist Inhalt des abschließenden Resümees, das somit einen Ausblick auf die Perspektiven für die Konzeption eines „virtuellen Lernortes Universität" bildet.

2 Wissenschaftliche Informationsversorgung an Hochschulen: Versuch einer Zwischenbilanz

Der Bereich der elektronischen wissenschaftlichen Informationsversorgung ist geprägt durch eine Vielfalt und eine Vielschichtigkeit digitaler Informationssysteme, die durchaus auch im negativen Sinne als Zersplitterung mit der Tendenz zur Entstehung „operativer Inseln" gesehen werden kann.[1] So ist der Aufbau dieser Systeme, die nicht selten verschiedene Zielgruppen haben und somit auch unterschiedliche Konzeptionen verfolgen, in der Regel zeitlich parallel, aber nebeneinander her erfolgt. Planerische, inhaltliche und auch technische Kompatibilität stand zunächst nicht im Blickpunkt der Entwicklung, die vor allem geprägt war durch die Frage nach dem technologisch Machbaren. Zudem standen und stehen die Anbieter in diesem Bereich in einem Wettbewerb, um den schnellen Innovationszyklen der Informations- und Kommunikationstechnologien Stand halten zu können. Dies gilt ebenfalls für wissenschaftliche Institutionen und Hochschulen, bedingt auch durch politische Entwicklungen wie beispielsweise die Hochschulautonomie und zudem verschärft in Zeiten knapper Finanzmittel. Eine eigenständige Profilbildung in diesem Bereich gilt mittlerweile als unerlässlich. Nichtsdestoweniger zeichnet sich immer mehr ab, dass dieses getrennte Vorgehen nicht länger aufrechterhalten werden kann und zukünftig eine stärkere Abstimmung der Entwicklungsstränge mit einer deutlicheren Aufgabenverteilung zwischen den Anbietern in der elektronischen Informationsversorgung erforderlich sein wird. Die folgenden Ausführungen geben einen knappen Überblick über die wichtigsten Handlungsträger im Bereich der

---

[1] Zukunft der wissenschaftlichen und technischen Information in Deutschland (2002: 6). Im Rahmen ihrer Untersuchung des derzeitigen Entwicklungsstandes und der möglichen Optimierungspotentiale stellt die Studie auf Seite 36 ausdrücklich fest, dass die prinzipiell als flächendeckend zu bezeichnende Informationsversorgung mit ihrer Vielfalt der Anbieter und der aufgebauten Systeme eine wichtige Basis für einen konstruktiven Wettbewerb alternativer Lösungsmöglichkeiten darstellt. Dieser müsse aber mit einer Bündelung knapper Ressourcen einhergehen, um Doppelentwicklungen oder auch Inkompatibilität einzelner Entwicklungsansätze zu vermeiden.

wissenschaftlichen Informationsversorgung an den Hochschulen (kommerzielle Dienstleister – wie z.b. Verlage – werden hierbei zunächst außen vorgelassen).

Auf lokaler Ebene bildet die Informationsversorgung der Hochschule die primäre Aufgabe der Bibliotheken, die in der Regel über umfassende Portale für den systematischen Zugriff auf lizenzierte wie auch frei verfügbare Datenbanken und elektronische Volltexte verfügen. Daneben werden Informationsdienste auch von anderen zentralen Einrichtungen wie den Rechenzentren und den Medienzentren angeboten. Ebenso stellen Fakultäten oder Institute eigene, auf spezielle Fachbedürfnisse abgestimmte Informationen auf ihren Servern bereit.

Stehen die (zunächst nur punktuell konstatierbaren) Bemühungen um ein integriertes Management für die Informationsversorgung an den Hochschulen erst am Beginn ihrer Entwicklung, ist die Situation auf regionaler bzw. überregionaler Ebene durch eine entsprechend höhere Komplexität und Vielschichtigkeit gekennzeichnet – zumal sich die meisten lokalen Einrichtungen mit Blick auf die eigene Profilbildung in übergreifende Projekte und Initiativen einbringen und damit auch auf der Anbieterseite die Grenzen zwischen lokal, regional und überregional durchaus verschwimmen können (für den Nutzer selbst sind diese Unterscheidungen ohnehin kaum nachvollziehbar).

Auf überregionaler Ebene ist zunächst mit Blick auf ihren Auftrag der überregionalen Literatur- und Informationsversorgung auf die Serviceangebote von Einrichtungen wie den Fachinformationszentren (z.B. FIZ Technik, FIZ Karlsruhe), den Zentralen Fachbibliotheken (z.B. Technische Informationsbibliothek TIB Hannover, Deutsche Zentralbibliothek für Medizin in Köln) oder Der Deutschen Bibliothek hinzuweisen.

Ebenso werden viele Maßnahmen zur Entwicklung elektronischer Informationsdienste innerhalb spezifischer Fördervorhaben der einzelnen Bundesländer im Rahmen ihrer Zuständigkeit für die Hochschulen durchgeführt. Diese Vorhaben verfolgen zwar jeweils übergreifende, aber je nach den zu Grunde liegenden förderpolitischen Ausrichtungen der Länder eben durchaus auch unterschiedliche Konzeptionen und Realisierungswege. Als Beispiel sei an dieser Stelle auf Fördermaßnahmen im Rahmen der „Zukunftsoffensive Junge Generation" in Baden-Württemberg oder, als Modell für die Entwicklung eines Informationsversorgungssystems, auf das nordrhein-westfälische Projekt zum Aufbau der „Digitalen Bibliothek NRW" verwiesen.[2]

Auf Bundesebene wird die Entwicklung im Bereich wissenschaftlicher Information durch mehrjährige Förderprogramme vor allem des Bundesministeriums für Bildung und Forschung (BMBF) unterstützt; hierzu zählt beispielsweise das gemeinsam mit dem Bundesministerium für Wirtschaft und Technologie

---

[2] Die Digitale Bibliothek NRW ist aufrufbar unter der URL: http://www.digibib.net/

erarbeitete Aktionsprogramm „Innovation und Arbeitsplätze in der Informationsgesellschaft des 21. Jahrhunderts". Ein konkretes Beispiel für die Förderung durch das BMBF bilden die Informationsverbünde, in denen Fachinformationseinrichtungen gemeinsam mit Bibliotheken und anderen Dienstleistern fachspezifisch ausgerichtete Angebote zur elektronischen Volltextversorgung bereitstellen.[3] Die überregionale Literatur- und Informationsversorgung und der Ausbau von Informationsinfrastrukturen wird insbesondere auch seitens der Deutschen Forschungsgemeinschaft (DFG) durch umfangreiche Fördermaßnahmen unterstützt. So beinhaltet z.B. das Programm „Verteilte Digitale Forschungsbibliothek" die Weiterentwicklung der elektronischen Informationsversorgung in Bereichen wie Modernisierung und Rationalisierung in Bibliotheken, Digitalisierung von Bibliotheksbeständen und Erschließung von Literatur- und Quellenbeständen, um nur einige der Förderaktivitäten zu nennen. Als Beispiel sei an dieser Stelle auch auf den Aufbau der Virtuellen Fachbibliotheken als Ergänzung des Sondersammelgebietssystems für die überregionale Literaturversorgung verwiesen.

Last but not least sind im Zusammenhang mit der elektronischen Informationsversorgung selbstverständlich auch die Wissenschaftlichen Fachgesellschaften zu nennen. Auf diese ist insbesondere auch die Gründung der „Initiative Information und Kommunikation der wissenschaftlichen Fachgesellschaften in Deutschland (IuK-Initiative)" zurückzuführen. Die IuK-Initiative dient der Koordination der beteiligten Fachgesellschaften bei der Entwicklung elektronischer Informations- und Kommunikationsinfrastrukturen in den Wissenschaften und vor allem auch der Interessensvertretung gegenüber anderen Anbietern und Akteuren in diesem Bereich. Für die Tätigkeiten der Wissenschaftlichen Fachgesellschaften sind im Kontext des vorliegenden Beitrags die beiden Fachinformationssysteme „Math-Net" und „PhysNet" hervorzuheben.[4]

Dieser knappe Überblick zeigt, dass differenzierte und strukturierte Zugangsmöglichkeiten zu elektronischer wissenschaftlicher Information zur Verfügung stehen, die je nach Bedarf (und ggf. abhängig von Lizenzbedingungen) von den Hochschulangehörigen genutzt werden können. Vor diesem Hintergrund erscheint es sinnvoll, an dieser Stelle exemplarisch ein einzelnes bibliothekarisches Informationssystem einer genaueren Betrachtung zu unterziehen, um sich so, stellvertretend für andere Systeme, Möglichkeiten und Umfang eines qualifizierten Zugangs zu elektronischer Information vergegenwärtigen zu

---

[3] Informationsverbünde wurden z.B. gebildet für die Bereiche Medizin, für Naturwissenschaft und Technik (GetInfo; http://www.getinfo-doc.de) sowie für Wirtschaftswissenschaft und Wirtschaftspraxis (EconDoc; http://www.econdoc.de).
[4] Das beiden Fachinformationssysteme sind aufrufbar unter der URL: http://www.math-net.org bzw. http://www.physnet.de/PhysNet

können. Als Beispiel soll hierfür das Internetangebot der Universitätsbibliothek Bielefeld ausführlicher beschrieben werden.

Das Informationsportal der Bielefelder Universitätsbibliothek (aufrufbar unter der URL: http://www.ub.uni-bielefeld.de) bietet von seiner Homepage aus Zugriff auf ein in flache Hierarchien gegliedertes und mit Wegweisern als Navigationshilfen versehenes Dienstleistungsspektrum. Für die Suche nach Informationen stehen verschiedene Rechercheinstrumente zur Verfügung: So können insgesamt ca. 480 lizenzierte und frei zugängliche Datenbanken (Artikeldatenbanken, Kataloge, Fachdatenbanken) unter ihre eigenen Benutzeroberfläche durchsucht werden. Dabei sind einfache wie auch, je nach Anbieter der einzelnen Datenbanken, sehr fein differenzierte Abfragen über spezielle Suchfelder möglich. Für allgemeiner angelegte Recherchen, z.B. für einen Überblick über vorhandene Literatur zu einem bestimmten Themengebiet, ist die so genannte „Metasuche" verfügbar. Über dieses Instrument, das im Rahmen der Digitalen Bibliothek NRW entwickelt wurde, lassen sich verschiedene heterogene Datenbanken mit einer einzigen Anfrage gemeinsam durchsuchen. Die hier integrierten Datenbanken, für Bielefeld 58 lizenzierte bzw. frei verfügbare, sind über Standardschnittstellen eingebunden und dadurch auf eine Suche über bestimmte Felder (Autor, Titel, Schlagwort etc.) eingeschränkt. Für jeden über die Metasuche ermittelten Literaturtitel lässt sich in einer anschließenden Verfügbarkeitsrecherche feststellen, ob er in digitaler Form unmittelbar online genutzt werden kann, ob er über die Fernleihe oder einen Dokumentlieferdienst elektronisch bestellbar ist, ob er in gedruckter Form in der Bibliothek vor Ort vorliegt und wenn ja, welchen Ausleihstatus diese Printversion zu dieser Zeit aufweist. Einen wichtigen Bestandteil für die Überprüfung der Online-Verfügbarkeit stellt der Katalog der elektronischen Volltexte dar, der wissenschaftliche Internetquellen verzeichnet und auch als eigene Datenbank durchsucht werden kann. Ziel dieses Kataloges ist es, wissenschaftlich relevante und über das Internet frei verfügbare Quellen, die sonst häufig genug in der Informationsflut des World Wide Web untergehen, nachzuweisen und dadurch einem größeren Nutzungsgrad zu erschließen. Derzeit verzeichnet dieser Katalog rund 50.000 digitale Volltexte (inklusive Zeitschriften).

Neben den genannten Suchinstrumenten werden noch weitere Möglichkeiten der inhaltlichen und methodischen Gestaltung der Informationsrecherche angeboten. So stehen beispielsweise für einen thematischen Einstieg verschiedene Fachportale zur Verfügung, die einen fachspezifisch aufbereiteten Zugang zu Datenbanken, Volltexten und weiteren Informationsquellen und -portalen beinhalten. Darüber hinaus können für eine individualisierte Form der Literatursuche aus der Menge der in die Metasuche integrierten Datenbanken auch persönliche Profile erstellt werden, die der Nutzerin oder dem Nutzer einen quasi

maßgeschneiderten Suchansatz ermöglichen. Um darüber hinaus z.b. auch eine
methodische Alternative für das allgemein übliche Datenbankretrieval mit den
Boole'schen Operatoren („und", „oder", „und nicht") anbieten zu können, ist im
Rahmen eines von der Deutschen Forschungsgemeinschaft geförderten Projekts
gemeinsam mit der Technischen Fakultät an der Universität Bielefeld der sog.
„Intelligente Rechercheassistent" entwickelt worden. Dieser beruht auf der Fuz-
zy-Suchmethodik und ermöglicht durch Näherungsverfahren in Verbindung mit
Gewichtungen der Suchkriterien eine flexiblere Suchstrategie.

    Doch nicht nur die Suchinstrumente sind mit der Entwicklung der vergan-
genen Jahre stetig ausgebaut und verfeinert worden, auch die Zahl der elektronisch verfügbaren Volltexte und der multimedialen Produkte hat stark zugenommen. Den wohl wichtigsten Anteil dieser Inhalte stellen die elektronischen
Zeitschriften, vornehmlich aus den Bereichen der Naturwissenschaften, der
Medizin und der Technik. Diese wurden bisher häufig in Kombination mit den
zugehörigen Printversionen erworben, werden nun aber von den Verlagen zunehmend auch als e-only-Abonnements angeboten. Die Universitätsbibliothek
Bielefeld stellt ihren Nutzern insgesamt ca. 8.500 elektronische Zeitschriften im
Volltext zur Verfügung, deutlich mehr als in gedruckter Form (rund 7.000 Zeit-
schriftenabonnements). Unter diesen sind allerdings nicht nur verlagseigene
lizenzierte Zeitschriften, sondern auch offen zugängliche Internetpublikationen
vertreten. Die frei verfügbaren Veröffentlichung im Internet als bewusste Alternative zur üblichen Verlagspublikation ist in manchen Fällen auch als Antwort
auf die stetig steigenden Preise für Verlagszeitschriften insbesondere in den
genannten Bereichen von Naturwissenschaften, Medizin und Technik zu verstehen. Vor allem jedoch zeigt sich hier eine weitere und für die Hochschulen
essentielle Folge der Entwicklung in den Informations- und Kommunikationstechnologien: Gemeint ist die Veränderung in der Wertschöpfungskette von
Information, welche die gewohnte klare Trennung der Rollen von Autor, Verlag, Bibliothek, Leser zunehmend aufweicht. Insbesondere die Rollenverteilung
zwischen den Verlagen und den Hochschulen befindet sich im Umbruch, da die
Einrichtung von Publikationsservern in den Hochschulen beiden Seiten neue
Optionen als Anbieter bzw. Lieferant und als Abnehmer von Informationen
ermöglicht.[5] Häufig werden solche Hochschulschriftenserver von den zugehöri-
gen Bibliotheken bereitgestellt, die dadurch neben der gewohnten Funktion des
Informationsvermittlers nunmehr auch die des Anbieters übernehmen. Auch die
Universitätsbibliothek Bielefeld betreibt einen solchen Server zur Publikation

---

[5] Roosendaal/Geurts/van der Vet (2002) betonen mit Blick auf die Hochschulen die Bedeutung von
umfassend ausgebauten Publikations- und Archivierungssystemen und deren Einbindung in eine
integrierte Informationsumgebung für Forschung und Lehre, sehen in dem Markt elektronischen
Lehrens/Lernens zugleich aber auch neue Tätigkeitsfelder für die Verlage.

von wissenschaftlichen Schriften aus der Hochschule, der neben Diskussionspa-
pieren, Tagungs- oder Kongressberichten vor allem Dissertationen aus den verschiedenen Fachbereichen der Universität bereitstellt.

In diesem Zusammenhang ebenfalls zu erwähnen ist die Digitalisierung
von alten Schriften. Diese sind teilweise auf lokale Einzelmaßnahmen zurückzuführen; so wurden von der Universitätsbibliothek Bielefeld beispielsweise aus-
wählte Drucke des 15. bis 20. Jahrhunderts aus den eigenen Rara-Beständen
digitalisiert und über das Internet verfügbar gemacht, ebenso die bibliotheksei-
gene Autographensammlung. Häufig erfolgt eine Bereitstellung von digitalisier-
ten Reproduktionen aber auch im Rahmen von umfassenden Förderprojekten
der Deutschen Forschungsgemeinschaft. Die Universitätsbibliothek Bielefeld
partizipiert an diesen Förderprogrammen durch ein eigenes Vorhaben zur retro-
spektiven Digitalisierung wissenschaftlicher Rezensionsorgane und Literatur-
zeitschriften des 18. und 19. Jahrhunderts aus dem deutschen Sprachraum,
durchgeführt in Zusammenarbeit mit der Akademie der Wissenschaften in Göttingen und dem Olms-Verlag. Durch dieses Projekt werden insgesamt 44 digitalisierte und mittels einer Datenbank komfortabel recherchierbare Zeitschriften
aus der Zeit der Aufklärung zur Nutzung über das Internet angeboten.

Für den Fall, dass eine gewünschte Information oder Literaturquelle nicht
online direkt aufgerufen werden kann oder nicht als gedruckte Fassung in dem
über 2 Millionen Bände umfassenden Bestand der Bielefelder Universitätsbibliothek verfügbar ist, kann diese auch bei Bedarf über einen Dokumentlieferdienst bestellt werden. Es gibt mittlerweile eine Reihe von solchen Dokument-
lieferdiensten; diese bieten unterschiedliche Konditionen hinsichtlich Bestell-
und Lieferbedingungen sowie Gebühr bzw. Entgeltregelungen und können somit von der Nutzerin bzw. dem Nutzer nach dem jeweiligen Bedarf gezielt ausgewählt werden. Besonders hinzuweisen ist auch auf die elektronische Fernleihe, die das konventionelle Verfahren der Bestellung über den bekannten konventionellen „Roten Leihschein" zunehmend ersetzt.

Weitere Serviceangebote, die das Informationsportal der Universitätsbibliothek Bielefeld ihren Nutzerinnen und Nutzern bietet, sind Internet-Dienste
wie z.B. der Zugang zu ausgewählten und kommentierten WWW-Angeboten
oder Hilfen zum Internet. Ergänzend hierzu werden von der Bibliothek allgemeine wie auch fachspezifische Schulungen zur Nutzung des Bielefelder Informationsportals oder einzelner Dienste angeboten; auf solche Einführungsveranstaltungen wird im späteren Verlauf des vorliegenden Beitrags noch einmal
gesondert einzugehen sein.

Für ein Fazit aus dieser Zwischenbilanz lässt sich bis hierhin festhalten,
dass die primär von technischen Aspekten geprägte Phase für den Aufbau digitaler Informationssysteme trotz aller (berechtigten) Forderungen nach weiteren

Ausbau als mehr oder weniger abgeschlossen zu betrachten ist. Dies gilt zumindest in dem Sinne, dass die Übertragung von „klassischen" bibliothekarischen Dienstleistungen zur Erschließung und Bereitstellung von Informationen aus dem konventionellen in das elektronische Medium unter Nutzung der sich neu ergebenden Möglichkeiten zur Erweiterung und Optimierung der Dienste als realisiert gelten kann. Unterschiedliche und strukturierte Informationsportale und -systeme bieten gleichsam qualifizierte „Sprungbretter" für die internetbasierte Nutzung der weltweit verstreut liegenden Ressourcen elektronischer wissenschaftlicher Information. Wie nun gehen die Nutzerinnen und Nutzer, Studierende ebenso wie die in der Lehre tätigen Wissenschaftler, mit diesen für sie entwickelten Systemen um? Werden die bereitgestellten elektronischen Informationsdienste in dem Umfang und in der Weise genutzt, wie es den gegebenen Möglichkeiten entspricht? Mit dem heutigen Entwicklungsstand in der Informationsversorgung bietet sich nunmehr auch eine Basis, auf der solchen Fragen fundiert nachgegangen werden kann. Die hieraus gewonnenen Erkenntnisse und Erfahrungen bilden wichtige Beiträge in der Diskussion um die zukünftige Ausrichtung elektronischer Informations- und Literatursysteme, um die dabei zu beachtenden Anforderungen und Optionen. Da diese Diskussion nicht ohne den Blick auf entsprechende Entwicklungen in anderen Bereichen der Hochschule, namentlich auf die Möglichkeiten des eLearning, geführt werden sollte, ergeben sich hier äußerst interessante Aspekte, welche die Notwendigkeit eines abgestimmten Vorgehens der Bereiche und des Bemühens um Integration der Systeme deutlich werden lassen.

3   Elektronische Informationen und Informationskompetenz

3.1 Einblicke in den Nutzungsgrad elektronischer Information: Ergebnisse einer Benutzerbefragung in den nordrheinwestfälischen Universitätsbibliotheken

In der Zeit von Juni bis August 2001 wurde in den 15 Universitätsbibliotheken des Landes Nordrhein-Westfalen eine umfassende und einheitlich angelegte Befragung über die Zufriedenheit der Nutzerinnen und Nutzer mit den vor Ort angebotenen Dienstleistungen durchgeführt. Vorbereitung und Realisierung erfolgten in Zusammenarbeit der Bibliotheken mit dem Hochschulbibliothekszentrum (HBZ) des Landes Nordrhein-Westfalen, das für Finanzierung sowie übergreifende Koordination bzw. Organisation verantwortlich zeichnete, und mit dem infas-Institut für angewandte Sozialwissenschaft GmbH, dessen Aufgaben hierbei in der Unterstützung ebenso wie in der Erfassung und Auswertung der in den Bibliotheken erhobenen Daten lagen. Mittels eines eigens konzipierten und einheitlichen Fragebogens wurden insgesamt 12.012 Nutzerinnen und Nutzer befragt, davon 1.030 in Bielefeld. Die Zielsetzung der Befragung ging dabei über eine reine Qualitätsanalyse der Dienstleistungen hinaus und beinhaltete vor allem auch eine Ergänzung der Controlling-Maßnahmen in den Bibliotheken. So sollte die gemeinsame Befragung insbesondere auch ein Benchmarking ermöglichen, das Lücken im jeweiligen Dienstleistungsangebot aufdecken und Anregungen für Verbesserungen geben sollte. Daneben war mit der Befragung auch die Absicht verbunden, fundierte Aufschlüsse über Nutzungsverhalten und -präferenzen zu gewinnen (Follmer u.a. 2002: 20-21).

Grundsätzlich war die Befragung auf die gesamte Bandbreite der Dienstleistungen in den Bibliotheken ausgerichtet. Die Fragen bezogen sich deshalb auf Bibliotheksbestände ebenso wie auf den Mitarbeiterservice, die Ausstattung und auf atmosphärische Faktoren.[6] Die Nutzung elektronischer wissenschaftlicher Information stand bei dieser Erhebung also nicht im Mittelpunkt; gleichwohl ist sie Inhalt einiger Fragen, die ihrerseits interessante Rückschlüsse erlauben.

So ergab sich beispielsweise aus der Frage nach der Häufigkeit des Bibliotheksbesuchs im letzten halben Jahr einerseits und der Nutzung des Bibliotheksangebots von außerhalb via Internet andererseits, dass der überwiegende Teil der Nutzerinnen und Nutzer noch immer die Inanspruchnahme der Bibliotheksdienstleistungen vor Ort bevorzugt: 10% der Befragten im Landesdurchschnitt besuchten die Bibliothek täglich, 43% mehrmals pro Woche und 31% mehrmals pro Monat. Dagegen wurde das Bibliotheksangebot lediglich von 3% der Nutzerinnen und Nutzer täglich, von 17% mehrmals pro Woche und allerdings von immerhin 22% mehrmals pro Monat von außerhalb via Internet aufgerufen. Und ein großer Teil der Befragten, mit 29% fast ein Drittel, gaben an, die Bibliothek bisher gar nicht auf virtuellem Wege aufgesucht zu haben (vgl. Tabelle 1 auf der folgenden Seite). Mit Blick auf exemplarische Beschreibung des Bielefelder Informationsportals am Beginn dieses Beitrags sei an dieser Stelle angemerkt, dass die Ergebnisse der lokalspezifischen Auswertung für die Universitätsbibliothek Bielefeld hinsichtlich der Nutzung via Internet kaum von dem Landesdurchschnitt abweichen.

---

[6] Eine Wiedergabe des kompletten Fragebogens findet sich bei Follmer u. a. (2002: 30-33).

Tab. 1: Nutzungshäufigkeit von Bibliotheksdienstleistungen

Auf die Frage, wie häufig sie die Dienstleistungen der Bibliothek im letzten halben Jahr genutzt haben, antworteten (in Prozent): a) im Landesdurchschnitt; b) lokalspezifische Auswertung für die UB Bielefeld				
in der Bibliothek			von außerhalb der Bibliothek (via Internet)	
a)	b)		a)	b)
10	13	täglich	3	3
43	53	mehrmals pro Woche	17	17
31	26	mehrmals pro Monat	22	21
7	4	einmal pro Monat	8	7
6	3	seltener	15	16
1	0	bisher gar nicht	29	29
1	1	keine Angabe	6	7

Befragung von Benutzerinnen- und Benutzer in den nordrhein-westfälischen Universitätsbibliotheken. Zeitraum: Juni bis August 2001. Frage nach der Nutzungshäufigkeit von Bibliotheksdienstleistungen (Zahl der Befragten in NRW insgesamt: 12.012, davon in der UB Bielefeld: 1.030)

Lässt sich aus diesen Zahlen und der offensichtlichen Präferenz des persönlichen Besuchs der Bibliothek – die Gründe dafür können durchaus vielfältig sein, sei es beispielsweise, dass eine Nutzerin oder ein Nutzer in einer vom Printmedium bestimmten Fachdisziplin wie den Geisteswissenschaften arbeitet, sei es, dass die Bibliothek an sich gern als Lernort genutzt wird – noch keine mangelnde Akzeptanz des elektronischen Dienstleistungsangebots unmittelbar ableiten, sieht dies in Zusammenhang mit anderen Fragen der Erhebung schon etwas anders aus.[7] So wurde unter zwei weiteren Punkten nach der Zufriedenheit mit der Aktualität bzw. mit der Vollständigkeit verschiedener Angebote der Bibliotheksbestände gefragt. Hierbei wurde jeweils unterschieden zwischen dem Buchangebot, den Lehrbüchern, dem Zeitschriftenangebot – also Teile des konventionellen Medienbestandes – sowie den Datenbanken (wobei der Online Publication Access Catalogue, OPAC, d.h. der elektronische Bibliothekskatalog, ausdrücklich ausgenommen war), den elektronischen Zeitschriften und den digitalen Volltexten – drei Formen des modernen Medienbestandes. Interessieren im Zusammenhang mit dem vorliegenden Beitrag weniger die Qualitätsbeurteilungen der einzelnen Angebote an sich, ist hier vor allem die Anzahl der

---

[7] Die Befragung wurde aufgrund methodischer Erwägungen ausschließlich auf Bibliotheks*besucher* eingeschränkt: Follmer u. a. (2002: 25, 28) heben deshalb und aus weiteren methodischen Gründen hervor, dass von den Umfrageergebnissen nur vorsichtig auf das allgemeine Meinungsbild geschlossen werden kann. Die Zahlen, auf die sich der vorliegende Beitrag im weiteren Verlauf seiner Ausführungen bezieht, erscheinen jedoch so eindeutig, dass sie nach Meinung der Autorin durchaus Trendaussagen zulassen.

Befragten von Bedeutung, welche die ebenfalls mögliche Angabe „keine Erfahrung" angekreuzt haben: Diese Antwortoption kann nämlich nicht anders gedeutet werden, als dass die benannten Medienformen bisher entweder gar nicht oder nur im geringen Umfang genutzt wurden und sich die Befragungsteilnehmer deshalb einer qualitativen Bewertung lieber enthalten. Dies mag für die konventionellen Medien (Buchangebot, Lehrbücher, gedruckte Zeitschriften) zwar etwas verwunderlich erscheinen, lässt sich aber von Fall zu Fall durch eine geringe Besuchsfrequenz der Bibliothek allgemein oder mit spezifischen Nutzungsanliegen erklären. Gleichwohl zeigt sich hier natürlich auch ein methodisches Manko solcher Benutzungsumfragen, denn bei der qualitativen Interpretation der Ergebnisse und insbesondere bei der Frage nach den dahinter stehenden Gründen ist man bis zu einem gewissen Umfang auf eigene Vermutungen angewiesen. Dies wiegt um so schwerer, wenn die quantitative Auswertung Zahlen aufweist, die wie die Angaben zu den elektronischen Medien gewissermaßen als alarmierend gelten müssen: So gaben auf die Frage nach der Zufriedenheit mit der Aktualität der ausgewählten elektronischen Medien landesweit 40% der Befragten an, hierbei für die Datenbanken (OPAC ausgenommen) über keinerlei Erfahrung zu verfügen. Insgesamt 65% der Befragungsteilnehmer gaben die gleiche Antwort für die elektronischen Zeitschriften und sogar 72% für die digitalen Volltexte (vgl. Tabelle 2).

Tab. 2: Bewertung der Aktualität von ausgewählten konventionellen und elektronischen Dienstleistungen

Auf die Frage „Wie zufrieden sind Sie mit der Aktualität ...?" antworteten (in Prozent): a) im Landesdurchschnitt; b) lokalspezifische Auswertung für die UB Bielefeld													
	1*		2		3		4		5*		k.E.*		k.A.*	
	a)	b)	a)	b)	a)	b)	a)	b)	a)	b)	a)	b)	a)	b)
Buchangebot	8	14	39	44	32	27	13	11	3	3	5	2	1	0
Lehrbücher	6	8	31	37	30	28	15	12	4	3	12	11	2	1
Zeitschriften	14	24	29	40	19	16	8	5	2	1	26	13	2	1
Datenbanken (nicht OPAC)	8	14	26	32	18	16	5	2	1	1	40	32	3	2
elektronische Zeitschriften	3	7	11	16	11	14	5	6	1	1	65	56	3	2
digitale Volltexte	2	5	7	12	9	12	5	6	2	1	72	63	3	2

(*1 = sehr zufrieden; 5 = sehr unzufrieden; k.E. = keine Erfahrung; k.A. = keine Angabe) Befragung von Benutzerinnen- und Benutzer in den nordrhein-westfälischen Universitätsbibliotheken. Zeitraum: Juni bis August 2001. Frage nach der Nutzungshäufigkeit von Bibliotheksdienstleistungen (Zahl der Befragten in NRW insgesamt: 12.012, davon in der UB Bielefeld: 1.030)

Ein ähnliches Bild ergibt sich bei der Frage nach der Bewertung der Vollständigkeit der genannten Medienformen: Hier wurde die Antwort „keine Erfahrung" von 44% der Befragten für die Datenbanken, wiederum von 65% für die
elektronischen Zeitschriften und von ebenfalls von 72% für die digitalen Volltexte angekreuzt. Gemäß der standortspezifischen Auswertung liegen diese
Angaben zu den elektronischen Medienformen für beide Fragen an der Universitätsbibliothek Bielefeld um 8% bis 9% niedriger.

Konsequenterweise muss man aus diesen Antworten insgesamt den
Schluss ziehen, dass der Nutzungsgrad und damit auch die Akzeptanz von qualifizierten elektronischen Informationsangeboten als Serviceleistung der Bibliotheken als unzureichend anzusehen ist. Diese Feststellung wird noch durch ein
weiteres Einzelergebnis aus der nordrhein-westfälischen Benutzerumfrage bestätigt. So wurde in einer weiteren Frage die Nutzungshäufigkeit im letzten halben Jahr von vier einzelnen Diensten ermittelt: den Katalogen (OPAC etc.), der
Digitalen Bibliothek NRW, dem JASON-Dienst für die Bestellung von Zeit-
schriftenartikeln sowie dem elektronischen Dokumentlieferdienst SUBITO. Ist
schon die Nutzungsfrequenz mit Ausnahme der Bibliothekskataloge insgesamt
gesehen eher niedrig anzusiedeln, ist die Anzahl der Befragten, die diese Dienste ihren Angaben nach bisher überhaupt noch nie in Anspruch genommen haben, überraschend hoch: Im Landesdurchschnitt waren dies immerhin noch 13%
für die Kataloge, dagegen sogar 47% für die Digitale Bibliothek NRW, 59% für
JASON und 76% für SUBITO (vgl. Tabelle 3 auf der folgenden Seite).

Auch an der Universitätsbibliothek Bielefeld, wo zwar mit Ausnahme der
Kataloge deutlich weniger Befragungsteilnehmer diese Dienste bisher gar nicht
genutzt haben, musste immer noch eine (vom Standpunkt des Dienstleisters
Bibliothek) durchaus als ungenügend zu bezeichnende Nutzungshäufigkeit
konstatiert werden.[8]

---

[8] Da im Bielefelder Informationsportal die Systeme der Digitalen Bibliothek NRW und das lokale
Webangebot nahtlos miteinander verschmolzen wurden und damit die Digitale Bibliothek NRW
konsequenterweise von der Nutzerin oder dem Nutzer nicht mehr als eigenständiges Serviceangebot
wahrgenommen wird, wurde hier in einziger Abweichung von dem landeseinheitlichen Befragungs-
schema nach der Nutzungshäufigkeit von dem „Informationssystem der Bibliothek" gefragt. Erfreu-
licherweise ergab sich hier eine Spitzenposition in den Kategorien der täglichen Nutzung (5%) bzw.
der Nutzung mehrmals pro Woche (30%) und mehrmals pro Monat (31%). Nur 11% der Befragten
gaben an, das Informationssystem der Universitätsbibliothek Bielefeld bisher gar nicht genutzt zu
haben.

Tab 3: Nutzungshäufigkeit von elektronischen Dienstleistungen

Auf die Frage nach der Nutzungshäufigkeit der folgenden Angebote im letzten halben Jahr antworteten (in Prozent): a) im Landesdurchschnitt; b) lokalspezifische Auswertung für die UB Bielefeld													
	täglich		mehrmals pro Woche		mehrmals pro Monat		einmal pro Monat		seltener		bisher gar nicht		keine Angabe	
	a)	b)	a)	b)	a)	b)	a)	b)	a)	b)	a)	b)	a)	b)
Katalog, die Kataloge (OPAC etc.)	4	7	31	32	32	26	8	7	9	11	13	16	1	2
„Digitale Bibliothek NRW"	1	5	9	30	15	31	8	8	17	13	47	11	2	3
JASON	0	1	3	6	9	16	7	12	19	21	59	42	3	2
SUBITO	0	0	1	1	3	5	3	4	14	17	76	68	3	4

Befragung von Benutzerinnen- und Benutzer in den nordrhein-westfälischen Universitätsbibliotheken. Zeitraum: Juni bis August 2001. Frage nach der Nutzungshäufigkeit von Bibliotheksdienstleistungen (Zahl der Befragten in NRW insgesamt: 12.012, davon in der UB Bielefeld: 1.030)

Welche Schlussfolgerungen sind nun aus diesen Ergebnissen der Benutzerinnen- und Benutzerbefragung in den nordrhein-westfälischen Universitätsbibliotheken zu ziehen? Weshalb stehen den Forderungen von wissenschaftlichen Gremien, aber auch von Seiten der Wirtschaft nach Qualifikation im Umgang mit digitaler Information solche niedrigen Nutzungsgrade für die elektronischen Dienstleistungsangebote der Bibliotheken gegenüber? Gehen die Konzeptionen dieser Serviceangebote an dem Bedarf der Nutzerinnen und Nutzer vorbei? Eine andere Befragung zum Themenbereich der elektronischen Information gibt hier weiteren Aufschluss.

3.2 Einblicke in das Nutzerverhalten: Die Studie der Sozialforschungsstelle Dortmund zum Umgang mit elektronischen Informationen in den Hochschulen

Ein erhellendes Bild der Nutzungsmodalitäten von digitalen Informationsportalen und -systemen zeichnen die Ergebnisse aus der Studie zur „Nutzung elektronischer wissenschaftlicher Information in der Hochschulausbildung" vom Juni 2001, die – im Auftrag des Bundesministeriums für Bildung und Forschung – von der Sozialforschungsstelle Dortmund in Kooperation mit der Universität

Dortmund und der GAUS mbH (Klatt u. a. 2001) durchgeführt worden war.[9] Diese Studie beinhaltet in drei Erhebungsteilen eine umfassende Befragung von Dekanaten, Studierenden und Hochschullehrern; dabei wurden insgesamt zehn Fachbereiche aus den Naturwissenschaften, der Technik wie auch den Geistes-wissenschaften einbezogen. Die Umfrage erfolgte über die Versendung von schriftlichen Fragebögen. Der Rücklauf für alle drei Erhebungsteile war so hoch, dass die Ergebnisse der Studie als wissenschaftlich repräsentativ gelten können.[10]

Während bei den Dekanaten Fragen nach institutioneller Integration von elektronischer wissenschaftlicher Information im Vordergrund standen, zielten die Erhebungen bei den Studierenden und Hochschullehrern wesentlich auf Kenntnisse und Umfang in der Nutzung von elektronisch bereitgestellten Infor-mationen sowie, insbesondere bei den Lehrenden, auf den Aspekt der Vermitt-lung entsprechender Fertigkeiten. Verkürzt dargestellt, lässt sich aus den Ergeb-nissen der Umfrage die folgende Bilanz ziehen: Die infrastrukturellen Voraus-setzungen (z.B. Ausstattung der PC-Arbeitsplätze, Besitz eines eigenen Compu-ters mit Internetanschluss) sind in der Regel zwar zufrieden stellend; alle weite-ren Faktoren, angefangen von der personellen Unterstützung in den Fachberei-chen über die formale Verankerung der Nutzung elektronischer Fachinformation im Studium bis hin zur Informationskompetenz der Studierenden wie auch der Hochschullehrenden, müssen jedoch als unzureichend gelten und entsprechen nicht den gegebenen Anforderungen und Möglichkeiten im Umgang mit elekt-ronischer wissenschaftlicher Information.

Die Ergebnisse und Schlussfolgerungen aus den einzelnen Fragen sind na-türlich im Gesamtzusammenhang aller drei Erhebungsteile zu sehen; gleichwohl sollen im Folgenden einige prägnante Einzelergebnisse aufgegriffen werden.

Die Befragung der Studierenden belegt, dass die Relevanz der Nutzung e-lektronischer wissenschaftlicher Information für das Studium allgemein als hoch eingeschätzt wird. Dies befinden 76,4% der Befragten (Klatt u. a. 2001: 150-151). Jedoch zeigt nun das im Kontext des vorliegenden Beitrags wohl wichtigs-te Resultat der Erhebung, dass nur äußerst wenige Studierende die differenzier-ten und immerhin mit einem hohen ideellen wie auch finanziellen Aufwand entwickelten Informationssysteme der verschiedenen wissenschaftliche Akteure nutzen. Der bei weitem überwiegende Teil der Studierenden dagegen überträgt

---

[9] Der abschließende Bericht ist im Internet aufrufbar: http://www.stefi.de. Dort finden sich ebenso eine Zusammenfassung des Berichts sowie die zugehörigen Fragebögen.
[10] Dabei lag der Schwerpunkt der Befragung mit sieben Fachbereichen auf den Naturwissenschaften und der Technik; daneben wurden noch die Bereiche Psychologie, Erziehungswissenschaf-ten/Pädagogik und Sozialwissenschaften/Soziologie befragt. An der Erhebung teilgenommen haben 353 von 828 angeschriebenen Dekanaten (=42,63%), 2.956 von 11.227 Studierenden (=26,3%) und 777 von 3.044 Hochschullehrenden (=25,5%), (Klatt u. a. 2001: 5, 99, 116, 170).

gewohnte Muster des Rechercheverhaltens aus dem konventionellen Bereich auf das elektronische Medium bzw. setzt für seinen Recherchen auf das ursprünglich nicht für das Bildungswesen konzipierte Instrument der Internet-Suchmaschinen: Auf die Frage nach der allgemeinen Vorgehensweise für die Suche nach wissenschaftlicher Literatur im Lernalltag benennen aus den sieben vorgegebenen Antwortmöglichkeiten 60,2% der Studierenden den Austausch mit den Kommilitoninnen und Kommilitonen, 54,5% die freie Suche im Internet und 53% die Suche auf dem lokalen Server der UB. Viele Studierende befragen auch ihre Dozentinnen und Dozenten, vergleichsweise wenige Studierende nutzen hierfür noch Karteikästen, Mikrofiches oder stellen Rechercheanfragen (Klatt u. a. 2001: 139).

Die Frage nach der Nutzung des Computers im Rahmen des Studiums beantworten die meisten mit der Anwendung von Büro-Programmen, was mit Blick auf die Anfertigung von Seminararbeiten etc. einleuchtend erscheint. Auf dem zweiten Platz findet sich hier laut Klatt u. a. (2001: 129) wiederum die freie Suche über Internet-Suchmaschinen (häufig: 64,1%; selten: 28,2%), gefolgt von dem Pendant zum mündlichen Wissensaustausch mit den Kommilitonen, dem E-Mail-Austausch mit Studierenden und anderen (häufig: 58%; selten: 29,7%). Erst danach wird die Recherche auf dem lokalen Server der UB genannt (häufig: 40,9%; selten 44%). Könnten diese und die weiter oben bereits genannte und doch relativ hohe Prozentzahl für die Nutzung des UB-Servers mit Blick auf das dort angebotene Dienstleistungsspektrum inklusive Datenbanken und Volltexte – es sei an dieser Stelle an die Ausführungen unter Punkt 1 dieses Beitrags erinnert – hinsichtlich eines qualifizierten Umgangs mit den elektronischen Medien vielleicht doch noch hoffnungsvoll stimmen, wird dies mit Blick auf die geringen Nutzungszahlen für andere, ebenfalls abgefragte Instrumente wiederum relativiert: Diese beinhalten die Recherche und den Download von elektronischen Volltexten auf den eigenen Rechner, die Suche in Online-Bibliothekskatalogen (gemeint sind hier übergreifende Verbundkataloge), fachspezifische Mailinglisten, Online-Datenbanken, Volltexte im Internet, fachspezifische Internetportale und –dienste sowie kostenpflichtige Angebote. Hier erreicht nur noch die Recherche und der Download von elektronischen Volltexten einen nennenswerten Nutzungsgrad, während die übrigen in der Umfrage zur Auswahl gestellten Möglichkeiten von kaum oder weniger als einem Zehntel der Befragten häufig genutzt werden (eine wenn auch seltene Nutzung benennen hier immerhin noch ca. ein Drittel bis ein Viertel der Befragten, die kostenpflichtigen Angebote bilden auch hier mit weniger als 10% das „Schlusslicht").

Es wird allerdings nicht deutlich, was genau eine Recherche auf dem lokalen Server der Universitätsbibliothek nach Auffassung des befragenden Instituts in Abgrenzung zu den anderen genannten Antwortmöglichkeiten beinhaltet. Die Ergebnisse der Benutzerbefragung in den nordrhein-westfälischen Universitätsbibliotheken lassen vermuten, dass mit der Recherche auf dem Bibliotheksserver vor allem Suchanfragen im OPAC und ähnliches verbunden ist. Gleichwohl bleibt das Befragungsergebnis der Studie der Sozialforschungsstelle Dortmund aufgrund der unklaren Unterscheidung zwischen den vorgegebenen Antwortmöglichkeiten an dieser Stelle leider doch etwas unscharf.

Im Zusammenhang mit der allerdings unbestreitbaren Präferenz der Internet-Suchmaschinen sind einige weitere Ergebnisse aus der Dortmunder Studie von unmittelbarem Interesse: So fallen die Bewertungen der online recherchierten Ergebnisse seitens der Studierenden selbst eher negativ aus; diese sehen in ihnen zwar eher aktuelle, aber kaum zuverlässige oder umfassende Resultate ihrer Recherchebemühungen. Die Autoren der Studie ziehen daraus den Schluss, dass sogar der Einsatz der als Rechercheinstrument bevorzugten Internet-Suchmaschinen in der Regel „zumeist laienhaft und unsystematisch erfolgt" (Klatt u. a. 2001: 140-141). Die damit zutage tretende unzureichende Informationskompetenz der Studierenden ist sicherlich in engem Zusammenhang damit zu sehen, auf welche Art und Weise die Nutzung elektronischer Information erlernt wird. Die Studie dokumentiert, dass der Umgang mit digitaler Fachinformation in überwältigendem Maße im Alleingang erlernt wird, und zwar vor allem mittels Trial and Error (79,6%), oder wiederum auf die Unterstützung von Kommilitoninnen und Kommilitonen (51,4%) zurückzuführen sind. Nur eine vergleichsweise geringe Zahl der Studierenden erwirbt seine Kenntnisse mit Hilfe professioneller Vermittlung, z.B. durch das Betreuungspersonals von Universitäts- oder Fakultätsbibliotheken (Klatt u. a. 2001: 135-138).

Interessanterweise wird die eigene Informationskompetenz von über Dreiviertel der befragten Studierenden selbst als gering oder mittel eingestuft (Klatt u. a. 2001: 133). Zusammen mit der negativen Bewertung der Suchresultate zeugen diese Angaben allerdings zugleich von einer doch realistisch zu bezeichnenden Einschätzung des eigenen Rechercheverhaltens und der damit erzielten Ergebnisse. Die Studierenden sind sich also der Problematik offensichtlich bewusst, verbleiben jedoch in ihrem Rechercheverhalten in Mustern, die sich mit den Internet-Suchmaschinen in der allgemeinen Nutzung des Internets, und damit außerhalb des wissenschaftlichen Bildungsbereiches, herausgebildet haben. Hiermit wird eine Erwartungshaltung sichtbar, nach der Dienstleistungsangebote der elektronischen Informationsversorgung schnell und intuitiv erfassbar, übersichtlich und möglichst leicht zu handhaben sein sowie eine schnelle Performanz aufweisen sollten. Komplexe und vielschichtige Serviceangebote wie die Internetportale der Bibliotheken und anderer Anbieter werden offensichtlich als intransparent und deshalb als wenig attraktiv empfunden. Dies

jedenfalls legt der Umstand nahe, dass von den meisten Studierenden die Unübersichtlichkeit des Informationsangebotes als Hindernis für eine effizienten
Nutzung elektronischer Fachinformation benannt wird (trifft zu: 35,9%;
teils/teils: 52,6%); ein Urteil, dass auch aus Sicht von 38,5% der Hochschullehrenden zutrifft (Klatt u. a. 2001: 155,184). Folgerichtig wird auch auf die Frage,
welche Maßnahme für eine Verbesserung der Nutzung elektronische wissenschaftlicher Information im Studium als geeignet erscheinen, mit 77,5% von
dem überwiegenden Teil der Studierenden mit der Bereitstellung eines übersichtlicheren Angebots beantwortet (3,23% gaben an, dieses sei bei ihnen bereits vorhanden).[11] Weitere mögliche Optionen aus den im Fragebogen vorgeschlagenen Maßnahmen bilden nach Ansicht der Studierenden vor allem die
besondere Förderung von EDV-Anfängerinnen und -Anfänger sowie die kosten-
lose Bereitstellung von digitalen Informationen. Letzteres ist aus Sicht der Lehrenden sogar als primär geeignete Maßnahme anzusehen. Beide Seiten zeigen
ebenso starke Zustimmung zu einem Angebot von Tutorien sowie zu einer
Durchführung bzw. stärkeren Integration von entsprechenden Einführungsveranstaltungen in der Lehre, eine verpflichtende Verankerung wird allerdings von
weniger als einem Drittel der Studierenden bzw. knapp einem Viertel der Lehrenden als angemessener Schritt empfunden. (Klatt u. a. 1001: 161-165, 186-
188).

Welche Reaktionsmöglichkeiten, aber auch -notwendigkeiten ergeben sich
nun aus den Ergebnissen der Studie? Die Autoren selbst erläutern in einem
Maßnahmenkatalog verschiedene Vorschläge zur Förderung von Informationskompetenz (Klatt u. a. 2001: 221-239), von denen der wohl wichtigste die Einbindung der Nutzung von elektronischer Information als integraler Bestandteil
von Lehrveranstaltungen beinhaltet. Bibliotheken als Anbieter entsprechender
Einführungsveranstaltungen werden hier nur am Rande genannt. Wie die Studie
zeigt und die Erfahrungen aus der Praxis bestätigen, sind die Nutzerinnen und
Nutzer mit den bereits angebotenen (und auf freiwilliger Teilnahme beruhen-
den) Bibliotheksveranstaltungen zur Förderung der Informationskompetenz nur
schwer zu erreichen. Von der Universitätsbibliothek Bielefeld wurde deshalb im
Rahmen des ÖFTA-Projekts, in dessen Kontext auch der vorliegende Tagungs-
band steht, in Zusammenarbeit mit Prof. Dr. Wolfgang Krohn von der Fakultät
der Soziologie und dem Institut für Wissenschafts- und Technikforschung
(IWT) an der Universität Bielefeld im Wintersemester 2002/03 eine eigens

---

[11] Auch bei dieser Frage, die sowohl den Studierenden wie auch den Lehrenden vorgelegt wurde,
ergibt sich wiederum eine Unschärfe in der Unterscheidung zwischen den vorgegebenen, im Kontext des vorliegenden Beitrags besonderes interessierenden Antwortmöglichkeiten der Bereitstellung
eines übersichtlicheren Angebots für Studierende einerseits sowie der Vereinfachung des Zugangs
zu elektronischer wissenschaftlicher Information andererseits; vgl. Klatt u. a. (2001: 161, 186-187).

konzipierte Schulungsveranstaltung modellhaft als verpflichtender Bestandteil eines interdisziplinären Seminars realisiert. Es bleibt allerdings auch zu überlegen, ob man auch mit Blick auf Kapazitätsgründen das Know-how der Hochschulbibliotheken im Umgang mit elektronischer Information gegebenenfalls nicht auch auf Fort- und Weiterbildungen von Multiplikatoren konzentrieren sollte, was beispielsweise auch der Empfehlung der Studie zur Implementierung entsprechender Tutorien zur Vernetzung des Wissensaustausches zwischen den Studierenden entgegenkommen würde.

Für die Hochschulbibliotheken als Anbieter von elektronischen Informationssystemen ist allerdings insbesondere auch zu fragen, welche Konsequenzen für die Gestaltung und Strukturierung ihrer Serviceangebote sich aus der Präferenz der Internet-Suchmaschinen seitens der Nutzerinnen und Nutzer ergeben und wie der Forderung nach (noch) mehr Transparenz im Informationsangebot Rechnung getragen werden kann. Die Frage nach der zukünftigen Entwicklung elektronischer Informationsversorgung im Spannungsfeld zwischen einfacher und möglichst intuitiver Benutzung, Vielfalt der Zielgruppen vom Studierenden im Grundstudium bis hin zum Lehrenden und Forscher sowie dem wissenschaftlichen Anspruch der Hochschulausbildung wird mit Sicherheit nicht einfach zu lösen sein. Es liegt jedoch auf der Hand, dass technologische Lösungen hier allein nicht zu befriedigenden Antworten führen können. Ohne zusätzliche unterstützende Maßnahmen wie die bereits genannten Einführungsveranstaltungen, aber auch dem Ausbau von Marketingmaßnahmen, die das Angebot elektronischer Dienstleistungen näher in das Bewusstsein der Nutzerinnen und Nutzer rücken, wird zukünftig wohl nicht auszukommen sein. Dies gilt ebenso für den bereits zu Beginn dieses Beitrages angesprochene Abstimmungsprozess zwischen den Anbietern im Bereich der Informationsversorgung, der zumindest auf Hochschulebene mit Blick auf technologische Entwicklungen beispielsweise auf dem Gebiet des eLearning noch zu erweitern sein wird.[12] Gerade die Informationsversorgung und die elektronische Lehre bilden zwei Bereiche, deren Entwicklungen nicht mehr getrennt betrachtet werden dürfen und daher eine Koordination im Vorgehen der verschiedenen Beteiligten erfordern.

---

[12] Dazu Neubauer (2002: 620). Für einen möglichen Lösungsansatz auf technologischem Gebiet, welcher der Präferenz der Internet-Suchmaschinen Rechnung tragen würde, schlägt Neubauer außerdem die Entwicklung von speziellen Suchmaschinen für die Erschließung wissenschaftlicher Inhalte vor.

4 Resümee: Konsequenzen für die Konzeption eines virtuellen LernOrtes Universität

Die Feststellungen im Bereich der elektronischen Informationsversorgung, wonach der Nutzungsgrad wie auch die Kompetenz im Umgang mit dem digitalen Medium als unzureichend anzusehen ist, können bei der Entwicklung und dem Einsatz virtueller Lehr- und Lernangebote nicht unberücksichtigt bleiben. Die Bereitschaft zur Nutzung von eLearning als Ergänzung oder Ersatz von Präsenzveranstaltungen und insbesondere natürlich auch damit gezeitigte Erfolg hängen vor allem von der Kompetenz der Studierenden wie auch der Hochschullehrenden in der Anwendung der verfügbaren Tools ab. Ebenso wenig wie sich die Defizite in der Nutzung qualifizierter Informationsangebote mit der Zeit durch das oft zitierte „Nachwachsen" der an das Internet gewöhnten Studierendengeneration quasi von selbst auflösen werden, ja sogar im Gegenteil sich diese Problematik eher zu verschärfen scheint, indem gewohnte einfache Lösungsmöglichkeiten wie die Nutzung von Internet-Suchmaschinen auf den Bildungsbereich übertragen und eine entsprechende Erwartungshaltung auch für die Funktionsweise wissenschaftlicher Rechercheinstrumente aufgebaut wird; ebenso wenig wird sich auch das Angebot virtueller Studienmöglichkeiten ohne zusätzliche Förderung entsprechender Kompetenzen als Äquivalent zum Präsenzstudium wirklich durchsetzen. Und ein weiterer wichtiger Aspekt ist bei zukünftigen Konzeptionisierungen zu beachten: Wie bereits frühere Erfahrungen aus der FernUniversität in Hagen belegen (Laskowski/Pieper 2000: 156), besteht bei dem Einsatz von eLearning-Angeboten wie virtuellen Seminaren eine Tendenz, sich seitens der Studierenden auf die Nutzung der innerhalb der Kurse bereitgestellten Informationen zu beschränken und dagegen wissenschaftliche Informationen und Rechercheinstrumente außerhalb der Kurse, wie sie beispielsweise in den elektronischen Systemen der Bibliotheken zu finden sind, unberücksichtigt zu lassen. Damit jedoch entfällt die mit dem Präsenzstudium üblicherweise verbundene Arbeit mit weiterführender wissenschaftlicher Literatur bzw. wird auf ein Minimum reduziert. Es steht mit Blick auf die im vorherigen Abschnitt dieses Beitrages genannten Umfrageergebnisse zu vermuten, dass sich dieser Umstand auch in der darauf folgenden Zeit kaum geändert hat. Dem kann auf technologischer Ebene nur durch eine Integration der verschiedenen Systeme entgegengewirkt werden, die eine möglichst weit reichende Durchlässigkeit in der Nutzung der jeweils bereitgestellten Funktionalitäten gewährleistet, so dass z.B. aus einem eLearning-Kurs heraus die für die Informationssuche benötigten Instrumente aus dem Serviceangebot der Bibliothek aufgerufen werden können, ohne eine expliziten Wechsel zwischen den Systemen vornehmen zu müssen. Weiterhin müssen solche Verknüpfungen auch andere bereits in den

Hochschulen eingesetzten Systeme, wie beispielsweise die Benutzerverwaltungen des administrativen Bereichs, einbeziehen. Erst eine solche umfassende Integration, die einen entsprechenden Abstimmungsprozess aller Beteiligten in den Hochschulen und ein darauf aufbauendes Informationsmanagement voraussetzt, wird – unterstützt durch begleitende Maßnahmen zur Förderung der Informationskompetenz - die Bildung eines „virtuellen LernOrts Universität" unter wirklicher Ausnutzung des Innovationspotentials elektronischer Medien und Strukturen ermöglichen.

Literatur

Follmer, Robert; Guschker, Stefan; Mundt, Sebastian (2002): Gemeinsame Benutzerbefragung der nordrhein-westfälischen Universitätsbibliotheken – methodisches Vorgehen und Erfahrungen. In: *Bibliotheksdienst* 36 (2002) 1: 20-33.

Klatt, Rüdiger; Gavriilidis, Konstantin; Kleinsimlinghaus, Kirsten; Feldmann, Maresa u. a. (2001): Nutzung elektronischer wissenschaftlicher Information in der Hochschulausbildung. Barrieren und Potenziale der innovativen Mediennutzung im Lernalltag der Hochschulen. Endbericht. Studie der Sozialforschungsstelle Dortmund und der Gesellschaft für angewandte Unternehmensforschung und Sozialstatistik (GAUS) mbH im Auftrag des Bundesministeriums für Bildung und Forschung, Projektträger Fachinformation, August 2001. URL: http://www.stefi.de/download/bericht2.pdf

Laskowski, Frank; Pieper, Dirk (2000): Möglichkeiten der Integration der Digitalen Bibliothek NRW in multimediale Studienangebote. In: *ProLibris* 5 (2000) 3: 155-157.

Neubauer, Karl Wilhelm (2002): Was haben Bibliotheken mit Red Bull gemeinsam? Zur elektronischen Informationsversorgung an Hochschulen. In: *BuB: Forum für Bibliothek und Information* 54 (2002) 10/11: 616-621.

Roosendaal, Hans E.; Geurts, Peter A. T.M.; van der Vet, Paul E. (2002): Eine neue Wertschöpfungskette für den Markt der wissenschaftlichen Information? In: *Bibliothek: Forschung und Praxis* 26 (2002) 2: 149-153.

Wissenschaftsrat (2001): Empfehlung zur digitalen Informationsversorgung durch Hochschulbibliotheken (Drs. 4935/01), Juli 2001. URL: http://www.wissenschaftsrat.de/texte/4935-01.pdf

Zukunft der wissenschaftlichen und technischen Information in Deutschland (2002): Schlussbericht. Bundesministerium für Bildung und Forschung (BMBF) (Hg.). Erstellt im Auftrag des Bundesministeriums für Bildung und Forschung durch: Arthur D. Little GmbH und Gesellschaft für Innovationsforschung und Beratung mbH, September 2002. URL: http://www.bmbf.de/pub/zukunft_der_wti_in_deutschland.pdf

4 Konsequenzen aus Internationalisierung und Multimedialisierung

Internationalisierung, Europäisierung und Virtualisierung der Hochschullehre: Interkulturelle Herausforderungen

Brigitte Young

1 Internationalisierung der deutschen Hochschulen

„Regional in Nordhessen zuhause, aber international weltweit orientiert", so sieht Universitätspräsident Rolf-Dieter Postlep das Internationalisierungskonzept der Universität Kassel (Frankfurter Rundschau, 21.06.2002). Durch die Einführung von gestuften, international kompatiblen Studienabschlüssen von Bachelor- und Masterstudium, externen Qualitätskontrollen und fremdsprachigen Studienangeboten sollen die deutschen Hochschulen im Jahr 2010 im „europäischen Hochschulraum" ankommen. Mit der *Bologna-Erklärung* von 1999 wurde die Schaffung eines gemeinsamen europäischen Bildungsraumes formuliert. Das Ziel ist Europa zur „innovativsten Wissens- und Wirtschaftsregion der Erde" zu machen (Frankfurter Rundschau, 28.11.2002).

Zu den Problemfeldern der deutschen Universitäten hat der im Juni 1999 erschienene Bericht der internationalen Kommission zur Systemevaluation der Deutschen Forschungsgemeinschaft und der Max-Planck-Gesellschaft „Forschungsförderung in Deutschland" eine Reihe von Aspekten im Wissenschafts- und Forschungssystem identifiziert. Dazu gehören die inflexiblen Finanzierungsmodalitäten, die relative Schwäche von Universitäten im Vergleich zu öffentlich geförderten Forschungseinrichtungen, die starren staatlichen Rahmenregelungen, das Fehlen einer kontinuierlichen Systemevaluation und eines einrichtungsübergreifenden Wettbewerbs, sowie Mängel in der Nachwuchs- und Frauenförderung (vgl. Internationale Kommission 1999: 6; Allmendinger 2002: 3).

In den derzeitigen Debatten über den „Standort Deutschland" wird nämlich befürchtet, dass die wirtschaftliche Wettbewerbsfähigkeit einer Region und Nation mit der Leistungsfähigkeit ihrer Bildungseinrichtungen, dem Prozess im Bildungswesen und der Bildungsinhalte eng verbunden ist. So warnen die Minderheitenvoten im Schlussbericht der Enquete-Kommission des Deutschen Bundestages, „Globalisierung der Weltwirtschaft – Herausforderungen und Antworten", dass solche Nationen und Regionen auf der Gewinnerseite der Globalisierung stehen, die in die Wissensbasis ihrer BürgerInnen investieren. Umgekehrt dürften solche Länder eher zu den Verlierern zählen, die die notwendigen Investitionen in das Bildungssystem versäumen. Investitionen in das Humankapital sind somit ein Schlüsselfaktor zukünftiger Wettbewerbsfähigkeit. „Damit steht und fällt die wirtschaftliche Wettbewerbsfähigkeit einer Region und Nation mit der Leistungsfähigkeit ihrer Bildungseinrichtungen auf allen Stufen und für alle Phasen" (Deutscher Bundestag 2002: 494; Dierkens/ Merkens 2002: 6). Die Hochschulen sind in diesem Zusammenhang von besonderer Bedeutung, weil sie einer doppelten Verantwortung ausgesetzt sind. Sie stehen selbst in Konkurrenz zu anderen Hochschulen und bereiten gleichzeitig Studierende optimal auf den globalen Wettbewerb vor, der zunehmend von der Qualität des Humankapitals bestimmt wird.

Darüber hinaus werden mit global wettbewerbsfähigen Hochschulen auch weitere sekundäre Vorteile verbunden. StudentInnen finden Anschluss an den Kulturraum der Hochschule, identifizieren sich mit den Institutionen, den Technologien und Verfahren und tragen „somit langfristig und nachhaltig zur weiteren Steigerung der Wettbewerbsfähigkeit einer Region mit global wettbewerbsfähigen Hochschulen bei" (Deutscher Bundestag 2002: 494).

In dem soeben beschriebenen Leitbild der Hochschule als neue Institution der Wissensgenerierung und Wissensübertragung spielt die Virtualisierung und Digitalisierung der Lehre eine herausragende Rolle. Das Bundesministerium für Wissenschaft hat für den Einstieg in eine virtuelle „Notebook University" für die Jahre 2002-2003 eine Summe in Höhe von 25 Millionen Euro zur Verfügung gestellt. In einer Imagebroschüre wird die neue virtuelle Universität als entgrenzter und zeitunabhängiger Ort beschrieben und mit den Begriffskonstrukten von Multimedia, Sicherheitstechnik, e-commerce, tele-learning, facility-management wird die Zukunftsvision des „Mobile Learning" euphorisch propagiert: „In der Universität der Zukunft sind die Studierenden über ihr Notebook ständig online mit moderner Lehrsoftware und wichtigen Datenbanken verbunden" (Berliner Zeitung, 03.06.2002).

Die Frage, was verbessert sich – über das Technische hinaus – an der Lehre selbst, wird in diesen Zukunftsszenarien weitgehend ausgeblendet. Dass der unbegrenzte Zugang zur unbegrenzten Information und Kommunikation, zur örtlichen und zeitlichen Unabhängigkeit große Vorteile mit sich bringt, sagt noch nichts darüber aus, wie sich Studierende in der unbegrenzten Informationsflut zurecht finden. Wer vermittelt ihnen die Methoden qualitativer Recherche, zwischen Wesentlichem und Unwesentlichem zu unterscheiden, und wie kann die soziale Fähigkeit des wissenschaftlichen Diskurses gelernt werden?

Auch in den zitierten Minderheitenvoten des Enquete-Berichtes „Globalisierung der Weltwirtschaft" wird Hochschulbildung als Ort der Wissensgenerierung und Wissensübertragung nur mehr im Sinne einer verwertbaren Ware kari-
kiert. In diesen Leitbildern einer modernen Hochschule geht es um den raschen
Erwerb verwertbaren Wissens, das sich in der Konkurrenz auf einem sich konstituierenden Wissensmarkt behaupten muss. Lediglich der Markt wird unter
dem Gesichtspunkt der ökonomischen Effizienz als Legitimationsinstanz für
den Bildungsbereich anerkannt (vgl. Josczok 2001). Dafür wird ein Bildungsmarkt entwickelt, der über die Präferenzen und lohnenden Serviceleistungen der
Hochschulen entscheidet. Relativ unbemerkt entsteht dadurch ein globaler Bildungsmarkt, der große Profite verspricht und die staatlichen Hochschulen massiv unter Druck setzt. In den derzeitigen General Agreements on Trade in Services (GATS) Verhandlungen wird darüber entschieden, ob und in welchem Maße
Bildung zu den Dienstleistungen zählt, für die der Marktzugang gelockert werden sollte.

Der folgende Aufsatz analysiert im ersten Schritt die Gründung eines europäischen und internationalen Bildungsmarktes durch das EU-Binnenmarktprogramm und die GATS-Verhandlungen innerhalb der Welthandelsorganisation (WTO), die das deutsche Bildungswesen berühren. Zweitens werden
die derzeitigen Defizite des Internationalisierungsdiskurses und der damit verbundenen Reduzierung von Bildung auf eine Effizienzdebatte diskutiert. Wie
die Neuen Medien auf sehr unterschiedliche Weise in die Hochschullehre integriert werden und welche interkulturelle Lernpotentiale dadurch verwirklicht
werden können, wird anhand von zwei interdisziplinär-interkulturellen Distance
Learning Seminaren mit dem Massachusetts Institute of Technology (M.I.T.)
und der Universität Zagreb, Kroatien, in Kooperation mit der Universität Münster gezeigt. Hochschulpolitisch ist die Frage zu diskutieren, in welchem Ausmaß
die Hochschule eine Internationalisierung der Lehre und des Lernens in Form
von interkulturellen Internetseminaren zulassen will und welche finanziellen
Mittel und personellen Ressourcen sie dafür bereitzustellen in der Lage ist.

2   EU-Binnenmarkt und die GATS-Verhandlungen
im Hochschulbereich

Obwohl in der öffentlichen Meinung die Welthandelsorganisation (WTO) bis
vor kurzem kaum mit dem deutschen Schulalltag in Zusammenhang gebracht
wurde, prägt die WTO derzeit die öffentliche Diskussion. Während die eine

Seite, die Liberalisierung im Welthandel mit Dienstleistungen als Chance für
eine neue moderne Bildungspolitik auf europäischer und internationaler Ebene
begrüßt, befürchten andere das Vordringen kommerzieller Interessen im Bildungsbereich. Gewarnt wird vor einer Aushöhlung des öffentlichen Hochschulwesens und einer Nivellierung der nationalen Qualitätsstandards (vgl. Deutscher
Bundestag 2002; Putzhammer 2002).

Ungeachtet der Liberalisierung seit der Entstehung des europäischen Bin-
nenmarktes 1985 stehen vorrangig die GATS-Verhandlungen im Zentrum der
öffentlichen Kritik. Grenzüberschreitende Bildungsdienstleistungen fallen in die
Kompetenzen der im Jahre 1995 gegründeten Welthandelsorganisation. Bildung
gehört zu den Themen, die derzeit in der Verhandlungsrunde zur Liberalisierung
des internationalen Dienstleistungsverkehrs diskutiert werden. Bis März 2003
sollten die Angebote für weitergehende Liberalisierung des Dienstleistungssek-
tors gegenüber den WTO-Mitgliedstaaten vorgelegt und als Eröffnungsangebote
in den Verhandlungen dann weiter präzisiert werden. Eigentlich war geplant, die
Verhandlungen bis zum 1. Januar 2005 abzuschließen und ein Dienstleistungs-
abkommen im Rahmen von GATS für die weitere Liberalisierung von grenzüberschreitenden Dienstleistungen zu vereinbaren (vgl. Fritz 2002; Fritz/ Scherrer 2002). Nach der 5. Ministerkonferenz mit ihren minimalen Fortschritten in
Hong Kong im Dezember 2005 wird nun ein endgültiges Ergebnis Ende 2006
erwartet.

Kaum wahrgenommen wird hingegen, dass im Zuge der europäischen Pri-
vatisierungs- und Liberalisierungsentwicklung die Europäische Union und ihre
Mitgliedstaaten sich bereits 1994 verpflichtet hatten, den anderen WTO-
Mitgliedstaaten freien Zugang und gleiche Behandlung zu den Bildungsberei-
chen primärer, sekundärer, tertiärer Bildungsleistungen und Erwachsenenbildung[1] zu gewährleisten. Die EU hat bereits in allen Kategorien Verpflichtungen
übernommen mit Ausnahme der „anderen Bildungsdienstleistungen" und hinsichtlich der Erbringsart 4 (Präsenz natürlicher Personen). Durchgängiger
Marktzugang und Inländerbehandlung sind für Erbringsart 2 (Konsum im Ausland) gewährt worden.[2] Bei primären und sekundären Bildungsdienstleistungen

---

[1] Im GATS sind die Bildungsdienstleistungen in fünf Kategorien untergliedert: 1) primäre Bildungsdienstleistungen (im vorschulischen Bereich); 2) sekundäre Bildungsdienstleistungen (schulische
und berufsbildende Angebote); 3) tertiäre Bildungsdienstleistungen (Berufs- und Hochschulausbildung); 4) Erwachsenenbildung (allgemeine Bildung und berufliche Ausbildung); 5) andere Bildungsdienstleistungen (spezielle Bildungsangebote im primären und sekundären Bereich)
(Fritz/Scherrer 2002: 55).
[2] Die Bildungsdienstleistungen lassen sich nach den vier Erbringungsarten (modes) des GATS
unterscheiden: Mode 1: Grenzüberschreitende Erbringung (Learning übers Internet); Mode 2: Nutzung im Ausland (Studierende aus dem Ausland); Mode 3: Kommerzielle Präsenz (die Auslandsnie-

gewährt die EU ebenfalls Marktzugang für Niederlassungen. Der Bereich der Erwachsenenbildung ist am weitesten liberalisiert, hier bleibt lediglich die Erbringungsart 4 (Präsenz natürlicher Personen) beschränkt (Fritz/ Scherrer 2002).

Yalçin und Scherrer (2002) resümieren, dass es seitens der Europäischen Union, die für die europäischen Mitgliedstaaten verhandelt, nicht mehr viel gibt, was noch im grenzüberschreitenden Verkehr liberalisiert werden könnte (2002). Das Europäische Binnenmarktprogramm hat bereits 1985 die vier Grundfreiheiten des Gemeinsamen Marktes (Freiheit des Warenverkehrs, des Dienstleistungsverkehrs, des Personenverkehrs sowie die Freiheit des Kapitalverkehrs) peu à peu durchgesetzt. Im Bildungsbereich war die *Bologna-Erklärung* von 1999 ausschlaggebend, die einen europäischen Bildungsraum avisierte. Die Eckpunkte dieser Erklärung umfassen die Förderung von Mobilität, die Einführung von vergleichbaren Abschlüssen, die Einführung eines Credit Point Systems und die Kooperation in der Qualitätssicherung. Ein darauf folgendes Bildungsministertreffen in Prag im Mai 2001 vereinbarte weitere Aspekte zur Vertiefung der europäischen Hochschulkooperation, das in Form eines *Prager Kommuniqués* präzisiert und der Öffentlichkeit vorgestellt wurde (vgl. Yalçin/ Scherrer 2002).

Der stärkste Deregulierungsdruck stammt somit nicht von GATS sondern vom europäischen Binnenmarktprogramm. Es bestehen schon jetzt vielfältige Liberalisierungsverpflichtungen seitens der EU, die im Zuge der weiteren GATS-Verhandlungen verstärkt ausgeweitet werden können. Richtig ist viel mehr, dass GATS und die Dienstleistungsliberalisierung innerhalb der EU als ergänzende Liberalisierungsebenen verstanden werden können. Dadurch können Bereiche, die derzeit noch einer staatlichen Regulierung unterliegen, über den Weg der GATS-Verhandlungen unter massiven Druck geraten (vgl. Yalçin/ Scherrer 2002; Gill 2002).

Ungeklärt bleibt derzeit, ob der öffentliche Bildungsbereich unter den von der EU 1994 beschlossenen Ausnahmen von „hoheitlich erbrachten Dienstleistungen" fällt. Das GATS-Abkommen besagt, dass die Erbringung einer Dienstleistung oder ihre Subventionierung innerhalb des öffentlichen Sektors seitens der Europäischen Gemeinschaften im Rahmen der horizontalen Verpflichtungen von den GATS-Regelungen ausgenommen sind, so dass Art. 1, Abs. 3 des GATS noch nicht zur Anwendung kommt. Dies bedeutet, dass eine Dienstleistung, die in Ausübung hoheitlicher Gewalt erbracht wird, nur dann von der

---

derlassung einer Sprachschule von Berlitz); Mode 4: Präsenz natürlicher Personen (muttersprachliches Lehrpersonal an einer Sprachschule) (Fritz/ Scherrer 2002: 55-56).

Liberalisierung ausgenommen werden kann, wenn sie weder zu kommerziellen Zwecken noch im Wettbewerb mit einem oder mehreren Dienstleistungserbringern erbracht wird. Sobald private Träger neben der öffentlichen Hand in einem Bildungssegment tätig sind, kann dieses Segment nicht unter Berufung auf die Hoheitsklausel von den GATS-Vorschriften ausgenommen werden (vgl. Yalçin/ Scherrer 2002; Fritz 2002; Fritz/ Scherrer 2002).

In Deutschland sind private Träger neben der öffentlichen Hand in allen Bildungssegmenten tätig. Somit kann der deutsche Bildungsbereich nicht unter Berufung auf die Hoheitsklausel von den GATS-Vorschriften ausgenommen werden, zumal Deutschland als Mitglied der EU zugleich in der Länderliste spezifische Verpflichtungen zu Gunsten der Inländerbehandlung und der Meistbegünstigung im Bildungsbereich übernommen hat. Theoretisch müssten deshalb ausländische Anbieter grundsätzlich gleich behandelt werden.

Im November 2002 hat sich die Bund-Länder-Kommission für Bildungsplanung und Forschungsförderung (BLK) geeinigt, den Forderungen von Drittstaaten zur weiteren Liberalisierung der Bildungsdienstleistungen nicht stattzugeben. Die USA, Australien und Japan fordern nämlich, dass ausländische Anbieter wie Staatseinrichtungen subventioniert werden sollen. Dies lehnt Bundesbildungsministerin Edelgard Bulmahn und die Kultusminister der Länder ab (Frankfurter Rundschau, 21.11.2002). Konkret wird des Weiteren von den USA und Australien vorgeschlagen, dass berufliche Bildung und Testing als besondere Gebiete für Bildungsdienstleistungen eingeführt werden. Der amerikanische *Educational Testing Service* ist bereits in nahezu 200 Ländern aktiv und führt jährlich über 12 Millionen Tests durch. Durch die zunehmende Möglichkeit der Virtualisierung von Bildungsdienstleistungen vor allem im Hochschulbereich (Notebook University; Fernuniversitäten) und im Bereich der Erwachsenenbildung muss in Zukunft mit ausländischen und privaten Anbietern gerechnet werden. Die *Monash University* in Australien und der Anbieter von Fernunterricht *Phoenix Universität* (USA) agieren außerhalb der Landesgrenze und verfolgen den Plan, weltweit über das Internet ihre Angebote auf kommerzieller Basis zu vertreiben (Bulmahn 2002).

Dass hier ein internationaler Bildungsmarkt entsteht, der Druck auf die öffentlichen Hochschulen ausübt, ist unbestritten. Erstaunlicher in den derzeitigen Diskussion über die Zukunft der Bildung ist vielmehr, dass zwar einerseits von öffentlicher Seite beteuert wird, dass „Bildung selbst keine Handelsware ist" und dass die Qualitätssicherung der Hochschulen und die Anerkennung ihrer Abschlüsse weiterhin in der Regelungsbefugnis der Staaten bleiben (Bulmahn 2002), andererseits aber nur wenig über die Bedeutung von Wissen und Lernen in der neuen Informations- und Wissensgesellschaft diskutiert wird.

In einem Zwischenruf argumentiert Josczok zu recht, dass Bildung kein Thema ist, weil es – „jenseits rituellfeiertäglicher Beschwörungen – im öffentlichen Disput und in der Praxis ausschließlich um das *Fitmachen*, den raschen Erwerb verwertbaren Wissens, um (berufliche) Ausbildung und Qualifizierung, geht" (Josczok 2001: 33). Wenn aber die Internationalisierung auch als eine Chance für den notwendigen Reformprozess der deutschen Hochschulen verstanden werden soll und es bei den derzeit sehr strapazierten Begriffskonstrukten von Europäisierung, Interkulturalität, Interdisziplinarität und Virtualität nicht nur um einen technokratischen Diskurs und Effizienzdebatte geht, dann muss auch die *Politik des Wissens* (vgl. Weiler 2001) thematisiert werden.

3   „Von Belehrungskulturen zu Lernkulturen"

Mit dieser griffigen Formulierung fordert Wolf Lepenies die westlichen Gesellschaften auf, „von Belehrungskulturen zu Lernkulturen zu werden" (Lepenies 1997: 40). In den derzeitigen bildungspolitischen Debatten über die neue Wissensgesellschaft scheint aber gerade eine *Belehrungskultur* wieder die Oberhand zu gewinnen. Die Diskussion über die Wissensgesellschaft läuft Gefahr, wie dies Hans Weiler (2001) sehr eindrucksvoll in seinem Vortrag analysierte, zu einem technokratischen Diskurs zu verkommen. Gefragt ist vor allem das Expertenwissen von professionellen Beratern, die die Misere des deutschen Bildungswesens hauptsächlich als technische Aufgabe verstehen. Problemlösungen werden gesucht in der Einführung von Wissensmanagement, Schlüsselkompetenzen, Virtualisierung und Digitalisierung, Humankapital, „*high-skill – high-tech – low-cost*" *Strategien*, Vernetzung, Datenbanken und Datenaufbereitungsmethoden, fremdsprachige Studiengänge, vergleichbare Abschlüsse, Credit Point Systemen und Evaluierungsverfahren. In einem Gutachten, das die Enquete-Kommission des Deutschen Bundestages, „Globalisierung der Weltwirtschaft" zum Thema „Globale Wissensgesellschaft" in Auftrag gegeben hat, beschreibt Meinolf Dierkes die neuen Herausforderungen folgendermaßen:

> „Gleichzeitig lässt sich beobachten, dass die für die modernen Ausprägungen traditioneller Produkte und Techniken erforderliche Wissensbasis ebenfalls deutlich zunimmt. Ob diese Entwicklungen nun als Wissensgesellschaft oder auch nicht bezeichnet wird, mag Anlass zu trefflichen Diskursen geben. Erheblich ist es nicht. Erheblich ist, dass sowohl bei Dienstleistungen als auch bei Produkten mehr Technik, neuere Technik, neuere Kombinationen von Technik und damit verknüpft, mehr und besseres Wissen erforderlich ist." (Dierkes 2002: 5)

Erklärt wird in dieser Ausführung aber nicht, was eigentlich „Wissen" bedeutet. Es fehlt an einer kritischen Reflexion über Wissen und einer Diskussion über die politischen Bedingungen und Folgen der Schaffung und Verwendung von Wissen (vgl. Weiler 2001). Das Defizit in den derzeitigen Diskussionen liegt vor allem in den einseitigen technischen und ökonomischen Lösungsstrategien. Dadurch wird ein Weltbild suggeriert und transportiert, „das nur den Markt bzw. die Menschen als *Kuratoren ihres Humankapitals* zur Kenntnis nimmt" (Josczok 2001: 36). Gleichzeitig wird ein Leitbild der Hochschulen suggeriert, das sich in Konkurrenz auf einem sich konstituierenden Wissenschaftsmarkt nur nach Effizienz- und Leistungskriterien behaupten muss.

In diesen technokratischen Diskursen spielen die modischen Begrifflichkeiten von *Internationalisierung* und *Globalisierung,* die noch dazu synonym verwendet werden, eine zentrale Rolle. Welche Inhalte mit diesen Schlagwörtern transportiert werden, bedarf angeblich keiner weiteren Diskussion. Auch ohne genauere Benennung des inhaltlichen Kontextes wird davon ausgegangen, dass die Umsetzung von Internationalisierung mit Qualitätsverbesserung einhergeht. Konsens scheint in der technokratischen „scientific community" bereits darüber zu bestehen, dass Internationalisierung mit wirtschaftlichem Wettbewerb um Wissen und Wettbewerbsfähigkeit der Bildungsinstitutionen gleichzusetzen sind. Besonders US-amerikanische Hochschulen sind für die technokratischen Reformer das nachzuahmende Vorbild für deutsche Universitäten. „Bei einer Gesamtschau der faktischen und auch wahrgenommenen Wettbewerbssituation im Bereich der Hochschulbildung gelten global in erster Linie und mit großem Abstand die Vereinigten Staaten als das Mekka der Bildungswilligen und Leistungsorientierten." (Dierkes 2002: 14)

Wenn in dieser euphorischen Lobhuldigung für den raschen Erwerb von verwertbarem Wissen die kulturelle und interkulturelle Sphäre überhaupt thematisiert wird, dann nur insofern, als das man mit dem Internet kulturelle Hierarchien zu nivellieren vermag, „weil der Zugriff auf den *Mega-Wissensspeicher* Internet im Kern demokratisch sei" (Bittlingmayer 2001: 17). Ob die Kommunikations- und Informationstechnologien enthierarchisierende Konsequenzen durch die Zunahme von Flexibilität und Heterogenität mit sich bringen und „diese Wissensform mehr als jede andere permanent *neue* Handlungsmöglichkeiten schafft" (Stehr 2001: 18) ist insofern fragwürdig, da die mit den wissensgesellschaftlichen Entwicklungen verbundene Chancengleichheit und Leistungsgerechtigkeit nach wie vor die existierende soziale und geschlechtsspezifische Polarisierung reproduziert. Diese mit der Wissensgesellschaft verbundene Hoffnung auf mehr soziale Teilnahme erweist sich durch die Reproduktion der existierenden „vorwissensgesellschaftlichen" sozialen Ungleichheitsstrukturen eher naiv (Bittlingmayer 2001). Trotz der Bildungsexpansion seit den 60er Jahren hat sich die Kluft in höheren Schulabschlüssen zwischen Kindern von ArbeiterInnen und Kindern der Mittelschichten weiter vertieft. Ähnlich sieht es auch mit der geringen Einbeziehung von Frauen in den Wissenschaftsbereich aus. Ein besonders großer Schwund von Frauen zeigt sich zwischen erstem Hochschulabschluss und der Promotion, insbesondere aber zwischen Promotion und Professur. Die niedrige Einbindung von Frauen in Führungspositionen des Wissenschaftssystems ergibt sich, nach dem Gutachten für die Enquete-Kommission „Globalisierung der Weltwirtschaft", hauptsächlich durch die Struktur der wissenschaftlichen Ausbildung, welche zu personenbezogen, zu personengebunden, zu intransparent in ihren Anforderungen, zu unsicher in ihrem Ergebnis und zu lang ist. Die Bund Länder Kommission resümiert, dass die überproportionale Beteiligung der Männer den Schluss nahe legt, dass unter mehreren möglichen Faktoren – für die beiden Gruppen unterschiedliche Leistungs- und Qualifikationskriterien angelegt werden (vgl. Allmendinger 2002: 12-13). Es ist somit abwegig anzunehmen, dass in Konkurrenzgesellschaften die soziale und geschlechtsspezifische Ungleichheit in der ökonomischen und politischen Struktur durch die Kommunikations- and Informationstechnologien in der Wissensgesellschaft aufgehoben werden können (vgl. Bittlingmayer 2001).

Gleichfalls stiefmütterlich wird über die Entstehung von neuen Hierarchien in der Wissensgenerierung und in der Verwendung von Wissen im internationalen Wissenssystem diskutiert. Wenn die internationale Dimension betrachtet wird, zeigt sich, dass die scheinbare Offenheit des Wissenssystems konterkariert wird durch die extrem ungleiche Verteilung sowohl in der Herstellung als auch in der Verwendung von Wissen. Theoretische Prioritäten und methodologische Maßstäbe werden von einer relativ kleinen Zahl von westlichen WissenschaftlerInnen und deren Einrichtungen formuliert und verbreitet. Der zu beobachtende Zusammenhang zwischen sozialer Herkunft und Chancengleichheit spiegelt sich auch international wieder. Die Herstellung sowie auch die Verwendung von Wissen sind international extrem ungleich verteilt. Diese Hierarchie setzt die wirtschaftlichen und politischen Machtpositionen des jeweiligen Landes fort.

In seinen Ausführungen zur Politik des Wissens zitiert Hans Weiler (2001) Ashis Nandy, der in dieser neuen Wissensordnung eine neue Geographie der Macht entstehen sieht, die die Gefahr in sich birgt, die Vielfältigkeit außereuropäischer, *nicht-westlicher* Stimmen und deren unterschiedliches Wissen und deren Methodik auszugrenzen.

„As more and more areas of life are ‚scientized' and taken out of the reach of participatory politics to be handed over to experts, the universities as the final depository of expertise have become a major global political actor of our times. In addition to their other

task, they legitimize the 'expertization' of public affairs and the reign of the
professionals (Nandy 2000: 116, zitiert nach: Weiler 2001: 10).

Hans Weiler (2001) verweist in diesem Zusammenhang auf die enge Beziehung
zwischen Wissen und Macht. Die derzeitige transnationale und arbeitsteilige
Verfasstheit der gegenwärtigen Wissensordnung reflektiert die strukturelle Ver-
körperung von höherer und niedrigerer Rangordnung, von Über- und Unterordnung, Prestige und Einfluss. Statt einer Nivellierung der Ungleichheiten spricht
Weiler über die Politik des Wissens in der Generierung einer hierarchischen
Wissensordnung. Zu befürchten sind neue Mechanismen des Einschlusses und
des Ausschlusses in der Wissensgesellschaft, ein sich vollziehender Wandel von
einer partizipatorischen Wissenspolitik zu einer Herrschaft der Experten, von
der zunehmenden Rolle eines privilegierten im Vergleich zu einem unterprivile-
gierten Wissen. Die neuen Formen der Hierarchisierung finden sich einerseits in
den unterschiedlichen Wertschätzungen von wissenschaftlicher Methodik, in der
die Naturwissenschaften und in den Sozialwissenschaften die Ökonomie und
darin wiederum die Neoklassik die Spitzenpositionen einnehmen. Eine zweite
Rangordnung entsteht durch die institutionellen Hierarchien der international
anerkannten Elite-Universitäten, in denen private amerikanische Forschungs-
universitäten die Spitze der hierarchischen Pyramide bilden. Schließlich ergibt
sich eine weitere Hierarchisierung zwischen Professoren und Studierenden,
zwischen Institutsleitung und MitarbeiterInnen und zwischen Wissenschaftlern
und Wissenschaftlerinnen.

Diese hierarchische Wissensnormierung mit ihren jeweiligen Rangordnun-
gen und Strukturen ist nicht immanent aus der Wissenschaft abzuleiten, sondern
wird über gesellschaftliche Akzeptanz und kultureller Legitimität von Wissen
erzeugt. Diese Über- und Unterordnung bedarf nämlich der gesellschaftlichen
und internationalen Anerkennung, die durch das wechselseitige Verhältnis zwischen Macht und Wissen legitimiert wird. Weiler verweist hier auf die „Veranstaltung zur Legitimation auf Gegenseitigkeit" (Weiler 2001: 10):

„So, wie Wissen Macht legitimiert, so bezieht Wissen einen nicht unbeträchtlichen Teil
seiner Legitimation aus den Entscheidungen staatlicher Macht – Entscheidungen darüber
etwa, was an Schulen gelernt und gelehrt werden soll, welche Art von Wissen als Qualifizierung für bestimmte öffentliche Ämter und Laufbahnen erforderlich ist, welche Art
von Forschung sich öffentlicher Förderung erfreuen darf usw. In allen diesen und vielen
anderen Entscheidungen, die der staatlichen Autorität unterliegen, wird eine Art von
Wissen gegenüber einer anderen herausgehoben und mit besonderer Legitimität versehen."

Diese Hegemonie von Wissensnormen und die dadurch legitimierte Herrschaft
der technokratischen Wissensexperten, die im Wesentlichen ihren Ursprung in

den westlichen Gesellschaften und ihren wissenschaftlichen Institutionen haben, kollidiert mit den konkurrierenden Ansprüchen der weltweiten kulturellen Vielfalt aus den unterschiedlichen Ländern und Regionen der Welt. Kulturelle Erneuerungen stammen heute vielmehr aus den Peripherien, ethnischen Minderheiten, der Jugendkultur, der unterschiedlichen heterodoxen globalisierungskritischen Nicht-Regierungsorganisationen (NGOs), der frauen- und feministischen Bewegungen und den politischen Widerstandsbewegungen in postkolonialen Ländern.

Wenn die ehemalige Bundesbildungsministerin Edelgard Bulmahn (SPD) eine Bildungspolitik mit dem Ziel verfolgte, „Verständigung zwischen den Kulturen, die Nutzung des menschlichen Wissens zur Überwindung von Hunger und Unterentwicklung, die Freiheit, Bildung in der Welt zu verbreiten und in allen Teilen der Welt zu erwerben," (Bulmahn 2002: 10), dann muss für diese Wissensgesellschaft auch kritisch darüber nachgedacht werden: *„whose knowledge matters"*. Um noch einmal Lepenies zu zitieren, der von westlichen Gesellschaften einen Wandel von „Belehrungskulturen zu Lernkulturen" oder Ashi Nandys „eine neue, plurale politische Ökologie des Wissens" fordert (zitiert nach: Weiler 2001: 12), dann wird hier eine Abkehr des derzeitigen technokratischen Expertendiskurses und hin zu einer demokratischen, interkulturellen und partizipativen Lernkultur verlangt.

Über die Möglichkeiten, aber auch über die Herausforderungen für Studierende und Lehrende durch einen interkulturellen, interdisziplinären virtuellen Distance Learning Austausch und die dadurch entstehenden zwingend notwendigen hochschulpolitischen Veränderungen wird im Folgenden berichtet.

4 Interkulturelle, Internationale, Interdisziplinäre Distance Learning Erfahrungen[3]

Die *Westfälische Wilhelms*-Universität Münster *(WWU),* Institut für Politikwissenschaft, unter der Leitung von Prof. Dr. Brigitte Young, und das Massachusetts Institut of Technology *(M.I.T.),* Department of Foreign Languages, Literature and Women Studies, unter der Leitung von Prof. Margery Resnick *(Sommersemester* 2000), und die Universität Zagreb, Interkulturelle Germanistik, in Kooperation mit Doc. Dr. Siegfried Gehrmann *(Wintersemester* 2000/

---

[3] Dieser Text basiert aus leicht veränderten Auszügen aus Young/ Gehrmann/ Kerkmann (2003).

2001) haben den Versuch unternommen, interkulturelle und interdisziplinäre virtuelle Distance Learning Seminare für ihre Studierenden anzubieten. Wenn im Folgenden über die Erfahrungen aus diesen virtuellen Seminaren berichtet wird, dann muss auch darauf hingewiesen werden, dass es sich nicht um eine repräsentative und generalisierbare Studie handelt, sondern um einen Erfahrungsbericht, der Einsichten über die Herausforderungen für einen virtuellen interkulturellen und internationalen Austausch aus der Sicht der Studierenden und der Lehrenden in diesem virtuellen Experiment.

Wie bereits im Abschnitt zu den GATS-Verhandlungen erwähnt, wird unter vier Erbringungsarten („modes") von Bildungsdienstleistungen unterschieden (grenzüberschreitende Erbringung, Nutzung im Ausland, kommerzielle Präsenz und Präsenz natürlicher Personen). Distance Learning Seminare fallen in die *Grenzüberschreitende Erbringungsart* („Mode 1"), darunter wird eine Dienstleistung definiert, die „aus dem Gebiet eines Mitglieds stammt und im Gebiet eines anderen Mitglieds erbracht wird", d. h. die Lieferung einer Dienstleistung von einem Land in das andere (z. B. *eLearning* übers *Internet*) (vgl. Yalçin/ Scherrer 2002: 6). Die virtuelle Seminarkooperation zwischen der WWU mit *dem M.I.T., oder* mit der Interkulturellen Germanistik an der Universität Zagreb wird somit unter dieser Erbringungsart subsumiert.

Die virtuelle Plattform, auf der die Distance-Learning Seminare stattgefunden haben, wurde uns vom Global Center for Women's Studies and Politics (GLOW) des Feministischen Instituts der Heinrich-Böll-Stiftung zur Verfügung gestellt.[4] Die Plattform verfügte über drei „virtuelle Räume": einen Seminarraum mit asynchronen Diskussionsforen sowie redaktionelle und administrative Funktionen für die Lehrenden; einer Bibliothek für die im Seminar verwendete Literatur, die in elektronischer Form zum Download bereitstand, und ein virtuelles Café, das neben einem weiteren Diskussionsforum einen synchronen Chat enthielt. Es wurde in dieser virtuellen Zusammenarbeit nicht nur Wert auf einen akademischen Austausch gelegt, sondern auch dass die Studierenden der verschiedenen Universitäten sich außerhalb des Seminarbetriebs über Musik, kulturelle Gewohnheiten, sowie über die Erfahrungen mit dieser Seminarform ohne Anwesenheit der DozentInnen austauschen und kommunizieren konnten. Dieser Raum erwies sich für die interkulturelle Kommunikation als äußerst wichtig und wurde von den Studierenden häufig frequentiert.

---

[4] Durch die Finanzierung des Ministeriums für Wissenschaft und Forschung-NRW eines Multimedia-Projektes, „Cyberspace als interaktiver Lernraum" konnte dann eine eigene Plattform entwickelt werden, die für weitere Distance Learning Seminare zur Verfügung steht.

Zunächst sollen die Distance Learning Seminare mit der Universität Zagreb und mit M.I.T. individuell kurz beschrieben werden, um dann die interkulturellen Erfahrungen aus der Sicht der Studierenden und Lehrenden vorzustellen.

4.1 Distance Learning Seminar – M.I.T.

Das erste Distance Learning Seminar fand im Sommersemester 2000 zwischen dem Institut für Politikwissenschaft an der WWU-Münster und dem Department of Foreign Languages, Literature and Women Studies am Massachusetts Institute of Technology (M.I.T.) statt. Unter dem Seminartitel „International Women's Voices" bildeten vier Romane von Autorinnen aus Entwicklungsländern – „Anni John" von Jamaica Kincaid aus Antigua, „So Long a Letter" von Mariama Ba aus dem Senegal, „Nervous Conditions" von Tsitsi Dangaremba aus Zimbabwe und „House of the Spirits" von Isabel Allende aus Chile die Basis des Seminars. Das Seminar war interdisziplinär angelegt. Die Romane am M.I.T. wurden unter dem Aspekt kulturell geprägter Kategorien wie Religion, Rasse, Sexualität und geschlechtlicher Rollenverteilung untersucht, in Münster hingegen standen die politikwissenschaftlichen und politökonomischen Hintergründe der Romane im Vordergrund. Die Kurssprache war englisch.

An dem Distance Learning Seminar, das sechs Wochen dauerte (vom 30. März bis zum 16. April 2000),[5] nahmen 13 Studierende aus Münster und 17 Studierende aus Boston teil. Insgesamt umfasst die Diskussion auf der Internet-Plattform 243 (111) Beiträge (Zahlen in Klammern entsprechen Beiträgen aus Münster), davon 165 (72) im virtuellen Seminarraum, 8 (4) im Forum für studentische Arbeitspapiere und 70 (35) im virtuellen Café. Insgesamt ließ sich eine sehr hohe Kontinuität der Diskussionsbeiträge feststellen, wie die Aufschlüsselung der Diskussionsbeiträge in den einzelnen Themen zeigt: Vorstellungsrunde 36 (25) Beiträge, „Annie John" 37 (18), „So Long a Letter" 28 (8), „Nervous Conditions" 31 (11) und „House of the Spirits 33 (10).

4.2 Distance Learning Seminar – Universität Zagreb

Der Titel des Distance Learning Seminars mit der Abteilung Interkulturelle Germanistik der Akademie für Lehrerausbildung an der Universität Zagreb (Wintersemester 2000/ 2001) lautete „Aufbruch nach Mitteleuropa – zivilgesell-

---

[5] Das Seminar durfte wegen der Studiengebühren am M.I.T. nur *sechs* Wochen stattfinden ohne dass Studierende in Münster zur Kasse gebeten worden wären.

schaftlich-kulturelle Grundlagen eines grenzüberschreitenden multikulturellen Europa-Projekts". Die Kurssprache des Seminars war Deutsch. An der Lehrveranstaltung nahmen in Münster acht Studierende aus dem Grund- und Hauptstudium mit zum Teil fundierten Computer- und Internetkenntnissen teil. In Zagreb waren es zehn Studentinnen des dritten und vierten Studienjahres mit geringen oder keinen Computer- und Internetkenntnissen.

Das Distance Learning Seminar wurde in Form von wöchentlichen Präsenzveranstaltungen und individuellen Computersitzungen durchgeführt. Eine einmonatige getrennt durchgeführte Texterarbeitungsphase von Grundlagentexten zur Definition des Mitteleuropabegriffs wurde dem virtuellen Teil des Seminars vorgeschaltet. Zusätzlich wurde in Zagreb eine öffentliche Einführungsveranstaltung mit akademischen Honoratioren und deutschen Stiftungen zur Vorbereitung des Distance Learning Seminars und der Vorstellung der Internet-Plattform mit den Lehrenden aus Münster (B. Young und ihrem technischen Mitarbeiter, Markus Kerkmann) am 16. November 2000 organisiert. Zu diesem Zeitpunkt standen den Studierenden in Zagreb kurzzeitig zehn Computer zur Verfügung, die der größte Schulbuchladen Kroatiens, das Verlagshaus Školska knjiga, der Germanistik Abteilung für die Ausführung dieses Seminars zur Verfügung stellte.[6]

Ziel des Seminars war zu analysieren, inwieweit einer jüngeren Generation, die den Mythos „Mitteleuropa" als transnationale und multikulturelle Realität aus eigener Erfahrung nicht mehr kennt, der politische und kulturelle Gehalt dieses Begriffes noch vermittelt werden kann und in welchen Bedeutungskontexten diese Studentengeneration den Mitteleuropabegriff heute noch erlebt.

Die Seminardiskussion fand im virtuellen Seminarraum der Plattform unter vier Themendarstellungen statt: 1. Vorstellung der Studierenden in Zagreb und Münster, 2. subjektive Annäherung an den Mitteleuropa-Begriff, 3. Diskussion der Mitteleuropa-Konzeptionen an Hand von Texten, 4. Kritik an der Mitteleuropa-Diskussion. Im zweiten Forum des Seminarraums wurden studentische Arbeitspapiere zu den literarischen Textvorlagen eingestellt und diskutiert und abschließende Schlussresümees der Studierenden ins Netz gestellt.

Vor den insgesamt 174 Eintragungen des Distance Learning Seminars fielen 104 auf das eigentliche Seminarforum im „virtuellen Seminarraum", 53 auf

---

[6] Seit dem Wintersemester 2001/02 verfügt die Akademie über ein Internetlabor mit 15 Arbeitsplätzen mit ständigem Internetanschluss. Das Labor wurde mit Mitteln der Akademie und mit einer Spende des Centrums für internationale Migration und Entwicklung (CIM) in Frankfurt/M. finanziert. Die Einrichtung des Labors ist eine unmittelbare Folge des Erfolgs der virtuellen Kooperation mit der Universität Münster. Im Sommersemester 2002 wurde dann an der Akademie der Studiengang Informatik eingeführt mit jeweils zwei neuen Computersälen.

das Diskussionsforum im „virtuellen Café", 17 auf das Forum für studentische Arbeitspapiere. Die Lehrenden waren mit insgesamt 10 Diskussionsbeiträgen vertreten. Bezogen auf die o. a. Themenstellungen und Schlussresümees des Seminars gliederten sich die Beiträge der SeminarteilnehmerInnen wie folgt (Anzahl der Zagreber Beiträge in Klammern): Vorstellung 24 (12), subjektive Annäherung an den Mitteleuropa-Begriff 45 (14), Textorientierte Diskussion 28 (13), Kritik an der Mitteleuropa-Konzeption 7, Essays 17 (10), Beiträge der Lehrenden 10 (8).

5 Technische und Interkulturelle Herausforderungen

Wenn man die Eintragungen der M.I.T. TeilnehmerInnen mit den Zagreber Studierenden auf der Plattform vergleicht, dann fällt auf, dass die Beiträge der Zagreber Studierenden starken Schwankungen unterworfen waren. Dies hatte einerseits mit den unterschiedlichen Arbeitsbedingungen in Zagreb zu tun (Stundenbelastung im Studium bis zu 30 Pflichtwochenstunden, wöchentliche Hausarbeiten, unzureichender Computerzugang, Wochenendfahrer ohne Computer zu Hause, Kommunikation in einer Fremdsprache etc.). Andererseits zeigen sich hier auch interkulturelle Unterschiede im Umgang mit Zeit, Lernen an der Universität, direkter fremdsprachlicher Kommunikation im Netz und unterschiedlichen Diskussionsstilen zwischen deutschen und kroatischen Studierenden. So vermerkte eine Studentin aus Zagreb in ihrem Schlussresümee explizit, dass ihr die *„Geschicklichkeit der Münsteraner zu diskutieren aufgefallen* (sei), *die uns überaus fehlt"*, während andere wiederum die Schwierigkeiten betonten, sich in einer Fremdsprache auszudrücken und mit dem Computer als für sie neues Kommunikationsmedium in einem Seminar umzugehen.

Die Rückmeldungen in den Schlussresümees der Zagreber Studierenden zeigen, dass zur Durchführung von interkulturellen Distance Learning Veranstaltungen nicht nur die technische Ausstattung wichtig ist. Vielmehr muss die virtuelle Seminarplanung den jeweiligen physischen sowie auch kulturellen Bedingungen vor Ort angepasst werden. Interkulturelle Lernprozesse erfordern ein anderes Seminarmanagement, zumal nicht vorhersehbare Reaktionen, plötzlich auftretende, wechselnde Arbeitsbedingungen in das Seminarkonzept zeitlich eingeplant werden müssen. Berücksichtigt man diese Faktoren sind interkulturelle Distance Learning Seminare auch unter diesen schwierigeren Umständen möglich, wie dies zwei Ausschnitte aus der Evaluierung des Zagreber Seminars verdeutlichen:

„Obwohl wir viele technische Schwierigkeiten hatten, da viele von uns keinen Computer zu Hause haben, gefällt mir die Idee, sich zu jeder beliebigen Zeit einzuloggen. (...).
Man arbeitet die ganze Zeit allein und trotzdem in einer Gruppe – es wird diskutiert,
kommentiert, jeder liest den Beitrag von den anderen und auf diese Weise wird kommuniziert, was ich für besonders wichtig halte."

„Am Anfang hatte ich keine Idee, wie so ein Seminar aussehen wird. Es war wirklich
schwer sich vorzustellen, was wir machen werden (...). Aber man muss viel arbeiten,
lernen und immer einen Computer zur Verfügung haben. Bei uns war dies nicht so, weil
unsere Akademie bis jetzt keinen Raum mit Computern hatte. Wir hatten noch eine
Schwierigkeit – Deutsch, denn das ist unsere Fremdsprache. Manchmal war es schwer,
sich in einer Fremdsprache auszudrücken. Das Hauptziel war, über Mitteleuropa zu diskutieren und um zu sehen, wie die Studenten aus Deutschland diesen Begriff interpretie-
ren. Sie haben uns mit ihrer Interpretation überrascht. Das war spannend! Ein solches
Internetseminar war eine gute Veranstaltung und ist unsere Zukunft."
(Ausschnitte aus zwei Schlussresümees von Zagreber Studentinnen).[7]

Damit stellt sich die Frage, ob die positiven Effekte, die von einigen Autoren
bereits als Virtualisierung und Dekontextualisierung von Raum- und Zeiterfah-
rungen beschrieben werden (vgl. Sandbothe 1997), nicht auch in ihr Gegenteil
verkehrt werden können, wenn aus der Möglichkeit, Arbeitszeit und Arbeit
individuell zu organisieren und das Tempo direkter Kommunikation zu beschleunigen, direkt oder indirekt die Forderung abgeleitet wird, ständig im Netz
verfügbar und erreichbar zu sein und auf eingegangene Beiträge jederzeit und
sofort antworten zu müssen. Derartige Vorstellung erliegen der Illusion von
unbegrenzter Verfügbarkeit und gehen nicht von konkreten Individuen in konkreten kulturellen Kontexten aus, sondern von virtuellen Usern in dekontextua-
lisierten Räumen. Inwieweit die Neuen Medien über die im Internet vermittelten
virtualisierten Zeit- und Raumerfahrungen Anpassungsdruck auf die Seminar-
teilnehmer ausüben und mit welchen Strategien die Nutzer aus unterschiedlichen Kulturräumen auf entsprechende Konformitätserwartungen und –zwänge
reagieren sind wichtige Fragen, die aber in den technokratischen Diskursen
kaum Erwähnung finden.

    In dieser virtuellen interkulturellen Begegnung muss auch die Rolle der
Lehrenden neu überdacht werden. Zwar werden immer wieder die neuen Aufgabenfelder der Lehrenden von „Moderation" und „Coaching" (Hesse/ Mandl
2000) hervorgehoben, ob sie angesichts der interkulturellen Lernprozesse nicht
völlig neu definiert werden müssen, wird noch zu untersuchen sein. Im Gegensatz zu konventionellen Präsenzseminaren verfügen Lehrende in der virtuellen

---

[7] Die Texte des Seminars wurden in der Originalversion wiedergegeben. Orthographische oder
grammatische Fehler wurden nicht korrigiert.

Lehre über keine Autorität durch ihre physische Anwesenheit direkt auf die Seminardiskussion einzuwirken. Die Beiträge der Studierenden können nicht von den Lehrenden unterbrochen oder durch eingeworfene Fragen und Anmerkungen direkt beeinflusst werden. Im Verlauf der Diskussion sind Lehrende zunächst einmal Diskussionsteilnehmer. Den Studierenden wird dadurch die Zeit und der Raum gegeben, die Thesen und Argumentationen genau nachzuvollziehen und zu reflektieren, sowie auf die zitierte Literatur auch „während" der Diskussion zurückzugreifen. Es wird des Weiteren noch zu erforschen sein, wie diese neue Rolle der Lehrenden beschränkt auf Diskussionsteilnehmer sich auf die Lerneffekte und Lernerfahrungen auswirken.

Im Verlauf des M.I.T. Seminars wurden die Fragestellungen der Dozentinnen von den Studierenden in Münster und M.I.T. in Frage gestellt, wie dies der folgende Auszug eines Studierenden zeigt:

> „I do not want to answer the question how Ramatoulaye's and Aissatou's notions of duty and responsibility differ, instead I would like to make some basic notions of why they differ."

Durch diese Intervention wurde die Diskussion in andere Bahnen gelenkt und zeigt gleichzeitig, dass solche Beiträge Lehrende dazu zwingen ihre Perspektive zu ändern und neu über die von ihnen forcierten Ziele der Diskussion nachzudenken. In einem Präsenzseminar mit der physischen Anwesenheit und Autorität des Lehrenden wäre dieser studentische Einwurf kaum möglich.

Auffallend war auch die direkte Wahrnehmung mit der Begegnung des Fremden in den Diskussionen. Anders als in traditionellen Seminarveranstaltungen bleibt diese Berührung mit dem Anderen nicht auf die Ebene theoretischer Reflexion oder indirekter medialer Vermittlung über Bild-, Text- oder Tonmaterial beschränkt. Sie vollzieht sich vielmehr unmittelbar im interkulturellen Kontakt via Diskussionsforen oder Chat bzw. im gemeinsamen Erschließen von Texten durch kulturell oder national unterschiedliche Seminargruppen. Komplizierend für Lehrende und das Seminarmanagement kommt hinzu, dass die Aufarbeitung und Diskussion interkultureller Verstehensprobleme und das In-Gang-Bringen von Differenzierungsprozessen zwischen Eigenem und Fremden nach einer Kombination von individueller Computerarbeit mit Plenarphasen im Seminar verlangen. Somit ist die Vermittlung zwischen Diskussionsbeiträgen und die kontinuierliche Begleitung der Internet-Nutzung in interkulturellen Distance Learning Seminaren durchweg komplexer, aber auch chancenreicher in Bezug auf die zu erwartenden Lernergebnisse als in Internetseminaren, die nicht von national oder kulturell unterschiedlichen Seminargruppen getragen werden.

Die Frage stellt sich, welche Bedeutung die medienspezifischen Kommunikationsformen und -stile für interkulturelle Lernprozesse haben? Ermöglicht diese Distance Learning Seminarform fremdkulturelles Verstehen oder wird hier eine Hierarchisierung in der internationalen Wissensordnung durch privilegiertes Wissen, vorhandene Medienkompetenz, sprachliche sowie theoretische Überlegenheit und universitäre Eliteneinrichtungen legitimiert, die neue Herrschaftsformen durch die Kommunikationstechnologien transportieren?

Wenn interkulturelle Erfahrungen aus dem Zagreber Seminar mit dem M.I.T. verglichen werden, dann können einerseits eine größere Emotionalität, andererseits aber auch Missverständnisse in den Diskussionen zwischen Zagreb und Münster festgestellt werden, die in dieser Form von den Lehrenden nicht erwartet wurden. Dass Seminar mit dem M.I.T. war weniger emotional und daher weniger von Missverständnissen geprägt. Dennoch zeigten sich auch hier kulturelle Unterschiede im Umgang mit Fragestellungen ebenso wie die Interpretation der zu Grunde liegenden Texte. Es zeigte sich in beiden Seminaren, dass interkulturelle Distance Learning Seminare nicht in der Weise planbar sind wie konventionelle monokulturelle Präsenzseminare. Dies ist auch ein Risiko, da der Seminarablauf nicht nur von den Lehrenden bestimmt werden kann. Sie müssen sich auf die Seminarprozesse und die individuellen Lernprozesse der Studierenden einlassen und auch bereit sein, ihre eigenen Fragestellungen kritisch zur Diskussion zu stellen.

Zwischen M.I.T. und Münster entstand eine lebhafte Debatte (28 Beiträge; 19 aus Boston, 9 aus Münster) über die historischen, politischen und sozialen Bedingungen im Roman „House of the Spirits". So entwickelte sich eine grundsätzliche Debatte über das Verhältnis von Individuum und Gesellschaft, die auch in den folgenden Debatten immer wieder eine Rolle spielten. Während von vielen Studierenden in Boston die Freiheit des Individuums betont wurde, hoben einige Studierende in Münster die strukturelle Situation der Figuren hervor, in der sie sich aufgrund ökonomischer Zwänge befanden. Ausschnitte aus den Bostoner und Münsteraner Beiträgen zu dem Roman „So long a Letter" zeigen die kulturell unterschiedlichen Interpretationen über die Handlungsfähigkeit von Individuen:

Ausschnitt aus einem Bostoner Beitrag:

„Ramatoulaye's dream of being part of the new Senegal and what it stands for is crushed when her husband marries a young girl behind her back. To fight back, she could have spoken up. She could have tried to show him how wrong it was by not putting up with it and leaving him. She could have made it more embarrassing for him, but she doesn't. She quietly accepted what is forced upon her. In this way, she is compromising. She is showing weakness and dependency."

Ausschnitt aus einem Münsteraner Beitrag:

„Others argue that the problem was too many people still following old ways and norms, which again is not true. The similarity in both ways of arguing is that everything is reduced to the question which point of view the people should take. In the case of Ramatoulaye and Aissatou their situation is not based on their opinions but in the fact, that it is hard for them to stand on their own feet because they hardly have the money (although they belong to a kind of middle class)."

Ausschnitt aus einem Bostoner Beitrag:

„I agree with your statement that economics plays a role in tradition. We see that Ramatoulaya is limited in her choices because of her financial situation. But what makes her different than Aissatou? In fact, Aissatou is „only a goldsmith's daughter" and probably has even less money than Ramatoulaya, yet she still leaves Mawdo. To me, that makes it seem less likely that money influenced Ramatoulay's decision to such a high degree."

Aus diesen zu Beginn sehr gegensätzlichen Statements entwickelte sich eine Diskussion, in der die Studierenden in Münster und Boston im Laufe des Seminars nicht grundsätzlich von ihren Positionen abwichen. In den parallel geführten Präzensveranstaltungen in Münster entwickelte sich dann eine sehr intensive Diskussion über die Rolle des „American individualism", der für etliche Münsteraner Studierende eine neue Erfahrung war. Ein Student äußerte sich mit der Feststellung, dass er durch diesen interkulturellen Austausch mit US-amerikanischen Studierenden zum ersten Mal verstanden hat, was „American individualism" überhaupt bedeutet.

Obwohl sich gerade in dieser Debatte unterschiedliche Wahrnehmungsaxiome zeigten, waren strukturierende Eingriffe der Lehrenden nicht notwendig. Sie wurden sogar weitgehend ignoriert und wurden als uninteressant abgewehrt. Die Studierenden hatten es geschafft, eine interkulturelle Diskussionskultur herzustellen, die sich selbst regulierte.

Im Gegensatz zu der größeren Distanz der zu bearbeitenden Themenkomplexe im M.I.T. - Münsteraner Seminar hatten die Zagreber und Münsteraner eine enge historische Verbindung zu der Mitteleuropa-Diskussion. Hierbei zeigte sich zu Beginn der Lehrveranstaltung, dass weder die Münsteraner noch die Zagreber Studierenden eine genaue Vorstellung von der Region Mitteleuropa hatten. Während die Münsteraner Mitteleuropa geographisch Richtung Westeuropa einordneten, betonte Zagreb die mitteleuropäische Identität Kroatiens, die historisch kulturell immer westlich ausgerichtet war, und die die Studentinnen deutlich vom östlichen Kulturkreis der Balkanregion unterschieden. In dieser Lesart der kroatischen Studentinnen hatte der Begriff Mitteleuropa die Funktion „uns, so weit wie möglich, von östlichen Konnotationen zu entfernen" (Schnitt aus einem Zagreber Beitrag).

Aus dieser Gegenüberstellung Mitteleuropas vs. Balkan entwickelte sich gleich zu Beginn des Seminars ein Missverständnis, das aus zwei grundsätzlich unterschiedlichen Wahrnehmungsaxiomen in Münster und Zagreb zu dem Begriff „Balkan" resultierte. Während der Begriff von den Studierenden in Münster rein geographisch gebraucht wurde und Teile des historischen Mitteleuropa

(u. a. Kroatien) dem Balkan zugerechnet wurden, enthielt er für die Zagreber Studierenden eine klare kulturelle und politische Dimension, von welcher sie sich zu distanzieren suchten, wie der Beitrag einer Zagreber Studentin deutlich macht:

> „Ihr könnt ruhig eure Meinung über Kroatien ausdrücken; einige von euch sagen zwar, dass Kroatien Mitteleuropa ist, aber wir haben den Eindruck, dass ihr, wenn Ihr an Kroatien denkt, gleichzeitig Balkan im Kopf habt."

Aus diesem Missverständnis entwickelte sich eine Diskussion, die sich durch den ganzen Seminarverlauf fortsetzte und ebenfalls auf unterschiedlichen Wahrnehmungsaxiomen gegenüber Begriffen wie Nation, Volk, kulturelle Identität, nationale Souveränität und europäischer Einigungsprozess basierte.

Während bei den Studierenden in Münster die Ansicht überwog, dass der Zusammenhang von Volk, Nation, Kultur und Identität auf Basis ökonomischer und politischer Grundlagen sozial konstruiert sei und sie daher das Konzept des souveränen Nationalstaates skeptisch bis ablehnend betrachteten, war für die Zagreber – aus ihrer unmittelbaren geschichtlichen Erfahrung mit dem noch jungen Nationalstaat Kroatien – der Begriffskorpus Nation, Nationalstaat, kulturelle Identität, Volk und nationale Unabhängigkeit positiv besetzt. Entsprechend diesen unterschiedlichen Voraussetzungen verlief zunächst auch die Diskussion. Einige Studierende in Münster begriffen den europäischen Einigungsprozess der EU als „Friedens- und Wertegemeinschaft" und konstatierten „ein friedliches, freundschaftliches Europa, dass auch Völkerversöhnung zur Grundlage hat" als „wichtige(n) Teil des EU-Gedankens" und schlussfolgerten, dass die EU, der einzig mögliche Zukunftsweg für Europa sei, für den die Nationalstaaten Teile ihrer Souveränität abgeben müssten.

Aus der Sicht Zagrebs stellte sich die von Münster vorgeschlagene Perspektive zunächst völlig anders dar. Zum einen bezweifelten die Zagreber aus ihrer aktuellen Erfahrung mit dem Stabilitätspakt für Südosteuropa und dessen Zuordnung Kroatiens zum regionalen Gebilde „Westbalkan", dass der EU-Integrationsprozess tatsächlich alle Nationen Europas gleichermaßen umfasst und dass alle Staaten, einschließlich der ostmitteleuropäischen Beitrittskandidaten, unabhängig von ihrer Größe und realen ökonomischen Macht, den gleichen Nutzen aus diesem Prozess ziehen und politisch gleichberechtigt an diesem Prozess teilhaben. Zum anderen sahen die Zagreber Studentinnen in der Souveränitätsaufgabe ein für die kleinen Länder Europas weitaus größeres Problem als für die großen Staaten der EU. Und schließlich fragten sie nach der kulturellen Substanz des EU-Modells, das zwar ökonomisch erfolgreich sei, in dem aber kulturelle Identitätsfragen marginalisiert werden.

Interessant an dieser Diskussionsentwicklung war, dass hier die medienspezifischen Besonderheiten solcher im Internet stattfindender interkultureller Distance Learning Seminare: Für die Lehrenden bedeutete dies, ihre Rolle als Dozenten neu zu überdenken und sich auf Prozesse einzulassen, die sich der unmittelbaren Planbarkeit durch die Seminarleitung entziehen. Moderationen der Lehrenden, die versuchten, die Diskussion auf das ursprüngliche Thema „Mitteleuropa" zurückzuführen und von der Diskussion um die EU zu lösen, wurden von beiden Seminargruppen in Münster und Zagreb ignoriert. Es zeigten sich aber nicht nur die Schwierigkeiten, welche die neuen Rollen in internetbasierten Distance Learning Seminaren für die Lehrenden mit sich bringen, sondern ebenso, welche Gestaltungskraft sie entfalten können. Indem die Studierenden in diesem Teil des Seminars die Diskussionsführung übernahmen, konnten unterschiedliche Wahrnehmungsaxiome und kulturelle Wert- und Normbezüge erfahren und thematisiert werden, wie es allein durch die Vermittlung der Lehrenden nicht möglich gewesen wäre.

Als ein Zwischenfazit kann vermerkt werden, dass interkulturelles Lernen über das Internet grundsätzlich von zahlreichen Variablen abhängt, in dessen Zentrum aber die Qualität der Zusammenarbeit zwischen den Seminarpartnern steht. Ist die jeweilige fremdkulturelle Seminargruppe nicht bereit, sich auf die Perspektive des Anderen einzulassen und die eigenkulturellen Missverständnisse zu relativieren, werden bei geeigneten Bedingungen Unterordnungen des Fremden unter die Norm- und Wertbezüge der eigenen Kultur transportiert. Damit steigt die Verantwortung der Lehrenden, die sich in den Präsenzphasen des Seminars mit diesem Problem interkultureller Kommunikation auseinandersetzen müssen. Dies wiederum setzt voraus, dass die Lehrenden für interkulturelle Lernprobleme sensibilisiert sind und über die Fähigkeit verfügen, kulturelle Dominanzen, Stereotypisierungen, Hierarchisierung und unterschiedliche Wertschätzung von Wissensdiskursen in den Arbeiten mit den Seminarteilnehmern auf beiden Seiten des Netzes zu erkennen und Differenzierungsprozesse zwischen dem Eigenen und dem Fremden einzuleiten.

Münsteraner sowie die Zagreber Seminargruppe erkannten, dass erst durch den Dialog ein „Verständnis der jeweiligen Perspektive oder Ansicht ermöglicht werden konnte, der darüber hinaus die verschiedenen Haltungen in der Mitteleuropa-Debatte erst deutlich machte" (Auszug aus einem Münsteraner Beitrag). „Wir haben begriffen, dass auch eine andere Welt besteht, die anders als unsere aussieht. Der wichtigste Wert dieses Seminars war, Perspektiven der anderen bewusst zu machen. Während wir uns mit dem Begriff „Mitteleuropa" beschäftigt haben, haben wir begonnen nachzudenken, wie das zukünftige Europa überhaupt aussehen sollte" (Auszug aus einem Zagreber Beitrag).

6   Internationalisierung und die Herausforderungen
für die Hochschulen

Die hochschulpolitischen Herausforderungen, die eine Internationalisierung und
Europäisierung mit sich bringen, sind nicht zu unterschätzen. Ob es gelingt, die
„entfesselten" neoliberalen (s. Küchlers Beitrag in diesem Buch) Hochschuldis-
kurse zu einer „unbedingten Universität" (Derrida 2001) zu transformieren, ist
eine offene Frage. Derrida forderte „(E)ine bestimmte „*unbedingte* Unabhängigkeit des Denkens, der Dekonstruktion, der Gerechtigkeit müsste von jedem
Souveränitätsphantasma, vom Phantasma der souveränen Verfügung freigestellt
werden" (Derrida 2001: 74). Dies bedeutet nichts anderes als die Geschichte der
Menschen ins Zentrum des Lernens und Lehrens zu stellen, die sich den Men-
schenrechten, der Geschichte des Begriffs Verbrechen gegen die Menschlich-
keit, der Geschichte der Demokratie und der Idee der Souveränität u. a. widmen.
Nicht der technokratische Diskurs und die Herrschaft der Experten soll die Basis
für die neue internationale Wissensordnung bilden. Vielmehr wäre eine Diskussion notwendig über die Politik des Wissens (Weiler 2001) und der Forderung
nach „einer neuen, pluralen politischen Ökologie des Wissens" (Nandy 1989:
267). Um die deutschen Hochschulen und die EU „zur innovativsten Wissens-
und Wirtschaftsregion der Erde zu machen" (Frankfurter Rundschau,
28.11.2002) muss auch geklärt werden, in welchem Ausmaß die Hochschulen
eine Internationalisierung der Lehre und des Lernens in Form von virtuellen
interkulturellen Internetseminaren zulassen wollen und welche finanziellen
Mittel und personellen Ressourcen sie dafür bereitzustellen in der Lage sind.
Des Weiteren muss der Mittelaufwand für solche interkulturellen und internationalen Seminare in Relation zu den Lerneffekten und Lernniveaus regulärer
Präsenzveranstaltungen und der Nutzung multimedialer Lernmodule eruiert
werden.

Mit „Distance Learning", „eLearning" oder „Learning Anytime Anywhere" sind Hoffnungen, Ziele und Erwartungen verbunden, die auf eine qualitative
Verbesserung der Lehre im Gegensatz zu konventionellen Präsenzveranstaltungen zielen. Mit den neuen Technologien sollen Räume überbrückt werden, die
zu einer Internationalisierung der Lehre führen und neue Formen grenzüberschreitenden, interkulturellen Lernens ermöglichen soll. Studienangebote aus
dem Internet sollen das Angebot von Lehrinhalten vergrößern und diese einem
größeren Publikum zugänglich machen. Durch neue Formen der virtuellen Lehre sollen Lernprozesse individualisiert werden, um Studierenden die Möglichkeit zu geben, sie ihren individuellen Fortschritten anzupassen. Veränderte
Lehr- und Lernstrukturen und andere Zugangsmöglichkeiten sollen alte, ver-

krustete Hochschulstrukturen aufbrechen und zu einer Reform der Hochschullehre insgesamt führen (Young, Gehrmann, Kerkmann 2003).
Wenn eine prozessorientierte Nutzung der Kommunikationstechnologien
dazu führt, wie dies in den Distance Learning Seminaren mit M.I.T. und Zagreb
der Fall war, dass nicht mehr die Rezeption der vorgegebenen Themen allein im
Mittelpunkt steht, sondern der dialogische Kommunikationsprozess selbst zentraler Bestandteil des Lernens ist, auf dessen Basis sich die Lernprozesse gemeinsam von Lehrenden und Lernenden gestalten lassen, dann müssen auch die
Bedingungen an den Hochschulen für diese Lehre bereit gestellt werden.

- Die zeitlich höheren Anforderungen für diese Lehre darf nicht zu Lasten
  der Studierenden und Lehrenden gehen.
- Universitäten müssen finanziell und personell in die Verantwortung genommen werden.
- Es muss eine Erhöhung der Wertigkeit von Multimedia innerhalb der Stu-
  dien- und Prüfungsordnungen erzielt werden.

Durch die raum-zeitliche Unabhängigkeit des Netzes orientierte Lehre wird
von den Studierenden sowie auch von den Lehrenden weit über die „normale"
Seminarzeit hinausgehende individuelle Mit- und Mehrarbeit eingefordert. Die
Internet-Plattform, auf der Distance Learning Seminare stattfinden, ist 24 Stunden am Tag und 7 Tage in der Woche zugänglich. Studierende und Lehrende
können sich von jedem internetfähigen Computer der Welt aus einloggen und
am Seminar teilnehmen. Dies bedeutet aber auch, wie dies aus den Ausschnitten
aus dem Zagreber Seminar deutlich wurde, dass das Tempo direkter Kommunikation und ständig im Netz verfügbar und erreichbar zu sein auch einen gewissen Anpassungsdruck auslöst. Für Studierende bedeutet dies eine hohe Eigen-
motivation aktiv an der Gestaltung des Seminars mitzuarbeiten. Diese Gestaltungsprozesse sind für Studierende nicht nur damit verbunden, neue Rollen zu
übernehmen und Konsumhaltung zu überwinden, sondern gehen auch mit einer
wesentlich höheren Arbeitsbelastung und einer Überwindung einer gewissen
Berührungsangst vor Öffentlichkeit einher. Ohne dies hier näher belegen zu
können, scheinen Berührungsängste eine Rolle zu spielen, warum Studierende
auch in Münster sich eher vorsichtig einer für alle öffentlich zugänglichen
schriftlichen Seminarform mit erkennbaren Studentennamen genähert haben.
Grundvoraussetzung für die Teilnahme an diesen medialen Seminaren ist
eine Computerausstattung mit Internetanschluss oder regelmäßiger Zugang zu
Computerlabors. Die Situation in Zagreb hat besonders deutlich gemacht, wie
unzureichend die technische Ausstattung an vielen Hochschulen besonders in
den Schwellenländern und Entwicklungsländern auch heute noch immer ist.

Hier bedarf es besonders auf europäischer Ebene technischer Hilfeleistung für Universitäten, um junge Leute mit Computern zu versorgen und ihnen damit den Zugang zu dieser Form von virtueller Lehre zu ermöglichen.

Die verbreitete Hoffnung, dass mit Hilfe des Internets alles schneller und kostengünstiger auch im Hinblick auf die vorgestellte Seminarform eines prozessorientierten interkulturellen Lernens zu haben ist, scheint von der Perspektive der erheblichen Mehrarbeit für die Seminarorganisation, -administration und -begleitung eine Illusion zu sein. Lehrende sind gefordert die individuellen Computersitzungen zu moderieren sowie die Präsenzveranstaltungen zu leiten. Hinzu kommt, dass Texte nicht mehr in „Seminarapparaten" für Studierende in Bibliotheken zur Verfügung gestellt werden, sondern die Texte werden entweder als elektronische Dokumente oder durch „einscannen" den Studierendem zum Download zur Verfügung gestellt. Dazu kommt die regelmäßige Verwaltung und Verarbeitung von Texten und Daten auf der Plattform, die Produktion neuer Texte und Links, das organisieren von Chats, Seminarprozesse kollektiv mit den Studierenden gestalten, Gruppenarbeiten zu managen, die ständige Seminarbetreuung (das fast tägliche Lesen von den eingegangenen Diskussionsbeiträgen) Dabei müssen auch die interkulturellen und fremdsprachlichen Lernprozesse berücksichtigt, und für die immer wieder auftretenden technischen Probleme Abhilfe geschaffen werden.

Diese Aspekte sind eher unter Management und Organisation von Distance Learning Seminaren zu verbuchen. Hinzu kommen aber neue Aufgabenfelder für Lehrende von „Coaching" und „Moderation". Die Vermittlung zwischen Diskussionsbeiträgen und die kontinuierliche Begleitung der Internetnutzung durch die Lehrenden ist eine neue Herausforderung, die in Präsenzseminaren nicht stattfindet. Lehrende müssen in Distance Learning Seminaren bereit sein, ihr traditionelles Rollenverständnis als DozentInnen aufzugeben und sich auf die Rolle der DiskussionsteilnehmerInnen einzulassen. Zumal DozentInnen in den Internetdiskussionen nur virtuell präsent sind, sind erstens Distance Learning Seminare weniger dozentenorientiert und sie verfügen auch nicht über die traditionelle Autorität ihrer physischen Präsenz. Nicht nur muss die „Autorität" der Lehrenden neu definiert werden, sie müssen trotz einer gezielten Vorbereitung immer damit rechnen – wie dies sich in den Seminaren mit M.I.T. und Zagreb exemplarisch zeigte – dass interkulturelle Distance Learning Seminare nicht vollständig planbar sind und eine Eigendynamik mit einem nicht-intendierten Ablauf entwickeln.

Interkulturelle Distance Learning Seminare sind komplexer aber auch chancenreicher in Bezug auf die Möglichkeiten des interkulturellen Austausches und der interkulturellen Vermittlung zwischen Eigenem und Fremdem. Dies erfordert aber auch, dass Lehrende für interkulturelle Lern- und Verständigungsprobleme sensibilisiert werden. Sie müssen über die Fähigkeit verfügen, Stereotypisierung, Missverständnisse und kulturelle Dominanz auf beiden Seiten der Studierenden zu erkennen. Die Erfahrung mit den Zagreber Studierenden hat starke interkulturelle Unterschiede im Umgang mit Zeit, Lernen an der Universität, direkter fremdsprachlicher Kommunikation und unterschiedliche Diskussionsstile zwischen deutschen und kroatischen Studierenden gezeigt. Der unterschiedliche Diskussionsstil wurde zwar auf beiden Seiten mehrmals durchbrochen, führte aber zum Teil auch zu Missverständnissen und Kommunikationsbarrieren, die erst durch die Diskussionen in den jeweiligen Präsenzveranstaltungen aufgefangen werden konnten.

Der Einsatz von virtuellen Studienangeboten kann nicht auf der Ebene eines einzelnen Seminars und Dozenten gelöst werden. Hochschulpolitisch müssen die notwendigen strukturellen und organisatorischen Veränderungen durchgeführt werden. Zukünftig wird es deshalb darum gehen, Distance Learning Seminare mit ihrem erhöhten Arbeitsaufwand für Lehrende und Studierende so in den normalen Seminarbetrieb zu integrieren, dass andere Seminarverpflichtungen zugunsten dieser Seminarform reduziert werden können bei gleichzeitiger Erhöhung der Wertigkeit von Distance Learning innerhalb der Studien- und Prüfungsordnung. Im Kontext solcher Reformüberlegungen berührt die Einführung von Distance Learning Seminaren grundsätzliche curriculare und bildungspolitische Probleme der universitären Lehre, die einer Internationalisierung der Hochschullehre langfristig im Wege stehen. Hochschulpolitische Veränderungen sind in folgenden Bereichen notwendig:

- im Bereich der Lehr- und Dienstverpflichtung
- der Prüfungs- und Studienordnung
- im Berufsbild „HochschullehrerIn"
- sowie auch im Bereich „lebenslanges Lernen"

Dies bedeutet aber auch, wie Derrida ermahnt, eine andere Topologie aufzurufen: „Die unbedingte Universität hat ihren Ort nicht zwangsläufig, nicht ausschließlich innerhalb der Mauern, dessen, was man heute Universität nennt. Sie wird nicht notwendig, nicht ausschließlich, nicht exemplarisch durch die Gestalt des Professors vertreten. Sie findet statt, sie sucht ihre Stätte, wo immer diese Unbedingtheit sich ankündigen mag" (Derrida 2001: 77).

Literatur

Allmendinger, Jutta (2002): Frauen in der Wissenschaft. Gutachten für die Enquete-Kommision des Deutschen Bundestages „Globalisierung der Weltwirtschaft – Herausforderungen und Antworten". Bonn.

Berliner Zeitung (2002): Die Geisteruniversität. 03.06.2002. S 18.

Bittlingmayer, Uwe H. (2001): „Spätkapitalismus" oder „Wissensgesellschaft?" In: *Aus Politik und Zeitgeschichte* B36 (2001): 15-22.

Bulmahn, Edelgard (2002): Wir dürfen Bildung nicht als Ware dem Handel überlassen, in: Frankfurter Rundschau (2002): Dokumentation. 08.07.2002. S 10.

Derrida, Jacques (2001): Die unbedingte Universität. Frankfurt/ M.

Deutscher Bundestag (2002): Schlussbericht der Enquete-Kommission „Globalisierung der Weltwirtschaft – Herausforderungen und Antworten". Berlin.

Dierkes, Meinolf; Merkens, Hans (2002): Zur Wettbewerbsfähigkeit des Hochschulsystems in Deutschland. Gutachten für die Enquete-Kommission „Globalisierung der Weltwirtschaft". Bonn.

Frankfurter Rundschau (2002): GATS-Konferenz. Kein freier Markt für den Bildungshandel, 21.11.2002. S. 20.

Frankfurter Rundschau (2002): Löcher auf dem Weg nach Bologna, 28.11.2002. S 20.

Frankfurter Rundschau (2002): Uni will sich stärker internationalisieren, 21.06.2002. S 32.

Fritz, Thomas (2002): Die Bewertung der GATS-Verhandlungen im Rahmen der Wissensgesellschaft. Gutachten im Auftrag der Enquete-Kommission „Globalisierung der Weltwirtschaft – Herausforderungen und Antworten". Januar 2002. Bonn.

Fritz,Thomas; Scherrer, Christoph (2002): GATS: Zu wessen Diensten, Hamburg.

Gill, Stephen (2002): Privatization of the State and Social Reproduction? GATS and New Constitutionalism. Papier für die Tagung GATS: Trading Development, Centre for the Study of Globalisation and Regionalisation, Warwick University, 20-21. September 2002.

Hesse, Friedrich W.; Mandl, Heinz (2000): Neue Technik verlangt neue pädagogische Konzepte. In: Bertelsmann Stiftung/ Heinz Nixdorf Stiftung (Hg.): Studium online. Hochschulentwicklung durch die neuen Medien. Gütersloh. S. 31-49.

Internationale Kommission zur Systemevaluation der Deutschen Forschungsgemeinschaft und der Max Planck-Gesellschaft (1999): Forschungsförderung in Deutschland. Hannover.

Josczok, Detlef (2001): Bildung – kein Megathema. In: *Aus Politik und Zeitgeschichte* B36 (2001): 33-38.

Lepenies, Wolf (1997): Benimm und Erkenntnis – Über die notwendige Rückkehr der Werte in die Wissenschaften. Die Sozialwissenschaften nach dem Ende der Geschichte. Zwei Vorträge. Frankfurt/ M.

Nandy, Ashis (2000): Recovery of Indigenous Knowledge and Dissenting Futures of the University. In: *Inayatullah, Sohail; Gidle, Jennifer* (Hg.) (2000): The University Transformation: Global Perspectives on the Futures of the University. Westport.

Putzhammer, Heinz (2002): Das Bildungswesen darf nicht durch Marktliberalisierung unter die Räder kommen. Vortrag im Haus des DGB-Bundesvorstandes. Berlin.

Sandbothe, Mike (1997): Interaktivität-Hypertextualität-Transversalität. Eine Medienphilosophische Analyse des Internet. In: *S. Münker; A. Roesler* (Hg.) (1997): Mythos Internet. Frankfurt/ M. S. 56-82.

Stehr, Nico (2001): Moderne Wissensgesellschaften. In: *Aus Politik und Zeitgeschichte* B36 (2001): 7-14.

Weiler, Hans N. (2001): Wissen und Macht in einer Welt der Konflikte. Zur Politik der Wissensproduktion. Vortrag auf dem Kongress der Heinrich-Böll-Stiftung, „Gut zu Wissen – Links zur Wissensgesellschaft", Berlin 4.-6. Mai 2001.

Yalçin, Gülan; Scherrer, Christoph (2002): GATS-Verhandlungsrunde im Bildungsbereich. Gutachten für die Max-Traeger-Stiftung, April 2002.

Young, Brigitte; Gehrmann, Siegfried; Kerkmann, Markus (2003): Interkulturelles Lernen im virtuellen Raum - Chancen und Probleme grenzüberschreitender Hochschullehre durch Distance Learning. In: *Zeitschrift für Internationale Beziehungen* 1 (Juni 2003): 167-189.

Der Wandel der Inhalte im Einflussfeld der Multimedialisierung universitärer Lehre

Kurt Röttgers

Der Frage, ob sich unter dem Einfluss von Multimedia die Inhalte universitärer Lehre gewollt oder ungewollt verändern, werde ich im Folgenden unter dem Aspekt meines eigenen Faches, der Philosophie, nachgehen. Wäre es der Fall, dass sich die Inhalte zwangsläufig änderten, so wäre damit im Extremfall das Selbstverständnis des Fachs, so wie es seit Jahrhunderten Bestand hat, gefährdet. Wäre es im Gegenteil sicher, dass ein solcher Wandel nicht stattfände, dann könnte diese Veranstaltung die letzte ihrer Art sein und wir könnten beruhigt wieder zu ernsthafterer Arbeit übergehen. Die für unsere heutigen Zwecke bequemste Antwort wäre also: ein bisschen – ein bisschen wandeln sie sich schon, deswegen muss man ein bisschen darüber nachdenken.

Die These meiner Überlegungen wird sein, dass in der Tat ein Wandel stattfindet, dass dieser aber nicht die Identität oder das Selbstverständnis des Fachs tangieren muss, sondern von der Art eines Zugewinns an Differenzierung sein wird. Aus kommunikationstheoretischen Erwägungen heraus werde ich zeigen, wie auch in der Vergangenheit sich verschiedentlich ein Wandel der Medialität und damit verbunden ein Wandel der Inhalte ereignet hat. Bestimmte heutige Selbstverständlichkeiten in der Praxis des Fachs Philosophie sind historisch geworden und damit in der Sache kontingente Selbstverständlichkeiten, z. B. dass es in der Philosophie um das Wort (den Logos) gehe und nicht um das Bild und dass für den Diskurs der Philosophie Schriftlichkeit und nicht Mündlichkeit verbindlich sei. Multimediale Lehrformen verwischen die Grenzen dieser Festlegungen, und es ist (postmodern) sehr viel mehr möglich, als zuvor erlaubt schien.

Kommunikation und Medialität: Der Text

Ein Philosoph, der in den Mittelpunkt seiner sozialphilosophischen Überlegungen den Begriff des kommunikativen Textes gestellt hat (vgl. Röttgers 2002a), wird nicht mehr von der Fiktion bewegt werden, als ereigne sich das Denken tief im Inneren einer Subjektivität und als wäre Kommunikation nur eine Sekundärerscheinung, um solche Tiefenereignisse für andere Menschen nachvollziehbar zu machen. Ginge man von solchen Fiktionen aus, d. h. ginge man heute noch von ihnen aus, so brauchte man sich um Medialität keine großen Sorgen zu machen. Das Medium, welches es auch immer wäre, wäre stets der Einbruch des Rauschens in die Botschaft; allenfalls könnte man die Medien nach dem Ausmaß ihres Rauschens sortieren. Die Grundfiktion halte ich für falsch und ihre Konsequenzen nicht für besonders interessant.

Geht man dagegen davon aus, dass der eigentliche Ort des Geschehens der Philosophie (und a limine jeglicher Wissenschaft[1]) die Kommunikation ist, dann rückt dieses „Zwischen" in das eigentliche Interesse, dann ist das Medium nicht das Mittel im Sinne einer Zweck-Mittel-Relation, für die ja immer die Zwecke das eigentliche sind, sondern dann ist das Medium die notwendige Form, ohne die es den Inhalt nicht gibt. In diesem Sinne fragt auch Chr. Hubig: „*Inwiefern geben Mittel als Medien einen Möglichkeitsraum von Zwecksetzungen in Erwartung ihrer Realisierung vor?*" (Hubig 2002: 23). Wenn das aber so ist, dann gibt es nahe liegender weise Grund zur Sorge, zur Sorge nämlich, dass die Inhalte durch die Form deformiert werden könnten. Dieser Sorge möchte ich zunächst einige Nahrung verschaffen.

Als Platon sich daran machte, das sokratische gesprächsweise Philosophieren aufzuschreiben und als dann Schüler diese Platonischen Dialoge lesen konnten, da hatte sich über den Wandel des Mediums, nämlich vom Gespräch zur Schrift, auch ein ganz entscheidender Wandel der Inhalte ereignet.

Das *sophistische Gespräch* nämlich – so noch bei Gorgias[2] und selbst im Platonischen Dialog „Gorgias" (vgl. Apelt 1923: 35ff.) auffindbar – war ein Gespräch, für das die Anwesenheit des Dritten konstitutiv war.[3] Zwei disputierten, um die Zustimmung des Dritten rhetorisch-argumentativ und seduktiv, möchte man sagen, zu gewinnen. Die Schrift aber schließt den Dritten aus.[4] Die Schrift ist an den Anderen, den Leser in diesem Falle, adressiert, ein Dritter kommt nicht mehr vor; wenn scheinbar ein Dritter auftritt, wie der Lehrer, der einen Text für den Schüler/Leser erläutert oder den Text benutzt, um dem Schüler das besser beizubringen, was dieser lernen soll, ist er kein konstitutiver Dritter, sondern nur eine Verlängerung des Text-Leser-Verhältnisses. Aber dieser

---

[1] Das ist bekanntlich die These von N. Luhmann (1990).
[2] Insbesondere seine Lobrede auf Helena ist hier zu beachten, vgl. Diels (1952: 294-303) und Ijsseling (1979: 375-404).
[3] Zum Ausschluss der Dritten im frühen Griechentum, vgl. Serres (1966: 463-469).
[4] Zur sozialkonstitutiven Bedeutung des Dritten, vgl. Bedorf (2003).

Ausschluss des Dritten in der Niederschrift der Platonischen Dialoge wirkt in die Inhalte, die Gespräche haben die oft lächerlich wirkende Form, in der sich der Gesprächspartner von Sokrates so nach und nach zur Einsicht in die Eine Wahrheit bequemen muss.

Das *agonale Gespräch* kennt nur die Kapitulation vor der überwältigenden Kraft der Wahrheit, die nur auf jeweils einer Seite sein kann (das so genannte Prinzip vom ausgeschlossenen Dritten) – oder wie ein zeitgenössischer Sophist, nämlich Habermas, es einmal in unnachahmlicher rhetorischer Qualität ausgedrückt hat: den „*zwanglosen Zwang des besseren Arguments*" (Habermas 1984: 161). Insofern sind die Platonischen Dialoge ein sehr kräftiger Hinweis auf die Tatsache, dass das Medium erhebliche Konsequenzen für die Inhalte haben kann. Aber aus diesem Beispiel lässt sich wohl auch noch ein weiteres lernen. Obwohl die Schrift, und durch den Buchdruck noch in gesteigertem Maße, das Medium der Entfaltung des philosophischen Gedankens par excellence geworden ist, ist der Ausschluss des Dritten nicht unwiderruflich gewesen.

Die Pragmatik der Texte kann den Dritten auch im Medium der Schrift erneut inkludieren. Als Beispiel kann vielleicht Machiavellis „Principe" dienen (vgl. Machiavelli 1961)[5]. Rein äußerlich betrachtet, ist es ein Text, der einem Fürsten Ratschläge für ein kluges politisches Verhalten gibt, also eine eindeutige Zweiersituation ohne jeden Dritten; gestattet man sich jedoch die Frage, warum diese Ratschläge als Buch für eine breite und unkontrollierbare Öffentlichkeit gedruckt wurden, dann gerät diese zuvor klare Situation ins Zwielicht. Wenn einem Fürsten in aller Öffentlichkeit Ratschläge gegeben werden, die – so die einschlägige historische Forschung – unter italienischen Renaissancefürsten ohnehin Gang und Gäbe waren, dann haben diese Ratschläge, die zum Teil nur dadurch wirken, dass sie nicht allgemein bekannt sind, einen entlarvenden Charakter. Durch die Öffentlichkeit wird der Dritte in die Zweiersituation der Politikberatung eingeführt. Das Beispiel mag uns lehren, dass die Folgekosten der Einführung eines bestimmten Mediums auf einer anderen Ebene der Entfaltung eben dieses Mediums sehr wohl wieder eingefangen werden können, ja sogar an Raffinement gewinnen.[6]

---

[5] Zu der hier geäußerten Vermutung hinsichtlich der Pragmatik von Machiavellis Text vgl. Röttgers (1990: 1187-1201).

[6] Unter diesem Blickwinkel könnte sich der Antimachiavellismus Friedrichs II. als bloß durch Reflexivität gesteigerter Machiavellismus erweisen.

Kommunikation und Medialität: Das Bild

Ein zweites Beispiel führt uns näher an die heutige Problematik heran, es geht um Bildlichkeit. Das philosophische Denken ist am Wort, am Begriff orientiert. Das Wort – und zwar wie man seit Descartes sagt: *„clare et distincte"* (Descartes 1965: I, § 45) – ist die Form der Artikulation der Vernunft. Diese Vernunft braucht keine Bilder, da sie ja über die Begriffe verfügt. Manchmal, aber selten sind Bilder in die Texte eingestreut, kaum je mehr als bloße Veranschaulichungen dessen, was der Begriff an sich schon sagt, also als didaktische Aufbereitung, aber nicht, weil der Gedanke selbst sich in der Logik der Bilder entfaltete.

Im Gegenteil, es ist oft genug der Verdacht geäußert worden, dass die Bilder eigentlich nur lügen, so erstmals bei Augustin (vgl. Augustinus 1953: 3ff.). Das ist so perfekt durchgeführt worden, dass es undenkbar wäre, eine bebilderte Ausgabe der „Kritik der reinen Vernunft" oder der Hegelschen „Logik" vor sich zu haben; allenfalls wird diejenige Bildlichkeit zugelassen, die als mathematische Figuren zulässig sind. Aber auch in diesem Beispiel hat sich das ereignet, was wir oben als Rückkehr des Ausgeschlossenen auf einer weiteren Ebene erkennen konnten. Als sprachliche Bilder, d. h. als nichtbegrifflicher Sprachgebrauch kommen die Bilder allenthalben in den Texten der Philosophie vor, gerade auch in der „Kritik der reinen Vernunft". So heißt es etwa an wichtiger Stelle:

> „Wir haben jetzt das Land des reinen Verstandes nicht allein durchreiset und jeden Theil davon sorgfältig in Augenschein genommen, sondern es auch durchmessen und jedem Dinge auf demselben seine Stelle bestimmt. Dieses Land aber ist eine Insel und durch die Natur selbst in unveränderliche Grenzen eingeschlossen. Es ist das Land der Wahrheit (ein reizender Name), umgeben von einem weiten und stürmischen Oceane, dem eigentlichen Sitze des Scheins, wo manche Nebelbank und manches bald wegschmelzende Eis neue Länder lügt und, indem es den auf Entdeckungen herumschwärmenden Seefahrer unaufhörlich mit leeren Hoffnungen täuscht, ihn in Abenteuer verflechtet, die er niemals ablassen und sie doch auch niemals zu Ende bringen kann. Ehe wir uns aber auf dieses Meer wagen, um es nach allen Breiten zu durchsuchen und gewiß zu werden, ob etwas in ihnen zu hoffen sei, so wird es nützlich sein, zuvor noch einen Blick auf die Karte des Landes zu werfen, das wir eben verlassen wollen, und erstlich zu fragen, ob wir mit dem, was es in sich enthält, nicht allenfalls zufrieden sein könnten, oder auch aus Noth zufrieden sein müssen, wenn es sonst überall keinen Boden giebt, auf dem wir uns anbauen könnten; zweitens, unter welchem Titel wir denn selbst dieses Land besitzen und uns wider alle feindselige Ansprüche gesichert halten können" (Kant 1910: 294ff.).

Es ist eine seit H. Blumenberg überwundene Illusion, als hätte sich die Philosophie um eine klare und präzise Sprache zu bemühen, als wäre jede Bildlichkeit der Sprache aus der Philosophie zu verbannen (vgl. Blumenberg 1981: 104-136; 1993: 75-93; 1987a; 1987b). Vielmehr sind neue Erkenntnisse gerade durch eine solche Nichtpräzision zu erlangen, die auf Metaphorizität hinauslaufen, d. h. auf die Verwendung eines Begriffs in einem Diskurs, in dem er nicht beheimatet ist. Neuere Tendenzen in der Philosophie gehen gerade daraufhin, sowohl der Bildlichkeit des philosophischen Textes als auch seiner Rhetorizität ein neues Gewicht beizumessen. Zu diesem Zweck ist hier in Hagen in der Forschungsstelle sozialphilosophischer Grundlagenforschungen im Christian-Jakob-Kraus-Institut für Wirtschafts- und Sozialphilosophie die Reihe SO | PHI | ST gegründet worden[7].

Kommunikation und Medialität: nicht „ob", sondern „wie"

Es kann nach diesen Exempeln eigentlich nicht mehr die Frage sein, ob die Medialität den Gedanken affiziert, sondern nur noch, auf welche Weise die Neuen Medien die Inhalte vermutlich betreffen werden. Ich sage: vermutlich, weil uns der Wandel noch zu dicht an unserer Praxis liegt, als dass wir diejenige Distanz zu dem Phänomen haben könnten, die allein Erkenntnis ermöglicht. Aus den zwei vorgelegten Beispielen ließe sich die Vermutung ableiten, dass auch der uns gegenwärtig betreffende Wandel in der Medialität der philosophischen Kommunikation nach dem Muster der Aufhebung auf einer erweiterten Ebene, d. h. in der Figur der Reflexion erfolgen werde. Ich halte diese Vermutung für voreilig. Denn ich glaube, dass dieser Wandel in der Medialität der Kommunikation durchkreuzt wird von einem Komplex weiterer Wandlungsprozesse, dessen Insgesamt die Rede vom Ende der Moderne gerechtfertigt erscheinen lässt[8].

Dieser Komplex lässt als dominante Textanschlussregel nicht mehr – wie durchgehend in der Moderne – die kritische Reflexion erscheinen, sondern eine eher bunte und flexible Vielfalt von Regeln, zu deren Charakterisierung viel weniger als bisher der Begriff der Methode als vielmehr diejenigen von Strategie oder sogar Taktik taugen.

So wird beispielsweise der Lernraum „Virtuelle Universität" an einer ganz bestimmten Stelle, an der sich ein Nutzer befindet, eine Vielfalt von Fortset-

---

[7] S. zu den einzelnen Bänden dieser Reihe: http://www.fernuni-hagen.de/PRPH/sophist.html
[8] Zu einem nicht emphatischen, deskriptiven Begriff von Postmoderne vgl. Röttgers (2003)

zungsmöglichkeiten, und zwar unterschiedlichster Art, beinhalten. Nach der Lektüre eines Textes könnte er z. B. einen verlinkten Anschlusstext lesen oder ein verlinktes Bild/ Graphik aufrufen, oder er könnte eine Email an irgend jemanden schicken, der dort als möglicher Ansprechpartner genannt ist, er könnte das Angebot nutzen, in eine Newsgruppe zu dem Thema einzutreten, er könnte aber auch sich an einer Tratschgruppe („Chatroom") beteiligen. Schließlich könnte er auch einen Text mit anderen gemeinsam erstellen („Netmeeting"). Man wird nicht sagen wollen, dass eine dieser Anschlussmöglichkeiten dem Inhalt des gelesenen Textes angemessener sei. Das aber hat tatsächlich gewaltige Konsequenzen für die Art des Textes, der diese Vielfalt von Anschlussmöglichkeiten soll gewährleisten können.

Der Text muss sich selbst als auf mehrfache Weise nutzbar präsentieren. Nun könnte man sich bei dem Gedanken zu trösten versuchen, dass das ja nicht den philosophischen Gedanken betreffe, dieser sei wie eh und je methodisch-linear oder allenfalls dialektisch-linear. Der Leser muss dem in seiner Linearität folgen, was der Autor in seiner Linearität schrieb, wenn er denn nicht die Eine Wahrheit als Lohn seiner Mühe verspielen will. Dagegen ist folgendes einzuwenden:

Erstens ist die Linearität nicht zwangsläufig, weil der Ausschluss des Dritten, wie gesagt, sich nicht von selbst versteht. Der Dritte aber präsentiert immer die zweite Dimension, die die Linearität verlässt.

Zweitens war eigentlich fast jeder philosophische Text ein Mehrebenentext, der dem Leser stets die Optionen der Ebenentreue oder des Ebenenwechsels freigab: Anmerkungen, Digressionen, Lemmata etc. konnte man folgen oder es bleiben lassen. Ein philosophisches Lexikon wird niemand von vorne bis hinten durchlesen; er wird ein Stichwort suchen, Querverweisen, so sie interessant erscheinen, folgen, Literaturhinweise nutzen etc. Das hatte immer schon Konsequenzen für das Schreiben solcher Philosophie, wie sie sich in philosophischen Enzyklopädien findet (s. Dialektik 1988). Und so müssen auch die Neuen Medien im Schreiben der Texte selbst ihre Spuren hinterlassen, wollen sie sich nicht extrem unsensibel und rücksichtslos erweisen. Der Kurs „Logik", von der FernUniversität in Hagen bisher als Scriptum verschickt, jedoch immer schon auch mit Aufgaben versehen, die von den Studierenden an die Betreuer zur Korrektur zurückgeschickt werden konnten, wird nun ergänzt durch einen als CD-ROM eingesetzten Kurs „Logik, interaktiv".

Ich wage also die verallgemeinernde Behauptung: ein Wandel der Inhalte wird unter der Rahmenbedingung der Multimedialität stattfinden; dieser Wandel wird aber anders ausfallen als die Wandlungsprozesse in der Moderne. In Wahrheit gab es ja durchaus in der Moderne Textideale, die nicht an der Autor-Leser-Struktur der Schriftlichkeit orientiert waren, sondern den Leser längst vergessen hatten, die also im Prinzip monologisch waren, wie es J.-J. Rousseau es seinerzeit ausplauderte, als er über sein eigenes Schreiben sagte: *„Ich weiß wohl, dass dem Leser nicht viel daran liegt, das alles zu wissen, aber mir liegt daran, es ihm zu sagen"* (Rousseau 1981: 25).

Multimedialität: Die umspielte Grenze

Multimediale Lehre in der Philosophie wird also vermutlich die Grenze zwischen Wort und Bild umspielen. Das kann aber nicht heißen, dass einfach Bilder in Texte, also bloß Illustrationen, hineingestellt werden. Sondern man muss sich stets nach dem Erkenntnisgewinn für den philosophischen Gedanken fragen; und dann sind bloß additive Bilder bestenfalls überflüssig, schlimmstenfalls störend. Will man eine der Medialität der Neuen Medien angemessene Philosophie treiben und lehren, wird man auf die mögliche Bildlichkeit des Denkens zurückgehen müssen und in der Präsentation diese Bildlichkeit zum Ausdruck kommen lassen. Vielleicht ist es ja sogar so, dass jedem großen und bewegenden Wort-Gedanken ein Bild-Gedanke zugrunde liegt[9].

Wenn man die *arbor porphyriana* als Modell der Wissensorganisation für ausgedient hält und statt dessen das Rhizom propagiert, wenn man das Denken in hegemonialen Standpunkten zugunsten eines Denkens in perspektivischen Gesichtspunkten aufgegeben hat, wenn man den transzendentalen Überblick für eine Illusion hält, die durch den Beobachter oder die nomadische Bewegung im unentrinnbaren Labyrinth ersetzt werden müsste, dann kann Multimedialität auch die Chance bedeuten, auf diesen Wandel in der Lehre der Philosophie angemessen zu reagieren. Aber das könnte auch eine gewaltige Herausforderung bedeuten; denn wenn nicht mehr eine Hierarchie mit eindeutigen Verknüpfungen zwischen Oben und Unten unsere wissenden und handelnden Weltbezüge organisiert, sondern ein Netz, dann müssen auch unsere Texte anders aussehen können, als es dieser mein eigener Text noch ist.

Der Hypertext lässt verschiedene Wege durch das Textkorpus zu. Florilegien und Aphorismensammlungen praktizierten das immer schon. Und auch die universitäre Lehre hat sich zuweilen an diese Form angelehnt[10]. Das interessanteste Phänomen ist in dieser Hinsicht Wittgensteins *„Tractatus logico-*

---

[9] Vgl. dazu schon früh Leisegang (1928).
[10] Vgl. dazu die philosophischen Aphorismen von Platner (1782) nach denen Fichte verschiedentlich seine Vorlesungen ausgerichtet hat.

philosophicus", eine Aphorismensammlung, die sich den Anstrich gibt, als sei
sie bis zu einer Tiefe von x Dezimalstellen hierarchisch gegliedert. Vielleicht
wäre es angesichts der Möglichkeit des Hypertextes die einzig angemessene und
praktikable Form, ironisch-spielerisch und nicht etwa mit didaktischem Ernst
damit umzugehen. Und multimediale Lehre in der Philosophie kann die Grenze
zwischen der Mündlichkeit und der Schriftlichkeit des philosophischen Diskurses nicht intakt lassen. Die klassische Topologie unterschied das flüchtige Wort
von dem bleibenden Gedanken, der als bleibender die Schrift verlangte. In Der-
ridas Logozentrismus-Kritik hat diese Topologie ihre letzte, fast schon mori-
bund-fiebrig anmutende Blüte erlebt. Zwar hat es von den Frühromantikern über
Nietzsche bis zu Adornos Spätwerk genügend Kritiker der Idee des Bleibenden
gegeben; aber da es große Werke waren, in denen sich diese Kritik artikulierte,
gehören sie zu dem Bleibenden unserer Kultur.

Wenn aber das Internet das Medium ist, dann wird die Grenze vielfach
umspielt: denn das Bleibende war immer das gewesen, was nicht präsent war:
das Schreiben eines Buches war dem Lesen dieses Buches nie gleichzeitig.
Dagegen war das Gespräch, noch am Telefon, im Prinzip immer flüchtig, wenn
man einmal von Aufzeichnungen durch Geheimdienste absieht. Was aber ist die
E-Mail, inklusive Voice-Mail, bleibend oder flüchtig? Was Chatten, was New-
groups? In multimedialer Lehre wird man auf alle diese Lehrformen zurückgreifen wollen. Und noch die letzte flüchtig gedachte eigene Dummheit kann einem
Jahre später als Dokumentation der Newsgroup im Internet begegnen, nichts
mehr wird vergessen werden. Aber andererseits ist diese Allpräsenz zugleich die
universale Abwesenheit von Wichtigem. Ein einziger einfacher, großer und
wahrer Gedanke – ins Internet gestellt – wird niemals wieder gefunden werden;
denn die Suchmaschinen werden ihn stets im Zusammenhang allzu großer In-
formationsmengen auflisten. Sie werden das Schrille und Falsche mit Aufmerksamkeit prämieren.

Es gibt Kritiker solcher Annahmen über den Wandel der Philosophie unter
dem Einfluß multimedialer Lehre; so sagt etwa Hubert Dreyfus in seinem Buch
„On the Internet" (2001), dass es zu einem solchen Wandel nicht kommen werde, weil es schlimm wäre, wenn er käme. Gegenüber solchen Diagnosen, in die
konstitutiv ein Wunsch eingebaut ist, ist Skepsis angesagt. Dreyfus' Gründe
sind folgende. Er sagt, je mehr der Mensch sein Leben und Lernen durch das
Internet gestaltet, desto mehr muss er ein Gespür für das wirklich Wichtige
verlieren und damit das eigentliche Ziel des Lebens und Lernens im Internet.
Dreyfus bemerkt diagnostisch-kritisch: *„People took an interest in everything
but were not committed to anything"* (Dreyfus 2001b). Mit der Folge: *„Nothing
is too trivial to be included. Nothing is so important that it demands a special
place"* (Dreyfus 2001b). Nicht mehr um Sinn und Bedeutung gehe es, so Drey-

fus, sondern um Verknüpfung mit gegen Unendlich gehenden Informations-mengen. Wenn man aber keine Bedeutungen mehr schaffen könne, dann könne man auch nicht mehr handeln; denn für die hinreichende Quantität von Informationen als Handlungsgründen gibt es kein Kriterium. Damit aber fehlt auch die Möglichkeit einer Übernahme von Verantwortung für Handeln, was bleibt, ist eine Beliebigkeit von Entscheidungen. Denn das endlose Fließen von Informationen mache eine praktische Urteilskraft überflüssig.

Wandel der Inhalte wäre also in dieser Diagnose gleichbedeutend mit zunehmender Beliebigkeit allseits erreichbarer Informationseinheiten. Die Menschen verlieren ihre für ihre Lebensführung entscheidende Fähigkeit, Dinge mit Bedeutung, mit Sinn auszustatten, mit Sinn für ihr eigenes Leben und das Wesentliche vom Unwesentlichen unterscheiden zu können (vgl. Dreyfus 2001: 6f.). Das betrifft nach Dreyfus auch generell das Fernstudium: Indem die Anwesenheit des Lehrers und das risikoreiche Lernen aus Fehlern[11] ersetzt werden durch eine beliebig abrufbare Telepräsenz ohne jedes Risiko schmerzhafter Erfahrungen, ereignet sich ein Lernen unter Realitätsverlust und unter gänzlichem Verlust von Vertrauen in irgendwelche persönlich verantwortlichen Autoritäten. Die Anonymität und Beliebigkeit der Lerninhalte führe auf Seiten des Lernenden zu einem Verlust ernsthafter Hingabe und damit auch zu einem Verlust dessen, was man den Sinn des Lebens nannte. Hingabe und Lebenssinn sind elementar verbunden mit der Leiblichkeit unserer Existenz, die im medialen Lernen minimalisiert werde.

Der Leib wird bei Dreyfus zum Garanten der Unmittelbarkeit. Wo Materialität durch Virtualität ersetzt werde, werde das Einüben von Fertigkeiten erschwert, die immer den Widerstand des Materiellen und das Nachahmen in Gegenwart des Lehrers implizieren. Die Abstraktion von der Leiblichkeit der Erfahrung finde des weiteren ihr Pendant in einer Ausschaltung des affektiven Hintergrunds von Lernprozessen. Allerdings ist Dreyfus in seiner Kritik konsequent; denn er muss zwangsläufig die Medialität als solche beargwöhnen, d. h. seine Kritik auch auf die Schriftlichkeit beziehen.

Meiner Ansicht nach überleben in solchen Rundum-Kritiken mythische Vorstellungen von Unmittelbarkeit, die schon die Leiblichkeit in Frage stellt, wie sie die leibzentrierte Philosophie eines Merleau-Ponty (vgl. 1945: 81ff.; und Dastur 2001; Zielinski 2002) lehren könnte. Vier Hauptpunkte sind es also, die Dreyfus in der Internet-Lehre beargwöhnt:

---

[11] „our sense of the seriousness of success and failure that is necessary for learning..." (Dreyfus 2001: 7f.)

- Die Leibabstraktion virtueller Lehre führe zum Sinnverlust,
- Fernunterricht verhindere die nachahmende Einübung leiblich gebundener Fertigkeiten,
- die physische Abwesenheit von Menschen und Dingen führe zum Realitätsverlust der Lernenden,
- die Anonymität führe zu einem Leben nihilistischer Verantwortungslosigkeit.

Medialität ist unhintergehbar

Im Mythos der direkten Kommunikation verdichten sich meiner Ansicht nach zwei Vorstellungen, nämlich einerseits die seit Leibniz und Goethe vertretene Vorstellung der inneren Unendlichkeit von Individualität, demgemäß gilt *„individuum est ineffabile"*, und zweitens das Thema der Intersubjektivität.[12]

Im ersten Vorstellungskomplex werden zwischen den Individuen sehr wohl Gemeinsamkeiten und Vergleichbarkeiten unterstellt; im Ausgleich dazu wird ihnen – damit sie dadurch zugleich nicht verwechselbar werden – eine innere Unendlichkeit zugesprochen. Dann mag noch so sehr zwischen den einzelnen Bestimmungen oder Qualitäten der einzelnen Individuen Gleichheit herrschen, im Ganzen gilt: individuum est ineffabile.[13] D. h. das Individuum in der Unendlichkeit seiner Bestimmungen kann nicht ausgesprochen werden, ja kann sich selbst nicht aussprechen, und daher gibt es eine alle Gleichartigkeit transzendierende Unendlichkeit. Seit der Romantik haben sich zunächst Genies, dann Menschen in dieser Weise als Individuen erlebt. Der unauslotbare Reichtum im Inneren lässt jeden Begriff, der stets aufs Allgemeine geht, zerschellen. Von einem Individuum gibt es keinen Begriff.[14]

---

[12] Zu den Herausforderungen des Internets für den Begriff der Individualität vgl. Röttgers (2002: 409-440).

[13] Goethe in einem Brief an Lavater vom 20.09.1780: „Hab' ich dir das Wort ‚individuum est ineffabile', woraus ich eine Welt ableite, schon geschrieben?"; vgl. a. Jannidis (1996: 77-110).

[14] Der Begriff des Individuums wurde bekanntlich von Cicero in die philosophische Sprache eingeführt (vgl. Cicero: 1983: 18); dort bezieht er sich auf die Atomtheorie Demokrits und erläutert den Begriff „atomos" durch „corpora individua propter soliditatem". (vgl. a. Melsen 1971ff: 606-611; Th. Kobusch; L. Oeing-Hanhoff; T. Borsche 1971: 300-323), und zwar als lateinisches Äquivalent zu dem griechisch-philosophischen Begriff des Atoms, des Unteilbaren. Dieser zunächst unspektakuläre Begriff, der in der Lehre des Demokrit seinen allerersten Ort hat, besagt nichts anderes, als daß die Teilbarkeit der Dinge der Welt eine untere Grenze hat in den unteilbaren Elementen, aus

Im zweiten Vorstellungskomplex, demjenigen der Intersubjektivität, stellt sich seit der Selbstbegründung des Subjekts bei Descartes die Problematik dar als eine Problematik der Existenz oder der Präsenz oder mindestens der Erkennbarkeit anderer Subjektivität neben dem einen sich selbst gewissen Subjekt. Wie können zwei in sich selbst gegründete Tiefen miteinander kommunizieren? Nun, wir wissen, wie wir normalerweise miteinander kommunizieren, nämlich sprachlich, d. h. medial. Stellt sich die Frage nach der Kommunikation von Tiefen, dann ist – gemäß dem Credo „*individuum est ineffabile*" – Sprache nur ein Hilfsmittel, ein oft, ja wesentlich unzureichendes Hilfsmittel, das Eigentliche zu sagen. Jede sprachliche Kommunikation wäre demnach eine Nivellierung und Verzerrung des eigentlich zu Sagenden. Hinter diesem kommunikativen Notbehelf stünde die regulative Idee eigentlicher Kommunikation, in der Individuen sich einander offenbaren.

---

denen alles Zusammengesetzte sich zusammensetzt (vgl. Diels 1952: 79, wo diese Lehre Leukipp, Demokrit und Diogenes von Smyrna zugeschrieben wird). In der Konstitution des Zusammengesetzten können die einzelnen Atome sich gegenseitig ersetzen und sind daher untereinander austauschbar. In der platonischen Seelenlehre im „Phaidon" wird daraus der Gedanke, dass die Seele unteilbar ist (vgl. Apelt 1988: 65 ff.). Gerade der Gedanke der Austauschbarkeit führt hier zu der Begründung dafür, dass die Seele mit dem Körper nicht in notwendiger Weise verbunden ist und also die Seele den Körper im Tod verlässt. Bereits bei Aristoteles, mehr noch aber durch die christliche Aufwertung der Seelenvorstellung entwickelt sich der Begriff des Individuums zum Begriff dessen, was in sich einzig und unersetzbar ist. Bei Aristoteles gilt es, dass das substantielle Wesen des individuellen Seienden nicht definierbar und nicht beweisbar ist, weil es in seiner Zusammensetzung kontingent ist, Wissenschaft aber kann es nur vom notwendig Seienden, d. h. vom Allgemeinen geben. Daraus ergibt sich die Paradoxie, dass einerseits *nur* das Individuelle das Reale ist, andererseits aber gerade von diesem ein sicheres Wissen nicht möglich ist. Die Kenntnis von dem Individuell-Seienden ist immer nur eine empirische und technische. Das individuelle Seiende ist von allem anderen individuellen Seienden unterschieden, es ist einzig; in sich selbst aber ist es notwendigerweise ohne alle Unterschiede, weil unteilbar. Erst Leibniz überwand diese klassisch-aristotelische Lehre, indem er Individualität als das Einheitsprinzip einer Substanz fasste. Leibniz nannte diese Einheiten Monaden, wodurch das Einzigkeitsprinzip verstärkt akzentuiert wird (monas = einzig). Auf diese Weise rekonstruiert Leibniz den Gedanken strengen und notwendigen Wissens von den Substanzen, denn jede Monade spiegelt auf ihre einzigartige Weise den Gesamtzusammenhang der Welt in ihrer Notwendigkeit, mit dem Gedanken der Einzigkeit und Unteilbarkeit. Von den Monaden, von den Individuen also ist eine Wissenschaft möglich, weil sie in ihrer Einzigkeit eben gerade nicht Produkte des Zufalls sind. Seit Leibniz gerät der Begriff des Individuums daher in eine vielfältige Spannung zu demjenigen des Subjekts. Während die Transzendentalphilosophie den erkenntnis- und handlungskonstitutiven Charakter des Subjekts herausstellt, der, da er objektive Erkenntnis und sittliches, d. h. allgemeingültiges Handeln ermöglichen soll, seiner Struktur nach ein allgemeiner sein muss, setzen Herder und Goethe dem Begriff des Individuums seine innere Unendlichkeit und damit auch begriffliche Unauslotbarkeit entgegen: individuum est ineffabile. Diese Unaussprechbarkeit kann sowohl als unergründbares Geheimnis, das sich höchstens in vieldeutigen Bildern ausdrücken kann, gedeutet werden, als aber auch als Geschichtlichkeit, die sich ebenfalls einer Bestimmung entzieht, weil das Individuum kein Seiendes, sondern ein Werdendes sei, das in jedem Moment seines Aussprechens schon ein anderes ist.

Jede Kommunikation ist medial – und es gibt keinen vernünftigen Grund, das zu bedauern oder hinter dieser Tatsache die kritische Folie einer direkten Kommunikation aufzubauen und jede reale Kommunikation am Maß dieser vermeintlich idealen Kommunikation zu messen. Mythisch wird die Kombination beider Ideen dort, wo angenommen wird, in Kommunikation gehe es darum, die inneren Unendlichkeiten zweier solcher Individuen so in eine störungsfreie Verbindung zueinander zu bringen, dass die Individuen füreinander „effabile" werden, das wäre dann die eigentliche, aber zugleich auch die nichtmediale Kommunikation oder besser: Kommunion. Freilich ist diese Form des Wissens voneinander, in der zwei Individuen sich tief in die Augen schauen, vielleicht noch stammelnd ein „Du" hervorzubringen verstünden und doch in diesem Augenblick ALLES voneinander wissen, eine absolut mystische Form, die selbst als dieses Erlebnis nachher nicht mitgeteilt werden kann. Man braucht nicht zu bestreiten, dass es solche Erlebnisse gibt, ja sogar nicht einmal, dass es vielleicht die tiefsten Erlebnisse sind, die wir haben können, aber was ich energisch bestreite, ist, dass diese ekstatischen Momente zum Modell oder zum Kriterium des Gelingens der Kommunikation gemacht werden dürften.

Medialität ist unhintergehbar. Allerdings kommunizieren wir nicht nur mit Worten, sondern alle unsere Sinne können an Kommunikation beteiligt sein. Und hier ist sofort klar, dass die so genannte Multimedialität auf die Beteiligung bestimmter Sinne verzichten muss, insbesondere der Nahsinne des Geruchs und des Geschmacks, aber auch das ist gar nichts Neues, sondern galt für die Schrift ebenso wie auch für das Telefon. Wenn man dieses für ein echtes Defizit multimedialer Kommunikation im Internet hält, sollte man bedenken, dass Menschen seit ihrer Urgeschichte, in der sie die Urwaldheimat verließen und die Steppe als Lebensraum erschlossen, sich aufrichteten, um die Gefahr frühzeitig zu sehen, Wesen sind, deren Sinnlichkeit zu ca. 80 % aus dem Sehen besteht; insofern verzichten wir mit der Sinnlichkeitsreduktion der Medialität der Kommunikation am Computer auf weit weniger, als Hunde es täten, wenn sie den gleichen Weg einschlügen. Darüber hinaus werden die fehlenden Sinnlichkeitseindrücke oftmals durch prothetische Phantasmata von Sinneseindrücken ergänzt. Wir erwarten doch gar nicht, dass wir alles, was wir sehen können, auch über den Geruchssinn erschließen können.

Insofern glaube ich nicht, dass die Sinnlichkeitsreduktion von Wissenserwerb über Multimedialität irgendeine Einbuße unserer Erfahrungswelt darstellen muss. Vorausgesetzt bleibt dabei, ich glaube realistischerweise, dass Menschen auch in Zukunft auf verschiedene Weise Erfahrungen machen werden und der Computer nicht der einzige Zugang zur Welt wird, wie Kritiker vom Typus Dreyfus es offenbar annehmen.

Fazit

Wir müssen davon ausgehen und sollten damit rechnen, dass es zu einem Wandel unter dem Einfluss neuer Medien kommen wird, wie es auch früher schon zu solchen Wandlungsprozessen gekommen war. Die kulturkritische Warnung aber vor solchen Prozessen halte ich für unangemessen. Als sich unsere Vorfahren entschlossen, zum aufrechten Gang überzugehen, da hätten auch Kulturkritiker, wenn es sie schon gegeben hätte, vor diesem Übergang warnen können und müssen; ersichtlich ist die Gefahr des Sturzes für Zweibeiner erheblich größer, von den Wirbelsäulenschäden als vielleicht nicht vorhersehbare Nebenfolge einmal abgesehen. Dennoch gab es gute Gründe, auf diese virtuellen Kulturkritiker nicht zu hören. Durch individuelles und kollektives Lernen haben wir die Nachteile kompensiert, und die Vorteile sind doch unübersehbar, oder? Philosophie, die sich den Neuen Medien öffnet und sich der Tatsache bewusst ist, dass auch sie sich selbst unter diesem Einfluss wandeln wird, weil Neue Medien nicht nur für frei wählbare Zwecke einsetzbare Mittel sind, sondern eine der Formen von Medialität, ohne die es auch philosophische Kommunikation nicht gäbe, eine solche Philosophie wird in stärkerem Maße eine Experimentalphilosophie sein, und sie wird ihr eigenes ästhetisches und rhetorisches Moment, d. h. ihre Performanz stärker als bisher zu reflektieren haben.[15]

---

[15] Das Mediale, so Hubig, kann „...als gegenständliches 'Gewebe' verstanden werden, welches die Disposition zur konkreten Formbildung als Möglichkeit vorgibt." (2002: 24). Aber es gilt auch zu beachten, dass dieser Möglichkeitsraum, den das Medium darstellt, nicht von Anfang an oder mit einem Male da ist, sondern sich nach und nach eröffnet. Daher spricht Hubig davon, dass das Medium Bedeutungen verfestigt (vgl. 2002: 26) und sich in der Aktualisierung autopoeietisch reproduziert, d. h. eine nicht mehr reversible Eigendynamik entfaltet. Das hat die gravierende Folge, dass die so konzeptualisierte Medialität außerstande ist, sich selbst ipso actu zum Gegenstand einer Vorstellung zu machen; sie kann sich nur zeigen, aber nicht repräsentieren, so dass die Repräsentation zwangsläufig paradox wird. Es „bleibt dann eben keine Frage mehr; und eben dies ist die Antwort." (Wittgenstein 1963: 114; 6.25).

Literatur

Apelt, O. v. (Hg.) (1988): Platon: Phaidon 78c, Sämtliche Dialoge. 2. Aufl. Nachdruck, Hamburg.

Apelt, O. v (Hg.) (1923): Platon: Sämtliche Dialoge. 6. Aufl., Hamburg.

Augustinus, A. (1953): Die Lüge und Gegen die Lüge. Würzburg.

Bedorf, Th. (2003): Dimensionen des Dritten. München.

Blumenberg, H. (1981): Anthropologische Annäherung an die Aktualität der Rhetorik. In: H. Blumenberg: Wirklichkeiten in denen wir leben. Stuttgart. S. 104-136.

Blumenberg, H. (1987a): Das Lachen der Thrakerin. Frankfurt M.

Blumenberg, H. (1987b): Die Sorge geht über den Fluß. Frankfurt M.

Blumenberg, H. (1993): Ausblick auf eine Theorie der Unbegrifflichkeit. In: H. Blumenberg (1993): Schiffbruch mit Zuschauer. Frankfurt M. S. 75-93.

Cicero: De finibus I, 17. In: Loeb Classical Library (1983): Werkausgabe. Cambridge/ Mass., London.

Dastur, F. (2001): Chair et langage. La Versanne.

Descartes, R. (1965): Die Prinzipien der Philosophie. Hamburg

Dialektik Bd. 16 (1988): Enzyklopädie und Emanzipation: Das Ganze Wissen. Köln.

Diels, H. (1952): Die Fragmente der Vorsokratiker. Hg. von W. Kranz. 6. Aufl., Berlin.

Dreyfus, H. (2001a): On the Internet. London.

Dreyfus, H. (2001b): Kierkegaard on the Information Highway. URL: http://www.ieor. berkeley.edu/~goldberg/lecs/kierkegaard.html. *Zugleich als Kapitel 4 in Dreyfus 2001a: 73-89.*

Habermas, J. (1984): Vorstudien und Ergänzungen zur Theorie des kommunikativen Handelns. Frankfurt M.

Hubig, Chr. (2002): Mittel. Bielefeld.

Ijsseling, S. (1979): Macht, taal en begeerte.- In: Tijdschrift voor filosofie 41, S. 375-404.

Jannidis, F. (1996): Individuum est ineffabile. In: Aufklärung 9, S. 77-110.

Kant, I.: Kritik der reinen Vernunft. In: Königl. Preußische Akademie der Wissenschaft (Hg.): Immanuel Kant. Gesammelte Schriften III. Berlin 1910ff..

Kobusch, Th.; Oeing-Hanhoff, L.; Borsche, T. (1971): Individuum, Individualität. In: J. v. Ritter, u. a. (Hg.) (1971ff.): Historisches Wörterbuch der Philosophie I. Basel/ Stuttgart. S. 300-323

Leisegang, H. (1928): Denkformen. Berlin/ Leipzig.

Luhmann, N. (1990): Die Wissenschaft der Gesellschaft. Frankfurt am Main.

Machiavelli, N. (1961): Der Fürst. Stuttgart.

Melsen, van A. G. M. (1971): Atomtheorie.- In: Ritter, v. J. u. a. (Hg.) (1971ff.): Historisches Wörterbuch der Philosophie I. Basel/ Stuttgart. S. 606-611.

Merleau-Ponty, M. (1945): Phénoménologie de la perception. Paris.

Platner, E. (1782): Philosophische Aphorismen nebst einigen Anleitungen zur philosophischen Geschichte. Frankfurt/ Leipzig.

Rousseau, J. J. (1981): Die Bekenntnisse. München.

Röttgers, K. (1990): Buchphilosophie und philosophische Praxis. In: Deutsche Zeitschrift für Philosophie 38, S. 1187-1201.

Röttgers, K. (2002a): Kategorien der Sozialphilosophie. Magdeburg.

Röttgers, K. (2002b): Philosophie der vernetzten Kommunikation. In: J. v. Straub; J. Renn (Hg.): Transitorische Identität. Frankfurt M./New York. S. 409-440.

Röttgers, K. (2003): Autonomes und verführtes Subjekt In: P. Geyer; M. Schmitz-Emams, (Hg.) (2003): Proteus im Spiegel. Kritische Theorie des Subjekts im 20. Jahrhundert. Würzburg. S. 65-85. *Zugleich als Preprint unter URL:* ftp://ftp.fernuni-hagen.de/pub/fachb/esgw/prph/preprints/au_verf.html

Serres, M. (1966): Le troisième homme ou le tiers exclu. In: Les Etudes philosophiques. N.S. 21, S. 463-469.

SO | PHI | ST – Sozialphilosophische Studien: *s. die Liste der Publikationen unter* URL: http://www.fernuni-hagen.de/PRPH/sophist.html

Wittgenstein, L. (1963): Tractatus logico-philosophicus. Frankfurt M.

Zielinski, A. (2002): Lecture de Merleau-Ponty et Levinas: le corps, le monde, l'autre. Paris.

Standardisierung und Lernkonzepte

Helmut Fritsch

Begründungen für Standards

Nicht erst seit Einführung der Konzepte eines elektronisch unterstützten Lernens werden Standards in der Hochschulausbildung und insbesondere im Fernstudium diskutiert. Bereits in der Geschichte des amerikanischen Fernstudiums finden wir zahlreiche Hinweise auf das Problem, dass Institutionen, wenn sie denn Leistungen anerkennen wollen, die andernorts erbracht worden sind, sich möglichst vorher auf gemeinsame Standards geeinigt haben sollten. Standard meint in diesem Zusammenhang die Vereinheitlichung der Definition von Mindestanforderungen; kann aber auch als die Beschreibung der Eignung für einen gegebenen Verwendungszusammenhang (Qualitäts-Standard) verstanden werden.

So gab es 1962 eine Schrift der Abteilung für Fernstudium der Vereinigung amerikanischer Universitäten (*National University Extension Association*, NUEA), in der man sich auf solche gemeinsame Standards als Rahmen geeinigt hat (*Committee on Criteria and Standards*). Dabei ging es vor allem um die bildungspolitischen Grundlagen von Standards, um regelmäßige Evaluation und um die Anpassung des Fernstudien-Angebotes an die Palette der normalen Hochschulangebote im Direktunterricht.

Man muss wissen, dass in den USA – insbesondere nach dem Sputnik-Schock – so genannte „Extensions" an Hochschulen Hochkonjunktur hatten. Das sind ausgelagerte und erweiterte Lehrangebote wie das Fernstudium, das Abendstudium, oder Sommerkurse. Die Auslagerungen solcher Teile der Hochschulen wurden als „Tochter-Unternehmen" begriffen. Fernstudieneinheiten sollten demgemäß Kriterien erfüllen wie:

- Unterstützung der „Philosophie" des Fernstudiums
- Die Vergleichbarkeit der ausgelagerten Lehre mit derjenigen der „Mutter-Institution"
- Die Äquivalenz des Lehrpersonal mit dem der normalen Universität
- Betreuung über alle zur Verfügung stehenden Medien

Im Einzelnen waren diesen Kriterien sehr detaillierte Forderungen zugeordnet. Immerhin hatten sich mehr als zwei Dutzend der großen amerikanischen Universitäten diesen Standards gegenüber verpflichtet:

> „The standards, as offered in this report, are statements under each general criterion which cite or describe specific application of the criterion to a phase or point of operation or programming in correspondence study. To achieve the criterion, the correspondence study department must carry out the standards relating to the criterion." (Committee on Criteria and Standards 1962: 13)

In dieser Schrift finden sich bereits genügend Hinweise auf die auch heute noch gültigen Grundlagen des Fernstudiums, insbesondere die hohe Bedeutung, die dem lernwilligen Individuum zugeschrieben wird:

> „... should express our society's belief in the worth and dignity of the individual. This expression is particularly appropriate for correspondence study because the correspondence method of learning is centered in the individual." (Committee on Criteria and Standards 1962: 2)

Hinsichtlich der Praxis war damals schon die gegenseitige Anerkennung der „credits" von großer Bedeutung.

Standardisierung in neuerer Zeit

Wenn nun heute wieder verstärkt über Standards in der Hochschulausbildung gesprochen wird, so gibt es einen neuen Gesichtspunkt, der im Zusammenhang mit dem so genannten eLearning eine zunehmende Bedeutung erhält. Die Vorstellung nämlich, dass Lehreinheiten austauschbar sein müssten, dass sich der Lernwillige aus einem tendenziell unendlich großen Angebot das für ihn passende heraussuchen können soll; eine Vorstellung, die von unterschiedlichen Protagonisten genährt wird.

So schreibt Brandon Hall bei der Untersuchung von „Lernplattformen" – das sind integrierende Oberflächen am Computer, die die verschiedenen Funktionen des Studierens und Kommunizierens unter einem „Dach" erleichtern sollen:

> „Compliance with industry standards. Support of e-learning standards has become a priority among LMS suppliers. Fifty-two percent of products currently support Aviation Industry Computer-based training Committee standards; 75 percent indicate they'll

support AICC; and 59 percent say they'll support metadata tagging specifications by 2002." (Hall 2001)

Hier tauchen nun Begriffe auf, von denen die Väter des Fernstudiums an amerikanischen Universitäten nichts gewusst haben, wenngleich schon damals die Militärmaschinerie der USA in der Nutzung des Fernstudiums führend war. Historisch ist dies nachvollziehbar. Viele Soldaten wollten sich während des Zweiten Weltkriegs systematisch weiterbilden und die Streitkräfte gaben ihnen dazu die Gelegenheit.

Fortgesetzt hat sich diese Tradition nicht nur innerhalb der Streitkräfte sondern in besonderem Maße in der Luftfahrtindustrie. Dort versuchte man den großen Ausbildungsbedarf im Zusammenhang mit neuen Produkten durch Fernstudieneinheiten zu decken. Kein Wunder auch, dass mit der Einführung von riesigen Lehrmaschinen, den Flugsimulatoren, hier ein kapitalträchtiger Zweig der Ausbildungs-Industrie entstand. Und wie es mit großen Verwaltungen als Auftraggeber nun einmal ist, brauchen diese bei Ausschreibungen Anhaltspunkte für Vergleichbarkeit.

Erst gegen Ende des zwanzigsten Jahrhunderts entwickelte sich dann die Idee der *Nachhaltigkeit* von Kursentwicklungen. Denn mit viel Kapital entstandene multimediale Lehreinheiten verschwanden regelmäßig wieder, wenn entweder das technische System überholt war oder die „Macher" solcher Lehreinheiten verschwanden. Damit nun wenigstens die investierte Arbeit nicht vergeblich war, brauchte man *präzise Beschreibungen* der einzelnen Elemente solcher Lehreinheiten, um diese sowohl technisch auf neuen Systemen aufzubereiten als auch ökonomisch die investierte Arbeit zu retten. Ausgangspunkt bildete die Idee: Je präziser solche Einzelelemente beschrieben werden können, desto leichter wird ihre wiederholte Verwertbarkeit in einem neuen Kontext.

So besuchte zum Beispiel 1997 ein vietnamesischer Kollege das Zentrale Institut für Fernstudienforschung (ZIFF)[1] der FernUniversität in Hagen und bat vor seiner Abreise um Unterstützung bei dem Vorhaben, bestehende Medien an seiner Hochschule wieder zu verwenden. Und es war auf Seiten der FernUniversität durchaus auch die Bereitschaft vorhanden, hier zu helfen: Zahlreiche kleine Einheiten, Tricksequenzen aus Filmen, dynamisch generierte Modelle, Filmproduktionen zu ganz verschiedenen Themenbereichen, Overheadfolien und Grafiken; ein reicher Schatz an selten oder nicht mehr benötigtem Material wäre zu sichten gewesen, zu katalogisieren und hätte in Vietnam nochmals eingesetzt werden können. Doch leider konnten diese Arbeiten nicht finanziert werden.

---

[1] s. hierzu: http://www.fernuni-hagen.de/ZIFF/

Hier kommt das wesentliche Element der Standardisierung ins Blickfeld: Das jeweilige Lehr-Lern-Objekt wäre genau und umfassend zu beschreiben gewesen. Man muss ja nicht nur wissen, auf welchem Gerät solche Sequenzen abzuspielen wären (solch ein Gerät müsste dann auch vor Ort zur Verfügung stehen), man müsste auch genauere Informationen haben zu den Lernzielen, die mit einem solchen kleinen Stück Multimedia verfolgt werden, und die Curricula müssten irgendwo einen Platz dafür haben, wenn solch ein Export zwecks Nachhaltigkeit Sinn machen soll.

Standardisierung im eLearning: Meta-Daten

Die 1995 gebildete Dublin Core Metadata Initiative[2] entsprang einem Bedürfnis von Wissenschaftlern die mit dem *World-Wide-Web* (WWW) arbeiteten. Das Ziel dieser Initiative war, eine Semantik zu bestimmen, die die Suche und das Wiederauffinden von Material im WWW erleichtert. Das WWW diente mittlerweile selbst als übergreifende Plattform für Veröffentlichung unterschiedlich strukturierter Materialien in unterschiedlichen Formaten.

Diese Fähigkeit des WWW, nicht fragen zu müssen, auf welchem Ausgangsgerät denn das Material entstanden sei, oder welches Abspielgerät denn nun vonnöten sei, dies ist die eigentliche Revolution. Nun wurden die Träume der Mediendidaktiker wahr, die sich allzu lange darum gestritten hatten, welches Medium denn für welchen Lernprozess geeignet sei (vgl. Kemp 1971: 33-26). Sollen sich doch die Lernwilligen, die Informationshungrigen das aussuchen, was ihnen am besten passt. Den Datenströmen im Netz ist es egal, ob digitalisierte militärische Informationen oder digitalisierte, revolutionäre Ideen transportiert werden.

Und hier beginnt der „moderne" Teil der Standardisierungsgeschichte. Was liegt näher, als die international gültige Standardisierung von Schrauben, technischen Geräten, Funkfrequenzen etc. auch für Lehr-Lernsysteme einzuführen, wenn man Nachhaltigkeit befördern will und internationalen Austausch anstrebt!

Die *International Organisation for Standardization* (ISO)[3], die Mutter der globalen Standardisierung mit 145 Mitgliedsländern, und das *Institute of E-*

---

[2] s. hierzu: http://www.dublincore.org
[3] s. hierzu: http://www.jtc1sc36.org

lectrical and Electronics Engineers, Inc. (IEEE)[4] mit ca. 377.000 individuellen Mitgliedern, als erfahrene Standardisierungsorganisation, ARIADNE[5], eine europäisch-schweizerische Initiative, sowie viele andere mehr kümmern sich seit Ende der neunziger Jahre um ein System der Beschreibung von Lernobjekten.

Learning Object Metadata (LOM) ist solch ein System mit dem so genannte Metadaten generiert werden sollen, die eine Einordnung nach festgelegten Kategorien, gemäß mehr oder weniger langen Listen von Schlagworten „über" das Objekt und seine Eigenschaften (deshalb also *Meta*-Daten) ermöglicht.[6] Die dahinter stehende Vorstellung ist – um nur ein Beispiel herauszugreifen –, dass:

Einerseits Studierende die kommentierten Vorlesungsverzeichnisse der ganzen Welt zu Rate ziehen können sollen, um sich dann für irgendein Angebot zu entscheiden. Das setzt eine möglichst genaue Beschreibung dessen, was den Interessenten erwartet, voraus. Dies hat ja im vorigen Jahrhundert überhaupt erst zu den „kommentierten" Vorlesungsverzeichnissen geführt. Dort, in der Beschreibung des Angebotes finden sich auch die zum Verständnis für nötig gehaltenen Vorkenntnisse, die notwendige Literatur, die Arbeitsmaterialien, die zur Verfügung stehen sollten oder von der Institution gestellt werden, etc.

Andererseits dienen Vorlesungsverzeichnisse aber auch anderen Akteuren innerhalb der Institutionen: Die Verwaltung der Hochschule will zeigen, was alles angeboten wird und in welchem Umfang; das Prüfungsamt muss gewährleisten, ob es auch zu den Erfordernissen der Studien- und Prüfungsordnungen passt; die Hausmeister suchen die Räumlichkeiten, die mit dem Angebot verknüpft werden müssen zum Zwecke der Veranstaltungsplanung etc.

Und *schließlich* dienen Vorlesungsverzeichnisse den Kollegen, die immer genau wissen wollen, wo sie sich einzusortieren haben, was denn die andern so machen und ob deren Angebot sich sehr stark von dem unterscheidet, was sie selber anbieten wollen.

Wenn alle Vorlesungsverzeichnisse denn in einer Datenbank versammelt wären, dann müsste man nur noch dem Interessenten zumuten, sich den Weg zu bahnen bis zum richtigen Angebot. Dabei will man helfen. Dazu braucht man natürlich Informationen über den Suchenden: Welche Sprachen beherrscht er, was ist seine Vorbildung, welche Ressourcen besitzt er, etc. Wenn dann all diese

---

[4] s. hierzu: http://www.ltsc.ieee.org
[5] s. hierzu: http://www.ariadne-eu.org/en/about/general/benefits/index.html
[6] s. hierzu: http://ltsc.ieee.org/wg12/index.html

Informationen komplett vorliegen, dann kann man eine Passungsprozedur einleiten.[7]

Doch, wer sich mit der Erfassung von Dokumenten beschäftigt hat, weiß, wie viel Arbeit hier noch auf diejenigen Personen zukommt, die bislang noch eher in Bibliotheken zu finden sind und deren Arbeit die Verschlagwortung und Beschreibung ist. Diese Aufgabe soll nun in zunehmendem Maße auf die Autoren abgewälzt werden. Die waren immer froh, einen Aufsatz oder ein Buch endlich abgeschlossen zu haben und wurden von den Verlagen dann noch mal gebeten, doch bitte auch ein „Abstract" abzuliefern, denn Abstracts sind auch Meta-Daten.

Im ZIFF der FernUniversität in Hagen haben wir erstmals davon eine Vorstellung bekommen – und so auch die Arbeit von Bibliotheken schätzen gelernt – als wir versuchten, allerlei Veröffentlichungen zum Fernstudium, die nicht als Buch erschienen sind, die aber in einem Forschungsinstitut anfallen, in eine eigene Datenbank zu stellen. Schon die Pflege einer relativ kleinen Datenbank mit einem professionellen System – wir benutzten LIDOS – erfordert viel Arbeitszeit und Geduld, auch wenn es sich nur um etwa zwölftausend Dokumente handelt.

Weit über 25 Kategorien können zu einem Dokument erfasst und von Hand eingegeben werden. Man muss sich nun vorstellen, dass es beliebige Kombinationsmöglichkeiten der Suche über alle Dokumente gibt – also nicht bloß die Suche nach einem Autor sondern gerade die kombinierte Suche, auch nach Schlagworten, ja bis hin zur Durchforstung von Abstracts.

Der Vorteil einer solchen Datenbank, gegenüber dem Zettelkasten von früher oder gar dem Gedächtnis, ist, dass Dokumente in beliebigen Kombinationen gefunden werden können. Man braucht eigentlich weniger Hierarchien dessen, was gesucht wird, im Kopf zu haben.

Dadurch verändert sich aber auch das Lernkonzept. Denn es geht dabei nicht nur um eine unvorstellbare Erhöhung der Geschwindigkeit: Das Lernkonzept ist ein anderes, eher assoziativ, nicht mehr an vorgefertigte Sichten von Fachgebieten gebunden, dem kursorischen Denken, den Synapsen im Gedächtnis nachempfunden. Das große Problem solch eines anderen Lernkonzeptes ist dann jedoch die Vielfalt der gefundenen Artikel und damit die Schwierigkeit der Einordnung nach „Relevanz". Das kennen wir schon aus den Ergebnis-Listen, die von so genannten Suchmaschinen im WWW präsentiert werden.

Personalisierte Suchmaschinen versuchen deshalb auch, sich bisherige Suchworte zu merken, damit die Auswahl der vielen Objekte nach Relevanz

---

[7] s. hierzu den Beitrag von Bernd Krämer zum Projekt CUBER.

sortiert werden kann. Manche Suchmaschinen behaupten dann z. B. eine hundertprozentige Relevanz bei einem gefundenen Dokument.

Doch, aus der Alltagserfahrung mit dem WWW wissen wir auch, dass es unterschiedliche Strategien gibt, mit HTML-Seiten umzugehen: Ist man gezwungen etwas zu „veröffentlichen", will aber (noch) nicht, dass es gelesen wird, so stellt man es einfach ins Netz. Fehlen dann im Kopfeintrag der entsprechenden Seite die *Meta-Daten*, dann haben es auch schnelle Suchmaschinen schwer, die Seite zu finden. Umgekehrt natürlich auch: Je besser die Kopfeinträge (oder vielleicht noch die explizite Aufforderung, dass Roboter dem Titel „folgen" sollen!) desto schneller erreichen die Seiten vordere Positionen bei den Suchergebnissen, auch ohne dass man sie umständlich „anmeldet". Dies ist nun schon eine beliebte Praxis, um bessere Aufmerksamkeitswerte zu erreichen, zumal Förderinstitutionen gerne den Beweis zur Kenntnis nehmen, dass ein Projekt gut in der Kategorie „Dissemination" abgeschnitten hat. Einige Firmen leben gut davon, dass Autoren sich der Möglichkeiten, die das WWW bietet, nicht voll bewusst sind.

Metadaten wurden in den letzten Jahren häufig mit dem Argument gefordert, dass man sich als Institution, wenn man am „Markt" bestehen will, schon der Mühe unterziehen muss, zusätzlich zu den eigentlichen Daten z. B. eines Kurses im Fernstudium, auch noch alle möglichen weiteren Informationen – wie in einem Beipackzettel – hinzuzufügen.

Es ist allerdings fraglich, ob diese Vorstellung des globalen Weiterbildungsmarktes, wo jeder sich das ihm geeignet Erscheinende aussuchen kann und *credits* für einen abgeleisteten Kurs bekommt, sich durchsetzen wird. Allzu verschieden sind noch die Vorstellungen von Qualität, die Bemühungen um Anerkennung, die Akkreditierung ist ungewiss, und letztendlich unterschiedlich sind auch die angebotenen Inhalte solcher Kurse. Betrachtet man die Untersuchungen, in welchen Fachgebieten eLearning stattfindet, dann wird es noch mindestens eine Generation lang dauern, bis die übliche Palette einer Universität angeboten werden kann.

Lernkonzept eLearning

Die Frage allerdings, ob denn das Konzept des globalen eLearning Marktes, bedrohlich sei für das Alltagsgeschäft der FernUniversität, ist nicht so einfach zu beantworten. Solange der Zugang zum Lernen nicht beherrscht wird von Wenigen, solange Bildung noch nicht völlig gekoppelt ist an die finanziellen

Möglichkeiten der Bildungswilligen und die Institutionen noch nicht ausschließlich nach der Refinanzierung durch Teilnehmer schielen müssen, habe ich Hoffnung. Das Lernkonzept des Fernstudiums jedenfalls, und damit komme ich zurück auf den Anfang, beinhaltet Standards nicht nur im Sinne der umfassenden Deklaration von „Inhaltsstoffen" sondern auch Qualitätskriterien die bereits in der Definition enthalten sind:

> „Distance education is an organizational form of education in which instructional provisions, tutorial interactions, monitoring of practice as well as individual control of learning may take place via media which make the simultaneous personal presence of tutors and students avoidable" (IESBS 2001: 3781).

Das WWW ist für diese Definition nichts Revolutionäres, im Gegenteil: Erst durch das WWW werden die Möglichkeiten der unterschiedlichen Medien erschließbar. Und vielleicht kommen wir der Vorstellung von Ivan Illich (1974) näher, der sich den freien Zugang zu allen Bildungsinformationen wünschte, der die Hoheit der Zertifizierung durch Institutionen ablehnte, und der den Respekt vor dem einzelnen Menschen und seinen Fähigkeiten ins Blickfeld rückte. [8]

Literatur

Committee on Criteria and Standards (1962): Bureau of Instructional Services, East Hall, State University of Iowa (Gayle B. Childs, Nebraska; John L. Davies, Iowa; Charles A. Wedemeyer, Wisconsin). Iowa City.

Hall, Brandon (2001): URL: http://www.brandon-hall.com/brandon-hall/.

IESBS (2001): International Encyclopaedia of the Social and Behavioural Sciences. Oxford.

Illich, Ivan (1974): The alternative to schooling. (*Shortened version* printed in Saturday Review, 19.06.1971; *Extended version* CIDOC, DOC. A/E 71/341, Cuernavaca/ Mexico 1974).

Kemp, Jerrold E. (1971): Which Medium? In: *Audiovisual Instruction* (December 1971): 33-36.

---

[8] Weiterführende Links zum Thema Standardisierung finden Sie am Ende dieses Bands unter: *Internetressourcen.*

Institutionalisierung der Internationalisierung: Herausforderung und Chance für den LernOrt Universität

Irmgard Broekmann

1 Zierwerk oder Notwendigkeit? Probleme und Szenarien der Internationalisierung

Der aktuelle hochschulpolitische Diskurs wird von einer Vielzahl von Themen und Debatten geprägt die für den LernOrt Universität zu einer Herausforderung geworden sind und tiefgreifende Strukturveränderungen als zwingend notwendig erscheinen lassen. Dabei sind es nicht nur die nationalen und europäischen bildungspolitischen Ziele (Steigerung der Attraktivität des Studien- und Wissenschaftsstandortes Deutschland; Bologna-Prozess) und das Ziel einer wachsenden Autonomie, mit denen der LernOrt Universität konfrontiert wird. Auch weiter gefasste, komplexe, exogene Faktoren wie die *Globalisierungsdynamik*, das Phänomen der *Anglisierung* und eine wachsende *Informationstechnologisierung* stellen die Ausrichtung von Lehre, Forschung und über die Zeit verfestigte – und lieb gewonnene – Strukturen an Universitäten in Frage (vgl. u. a. Sursock 2004; CRUS 2000).

Sind Globalisierung und Europäisierung Stichworte, die auf einen zunehmenden Verflechtungscharakter einerseits und andererseits auf eine europabezogene Politik abzielen, so werden unter dem Begriff der Internationalisierung vor allem Aspekte subsumiert wie Mobilität, Kooperationen und Reformen, die die Kompatibilität von Mobilität und Kooperationen begünstigen (vgl. Teichler 2001: 2).

Die Internationalisierung ist vielerorts bereits ein erklärtes Ziel geworden. *Internationalisiert* wird in den Universitäten an vielen Stellen und von vielen Personen. Für die einzelne Hochschule drängen sich daher vor allem zwei Fragen auf: Wie lassen sich notwendige Strukturveränderungen nach innen effektiv und effizient ermitteln und durchsetzen? Welche endogenen Faktoren sollen und müssen dabei beachtet werden?

Im Alltagsgeschäft der Internationalisierung zeigen sich ganz unterschiedliche Problemkonstellationen. Einerseits verliert sich Internationalisierung als übergeordnetes Ziel der Universität nicht selten im Einzelaktionismus der Bereiche und ihrer Mitglieder.

Andererseits, wenn sich die Universitätsleitung dem Ziel der Internationalisierung auch verschrieben haben mag, weil sie für Studierende, Lehrende, Forschende und (künftige) Mäzene attraktiv und wettbewerbsfähig bleiben bzw. werden will, muss sie sich dann nicht in Zeiten von Haushaltsengpässen und zunehmender Autonomie zunächst dem wachsenden Regelungsbedarf in (vermeintlich) zentraleren Bereichen stellen? Gegebenenfalls hat dies die Konsequenz, dass die Erfordernisse im Themenfeld Internationales weiterhin nur situativ und punktuell behandelt, aber nicht strukturell angegangen werden können.

Jedenfalls scheinen der Regelungsbedarf, der Ressourceneinsatz und der Reformdruck im Bereich Internationales nicht weniger, sondern eher verstärkt zu einer Belastung zu werden. Das gilt vor allem auch dann, wenn das häufig an Universitäten mit *vielen Blümchen* versehene Potentialfeld nicht konzentriert und zielgerichtet begleitet wird. Nachfolgend soll die Problematik beispielhaft anhand typischer Erscheinungsformen skizziert werden.

Beispiel Universitätsleitung

Der Rektor einer deutschen Universität, deren Fakultäten, Lehrende und Forschende sich dem internationalen Geschäft in den letzten Jahren verstärkt zugewandt haben, wird – sofern er keine eindeutige Delegationsmöglichkeiten implementiert hat – den inzwischen vielfältig international ausgerichteten Beratungs- und Entscheidungsthemen und der Pflege internationaler Außenkontakte kaum noch allein gerecht werden können.

Beispiel Fakultäten

Fakultäten haben nicht selten den Überblick über die vielfältigen Außenbeziehungen und Außenaktivitäten ihrer Professoren und Professorinnen verloren. Mitunter waren sie an dem internationalen Engagement ihrer Kollegen und Kolleginnen auch nicht besonders interessiert. Zum Teil duldeten sie dieses Engagement auch als eine nicht weiter störende *individuelle Spielwiese*, die man obendrein – zu gegebener Zeit – für sich selbst reklamieren konnte.

Im Zuge der notwendigen fachlichen Profilierungsbestrebungen, der Anforderungen im Hinblick auf die Einführung gestufter Studiengänge, auf Erfordernisse der Akkreditierung, Qualitätssicherung und Evaluation werden aber nun vermehrt Fakultätsräte, Dekane und Dekaninnen auch mit dem scheinbar eher individuell-personenbezogenen Engagement und den daraus resultierenden Fragen nach bestehenden Verbindlichkeiten und Folgewirkungen, nach Ressourceneinsatz und Belastungen konfrontiert.

So war – und ist noch immer – ein beträchtlicher Teil des Auslandsengagements nur möglich, weil Dritte, wie insbesondere der Deutsche Akademische Austauschdienst (DAAD) und die Europäische Union (EU), eine mehrjährige Anschubfinanzierung bereit gestellt haben, bzw. stellen. In vielen Fällen werden über Jahre hinweg die noch nicht klar institutionell abgesicherten *Projektaktivitäten* anteilig gefördert.

Sicherlich haben in den vergangenen Jahren vor allem neue von der Bundesregierung finanzierte Förderprogramme zur Internationalisierung zu reichlich Initiative an den deutschen Hochschulen geführt. Gleichzeitig sind in den Auslandsbeziehungen und gegenüber ausländischen Studierenden und Forschenden für die deutschen Hochschulen damit auch wachsende Verbindlichkeiten entstanden.

Endet eine Förderung aus Dritt-Mitteln, dann ist das Risiko des Einstellens erfolgreicher Auslandsarbeit in vielen Fällen außerordentlich groß. Wenn im Vorfeld von Seiten der Universitätsleitung und der die Aktivitäten verantwortenden Bereiche keine klare Risikoabschätzung vorgenommen und die Rahmenbedingungen für ein spezifisches Auslandsengagement nicht im Gesamtkonsens vereinbart worden sind, können die eingegangenen Verpflichtungen zu einem Problem der gesamten Universität werden.

Beispiel Hochschulverwaltung

Akademische Auslandsämter bzw. Internationale Büros und – sofern sie für die Zulassung ausländischer Studierender zuständig sind – auch die Studentensekretariate sind im Zuge der international ausgerichteten zusätzlichen Aktivitäten mittlerweile vielfach überlastet.

Das Aufgabenspektrum der Auslandsämter hat – bei vielerorts kaum wachsender Personaldecke – enorm zugenommen. Neben den klassischen Aufgaben kommen nun verstärkt bereichsübergreifende koordinierende und konzeptionelle Aufgaben hinzu (vgl. dazu ausführlich: Johe-Kellberg 2003; Thimme 2004). Gleichzeitig sehen sich die Auslandsämter mit vielseitigen und vielfältigen Erwartungshaltungen konfrontiert:

- Den Erwartungshaltungen einer wachsenden Zahl ausländischer Studienin- teressenten und Studierenden, die informiert, beraten und allgemein betreut werden wollen.
- Den Erwartungshaltungen einer wachsenden Zahl deutscher Studierender, die einen Auslandsaufenthalt anstreben.
- Den Erwartungen der Fachbereiche und einzelnen Hochschullehrer, die über unterschiedlich gelagerte Interessen in der Auslandsorientierung ver- fügen.
- Den Erwartungshaltungen einer zunehmenden Zahl externer (potentieller) Kooperationspartner, die Kooperationen aufbauen bzw. ausbauen möchten.
- Den Erwartungen der Universitätsleitung, die die Attraktivität von Lehre und Forschung steigern und dadurch ihre Universität ,international positi- onieren' möchte.
- Und nicht zuletzt den Erwartungshaltungen der Universitätsverwaltung, die gehalten ist, sich auf ihre Kernaufgaben zu begrenzen und ihre Struktu- ren den verstärkten Sparzwängen anzupassen.

Ein zentraler Belastungsfaktor bildet ferner die aufgrund erfolgreicher Hoch- schulmarketingaktivitäten stark gestiegene Zahl ausländischer Studienbewerber (vgl. dazu ausführlich: DAAD 2004). Der Präsident der Hochschulrektorenkon- ferenz (HRK) konstatierte im Juli 2002:

> „Die rapide und erhebliche quantitative Zunahme führt zu Überlastungen bei den zuständigen Hochschulstellen, so dass von einer qualitätsorientierten und servicefreundlichen Auswahl- und Zulassungspraxis vielerorts keine Rede (mehr) sein kann. Für den Ruf des Studienstandortes Deutschlands, die Plau- sibilität der Aktivitäten im Hochschulmarketing, aber auch für die Zustände an den Hochschulen ist dies kontraproduktiv." (HRK 2002)

Hier können Instrumente, wie die zwei folgenden Beispiele zeigen, mittelfristig Entlastung schaffen: Zum einen wird den Hochschulen durch die Novellierung der Hochschulgesetzte auf Länderebene ermöglicht, ihre ausländischen Studie- renden auszuwählen und Gebühren zur Auswahl von Studierenden aus Nicht- EU-Staaten erheben (vgl. z. B. HG NRW 2004, § 69, Abs. 2). Zum anderen wurde auf Initiative von HRK und DAAD eine „Arbeits- und Servicestelle für Internationale Studienbewerbungen" (ASSIST) eingerichtet (vgl. HRK 2003). Hier werden gegen Gebühr die Zeugnisse und Bewerbungsunterlagen ausländischer Interessenten an deutschen Studiengängen überprüft und die Hochschulen bei der Zulassung unterstützt[1].

Ein besonderes Beispiel für Handlungsbedarf lässt sich im Kontext mit der allseits gewünschten Sicherung des Studienerfolgs und Erhöhung der Absolventenzahlen ausmachen. Die meisten Akademischen Auslandsämter bzw. Internationalen Büros sind nach wie vor für die notwendige qualitative außerfachliche Betreuung der wachsenden Zahl ausländischer Studierender nicht aufgestellt. Zur außerfachlichen Betreuung gehören Angebote wie eine professionelle Erstkontaktbetreuung, Wohnraumbeschaffung und -vermittlung, allgemeine Einführungsveranstaltungen, deutschland- und länderkundliche Veranstaltungen, studienbegleitende soziale Betreuung, Sprachkurse, Exkursionen etc. Wie die fachliche Betreuung, so ist jedoch auch die außerfachliche Betreuung für den Studienerfolg unverzichtbar (vgl. Heublein/ Sommer/ Weitz 2004: 104-113).

Neben den von außen auf die Universität einwirkenden Faktoren kann es folglich auch der längst bestehende akute inneruniversitäre Leidensdruck sein, der zur Veränderung der Binnenstruktur führt, ja führen muss.

Angesichts der exogenen und endogenen Entwicklungen stehen Universitäten vor der Herausforderung, ihre *Internationalität* zu reflektieren und aktuelle Erfordernisse als Chance zur Neuprofilierung und -positionierung innerhalb der nationalen, europäischen und internationalen Hochschullandschaft anzunehmen.

2 Die Internationalisierungsstrategie: Ein Instrument zum Problemabbau und zur Profilbildung

Internationalität lebt zwar vom Engagement der Einzelnen, bedarf aber auf Dauer zur Sicherung von Qualität und Nachhaltigkeit der Akzeptanz der Gesamtorganisation Universität. Das gilt gerade auch im Hinblick auf die begrenzten personellen und finanziellen Ressourcen. Die Universität und ihre Bereiche können sich heute keine *Laisser-faire-Mechanismen* mehr erlauben. Zu hoch sind die Belastungen und Risiken von *geduldeten* auslandsorientierten Unternehmungen.

Nur kann die Antwort nicht in der strengen Reglementierung internationalen Engagements liegen. Dadurch würde jegliches Engagement im Keim er-

---

[1] s. weiterführende Informationen unter: www.uni-assist.de

stickt! Was erforderlich ist, ist die Festlegung eines auf die neuen Erfordernisse ausgerichteten Ziel- und Handlungsrahmens zur Prozesssteuerung.

Um Internationalität zum gewinnenden Argument für alle Bereiche (nach innen) und zum Profil bildenden Element der Universität (nach außen) werden zu lassen, sind eben diese Bereiche *abzuholen und mitzunehmen*. Notwendig ist eine Basisaussage, ob und wenn ja, welchen Stellenwert die Universität der Internationalität zueignet. An vielen Hochschulen ist dieses durch die explizite Aufnahme der Internationalisierung in ihr Leitbild erfolgt.

Die erste Maßnahme manifestiert sich in der Regel als *Top-Down-Initiative*, die schlagkräftige Argumente voraussetzt. Zwar werden diejenigen Stimmen in der Universität weniger, die sagen, Forschung und Lehre seien *per se* international und dafür bedürfe es folglich keiner weiteren Akzentuierung, besonderen Unterstützung, und schon gar keiner Steuerung dieses Themas; aber es gibt sie noch. Es muss deutlich werden, dass Internationalisierung kein vorübergehender Trend ist, sondern eine der zentralen Aufgaben der Universität.

Erfahrungsgemäß ist es sinnvoll, konkrete Erwartungshaltungen an die strategische Ausrichtung der Internationalisierung frühzeitig zu klären, bevor mit der Entwicklung einer für alle verbindlichen Internationalisierungsstrategie der Gesamtorganisation Universität begonnen wird. Eine solche Strategie darf jedoch kein erweitertes Bekenntnis *à la Leitbild* zur internationalen Ausrichtung der Universität werden. Als Internationalisierungsstrategie wird bezeichnet:

> „ein Konzept, das vor dem Hintergrund definierter Problemlagen einzelne Maßnahmen miteinander verbindet, um definierte Ziele zur Internationalisierung zu erreichen. Diese Ziele beziehen sich auf die Attraktivität des eigenen Innovationssystems sowie die Absorptionsfähigkeit und -neigung seiner Akteure" (Edler/ Boekholt 2001: 8).

Es empfiehlt sich, zunächst einen Konsens zwischen der Hochschulleitung, den Gremien und den Fachbereichen hinsichtlich des Umfangs der notwendigen Befassung mit der Internationalisierung herbeizuführen. Dabei sollten möglichst schon Kernelemente der Internationalisierung festgelegt werden. Für die einzelnen Arbeits- und Beratungsschritte zur Entwicklung der Internationalisierungsstrategie – unter Einbeziehung möglichst aller Bereiche der Universität – sollte ein Zeitplan unter Angabe der jeweiligen Akteure aufgestellt und transparent gemacht werden.

Zur Vorbereitung und Entwicklung der Internationalisierungsstrategie bieten sich die folgenden vier Schritte an:

- Erster Schritt: Standortbestimmung durch eine umfassende Bestandsaufnahme aller international ausgerichteten Aktivitäten in Verbindung mit einer Stärken-Schwächen-Analyse und deren Bewertung. In diesem Kontext sind vor allem folgende Fragen zentral: Wo hebt sich die Universität deutlich von anderen Universitäten ab? In welchen Bereichen hat sie Alleinstellungsmerkmale? Wo sind deutliche Wettbewerbsvorteile und wo sind klare Defizite festzustellen?
- Zweiter Schritt: Definition weniger, dafür aber erreichbare Ziele. Dabei muss die Kompatibilität mit den sonstigen Zielen und den daraus erwachsenden Aufgaben der Universität berücksichtigt werden. Das ist deshalb wichtig, weil dadurch z. B. Konkurrenzen oder Widersprüchlichkeiten in den Zielsetzungen von vornherein vermieden und der Ressourceneinsatz realistisch eingeschätzt werden kann.
- Dritter Schritt: Definition von Teilstrategien, Maßnahmen (inhaltlich-strukturell) und Instrumenten (organisatorisch-personell, methodisch und finanziell).
- Vierter Schritt: Etablierung eines Systems für Monitoring und Evaluation der Implementierung sowie zur Sicherung von Qualität und Nachhaltigkeit.

Bei diesem Entwicklungsprozess ist die Berücksichtigung der drei Faktoren *Priorisierung, Akzeptanz* und *Transparenz* von besonderer Bedeutung:

Unter den formulierten Zielen ist eine Gewichtung hinsichtlich der Wichtigkeit und Dringlichkeit (*Priorisierung*) vorzunehmen. Nicht alle Ziele müssen und können gleichzeitig mit der gleichen Intensität und dem notwendigen Ressourceneinsatz verfolgt werden.

Ferner sind für die erfolgreiche Umsetzung von Zielen frühzeitig alle relevanten Akteure in den Beratungsprozess einzubeziehen (*Bottom-Up-Ansatz*). Nur so kann die notwendige *Akzeptanz* für die Realisierung des Vorhabens erreicht werden. Dabei empfiehlt es sich sehr, dass das Rektorat mit den jeweiligen Fakultäten, und gegebenenfalls auch mit der Hochschulverwaltung und sonstigen relevanten Bereichen entsprechende *Zielvereinbarungen* trifft.

Und schließlich benötigt ein solcher Prozess *Transparenz* und Dokumentation. Dies ist nicht nur über regelmäßige Berichterstattungen in den Gremien der Universität zu erreichen, sondern sollte darüber hinaus auch über ein professionelles, jederzeit abrufbares Monitoring untermauert werden, das z. B. im Intranet den aktuellen Sachstand abbildet.

Die Internationalisierungsstrategie tritt dann für alle Beteiligten verbindlich in Kraft, wenn sie von der Universitätsleitung verabschiedet wird.

Diverse deutsche Universitäten entwickeln heute ihre Internationalisierungsstrategie – manchmal sehr öffentlichkeitswirksam und plakativ. Einige
holen sich dafür auch externe Bildungsexperten oder Unternehmungsberatungen
ins Haus. Dies scheint m. E. nicht zwingend erforderlich, um den universitätsinternen Diskurs erfolgreich durchzuführen. Ein von der Universitätsleitung und
ihren Bereichen gewollter und konsequent begleiteter, intern verantwortlich und
stringent moderierter Veränderungsprozess schafft häufig eine größere Akzeptanz der Ziele und damit eine reibungsfrei(er)e, auch zügig(er)e Umsetzung der
Einzelmaßnahmen. Zudem verursacht er in der Regel geringere Kosten.

3   „The sharp end" – oder:
Die Implementierung der Internationalisierungsstrategie

Implementierung wird von Christin Parson als „the sharp end" (2002: 14) von
Internationalisierungsstrategien bezeichnet. Parson weist zu Recht auf die Gefahr einer Diskrepanz zwischen der strategischen Ausrichtung und der Operationalisierungsphase hin:

> „A range of studies (...) has identified gaps between what higher education
> institutions say they do in terms of internationalisation (...), and what actually
> happens inside those institutions. This gap between strategic intent and op
> erational practise is sometimes known as formulation-implementation gap.
> Closing this gap, so that strategic plans are more than dreams or wish lists
> and are translated into practise, is difficult, but clearly fundamental to the
> plan's success." (Parson 2002: 14)

Für die Implementierung einer Internationalisierungsstrategie existiert genauso
wenig ein Patentrezept wie für die strategischen Ziele einer Universität selbst.
Auch die Implementierung ist immer institutionell auszurichten. Ihr kommt
besondere Aufmerksamkeit zu.

Die mit einer Internationalisierungsstrategie verfolgten Ziele sollten in drei
bis maximal fünf Jahren realisiert werden können. Eine längere strategische
Gesamtplanung könnte verstärkt Anpassungserfordernisse hervorrufen, die die
Ziele allmählich verwässern, dem Prozess die notwendige Dynamik nehmen
und letztlich die Realisierungschancen der Strategie erheblich gefährden.

Während der gesamten Implementierungsphase ist von daher besonders
wichtig, frühzeitig eine Sensibilität für die Notwendigkeit des Festhaltens an der
strategischen Zielrichtung zu entwickeln. Das gilt vor allem auch für den Äm-

terwechsel auf Ebene der Universitätsleitung oder auf der Ebene der Dekane. Notwendige Justierungen und Modifizierungen in dem Gesamtprozess müssen durch professionelles Monitoring und Zwischenevaluationen sowie entsprechende Beratungen und Beschlussfassungen in den Entscheidungsgremien sichergestellt werden.

Das Schaffen von Anreizsystemen und spezifischen Arbeits- und Organisationsstrukturen sind weitere hilfreiche Instrumente für die Implementierung. Instrumente zum Anreiz eines zielgerichteten internationalen Engagements in Lehre und Forschung können beispielsweise das Erweitern der Parameter im Rahmen der leistungs- und erfolgsorientierten Mittelvergabe um einen definierten Faktor *Internationalisierung* und die Einrichtung eines Internationalisierungspools zur Anschubfinanzierung und zur Sicherung der Nachhaltigkeit internationaler Aktivitäten sein.

Begünstigt wird der Erfolg einer Internationalisierungsstrategie, wenn auf der Ebene der Arbeits- und Organisationsstruktur folgenden Maßnahmen reflektiert und etabliert werden:

• Schaffung des Amtes eines Prorektors/einer Prorektorin für Internationale Angelegenheiten (mit klarer Abgrenzung der Kompetenzbereiche der Prorektorate für Lehre und Forschung, bzw. Klärung des „Miteinander"),
• Ernennung von Fakultätsbeauftragten für Internationale Angelegenheiten,
• Ernennung von Partnerschaftsbeauftragten,
• Bündeln aller international relevanter administrativer Aufgaben und Ressourcen in einem Bereich (z. B. als Dezernat, Abteilung oder Stabsstelle).

Sowohl für das Pro-Rektorat, als auch für die Beauftragten muss eindeutig definiert werden, worin die Zuständigkeiten und die Kompetenzen liegen.

Die Implementierungsphase endet mit dem letzten Tag der von der Universitätsleitung beschlossenen Wirksamkeit der Internationalisierungsstrategie. Über die Notwendigkeit einer neuen strategischen Ausrichtung zur Internationalisierung ist auf der Grundlage eines Evaluationsberichtes zur Umsetzung der ersten Internationalisierungsstrategie und mit Blick auf neue exogene und endogene Herausforderungen von der Universitätsleitung zu entscheiden.

4   Schlussbemerkung

Internationalisierung als gewollter, gesteuerter und gewichteter Prozess berei-
chert die Internationalität der Universität in Lehre und Forschung. Dieser Prozess stellt eine zentrale „Gestaltungsaufgabe" (Teichler 2001: 2) dar, die insbesondere zur Qualitätssteigerung und Profilbildung der Hochschule führen soll.
Ein solcher Prozess darf nie Selbstzweck werden, sondern muss als integraler
Bestandteil in der universitären Gesamtstrategie verortet sein (vgl. Ortner/
Broekmann 2004: 29).

Internationalisierung bedeutet für den LernOrt Universität eine beträchtliche Veränderung in allen Bereichen der Universität, eine enorme Herausforderung und Problembewältigung zugleich, aber auch Chance zur umfassenden und
über das ursächlich Internationale hinausgehenden Reform und zur Profilierung
– wobei Universitäten bedacht sein sollten, unter Verweis auf Globalhaushalt
und Finanzautonomie von der Politik und nicht zuletzt auch von den Profiteuren
in Wirtschaft und Industrie, bei der Aufgabenbewältigung nicht allein gelassen
zu werden.

Literatur

ASSIST, Arbeits- und Servicestelle für Internationale Studienbewerbungen: Informationen zu ASSIST e.V. URL: www.uni-assist.de (Zugriff am: 21.04.2005).
CRUS, Conference des Recteurs des Universites Suisses/ Schweizerische Hochschulrektorenkonferenz (2000): Zur Einführung von Bachelor- und Master-Graden in Europa und die möglichen Folgen für die Schweiz. Ein Lagebericht zuhanden der
Schweizerischen Hochschulrektorenkonferenz, Dr. R. Nägeli, Generalsekretär
SHRK, November 1999 (ergänzte Fassung vom 10. April 2000). URL:
http://subwww.unibe.ch/bologna/Berichte/SHRKLageberichtBologna.pdf (Zugriff
am: 21.04.2005)
DAAD, Deutscher Akademischer Austauschdienst [Hg.] (2004): Wissenschaft weltoffen
2004. Daten und Fakten zur Internationalität von Studium und Forschung in
Deutschland. Bielefeld.
Edler, Jakob; Boeckholt, Patries, u. a. (2001): Internationalisierungsstrategien in der
Wissenschafts- und Forschungspolitik: Best Practices im internationalen Vergleich.
Hg. vom BMBW (Bundesministerium für Bildung und Wissenschaft) in der Reihe:
BMBF PUBLIK. Bonn.
Heublein, Ulrich, Sommer, Dieter, Weitz, Brigitta (2004): Studienverlauf im Ausländer-
studium. Eine Untersuchung an vier ausgewählten Hochschulen. In: DAAD, Deut-

scher Akademischer Austauschdienst [Hg.] (2004): Reihe: Dok & Mat, Dokumentationen & Materialien. Bonn.

HG NRW (2004): Hochschulgesetz NRW, in der Fassung des Gesetzes zur Weiterentwicklung der Hochschulreformen (Hochschulreformweiterentwicklungsgesetz; HRWG) vom 30.11.2004 (GV. NRW S. 752).

HRK, Hochschulrektorenkonferenz (2002): HRK-Plenum zum Studium von Ausländern in Deutschland: Für vereinfachte, aber auch qualitätsorientierte Zulassungsverfahren, Pressemitteilung der HRK v. 10. Juli 2002 - HRK/29/02.

HRK, Hochschulrektorenkonferenz (2003): Angesichts der großen Nachfrage ausländischer Studieninteressenten: ASSIST unterstützt die Hochschulen bei der Zulassung, Pressemitteilung der HRK v. 4. November 2003 - HRK/63/03.

Johe-Kellberg, Hanne (2003): Evaluation der Struktur und Ausstattung Akademischer Auslandsämter im Bereich Ausländerstudium. In: DAAD, Deutscher Akademischer Austauschdienst [Hg.] (2003): Reihe: Dokumentationen & Materialien, Bd. 50. Bonn.

Ortner, Gerhard E.; Broekmann, Irmgard (2004): Eine deutche Universität im globalen Netz: Die Internationalisierungsstrategie der FernUniversität. In: Gesellschaft der Freunde der FernUniversität e.V. [Hg.] (2004): Jahrbuch 2003 der Gesellschaft der Freunde der FernUniversität e.V. Hagen. S. 29-44.

Parson, Christine (2002): Implementing internationalisation strategy. In: EAIE Forum, Vol 14, No 3/2002, S. 14-16.

Sursock, Andrée (2004): Hochschulbildung, Globalisierung und GATS. In: Aus Politik und Zeitgeschichte (APuZ). Beilage zur Wochenzeitung Das Parlament, B 25/2004, S. 41-46.

Teichler, Ulrich (2001): Internationalisierung – auch eine Gestaltungsaufgabe für die Hochschule? In: HI – hochschule innovativ, Ausgabe 6, Juli 2001. S. 2-3.

Thimme, Christian (2004): Ausländerstudium und Betreuung ausländischer Studierender. In: DAAD, Deutscher Akademischer Austauschdienst [Hg.] (2004): Betreuung, Zulassung, Ausländerrecht. Bielefeld. S. 12-22.

5 Service

Abkürzungen

AFT	American Federation of Teachers
AKTAB	Arbeitskreis Technikfolgenabschätzung und –bewertung
ARIADNE	Alliance Society for Training and Development
ASSIST	Arbeits- und Servicestelle für internationale Studiengänge
ASTD	American Society for Training & Development
BA	Bachelor of Arts
BLK	Bund-Länder-Kommission für Bildungsplanung und Forschungsförderung
BM:BWK	Bundesministerium für Bildung, Wissenschaft und Kultur, Österreich
BMBF	Bundesministerium für Bildung und Forschung
c.p.	credit point
CBT	Computer-Based-Training
CERI	Centre for Educational Research and Innovation, OECD
CHE	Centrum für Hochschulentwicklung
CoE	Council of Europe, Europarat
COL	Commonwealth of Learning
CRE	Conference des Recteurs Européene/ Europäische Rektorenkonferenz
CRUS	Conference des Recteurs des Universites Suisses
DAAD	Deutscher Akademischer Austauschs-Dienst
DE	Distance Education
DFG	Deutsche Forschungsgemeinschaft
DS	Diploma Supplement
EADTU	European Association of Distance Teaching Universities
ECTS	European Credit Transfer and Accumulation System (European Community Course Credit Transfer System)
EDV	Elektronische Datenverarbeitung
EFTA	European Free Trade Area
EG	Europäische Gemeinschaft
EGKS	Europäische Gemeinschaft für Kohle und Stahl
EHEA	European Higher Education Area, Europäischer Hochschulraum
EI	Education International
ELCH	eLearning Consortium Hamburger Hochschulen
E-Learning	electronic Learning (auch e-learning, eLearning)
ENIC	European Network of National Information Centres on Academic Recognition and Mobility
ENQA	European Network for Quality Assurance in Higher Education
ERASMUS	European Community Action Scheme for the Mobility of Univer-

	sity Students
ERIA	European Research and Innovation Area
ESIB	European Student Information Bureau, National Unions of Students in Europe
EU	Europäische Union
EUA	European University Association
EuGH	Europäischer Gerichtshof
EULAC	Common Space for Higher Education in the European Union, Latin America and the Carribean
EURASHE	European Association of Institutions of Higher Education
Eurec	Comité de Liaison des Recteurs des Etats membre de la Commaunité européene/Confederation of European Rector's/ Rektorenkonferenz der Europäischen Union
EWR	Europäischer Wirtschaftsraum
FIZ	Fachinformationszentrum
FVU	Finnische Virtuelle Universität
GATE	Guide to Academic Training and Education
GATS	General Agreement on Trade and Service
GATT	General Agreement on Trade and Tariffs
GLOW	Global Center for Women's Studies and Politics
HBZ	Hochschulbibliothekszentrum des Landes NRW
HEFCE	Higher Education Founding Council for England
HG NRW	Hochschulgesetz Nord-Rhein Westfalen
HIS	Hochschul-Informations-System
HRK	Hochschul-Rektoren-Konferenz
HTML	Hypertext Mark-up Language
ICDE	International Council for Open and Distance Education
ICT	Instructional Computer Technology
ICT	Information and Communication Technologies
idw	Informationsdienst Wissenschaft
IEEE	Institute of Electrical and Electronics Engineers
ISO	International Standardization Organisation
IT	Information Technology/Informations-Technologie
IuK	Information und Kommunikation
IWM	Institut für Wissensmedien
JASON	Journal Articles Sent On Demand
LIDOS	Literatur Dokumentations-System
LLL	Life-long-learning/ Lebenslanges Lernen/ Lebensbegleitendes Lernen
LMS	Learning Management System
LOM	Learning Object Metadata
LSE	The London School of Economics and Political Science
LVU	Lernraum Virtuelle Universität, FernUniversität in Hagen
M.A.	Magister Artium
MA	Master of Arts

MBA	Master of Business Administration
MCU	Magna Charta Universitatum
MIT	Massachusetts Institute of Technology
NARIC	Network for Academic Recognition Information's Centers
NGA	National Governors Association
NRW	Nordrhein-Westfalen
NYU	New York University
OBHE	Observatory on Borderless Higher Education
OECD	Organization for Economic Cooperation and Development
ÖFTA	Öffentliche Diskurse über neue Technologien - Öffentlichkeit und Technikfolgeabschätzung
OPAC	Online Publication Access Catalogue
SCES	Select Commitee on Education ans Skills
SCORM	Sharable Course Object Reference System
SGS	Study Guide System
SLS	Sylvan Learning Systems
SLU	Sylvan International Universities
SME	Small and Medium Enterprise
SOCRATES	EU Aktionsprogramm Bildungsbereich
subito	Dokumentenlieferdienst internationaler Bibliotheken e.V., Berlin
SUNY	State University of New York
TEMPUS	Trans-European Mobility Programme for University Studies
TRIPS	Trade-Related Aspects of Intellectual Property Rights
TUD	Technische Universität Darmstadt
UdSSR	Union der sozialistischen Sowjetrepubliken
UKeU	United Kingdom electronic University Worldwide
UKP	United Kingdom Parliament
UL	University of London
UNESCO	United Nations Educational, Scientific and Cultural Organization
UNICE	Union des Conféderations de l'Industrie et des Employeurs d'Europe
URL	Uniform Resource Locator
USA	United States of America
VHB	Virtuelle Hochschule Bayern
WBT	Web-based Training
WTO	World Trade Organization
WWU	Westfälische Wilhelms-Universität Münster
ZIFF	Zentrales Institut für Fernstudienforschung der FernUniversität in Hagen

Autorinnen und Autoren

Broekmann, Irmgard, M.A., Mag. rer. publ., Leiterin des Akademischen Auslandsamts der FernUniversität in Hagen; *Veröffentlichungen u.a.* • *zus. mit* G. E. Ortner: Eine deutsche Universität im globalen Netz: Die Internationalisierungsstrategie der FernUniversität. In: Gesellschaft der Freunde der FernUniversität e.V.: Jahrbuch 2003. Hagen 2004: 29-44.

Fritsch, Helmut, Dr., Geschäftsführer des Zentralen Institut für Fernstudienforschung (ZIFF) der FernUniversität in Hagen; *Veröffentlichungen u.a.* • Kontrastprogramm: Fernstudiendidaktik der 80er Jahre – Fernstudium heute für die Fernstudienstelle der EKD, Gelnhausen, 2003 • *zus. mit* G. Ströhlein: Test and Evaluation of a Course Designed for Mobile Learning. *Ziff-Papiere 120* (2003) • *zus. mit* H. Föllmer: Learning Management Systems for web-education in Germany. Hagen 2002 • Virtual Institutes for Distance Education: Concept and Consequences. In: G. E. Ortner, F. Nickolmann (Hg.): Socio-Economics of Virtual Universities. Weinheim 1999: 223-239

Hoyer, Helmut, Prof. Dr.-Ing., Rektor der FernUniversität in Hagen, Lehrstuhl für Prozesssteuerung und Regelungstechnik, Fachbereich Elektrotechnik und Informationstechnik; *Veröffentlichungen u.a.* • zus. mit Ch. Gerke, A. Röhrig, I. Bischoff, I. Masar, I. Ivanov: Reale Systeme im „Virtuellen Labor" In: *Automatisierungstechnik* (2003) • *zus. mit* A. Jochheim, C. Röhrig: Teleoperation von Laborexperimenten. In: *Automatsierungsstechnik* (2001) Schwerpunktheft: Teleautomation in Ausbildung und Produktion • Hg.: The new educational frontier: teaching and learning in a networked world: proceedings; Vienna, June 20-24, 1999, 19th World Conference on Open Learning and Distance Education, ICDE. Oslo 1999 • *zus. mit* W. Laaser, M. Gerke: Teaching Control Theory by Multimedia. 19th World Conference on Open Learning and Distance Education, ICDE. Wien 1999

Kehm, Barbara M., Prof. Dr., Geschäftsführende Direktorin des Wissenschaftlichen Zentrums für Berufs- und Hochschulforschung (WZI) an der Universität Kassel, Professur für Hochschulforschung; *Veröffentlichungen u.a.* • Internationalisation in Higher Education: from Regional to Global. In: R. Begg (Hg.): The Dialogue Between Higher Education Research and Practice. Dordrecht 2003: 109-119 • *zus. mit* J. Enders, U. Schimank: Structures and Problems of Research in German Higher Education. An Overview and an Agenda for Further Studies. In: R. Mc Adams (Hg.): Trends in American and German Higher Education. Cambridge, Mass. 2002: 86-119 • *zus. mit* P. Pasternack: Hochschulentwicklung als Komplexitätsproblem. Fallstudien des Wandels. Weinheim, Basel 2001 • Higher Education in Germany. Developments, Problems and Perspectives. (CEPES, Institut für Hochschulforschung). Bukarest, Wittenberg 1999

Koeper, Bettina, M.A., Verwaltungsreferentin an der Universitätsbibliothek Bielefeld; *Veröffentlichungen u.a.* • *zus. mit* A. Androvic: Der Aufbau eines elektronischen Dokumentlieferdienstes für die Bibliotheken der Slowakischen Republik (JASOM-SK). Ein Kooperationsprojekt in Zusammenarbeit der Universitätsbibliotheken Bratislava, Kosice und Bielefeld. In: *Bibliotheksdienst* 34 (2000) 2: 228-233 • Lokale (An)Sichten: Möglichkeiten einer Integration der Digitalen Bibliothek NRW in das lokale WWW-Dienstleistungsangebot. In: *ProLibris* 5 (2000) 3: 153-154

Krämer, Bernd, Prof. Dr.-Ing., Lehrstuhl für Datenverarbeitungstechnik, Fachbereich Elektrotechnik und Informationstechnik an der FernUniversität in Hagen; *Veröffentlichungen u.a.* • *zus. mit* F. Yang, P. Han, R. Shen, X. Fan: Cooperative Learning in Self-organizing E-Learner Communities Based on a Multi-Agents Mechanism. In: T. D. Gedeon, L. Chun Che Fung (Hg.): Proceedings of 16th Australian Conference on Artificial Intelligence (AI 2003), Perth, Australia, LNCS 2903: In: *Advances in Artificial Intelligence* 3 (December 2003) 5: 490-500 • Web-based Learning Environments: Tools and Engineering Issues. In: Handbook of Software Engineering and Knowledge Engineering, Vol. 1, Fundamentals, World Scientific. 2001 • *zus. mit* H.-W. Schmidt: Component and Tools for On-line Education. In: *European Journal of Education* 36 (2001) 2: 14-41 • Forming Federated Virtual University Through Course Broker Middleware. In: LearnTEC 2000. Band I. Karlsruhe 2000: 137-148

Küchler, Tilman, Dr., Director Higher Education der imc information multimedia communication AG; *Veröffentlichungen u.a.* • Gespenst oder Realität? Die hochschulpolitische Wirklichkeit der Corporate University. In: W. Kraemer, M. Müller (Hg.): Corporate Universities und E-Learning. Personalentwicklung und lebenslanges Lernen. Strategien – Lösungen – Perspektiven. Wiesbaden 2001: 135-148 • *zus. mit* Cl. Rose: Innovation und Nachhaltigkeit: Medienentwicklung als Aufgabe des Hochschulmanagements. In: *Wissenschaftsmanagement. Zeitschrift für Innovation* 6 (2000): 18-24 • *zus. mit* D. Müller-Böling: Hochschulentwicklung durch Multimedia? Szenario Hochschule 2010. In: Herbert Kubicek u.a.: Lernort Multimedia. Heidelberg 1998: 187-195 • *zus. mit* D. Müller-Böling, F. Ziegele: Die Hochschulentwicklung in Neuseeland. Perspektiven und Erkenntnisse für die deutsche Reformdebatte. Gütersloh 1998

Röttgers, Kurt, Prof. Dr., Lehrstuhl für Philosophie, insbesondere praktische Philosophie, Institut für Philosophie der FernUniversität in Hagen; *Veröffentlichungen u.a.* • Wirtschaftsphilosophie – Die erweiterte Perspektive. In: *zfwu* 5 (2004): 114-133 • Metabasis. Philosophie der Übergänge. Magdeburg 2002 • Kategorien der Sozialphilosophie. Magdeburg 2002 • Spuren der Macht. Zur Begriffsgeschichte und Systematik. Freiburg, München 1990

Schulmeister, Rolf, Prof. Dr., Direktor des Interdisziplinären Zentrums für Hochschuldidaktik (IZHD) der Universität Hamburg; *Veröffentlichungen u.a.* • Welche Qualifikationen brauchen Lehrende für die „Neue Lehre"? Versuch einer Eingrenzung von eCompetence und Lehrqualifikation. In: R. Keil-Slawik, M. Kerres (Hg.): Hochschulen im digitalen Zeitalter. Innovationspotenziale und Strukturwandel. Münster u.a. 2005: 215-234 • Parameter zur Beurteilung der Qualität der Lehre im eLearning. In: D. Euler, S. Seufert

Service   325

(Hg.): E-Learning in Hochschulen und Bildungszentren. Gestaltungshinweise für päda-
gogische Innovationen. München, Wien 2004 • Lernplattformen für das virtuelle Lernen.
München, Wien 2003 • Virtuelle Universität – Virtuelles Lernen. München, Wien 2001
Simonis, Georg, Prof. Dr., Lehrstuhl für Internationale Politik und Systemvergleich,
Institut für Politikwissenschaft der FernUniversität in Hagen; *Veröffentlichungen u.a.* •
Weltumweltpolitik. Erweiterung von staatlicher Handlungsfähigkeit durch Global Go-
vernance? In: M. Behrens (Hg.): Globalisierung als politische Herausforderung. Global
Governance zwischen Utopie und Realität? Wiesbaden 2005: 313-344 • *zus. mit* R. Mar-
tinsen, Th. Saretzki (Hg.): Politik und Technik. Analysen zum Verhältnis von technolo-
gischem, politischem und staatlichem Wandel am Anfang des 21. Jahrhunderts. *PVS-
Sonderheft 31.* Wiesbaden 2001 • Die Zukunftsfähigkeit von Innovationen: Das Z-
Paradox. In: D. Sauer, Ch. Lang: Paradoxien der Innovation. Perspektiven sozialwissen-
schaftlicher Innovationsforschung. Frankfurt a. M. u.a. 1999: 149-173 • *zus. mit* St.
Bröchler, K. Sundermann (Hg.): Handbuch Technikfolgenabschätzung. Berlin 1999

Teichler, Ulrich, Prof. Dr., Professur für Berufs- und Hochschulforschung, Wissenschaftliches Zentrum für Berufs- und Hochschulforschung (WZI) an der Universität Kassel;
Veröffentlichungen u.a. • Hochschulstrukturen im Umbruch. Eine Bilanz der Reformdy-
namik seit vier Jahrzehnten. Frankfurt a. M. u.a. 2005 • Hochschulsysteme und Hochschulpolitik. Quantitative und strukturelle Dynamiken, Differenzierungen und der Bologna-Prozess. Münster u.a. 2005 • The Changing Debate on Internationalisation of
Higher Education. In: *Higher Education* 48 (2004): 5-26 • *zus. mit* S. Schwarz (Hg.)
Universität auf dem Prüfstand. Konzepte und Befunde der Hochschulforschung. Frankfurt a. M. u.a. 2003

Walter, Thomas, M.A., Wissenschaftlicher Mitarbeiter, Masterstudiengang „Deutsch-
landstudien", Institut für Politikwissenschaft der FernUniversität in Hagen; *Veröffentlichung* • Der Bologna-Prozess. Ein Wendepunkt europäischer Hochschulpolitik? Eine
international- und historisch-institutionalistische Untersuchung (Diss. am Fachbereich
Kultur- und Sozialwissenschaften der FernUniversität in Hagen) 2006

Young, Brigitte, Prof. Dr., Professur für Politikwissenschaft, Internationale/ Vergleichen-
de Politische Ökonomie (unter besonderer Berücksichtigung von feministischer Ökono-
mie), Institut für Politikwissenschaft der Westfälischen Wilhelms-Universität Universität
Münster; *Veröffentlichungen u.a.* • Governance von Dienstleistungsliberalisierung
(GATS): EU und China (im Erscheinen) • Engendering the German Parliamentary
Commission Report on „Globalization of the World; Economy". In: E. Kuiper, D. Barker
(Hg.): Feminist Perspectives on Gender and the World Bank. New York 2005 • *zus. mit*
S. Gehrmann, M. Kerkmann: Interkulturelles Lernen im virtuellen Raum. Chancen und
Probleme grenzüberschreitender Hochschullehre durch Distance Learning. In: *Zeitschrift
für Internationale Beziehungen* 1 (Juni 2003): 167-189 • *zus. mit* S. Hegelich: Sharehol-
der Kapitalismus und das Casino Spiel an den Aktienbörsen. In: *Österreichische Zeitschrift für Politikwissenschaft* 32 (2003) 1: 77-96

.

Internetressourcen

Zusammengestellt von Thomas Walter

Alle mit Hochschulpolitik und -forschung befassten Institutionen sind im *World Wide Web* präsent und bieten in unterschiedlichem Umfang Informationen an. Im Folgenden werden ausgewählte und thematisch sortierte Links aufgelistet, die in einzelnen Beiträgen genannt wurden, oder darüber hinaus führen. Die Adressen wurden zuletzt im Februar 2006 auf ihre Funktion geprüft. Aufgrund der hohen Volatilität des Netzes kann jedoch auf Dauer keine Gewähr für deren Aktualität geleistet werden.

Hochschulforschung

- CEPES, European Center for Higher Education (*Institut der* → UNESCO), Bukarest
  http://www.cepes.ro/
- CERI, Centre for Educational Research and Innovation (*Institut der* → OECD), Paris
  http://www.oecd.org/
- CHE, Centrum für Hochschulentwicklung, Gütersloh
  http://www.che.de
- CHEPS, Center for Higher Education Policy Studies, Universität Twente, NL
  http://www.utwente.nl/cheps
- CHER, Consortium of Higher Education Researchers
  http://www.uni-kassel.de/wz1/CHER/Welcome.html
- CHERI, Centre for Higher Education Research and Information, Open University, UK
  http://www.open.ac.uk/cheri/index.htm
- CSHE, Center for the Study of Higher Education, Pennsylvania State University, USA
  http://www.ed.psu.edu/cshe/
- HoF, Institut für Hochschulforschung, Martin-Luther-Universität, Halle-Wittenberg
  http://www.hof.uni-halle.de
- IFF, Fakultät für Interdisziplinäre Forschung und Fortbildung, Universität Klagenfurt, Wien
  http://www.iff.ac.at/hofo/
- IZHD Interdisziplinäres Zentrum für Hochschuldidaktik, Universität Hamburg
  http://www.izhd.uni-hamburg.de/
- WZ I, Wissenschaftliches Zentrum für Berufs- und Hochschulforschung, Universität Kassel
  http://www.uni-kassel.de/wz1
- ZIFF, Zentrales Institut für Fernstudienforschung der FernUniversität in Hagen
  http://www.fernuni-hagen.de/ZIFF/

Deutsche und internationale Akteure der Hochschulpolitik

- BMBF, Bundesministerium für Bildung und Forschung
  http://www.bmbf.de/
- BLK, Bund-Länder-Kommission für Bildungsplanung und Forschungsförderung
  http://www.blk-bonn.de
- DAAD, Deutscher Akademischer Austausch Dienst
  http://www.daad.de
- HRK, Hochschul-Rektoren-Konferenz
  http://www.hrk.de
- KMK, Kultusminister Konferenz
  http://www.kmk.org/hschule/home.htm
- Stifterverband für die deutsche Wissenschaft
  http://www.stifterverband.de
- WR, Wissenschaftsrat
  http://www.wissenschaftsrat.de

- BM:BKW, Bundesministerium für Bildung, Wissenschaft und Kultur, AT
  http://www.bmbwk.gv.at/
- Rektorenkonferrenz Österreich, AT
  http://www.reko.ac.at/
- EDI, Eidgenössisches Departement des Innern, CH
  http://www.edi.admin.ch/
- CRUS, Conference des Recteurs des Universites Suisses, CH
  http://www.crus.ch

- *Bologna-Prozess*: Bologna – Bergen: Konferenz 2005
  http://www.bologna-bergen2005.no
- CoE, Council of Europe, Europarat
  http://www.coe.int/
- EP, Europäisches Parlament, Ausschuss für Kultur und Bildung
  http://www.europarl.eu.int/committees/cult_home.htm
- ESIB, National Unions of Students in Europe, European Student Information Bureau
  http://www.esib.org/
- EU, Europäische Kommission, Allgemeine und berufliche Bildung
  http://europa.eu.int/comm/education/
- EUA, European University Association
  http://www.eua.be/eua/index.jsp
- EURASHE, European Association of Institutions of Higher Education
  http://www.eurashe.be/
- OECD, Organization for Economic Cooperation and Development
  http://www.oecd.org/
- UNESCO, United Nations Educational, Scientific and Cultural Organization
  http://www.unesco.de/

Akkreditierung, Evaluation und Qualität

- Akkreditierungsrat, D
  http://www.akkreditierungsrat.de
- CHEA, Council for Higher Education Accreditation, USA
  http://www.chea.org
- DeGEval Deutsche Gesellschaft für Evaluation
  http://www.degeval.de/
- enqa, European Association for Quality Assurance in Higher Education
  http://www.enqa.net
- ENWISS, Evaluationsnetzwerk Wissenschaft
  http://www.enwiss.de/
- EvaNet, Evaluations-Netzwerk (*Eine Initiative von* → HIS, HRK)
  http://evanet.his.de/evanet/
- Hungarian Accreditation Committee
  http://www.mab.hu/english/
- INQAAHE, International Network for Quality Assurance Agencies in Higher Education
  http://www.inqaahe.nl
- Joint Quality Initiative: Informal network for quality assurance and accreditation of bachelor and master programmes in Europe
  http://www.jointquality.org
- ZEvA, Zentrale Evaluations- und Akkreditierungsagentur
  http://www.zeva.uni-hannover.de/

Mobilität und Anerkennung

- ECTS, European Credit Transfer and Accumulation System, EU
  http://europa.eu.int/comm/education/programmes/socrates/ects/index_en.html
- ENIC-NARIC, The European Gateway to Recognition, *gemeinsame Webpräsenz von*: ENIC, European Network of National Information Centres on Academic Recognition and Mobility (*eine Initiative von* → Europarat *und* UNESCO) *und*: NARIC, Network of national academic recognition information centres (*eine Initiative der* → EU)
  http://www.enic-naric.net/
- Lissabon-Konvention 1997 (*Eine Initiative von* → Europarat *und* UNESCO)
  http://www.bologna-berlin2003.de/pdf/Lisbon_convention.pdf
- NORRIC, The Nordic National Recognition Information Centres' network
  http://www.norric.org/

Informationssysteme, Marketing und Dienstleistung

- ASSIST, Arbeits- und Servicestelle für ausländische Studienbewerbungen
  (*Eine Initiative von* → DAAD, HRK)
  http://www.uni-assist.de
- BIG, Bildungswege in der Informationsgesellschaft, Gütersloh
  http://www.big-internet.de/
- Campus-Germany (*Eine Initiative des* → DAAD)
  http://www.campus-germany.de
- Deutscher Bildungsserver
  http://www.bildungsserver.de/
- EURYDICE, Informationsnetz zum Thema Bildung, EU
  http://www.eurydice.org/
- GATE-Germany (*Eine Initiative von* → DAAD, HRK)
  http://www.gate-germany.de
- HIS, Hochschul-Informations-System GmbH, Hannover
  http://www.his.de/
- Hochschulkompass (*Eine Initiative der* → HRK)
  http://www.hochschulkompass.de
- idw, Informationsdienst Wissenschaft, Bayreuth
  http://idw-online.de/pages/de/
- Studieren im Netz (*Eine Initiative der* → BLK)
  http://www.studieren-im-netz.de/fmg.htm
- TestDaF, Test Deutsch als Fremdsprache, Hagen
  http://www.testdaf.de

Fernuniversitäten, Virtuelle Universitäten, Universitätsverbünde

- Distance Education Resources, University of Maryland, USA
  http://www.umuc.edu/ide/resources/index.html
- EADTU, European Association of Distance Teaching Universities, NL
  http://www.eadtu.nl
- FernUniversität in Hagen, Hagen, D
  http://www.fernuni-hagen.de/
- OU, Open Universiteit, NL
  http://www.ouh.nl
- OUB, Open University Britain, UK
  http://www.open.ac.uk/

- COL, Commonwealth of Learning, UK
  http://www.col.org/
- CUBER, Curriculum Builder for a Federated Virtual University of the Europe of Regions
  http://www.cuber.net/

- FVU, Finnish Virtual University, FI
  http://www.virtuaaliyliopisto.fi
- OBHE, Observatory on Borderless Higher Education, UK
  http://www.obhe.ac.uk/
- OLF, Open Learning Foundation, UK
  http://www.olf.ac.uk/
- Virtuelle Hochschule Baden-Württemberg
  http://www.virtuelle-hochschule.de/
- VHB, Virtuelle Hochschule Bayern
  http://www.vhb.org/
- VUB, Virtuelle Universität Berlin Brandenburg
  http://www.vu-bb.de/

Hochschule: Standardisierung

- ADL, Advanced Distributed Learning Initiative
  http://www.adlnet.org
- AICC, Aviation Industry CBT Committee
  http://www.aicc.org
- ARIADNE Alliance Society for Training and Development
  http://www.ariadne-eu.org
- ASTD, American Society for Training and Development
  http://www.astd.org/astd
- CETIS, Centre for Educational Technology Interoperability Standards
  http://cetis.ac.uk
- DC, Dublin Core Metadata Iniziative
  http://www.dublincore.org
- EdNA, Education Network Australia
  http://www.edna.edu.au
- IMS, Global Learning Consortium
  http://www.imsglobal.org
- LTWS – CEN/ISSS, Learning Technology Interoperability
  http://www.cenorm.be/cenorm/businessdomains/businessdomains/isss/activity/wslt.asp
- SC 36 – ISO/IEC JCT1 SC 36
  http://www.jtc1sc36.org
- SIF, Schools Interoperability Framework
  http://www.sifinfo.org

Erziehung

Susanne Weber /
Susanne Maurer (Hrsg.)

Gouvernementalität und Erziehungswissenschaft

Wissen – Macht – Transformation
2006. ca. 324 S. Br. EUR 32,90
ISBN 3-531-14861-3

Bietet Gouvernementalität als Denkmuster eine neue Orientierung und Theorieperspektive für die Erziehungswissenschaft? In den Beiträgen des Bandes wird das Potenzial des Ansatzes von Michel Foucault erstmals systematisch diskutiert und der Beginn einer lebhaften Auseinandersetzung mit der gouvernementalitätstheoretischen Perspektive in allen pädagogischen Subdisziplinen dokumentiert. Es wird deutlich, dass die Denkfigur der Gouvernementalität zentrale Fragen von pädagogischem Wissen und Macht aufzuwerfen vermag, die für die wissenschaftliche Analyse ebenso von zentraler Bedeutung sind wie für das politische und pädagogische Handeln.

Barbara Friebertshäuser / Markus
Rieger-Ladich / Lothar Wigger (Hrsg.)

Reflexive Erziehungswissenschaft

Forschungsperspektiven im Anschluss an Pierre Bourdieu
2006. ca. 250 S. Br. ca. EUR 26,90
ISBN 3-531-14813-3

Die deutschsprachige Erziehungswissenschaft verdankt den Arbeiten des französischen Soziologen Pierre Bourdieu zahlreiche Impulse und wichtige Anregungen. Der Sammelband spürt diesen Resonanzen nach, indem nicht nur eine erste Bilanzierung der erziehungswissenschaftlichen Bourdieu-Rezeption vorgenommen wird, sondern auch künftige Forschungsperspektiven einer reflexiven Erziehungswissenschaft entwickelt werden. Der Rückblick wird somit durch eine Bestandsaufnahme gegenwärtiger und den Ausblick auf neue, von den Studien Bourdieus inspirierte Forschungsprojekte ergänzt.

Norbert Ricken /
Markus Rieger-Ladich (Hrsg.)

Michel Foucault: Pädagogische Lektüren

2004. 316 S. Br. EUR 39,90
ISBN 3-8100-4137-8

Michel Foucault entwickelt sich gegenwärtig zweifellos zu einer der neuen Bezugsgrößen des pädagogischen Diskurses: Nach einer langen Phase großer Widerstände innerhalb der deutschsprachigen Erziehungswissenschaft werden jetzt die materialgesättigten Untersuchungen der komplizierten Verflechtungen von Wissensformen, Machttypen und Subjektivierungspraktiken immer häufiger zum Anlass, neue Reflexionsformen zu erproben.

Erhältlich im Buchhandel oder beim Verlag.
Änderungen vorbehalten. Stand: Januar 2006.

www.vs-verlag.de

VS VERLAG FÜR SOZIALWISSENSCHAFTEN

Abraham-Lincoln-Straße 46
65189 Wiesbaden
Tel. 0611.7878-722
Fax 0611.7878-400